名古屋経済大学市邨高等学校

〈収録内容〉

2024 年度 ……………………… 一般（数・英・理・社・国）

2023 年度 ……………………… 一般（数・英・理・社・国）

2022 年度 ……………………… 一般（数・英・理・社・国）

2021 年度 ……………………… 一般（数・英・理・社・国）

2020 年度 ……………………… 一般（数・英・理・社・国）

DL 2019 年度 ……………………… 一般（数・英・理・社）

DL 平成 30 年度 ……………………… 一般（数・英・理・社）

便利な DL コンテンツは右の QR コードか

解答用紙　過去年度　非対

リスニン

※データのダウンロードは 2025 年 3 月末日まで。
※データへのアクセスには、右記のパスワードの入力が必要となります。 ⇒ 249041

〈受験者平均点〉

	エクスプローラー	アカデミック	ブライト	キャリアデザイン	全　体
2024年度	343.4点	334.2点	279.9点	247.3点	287点
2023年度	324.5点	316.0点	271.2点	232.6点	―
2022年度	335.8点	310.1点	267.3点	235.5点	275.5点

本書の特長

実戦力がつく入試過去問題集

- ▶ 問題 ……………… 実際の入試問題を見やすく再編集。
- ▶ 解答用紙 …… 実戦対応仕様で収録。
- ▶ 解答解説 …… 詳しくわかりやすい解説には、難易度の目安がわかる「基本・重要・やや難」の分類マーク つき（下記参照）。各科末尾には合格へと導く「ワンポイントアドバイス」を配置。採点に便利な配点つき。

入試に役立つ分類マーク

基本 確実な得点源！
受験生の 90%以上が正解できるような基礎的、かつ平易な問題。
何度もくり返して学習し、ケアレスミスも防げるようにしておこう。

重要 受験生なら何としても正解したい！
入試では典型的な問題で、長年にわたり、多くの学校でよく出題される問題。
各単元の内容理解を深めるのにも役立てよう。

やや難 これが解ければ合格に近づく！
受験生にとっては、かなり手ごたえのある問題。
合格者の正解率が低い場合もあるので、あきらめずにじっくりと取り組んでみよう。

合格への対策、実力錬成のための内容が充実

- ▶ 各科目の出題傾向の分析、合否を分けた問題の確認で、入試対策を強化！
- ▶ その他、学校紹介、過去問の効果的な使い方など、学習意欲を高める要素が満載！

解答用紙ダウンロード 解答用紙はプリントアウトしてご利用いただけます。弊社ＨＰの商品詳細ページよりダウンロードしてください。トビラのＱＲコードからアクセス可。

UD FONT 見やすく読みまちがえにくいユニバーサルデザインフォントを採用しています。

名古屋経済大学市邨高等学校

▶交通　市バス「古出来町」より徒歩７分
市バス「都通一丁目」より徒歩５分
地下鉄東山線「今池」より徒歩15分

〒464-8533　名古屋市千種区北千種3-1-37
☎052-721-0161

沿　革

創立者市邨芳樹が全国に先駆けて女子商業教育の確立を意図し，1907年に名古屋女子商業学校として設立された。学制改革に伴い，1947年に呉竹中学校が設立。翌年には名古屋女子商業高等学校が設立，呉竹中学校を名古屋女商中学校に校名変更。1951年，学校法人市邨学園に組織変更。1965年，高等学校に普通科が設置，市邨学園短期大学(現名古屋経済大学短期大学部)も開学。1972年，市邨学園高等学校・中学校と校名を変更。1979年には市邨学園大学(現名古屋経済大学)を開学。2002年より，名古屋経済大学市邨高等学校・中学校と校名変更し，男女共学となる。

建学の精神

「一に人物，二に伎倆《ぎりょう》」

校訓三訓

慈(あたたかい心)　**忠**(すなおな心)
忍(くじけない心)

教育課程

［全日制普通科］

４つの新コースと放課後の学びで「自分づくり」を

●エクスプローラーコース

他のコースにはない合教科型の授業や探究学習中心の授業を展開して，世界を舞台に活躍する多様性と独創性を持った行動力のある生徒を育てる。

●キャリアデザインコース

ビジネス・国際・情報・保育・栄養の5分野の豊富な科目から選んで学び，様々な体験を通じて自分のキャリア(人生)をデザイン(設計)する。

●アカデミックコース

授業ではより発展的な内容を学び，部活動や課外活動にも全力で取り組みながら，国公立大学や難関私立大学など高い進路目標に向かって確かな学力を身に付ける。

●ブライトコース

文武両道を目指して，多様な選択科目の中から学びたい科目を選び，基礎から丁寧に学びながら自ら学習に取り組む姿勢を育む。

授業は全コース週30時間。授業後は補習，部活動はもちろん，探究活動・外部講座・ボランティア・校外での地域活動など，様々な放課後の学びを用意して，やりたいことにじっくり取り組むことができる。世界で活躍するために必要な考え方，コミュニケーションスキルを英語で学ぶネイティブ講師による授業「GCP」，世の中の“いま”を学ぶ「時事問題」，考え，理解し，伝えるための「ことば」を学ぶ「言語力・論理力」，学年・クラスを超えて選択して学ぶ「市邨ゼミ」など市邨独自の科目で生徒の学ぶ意欲を引き出し，学ぶ力を育む。1人1台の iPad が生徒の主体的な学びを支えている。

1人1台文房具としての iPad

仲間と共有し、プレゼンテーションで発信

クラブ活動

テニス・バドミントン・ハンドボール・体操・軽音楽・ダンス部は全国大会の常連。約40の部が活発に活動している。

●運動クラブ

陸上競技，体操，バレーボール，バスケットボール，テニス，卓球，バドミントン，ハンドボール，弓道，ワンゲル，剣道，スキー，ゴルフ，サッカー，硬式野球，軟式野球

●文化クラブ

演劇，科学研究，ＳＤＧｓ探究，吹奏楽，バトン，写真，美術，書道，手芸，史跡探訪，情報処理，軽音楽，漫画研究，映画研究，ダンス，トーチトワリング，合唱，囲碁・将棋，放送，インターアクト

●同好会

テニス(軟)，文芸，エコ・クッキング，ｅスポーツ

年間行事

５月　体育祭，芸術鑑賞会
７月　総合探究活動日
９月　修学旅行（２年）
１月　百人一首カルタ大会
３月　総合探究成果発表会，カナダ語学研修

進　路

●令和４年度の主な合格実績

国公立：筑波大 (1)，愛知県立大 (1)，名古屋市立大 (1)

私立：同志社大 (2)，立命館大 (1)，法政大 (1)，中央大 (1)，国士舘大 (1)，東洋大 (1)，龍谷大 (2)，日本大 (3)，順天堂大 (1)，立正大 (1)，南山大 (8)，名城大 (10)，中京大 (10)，愛知大 (4)，名古屋外国語大 (11)，名古屋学芸大 (8)，愛知工業大 (5)，中部大 (19)，愛知学院大 (29)，愛知淑徳大 (25)，金城学院大 (10)，椙山女学園大 (24)　など

海外：テイラーズ大 (2)，世宗大 (1)

◎2024年度入試状況◎

学　科	エクスプローラー	キャリアデザイン	アカデミック	ブライト
募集数	488			
出願者数	1／20	84／144	29／130	149／227
受験者数	1／20	84／142	29／129	149／223
合格者数	非公表			

※募集数は自校中学からの進学を含む
※出願者数，受験者数は推薦／一般
※エクスプローラーコースのみ特色入試あり

過去問の効果的な使い方

① **はじめに**　入学試験対策に的を絞った学習をする場合に効果的に活用したいのが「過去問」です。なぜならば，志望校別の出題傾向や出題構成，出題数などを知ることによって学習計画が立てやすくなるからです。入学試験に合格するという目的を達成するためには，各教科ともに「何を」「いつまでに」やるかを決めて計画的に学習することが必要です。目標を定めて効率よく学習を進めるために過去問を大いに活用してください。また，塾に通われていたり，家庭教師のもとで学習されていたりする場合は，それぞれのカリキュラムによって，どの段階で，どのように過去問を活用するのかが異なるので，その先生方の指示にしたがって「過去問」を活用してください。

② **目的**　過去問学習の目的は，言うまでもなく，志望校に合格することです。どのような分野の問題が出題されているか，どのレベルか，出題の数は多めか，といった概要をまず把握し，それを基に学習計画を立ててください。また，近年の出題傾向を把握することによって，入学試験に対する自分なりの感触をつかむこともできます。

過去問に取り組むことで，実際の試験をイメージすることもできます。制限時間内にどの程度までできるか，今の段階でどのくらいの得点を得られるかということも確かめられます。それによって必要な学習量も見えてきますし，過去問に取り組む体験は試験当日の緊張を和らげることにも役立つでしょう。

③ **開始時期**　過去問への取り組みは，全分野の学習に目安のつく時期，つまり，9月以降に始めるのが一般的です。しかし，全体的な傾向をつかみたい場合や，学習進度が早くて，夏前におおよその学習を終えている場合には，7月，8月頃から始めてもかまいません。もちろん，受験間際に模擬テストのつもりでやってみるのもよいでしょう。ただ，どの時期に行うにせよ，取り組むときには，集中的に徹底して取り組むようにしましょう。

④ **活用法**　各年度の入試問題を全問マスターしようと思う必要はありません。できる限り多くの問題にあたって自信をつけることは必要ですが，重要なのは，志望校に合格するためには，どの問題が解けなければいけないのかを知ることです。問題を制限時間内にやってみる。解答で答え合わせをしてみる。間違えたりできなかったりしたところについては，解説をじっくり読んでみる。そうすることによって，本校の入試問題に取り組むことが今の自分にとって適当かどうかが，はっきりします。出題傾向を研究し，合否のポイントとなる重要な部分を見極めて，入学試験に必要な力を効率よく身につけてください。

数学

各都道府県の公立高校の入学試験問題は，中学数学のすべての分野から幅広く出題されます。内容的にも，基本的・典型的なものから思考力・応用力を必要とするものまでバランスよく構成されています。私立・国立高校では，中学数学のすべての分野から出題されることには変わりはありませんが，出題形式，難易度などに差があり，また，年度によっての出題分野の偏りもあります。公立高校を含め，ほとんどの学校で，前半は広い範囲からの基本的な小問群，後半はあるテーマに沿っての数問の小問を集めた大問という形での出題となっています。

まずは，単年度の問題を制限時間内にやってみてください。その後で，解答の答え合わせ，解説での研究に時間をかけて取り組んでください。前半の小問群，後半の大問の一部を合わせて50％以上の正解が得られそうなら多年度のものにも順次挑戦してみるとよいでしょう。

英語

英語の志望校対策としては，まず志望校の出題形式をしっかり把握しておくことが重要です。英語の問題は，大きく分けて，リスニング，発音・アクセント，文法，読解，英作文の5種類に分けられます。リスニング問題の有無(出題されるならば，どのような形式で出題されるか)，発音・アクセント問題の形式，文法問題の形式(語句補充，語句整序，正誤問題など)，英作文の有無(出題されるならば，和文英訳か，条件作文か，自由作文か) など，細かく具体的につかみましょう。読解問題では，物語文，エッセイ，論理的な文章，会話文などのジャンルのほかに，文章の長さも知っておきましょう。また，読解問題でも，文法を問う問題が多いか，内容を問う問題が多く出題されるか，といった傾向をおさえておくことも重要です。志望校で出題される問題の形式に慣れておけば，本番ですんなり問題に対応することができますし，読解問題で出題される文章の内容や量をつかんでおけば，読解問題対策の勉強として，どのような読解問題を多くこなせばよいかの指針になります。

最後に，英語の入試問題では，なんと言っても読解問題でどれだけ得点できるかが最大のポイントとなります。初めて見る長い文章をすらすらと読み解くのはたいへんなことですが，そのような力を身につけるには，リスニングも含めて，総合的に英語に慣れていくことが必要です。「急がば回れ」ということわざの通り，志望校対策を進める一方で，英語という言語の基本的な学習を地道に続けることも忘れないでください。

国語

国語は，出題文の種類，解答形式をまず確認しましょう。論理的な文章と文学的な文章のどちらが中心となっているか，あるいは，どちらも同じ比重で出題されているか，韻文(和歌・短歌・俳句・詩・漢詩)は出題されているか，独立問題として古文の出題はあるか，といった，文章の種類を確認し，学習の方向性を決めましょう。また，解答形式は，記号選択のみか，記述解答はどの程度あるか，記述は書き抜き程度か，要約や説明はあるか，といった点を確認し，記述力重視の傾向にある場合は，文章力に磨きをかけることを意識するとよいでしょう。さらに，知識問題はどの程度出題されているか，語句(ことわざ・慣用句など)，文法，文学史など，特に出題頻度の高い分野はないか，といったことを確認しましょう。出題頻度の高い分野については，集中的に学習することが必要です。読解問題の出題傾向については，脱語補充問題が多い，書き抜きで解答する言い換えの問題が多い，自分の言葉で説明する問題が多い，選択肢がよく練られている，といった傾向を把握したうえで，これらを意識して取り組むと解答力を高めることができます。「漢字」「語句・文法」「文学史」「現代文の読解問題」「古文」「韻文」と，出題ジャンルを分類して取り組むとよいでしょう。毎年出題されているジャンルがあるとわかった場合は，必ず正解できる力をつけられるよう意識して取り組み，得点力を高めましょう。

数学

出題傾向の分析と合格への対策

●出題傾向と内容

本年度の出題数は大問3題，小問数15題，設問数にして18題と，昨年までとほぼ同様であった。

1は9題の小問集合で，数・式の計算，平方根，2次方程式，連立方程式，変化の割合，確率，資料の整理など。2は3題の小問集合で，2次関数のグラフと図形，相似の利用，規則性など。3は3題の小問集合で，円と角，相似の利用，立方体の切断と体積などの問題であった。

基本的・典型的なものから，工夫を必要とするもの，やや思考力や応用力を必要とするものまで，中学数学のほぼ全分野からバランス良く出題されている。

学習のポイント

基本重視の姿勢で教科書内容の徹底的な理解に努めよう。また，立体に関わる特徴的な問題が多いので，しっかり準備しよう。

●2025年度の予想と対策

来年度も出題数，出題形式，出題内容などに大きな変化は無いものと思われる。

数量分野からの出題は，教科書や教科書準拠の問題集に掲載されているような典型的なものが多いだろう。関数のグラフと図形，図形と計量，規則性などの範囲では，思考力・応用力を必要とする問題も出されるが，大半は基本的な考え方に基づくものである。

まずは，教科書内容の徹底的な理解に努めよう。そして，計算の途中経過やグラフ・図などを書きながら思考を深めるように取り組もう。説明する力をつけることが，確実な学力アップにつながるはずである。

▼年度別出題内容分類表 ……

出題内容			2020年	2021年	2022年	2023年	2024年
数と式		数の性質		○	○	○	○
		数・式の計算	○	○	○	○	○
		因数分解	○	○		○	○
		平方根	○	○	○	○	○
方程式・不等式		一次方程式	○	○	○	○	○
		二次方程式	○	○	○	○	○
		不等式					
		方程式・不等式の応用	○	○	○		○
関数		一次関数	○	○	○		○
		二乗に比例する関数	○	○	○	○	○
		比例関数	○	○		○	○
		関数とグラフ	○	○	○		○
		グラフの作成		○			
図形	平面図形	角度	○	○		○	○
		合同・相似	○	○			○
		三平方の定理					
		円の性質	○			○	○
	空間図形	合同・相似			○	○	
		三平方の定理					
		切断			○	○	○
	計量	長さ	○		○	○	○
		面積	○	○	○		○
		体積			○	○	○
		証明	○	○			
		作図					
		動点					
統計		場合の数					
		確率	○	○	○	○	○
		統計・標本調査	○	○	○	○	○
融合問題		図形と関数・グラフ	○	○	○	○	○
		図形と確率					
		関数・グラフと確率					
		その他					
その他					○	○	○

名古屋経済大学市邨高等学校

英語

出題傾向の分析と 合格への対策

●出題傾向と内容

本年度は，聞き取り検査，会話文問題2題，長文読解問題1題の計4題が出題された。全体として基本レベルの問題である。

読解問題は内容理解問題が多いが，英作文，語句整序問題といった文法問題も含まれる総合問題となっている。難しい語句には注釈がつけられているので，基本的な英文法の理解があれば対応できる。

読解問題内で出題された英作文は，自分の意見を英文で述べる問題のため，総合的な英語力だけでなく，自分の考えをまとめる力も要求される。

✔学習のポイント

英文を作る問題に備え，自分の考えを簡単な英文に直す練習をしておこう。

●2025年度の予想と対策

来年度も本年度と同じ傾向の出題が予想される。全体的に難しい問題はないが，記述式の問題に備えるために中学で学習する文法事項を確実に身につけておきたい。

会話文，長文読解問題対策として，いろいろなジャンルの英文の読み物を読みこなす練習をしておきたい。

英作文は自分の考えや意見を英文にまとめる練習をしておきたい。

聞き取り検査は来年度も出題されることが予想されるので英語を聞くことに慣れておきたい。

▼年度別出題内容分類表 ……

	出題内容	2020年	2021年	2022年	2023年	2024年
話し方・聞き方	単語の発音					
	アクセント					
	くぎり・強勢・抑揚					
	聞き取り・書き取り	○	○	○	○	○
語い	単語・熟語・慣用句		○	○	○	○
	同意語・反意語					
	同音異義語					
読解	英文和訳(記述・選択)					
	内容吟味	○	○	○	○	○
	要旨把握	○			○	○
	語句解釈	○				
	語句補充・選択	○	○	○	○	○
	段落・文整序					
	指示語					
	会話文	○	○	○	○	
文法・作文	和文英訳					
	語句補充・選択					
	語句整序	○	○	○	○	○
	正誤問題					
	言い換え・書き換え					
	英問英答			○		○
	自由・条件英作文	○			○	○
文法事項	間接疑問文			○		
	進行形	○		○		○
	助動詞	○	○			○
	付加疑問文	○				○
	感嘆文					○
	不定詞	○				○
	分詞・動名詞	○				○
	比較	○			○	○
	受動態	○	○			○
	現在完了	○				
	前置詞	○	○			○
	接続詞	○	○	○		○
	関係代名詞	○				○

理科

出題傾向の分析と合格への対策

●出題傾向と内容

問題数は，大問が5題，小問が20題程度であった。試験時間は45分で，問題文の分量からは十分な時間である。

特定の分野に偏らず，広い範囲から出題されている。記号選択が多いが，計算問題も含まれており，論述形式や描図も出題される。近年は日常生活で見られる理科を題材とした実験に関する出題が増えている。

多くは基礎的な知識や考え方を問う設問だが，問題文を読んで考察する設問も積極的に出題されている。グラフや図を正しく読み取る力が必要である。

✔学習のポイント

丸暗記にならないよう，実験・観察を素材にした練習問題を数多く解いておこう。

●2025年度の予想と対策

教科書の内容は，暗記だけでなく，その意味を確実に理解するように学習しておこう。次に，公立高校用の問題集に取り組む。特に計算問題は，単位をつけて公式を覚え，練習を積み重ねておこう。

近年の傾向として，問題文や図表の読み取りをもとに考える問題が出題されている。知らないからと短時間であきらめず，根気よくていねいに考えるように心積もりしておきたい。

また，環境やエネルギー問題についての出題も予想されるので，新聞やテレビのニュースなども注意して見ておきたい。

▼年度別出題内容分類表 ……

	出題内容	2020年	2021年	2022年	2023年	2024年
第一分野	物質とその変化				○	
	気体の発生とその性質				○	
	光と音の性質	○	○			
	熱と温度					
	力・圧力				○	○
	化学変化と質量			○	○	
	原子と分子				○	
	電流と電圧		○			
	電力と熱					
	溶液とその性質		○		○	
	電気分解とイオン			○		
	酸とアルカリ・中和	○				○
	仕事	○				
	磁界とその変化			○		○
	運動とエネルギー			○		
	その他		○			○
第二分野	植物の種類とその生活					
	動物の種類とその生活				○	○
	植物の体のしくみ					
	動物の体のしくみ		○		○	
	ヒトの体のしくみ			○		○
	生殖と遺伝	○				
	生物の類縁関係と進化				○	
	生物どうしのつながり					
	地球と太陽系			○		○
	天気の変化	○			○	○
	地層と岩石	○	○		○	
	大地の動き・地震	○		○		
	その他					

名古屋経済大学市邨高等学校

社会

出題傾向の分析と 合格への対策

●出題傾向と内容

本年度は大問数は前年同様に6で小問数は解答欄の数で34問であった。地理，歴史，公民からバランスよく出題されており，教科書の基本的内容についての設問がほとんどである。解答形式では記号選択がほとんどで28問，語句を答えるものが2問，短文記述が4問であった。地理的分野が13，歴史的分野が12，公民的分野が8問であった。3分野とも幅広く出題され，本文や設問の文章の読解力，論理的思考力が求められている傾向が強まった。

地理は，東北地方に関連する問題とヨーロッパに関連する問題が出題された。

歴史は，縄文時代から江戸時代までの日本の歴史と大正，昭和時代の「情報」に関する日本の歴史が出題された。

公民は，政治・経済のしくみなどについて出題された。

✔学習のポイント

地理　統計資料とその数字に反映される各地の様子をつなげられるようにしよう。
歴史　各時代の特色をつかもう。世界史にも注意を。　公民　政治・経済の仕組みや手順を理解しよう。

●2025年度の予想と対策

来年度も小問30問強の出題数となり，出題内容も基礎的なものが中心とは思われるが，理解度や思考力を問う問題が増えてくる可能性は高い。

教科書に出てくる基本的な重要事項は確実に理解し，把握しておくこと。また，重要語句は漢字で正確に書けるようにしておきたい。似たものの区別をしっかりとつけられるようにしておこう。

地理では，日本と世界の気候，産業などの分野を，グラフや表，統計資料を活用して理解しておこう。数字に反映される特色に注意。歴史では，年表で重要事項をチェックして，主要な日本史と世界史の関連をおさえておこう。また，重要な史料も目を通して，時代背景をおさえておきたい。公民は，教科書，資料集，メディアの報道を考察して，政治・経済の仕組みやそれに関する諸問題を理解して，関心を高めておきたい。

▼年度別出題内容分類表 ……

出題内容			2020年	2021年	2022年	2023年	2024年
地理的分野	(日本)	地形図					
		地形・気候・人口	○	○	○	○	○
		諸地域の特色		○	○	○	○
		産業	○	○	○	○	○
		交通・貿易		○	○	○	○
	(世界)	人々の生活と環境				○	○
		地形・気候・人口		○	○	○	○
		諸地域の特色		○	○	○	○
		産業		○	○	○	○
		交通・貿易			○	○	
	地理総合						
歴史的分野	(日本史)	各時代の特色	○	○	○	○	○
		政治・外交史	○	○	○	○	○
		社会・経済史	○	○	○	○	○
		文化史					
		日本史総合					
	(世界史)	政治・社会・経済史				○	
		文化史					
		世界史総合					
	日本史と世界史の関連		○	○	○		
	歴史総合						
公民的分野	家族と社会生活						
	経済生活		○		○	○	○
	日本経済				○		○
	憲法（日本）				○		○
	政治のしくみ			○	○	○	○
	国際経済		○		○		
	国際政治		○				
	その他		○	○	○	○	○
	公民総合		○				
各分野総合問題							

名古屋経済大学市邨高等学校

国語

出題傾向の分析と合格への対策

●出題傾向と内容

本年度も，現代文の論説文2題，古文1題，漢字と四字熟語の独立問題1題の計4題の大問構成であった。論説文は，脱文補充や段落構成についても問われたほか，80字以内での記述問題が出題された。ただし，この記述問題はほぼ要約力を問われる内容。

古文は橘南谿の紀行文集『西遊記』からの出題で，江戸時代の文章からの出題は高校受験では珍しい。ただ，紀行文集という点では昨年と同様であり，紀行文集からの出題には注意したいところだ。内容は国造りの話にも触れ，やや教養を試されたとも言える。基本的には文脈を丁寧に把握し，ある程度の古語知識があれば解答可能。

全体的に，設問難度はやや易。ただし設問数が少ないので，一つ一つの配点が大きく，ミスをすると大きく響いてしまうので注意が必要だ。

✔学習のポイント

分からない設問には時間をかけず，どんどん次に進もう。全体として35分程度で全問解く想定で練習し，残り10分を見直しに割こう。やや長めの記述問題もあるので，5分～8分・80字程度でまとまった長さの文章の内容をまとめる訓練をしておこう。

●2025年度の予想と対策

現代文は，幅広いジャンルの文章に慣れておく必要がある。本年度は二題とも論説文であるが，随筆からの出題も予想される。現代社会に関する評論については本校が好むテーマと思われるが，本年度のように片方は受験生の共感しにくい話題からの出題という可能性も十分にあるだろう，文学的文章からの出題は近年みられないが，油断は禁物。特に，本年度大問一のように表現の意図について問われる可能性もあるので，読書としても文学的文章には触れておきたい。

古文は，本文自体がやや難度の高いものが出題される可能性がある。単語知識をつけておくことは重要だが，知らない単語でも文脈から意味を推測するということも練習しておきたい。助動詞の意味もある程度知っておくと読みやすくなる。

漢字や熟語，慣用句などの知識事項は，教科書に掲載されている知識については確実に身につけておこう。出題数こそ少ないものの，単なる読み書きだけでなく語彙力として問われることがある。特に本年度のような同音異義語には要注意。同義語・対義語も過去に出題されている。語彙力メインで対策をとっておくとよいだろう。

▼年度別出題内容分類表 ……

出題内容			2020年	2021年	2022年	2023年	2024年
内容の分類	読解	主題・表題					
		大意・要旨	○	○	○		
		情景・心情					
		内容吟味	○	○	○	○	○
		文脈把握	○	○	○	○	○
		段落・文章構成					○
		指示語の問題	○		○		○
		接続語の問題	○	○	○	○	○
		脱文・脱語補充	○	○	○	○	○
	漢字・語句	漢字の読み書き		○	○	○	○
		筆順・画数・部首					
		語句の意味					
		同義語・対義語					
		熟語		○			○
		ことわざ・慣用句			○	○	
	表現	短文作成					
		作文(自由・課題)					
		その他					
	文法	文と文節					
		品詞・用法					○
		仮名遣い					
		敬語・その他					
	古文の口語訳		○	○	○	○	○
	表現技法						
	文学史						
問題文の種類	散文	論説文・説明文	○	○	○	○	○
		記録文・報告文					
		小説・物語・伝記					
		随筆・紀行・日記					
	韻文	詩					
		和歌(短歌)					
		俳句・川柳					
	古文		○	○	○	○	○
	漢文・漢詩						

2024年度 合否の鍵はこの問題だ!!

数 学 2 (3) ①・②

2(3)は，方眼のシートに書いた直線が通ったマス目をぬりつぶすとき，ぬりつぶすマスの数を計算する方法があるかどうかを考察する対話文についての問題である。3×7マス，3×4マス，3×3マス，4×6マスなどのいくつかの例が与えられてはいるが，規則性を理解するためには，対話文による誘導にきちんと従い，示された内容をきちんととらえることが必要となる。

①では，38×27マスのときにぬりつぶすマスの数を求めるが，対話文の前半で考え方をあらかた誘導してくれるので，計算方法の把握はそう難しいことではない。

難しいのは②で，39×27マスのときにぬりつぶすマスの数を求めるのだが，①を解くときに使用した計算方法が通用しないので，①と②の違いは図を利用することで見つけなければならない。

図では，①は「斜めの直線がたての境界線と横の境界線の交点(格子点)を通らない場合」で，②は「斜めの直線がたての境界線と横の境界線の交点(格子点)を通る場合」と区別することができる。これを言い換えると，①は「ぬりつぶしのパターンが1つ」で，②は「同じぬりつぶしのパターンが複数くり返されている」となる。さらにパターンのくり返しを「たてのマス目の数と横のマス目の数の最大公約数」を利用してとらえると，①は最大公約数が1の場合で，②は最大公約数が1より大きい数になる場合となり，最大公約数がパターンのくり返しの数にあたるのがわかる。

図に示されたパターンのくり返しを，最大公約数というとらえ方につなげるには，数学的な洞察力も必要となる。そういった実力が試されているという意味で，合否を左右する問題といえると考える。対策として，思考力と実践力を鍛える練習を十分に行っておこう。

英 語 1 (2)，2 (4)，3 (4)

1の(2)，2の(4)，3の(4)の内容真偽問題を取り上げる。4文の選択肢から1文(選択肢が日本語と英語の両形式有)，ないしは，6文の選択肢から2文を選ぶ問題があり，選ぶ対象が，本文に一致するものと本文と異なるものの2つの形式が出題され，非常にバラエティーに富んでいる。

選択肢を一見して，真偽がはっきりとわかるものもあるかもしれないが，不確かな選択肢は，必ず本文の該当箇所でその当否を確認することが必要である。

なお，正答を探していく方法と間違っている選択肢を消去していく方法を並行して行うと効率良く正答に至ることができるであろう。

対策として，会話文を含めて，さまざまなジャンルの長文問題演習を数多くこなしていくことが，大切である。

理 科　1 (3)・(4)

大問が5題で小問の数は約20題，試験時間は45分であった。問題は各分野から1題と小問集合が1題であった。問題レベルは全般的には基本問題レベルであるが，実験や観察を題材にして問題文から必要な情報を選択して答えさせる問題であり，読解力と思考力が求められる。

今回合否を分ける鍵となった問題として，1の中和の問題を取り上げる。

うすい塩酸に水酸化ナトリウム水溶液を加えていく実験で，水溶液を流れる電流の大きさを示すグラフが与えられている。

(3)中和反応が進むと塩酸中の水素イオンが減少し，ナトリウムイオンに置き換わる。塩化物イオンの数は変化しない。よって中和点まではイオンの数は変化しない。中和点に達すると，過剰な水酸化ナトリウムから生じるナトリウムイオンと水酸化物イオンが増加するので，イオンの数が増加する。この変化を表すのはイのグラフである。中和点までイオンの総数が変わらないのに流れる電流が少なくなるのは，水素イオンとナトリウムイオンでは，水素イオンの方が電流を伝えやすい傾向があるためである。

(4)中和点までの水酸化ナトリウム水溶液の滴下量は80mLを越えたくらいなので，水酸化ナトリウム水溶液を70mL加えたところではまだ水溶液は酸性である。その後30mLの蒸留水を加えているが，水溶液が酸性であることは変わらない。よって，BTB溶液は黄色になる。

問題を解くのに使う知識は教科書レベルの内容であるが，問題の出題の仕方が実験や観察に基づくもので，持ってる知識を問題とどのように結びつけるかがポイントになる。問題文の要点を把握する読解力や応用力がためされる。類題の演習を行って備えたい。

社 会　1，2

1が縄文時代から江戸時代，2が大正時代，昭和時代の歴史の問題。どちらも知識のレベルでいえばさほど難しくはないが，問題の文章の読解，論理的な思考力が求められているといっても良い問題。1では(2)は知識だけで正答できるが，他は読解力，論理的な思考力が必要。空欄補充のものは選択肢から選ぶものについては言葉自体は基本的なものばかり。考えて空欄を埋める(1)と(5)は文脈から考えてどういう言葉，どういう文章を入れればよいかをつかむのは難しいことではないが，この手のものに慣れていないと苦戦するかもしれない。2では，内容を理解した上で，本文の内容をまとめた文章の空欄に語句を入れる(2)は難問か。どんな感じの言葉が入るのかのイメージは持てるかもしれないが，それを指定の字数に合わせて答えるのはハードルが高いといえる。国威発揚なんて言葉を知っていれば，まさしくそのような意味になるように考えていけばよい。この大問の他の問題は確実に得点したいものばかり。

国　語　— (4)

(4)は，文脈把握的要素ももちろん持つが，これまでの読書量やさまざまな視聴覚経験がある程度ものを言う設問とも言える。特にア・イのようにあえて疑問形をとり，読者の関心をひくような表現の仕方は，疑問形だからといって実際に疑問に思っている・何かがわからないわけではないという発想自体を持っていないと自信をもって除外しにくいのではないだろうか。加えてエのような「○○マシーン」という言い方も，直前の「ただの」から予測できるにしても，こうしたネガティブな意味での表現があるということは知っておきたい。現代文は必ずしも読書をはじめとした視聴覚経験が必須とも言えないが，このように特徴的な表現から言わんとしていることを汲み取る力というのは，読書や映像鑑賞経験で培われやすいだろう。読書は問題集に多く取り組むことである程度カバーできるが，受験生であっても映画やドラマ，ラジオなどさまざまなものを鑑賞して解釈する経験は積んでおくとよい。

2024年度

★★★★★★★★★★★★★★★★★★★★★★★

入　試　問　題

2024年度

名古屋経済大学市邨高等学校入試問題

【数　学】（45分）　＜満点：100点＞

1　次の(1)から(9)まで問いに答えなさい。

(1)　$(14-4^2)\div 6\times(-9)$ を計算しなさい。

(2)　$\dfrac{3x-y}{3}-\dfrac{x-2y}{4}$ を計算しなさい。

(3)　$\sqrt{50}-\sqrt{6}\times\sqrt{27}$ を計算しなさい。

(4)　$(x-3)^2+2(x-2)-10$ を因数分解しなさい。

(5)　方程式 $(2x+1)^2=25$ を解きなさい。

(6)　連立方程式 $\begin{cases} 0.6+y=7 \\ 3x-\dfrac{1}{2}y=13 \end{cases}$ を解きなさい。

(7)　関数 $y=\dfrac{6}{x}$ について，x の値が2から6まで増加するときの変化の割合を求めなさい。

(8)　2つのさいころを同時に投げるとき，目の和が5の倍数である確率を求めなさい。ただし，2つのさいころは，どの目が出ることも同様に確からしいものとする。

(9)　中学3年生6人に10点満点の小テストを実施し，得点順に並べたら以下のようになった。

1点，4点，4点，x 点，8点，9点

この6人の点数の平均値と中央値が同じであるとき，x の値を求めなさい。

2　次の(1)から(3)までの問いに答えなさい。

(1)　図で，Oは原点，A，Bは放物線 $y=x^2$ と直線 $y=x+6$ の交点である。直線ABと y 軸との交点をCとするとき，①，②の問いに答えなさい。

①　△OABの面積を求めなさい。

②　点Cを通り△OABの面積を2等分する直線と，直線OBとの交点をPとする。このとき，点Pの座標を求めなさい。

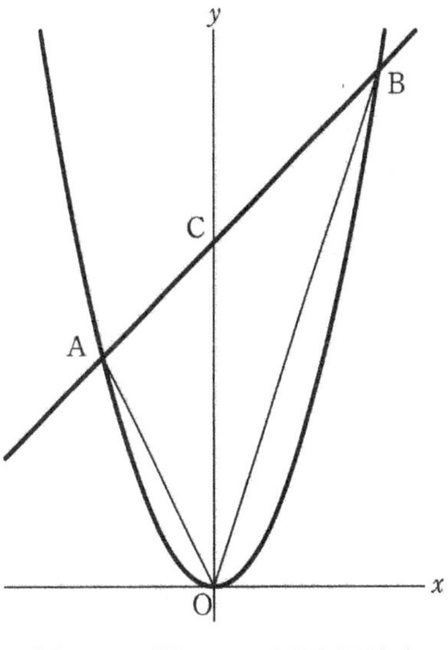

(2)　正方形ABCDの辺AB，DA上にそれぞれ点E，Fがあり，CE＝3，EF＝2，CE⊥EFとなっている。このとき，正方形の面積を次のように求めました。

この≪求め方≫について，①，②の問いに答えなさい。

≪求め方≫

正方形の一辺の長さを x（＞0）とすると，正方形の面積は x^2 である。BEの長さを y とすると，AE＝$x-y$ と表せる。△BCEと△AEFは相似な三角形で，相似な図形の対応する辺の比は等しいから

$x : 3 = (x-y) : 2$　　より

$y = \frac{x}{3}$

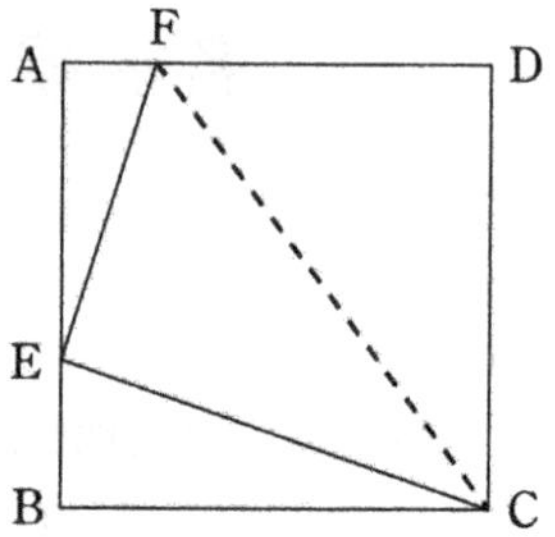

したがって，BE＝$y = \frac{x}{3}$ となるので，AE＝$x - y = x - \frac{x}{3} = \frac{2}{3}x$ となる。

また，△BCEと△AEFは相似であることから

$x : \frac{x}{3} = \frac{2}{3}x : \mathrm{AF}$　より

$\mathrm{AF} = \frac{2}{9}x$

このことから，DFの長さも x を用いて表すことができる。

面積において，正方形ABCD＝△BCE＋△AEF＋△CDF＋△CEFであるから

（　省　略　）

したがって，正方形ABCDの面積は［ア］である。

① 二重下線部について，この２つの三角形が相似であることを証明するときの相似条件を答えなさい。

② ［ア］に当てはまる正方形ABCDの面積を求めなさい。

(3) けいこさんは方眼のシートに大きな絵を書いて，絵を書いた線が通ったマスをぬりつぶすことでドット絵を作っていました。作成時に，斜めの直線が通ったマス目であれば，ぬりつぶすマス目の数が計算できるのではないかと気になったので，先生に聞いてみることにしました。

以下の先生とけいこさんの会話を読んで，①，②の問いに答えなさい。

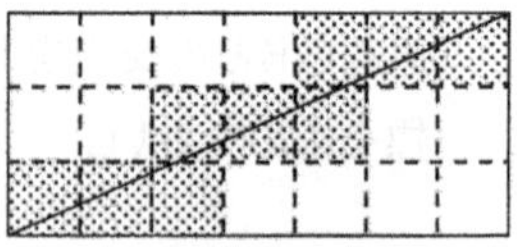

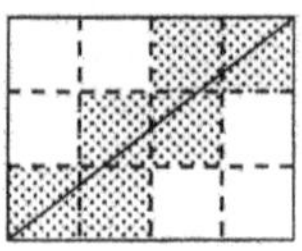

けいこ：先生，方眼のシートに書いた直線が通ったマス目をぬりつぶしてドット絵を作っていたのですが，ぬりつぶすマス目の数は計算で求めることができますか？例えば，３×７マスの長方形に対角線を書くと，対角線が通るマス目は，９マスになります。

先　生：何か法則がありそうだね。いろいろな長方形を書いて調べてみよう。３×４マスの長方形だと対角線は６マス通るね。何か気がつくことはあるかな？

けいこ：まだよくわかりません。

先　生：ぬりつぶすマスは途切れたりすることはなくて，たてか横でつがっているよね。正方形のマスの境界線に注目してみるといいかもしれないよ。

けいこ：ぬりつぶすマスが横でつながっているときはたての境界線「┆」を横切って，ぬりつぶすマスがたてでつながっているときは横の境界線「--」を横切っています。

先　生：境界線を横切る数が関係してそうだね。境界線の数はどうなってる？

けいこ：3 × 7 マスの長方形の場合だと，横の境界線は 2 本，たての境界線は 6 本あります。

先　生：じゃあ，ぬりつぶすマス目はどんな計算式で求めることができるかな。

けいこ：境界線の数を足すと 2 ＋ 6 ＝ 8 （マス）？あれ？実際は 9 マスですよね？

先　生：境界線がない 1 × 1 マスの場合は，ぬりつぶすマスは 0 じゃなくて 1 マスだよね。

けいこ：だから，2 ＋ 6 に 1 を足して 9 マスとなるわけですね。

先　生：そうだね。じゃあ，大きい数字でも計算で求められるね。例えば38×27マスの長方形の場合どうなるかな？

けいこ：［ア］マスですね。

先　生：その通り！

① ［ア］に当てはまる数を求めなさい。

先　生：ところで，これまでの法則はどんな方眼の目にも有効というわけではないんだよ。

けいこ：これまで法則が当てはまらないのはどんな場合がありますか？

先　生：例えば，3 × 3 マスを考えてごらん。これまでの法則でぬりつぶすマスを計算するとどうなるかな？

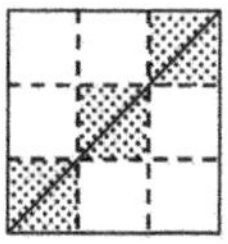

けいこ：2 ＋ 2 に 1 を足して 5 マスになります。でも実際は 3 マスなので当てはまりません。もしかしたら，2 × 2 マスとか 4 × 4 マスの場合も当てはまりませんか？

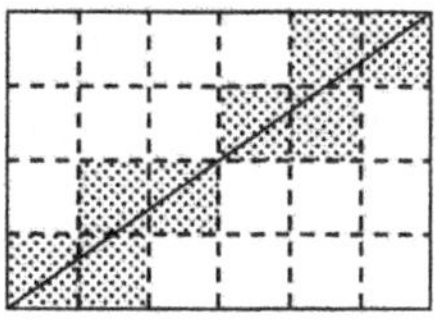

先　生：そうだね。他にも 4 × 6 マスの場合もこれまでの法則で計算した数と，実際の数が合わないでしょ？

けいこ：本当だ。この違いってなんだろう？

先　生：図をよく見てみると違いに気がつけるかも知れないよ。

けいこ：もしかして，4 × 2 マスとか 3 × 6 マスはこれまでの法則では計算できないということですか？

先　生：その通り！今度は，たてとよこのマス目の数を見て違いが判断できると，計算方法に気がつけるかもね。

けいこ：はい。考えてみます。

② 39×27マスのとき，ぬりつぶすマスの数を求めなさい。

3 次の(1)から(3)までの問いに答えなさい。

(1) 図で，円Oの円周上に4点A，B，C，Dがあり，線分ACは円Oの直径である。∠BDO＝28°，∠CBD＝48°であるとき，∠BACの大きさを答えなさい。

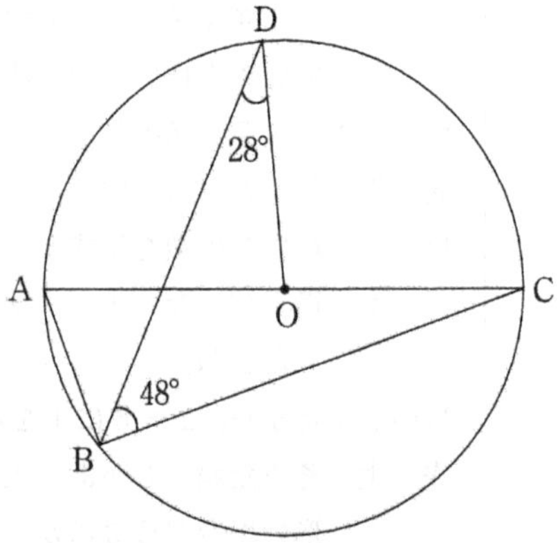

(2) 平行四辺形ABCDがあり，AB＝5㎝である。辺AD上にAB＝AEとなる点Eをとる。点Eを通り，辺CDに平行な直線と対角線BDとの交点をFとするとEF＝2㎝であった。直線BEと直線CDとの交点をGとするとき，線分DGの長さを求めなさい。

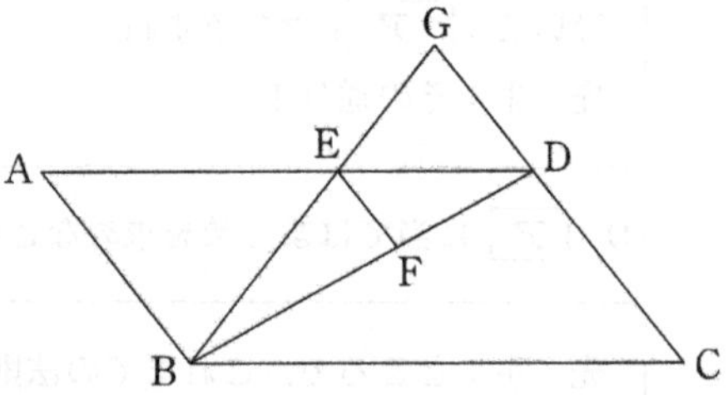

(3) 1辺が6㎝の立方体ABCD－EFGHがある。辺AE，BF，CG上にそれぞれ点P，Q，Rがあり，BQ＝2AP＝2CRとなっている。立方体を4点D，P，Q，Rを通る平面で切ったときの点Bを含む方の立体の体積と四角すいQ－EFGHの体積が同じになるとき，四角すいQ－EFGHの体積を求めなさい。

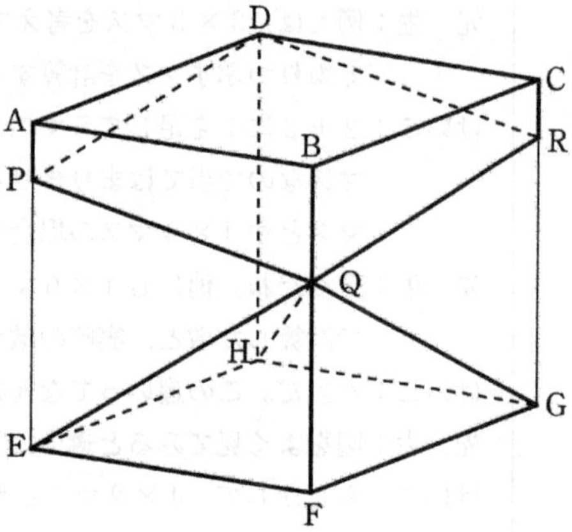

【英　語】（45分）　＜満点：100点＞

外国語（英語）聞き取り検査

Part A

(1)から(3)までの対話を聞き，その最後の文に対応する応答として最も適切なものを，選択肢ＡからＤまでの中からそれぞれ一つずつ選んで，記号で答えなさい。
対話と選択肢はすべて放送され，２回読まれます。
それでは始めます。

Part B

(4)と(5)の英文を聞き，あとの質問に対して最も適切な答えを，選択肢ＡからＤまでの中からそれぞれ一つずつ選んで，記号で答えなさい。
英文と質問は２回読まれます。
それでは始めます。

(4)

A．She ate lunch.
B．She played in the sand.
C．She went fishing.
D．She went swimming with her parents.

(5)

A．Jeans.
B．Colored pencils.
C．A book.
D．A shirt.

〈リスニング問題スクリプト〉

Choose the best answer.

(1) A：Jane, have you been to the new zoo yet? I heard it is really nice.
B：No, not yet. It's too far from my house.
A：I'm going to go there this Saturday. If you want to come, I could take you in my car.
B：
A．I don't have a car.
B．Sure. That sounds fun.
C．Yes, I'll take one.
D．I'm not hungry.

(2) A：Are you ready to order?
B：Yes, I'll have the burger.
A：Would you like something to drink?

B：

A. Yes, I'll have French fries.

B. My mother is busy right now.

C. I'll have a coffee.

D. No, thank you. I'm thirsty.

(3) A：You're back from school already?

B：Yes, Mom. I didn't have club today.

A：How was your Japanese test?

B：

A. It was delicious.

B. I don't like math.

C. It was not too difficult.

D. I forgot my homework.

(4) Jennifer went to the beach during the summer with her family. She went swimming with her brother while her parents went fishing. She also played in the sand. They walked to a restaurant on the beach for lunch but the restaurant was closed.

Question : What did Jennifer do at the beach?

A. She ate lunch.

B. She played in the sand.

C. She went fishing.

D. She went swimming with her parents.

(5) Ben was at a shopping mall to buy some things for himself. First, he went to a men's clothing store and bought a shirt and a pair of jeans. After that, he went to a book store to look around and bought some nice colored pencils that he saw. As he was walking out of the bookstore, his sister messaged him to remember to buy a gift because it was Mother's Day. He thanked her for reminding him but realized he had just spent all of his money. Since there was little time left for him to buy a gift, he messaged his sister back asking if their mother liked to draw.

Question : What is Ben thinking about giving his mother for Mother's Day?

A. Jeans

B. Colored pencils

C. A book

D. A shirt

外国語（英語）筆記検査

1. 高校生マキ（Maki）と留学生エイミー（Amy）の会話文を読んで，あとの(1)と(2)の問いに答えなさい。

Maki: What are you looking at, Amy?

Amy: I'm looking at the homepage of the Port of Nagoya Public Aquarium. I want to go there next Saturday.

Maki: The aquarium is very big and we can see many kinds of sea animals. Let's go together.

Amy: Sounds good. Look at this. It's the aquarium schedule for next Saturday. There will be many events. I really like penguins, so I want to see "*Penguin Walking.*"

Maki: OK. We'll see "*Penguin Walking.*" Do you have any other events?
①【ア you / イ see / ウ what / エ to / オ want / カ do / キ else】?

Amy: Umm... Oh, I want to see "*Tornado of Sardines.*" I heard that it is powerful and beautiful.
②【ア you / イ ever / ウ have / エ it / オ seen】?

Maki: Yes. It was very beautiful and the light in the water tank was fantastic.
"*Tornado of Sardines*" will be held three times on that day. It will start at 12:30, 14:30 and 16:00. Which is the best for us?

Amy: I'd like to leave aquarium by 16:00. So, how about seeing it at 12:30?

Maki: I see. It will be sunny next Saturday. There will be many visitors in the aquarium. We should have lunch early. The restaurant will be crowded.

Amy: Good idea.

Maki: Are there any other events you want to see?

Amy: Umm... I want to see the dolphin performance in the morning.

Maki: OK. That will be nice to see it. The dolphin performance is very popular.

Amy: Oh, Maki, I don't know where to buy the aquarium tickets.

Maki: Don't worry. I'll ask my mother to buy our tickets.

Amy: Great.

(1) 下線部①と②が，本文の内容に合うように，【 】内の語を正しい順序に並べかえなさい。そのとき，最初と最後にくる語を，それぞれ一つずつ選んで，そのかな符号を書きなさい。ただし，文のはじめにくる文字も小文字になっています。

(2) 次の**ア**から**エ**までの文の中から，その内容が本文に書かれていることと一致するものを選んで，そのかな符号を書きなさい。

ア　2人は日曜日に水族館へ行く予定だ。

イ　2人の水族館の入場券はマキのお母さんが買っておいてくれた。

ウ　2人は水族館での4つのイベントを見学する予定だ。

エ　2人はレストランが混まないうちに早めに昼食を済ませるつもりだ。

2. 次の文章を読んで，あとの(1)から(4)までの問いに答えなさい。

Four children have survived alone in Colombia's Amazon rainforest for 40 days. On May 1, their small airplane crashed. Somehow, the children survived for over a month in the jungle before being rescued.

The children's journey began when they were (A) with their mom from the village of Araracuara, to San Jose del Guaviare. Their small plane had engine trouble, and crashed in the rainforest. Sadly, all three adults on the plane died, including the children's mother.

The four children were left alone in the jungle. The oldest child was a 13-year-old girl. Next came a 9-year-old, a 4-year-old, and an 11-month-old baby.

The children are members of the Indigenous Huitoto tribe. The Huitotos live in the Amazon rainforest, so 【 a 】.

At first, the children survived by eating food in the airplane wreckage. When they ate up the food in the wreckage, the children used their knowledge of the forest's fruits and seeds to survive. Luckily, it was a time when many rainforest plants were producing fruit.

As soon as the plane went down, people started searching for any survivors. After two weeks, 【 b 】. The people searching found signs that the children might still be alive.

Rescue teams flew in helicopters and dropped boxes of food, because they hoped that the children would find them. But they couldn't see the ground because the forest was so thick. The helicopters even played a recorded message from the children's grandmother. The message told the children to stop moving around.

Over 150 soldiers were sent out with dogs to search on the ground. 【 c 】. About 70 Indigenous volunteers also helped search.

At different points, the search teams found signs of the children - a partly-eaten piece of fruit and even a rough shelter made by the children.

After more than a month, the soldiers finally found the children in a small clearing in the forest, about 5 kilometers from the crash site. The children were very weak, but they were alive.

The soldiers who found the children wrapped them in blankets and gave them drinks. A helicopter took the kids out of the rainforest.

Everyone was very happy and relieved because the children were safe. Colombian President Gustavo Petro said they were an "example of total survival that will go down in history."

The children were sent to a hospital in Colombia's capital, Bogota, and they stayed for about two weeks to get medical treatment.

The story of the children's survival has encouraged many people. It has also shown how the knowledge and skills of Indigenous people can help in difficult times.

出典：News For Kids, "*Children Survive Alone in Rainforest for 40 Days*" 改編

（注） somehow　どうにか　Araracuara　アララクアラ（ブラジルの都市）
San Jose del Guaviare　サン・ホセ・デル・グアビアレ（コロンビアの町）
the Indigenous Huitoto tribe　先住民ウィトト族　wreckage　墜落した飛行機の残骸
thick　深い　play a recorded message　録音されたメッセージを流す
Indigenous　先住民族の　rough shelter　粗末な避難場所　clearing　空き地
be relieved　ほっとした　medical treatment　治療

(1) （A）に当てはまる最も適当な語を，次の５語の中から選んで，正しい形にかえて書きなさい。

stop　drive　have　fly　make

(2) 【a】から【c】にあてはまる最も適当な英文を，次のアからウまでの中からそれぞれ一つずつ選んで，そのかな符号を書きなさい。ただし，文のはじめにくる文字も小文字になっています。

ア they found the crash site
イ they left whistles in the forest for the children to use as signals
ウ they knew the rainforest's plants and fruits well

（注） whistle　笛

(3) 次の英語の質問の答えとして最も適当な文を，あとのアからエまでの中から選んで，そのかな符号を書きなさい。

Why did the four children survive in the rainforest for more than a month?

ア Because they were with dogs.
イ Because they walked in the rainforest and exercised together.
ウ Because they had knowledge and skills to survive in jungles.
エ Because they found food boxes that the search teams dropped from helicopters.

(4) 次のアからエまでの文の中から，その内容が本文に書かれていることと異なるものを選んで，そのかな符号を書きなさい。

ア The four children were the only survivors of the airplane crash.
イ People found the children after two weeks of searching.
ウ All four children were members of the Indigenous Huitoto tribe.
エ The children's mother died in the plane accident.

3. 雅登（Masato）が，iPad の画面を見ている留学生のジェイソン（Jason）に話しかけている場面です。次の会話文を読んで，あとの(1)から(5)までの問いに答えなさい。

Masato : Hi, Jason.
Jason : Hi, Masato. How are you?
Masato : Not bad. Hey, what's this?
【 a 】
Jason : In fact, it was painted by AI, artificial intelligence. And it won an art contest in America.
Masato : 【 b 】
Jason : No. ①When you (　　) some keywords into the program, the AI generates some pictures which suit the words.
Masato : 【 c 】
Jason : It generates new pictures by mixing some images from the Internet. It also mixes various painting styles and features when it makes one.
Masato : It sounds just like what humans do.
Jason : 【 d 】
Masato : We do similar things when we create fine arts, don't we? ②When we paint pictures, we (　　) some images we saw in the past. I think it's like the way the AI painter does.
Jason : 【 e 】
Masato : Then, human painters are not necessary anymore? Will AI take such creative jobs from us?
Jason : Well, many people think that way, but there must be something that only humans can do. Thinking of keywords, choosing good themes, using imagination.... An AI painter is just a (A) which gives shape to our feelings. By making good use of it, we can make art much better than before. It will generate new businesses as well.
Masato : If more people use AI painters, arts and culture will be developed even more.
Jason : That might be right. Now, why don't you use the AI painter to make a poster for the volunteer event next week?
Masato : OK, let's choose some good words to make it!

（注） artificial intelligence 人工知能　generate ～を生み出す　suit ～に合う
feature 特徴　similar よく似た　creative 創造的な　imagination 想像力

(1) 次のアからオまでの英文を，会話文中の【a】から【e】までのそれぞれにあてはめて，会話の文として最も適当なものにするためには，【b】と【d】にどれを入れたらよいか，そのかな符号を書きなさい。ただし，いずれも一度しか用いることができません。

ア How can it do that?

イ　Yes, I agree with you.
ウ　What a beautiful picture!　Who painted it?
エ　Why do you think so?
オ　What?　Then, you mean it was not painted by a person?

(2) 下線①，②のついた文が，会話の文として最も適当なものとなるように，(　)にあてはまる語を，次のアからエまでの中からそれぞれ一つずつ選んで，そのかな符号を書きなさい。

ア　look　　イ　put　　ウ　read　　エ　remember

(3) (A)にあてはまる最も適切な語を，次のアからエまでの中から選んで，そのかな符号を書きなさい。

ア　love　　イ　chance　　ウ　tool　　エ　attention

(4) 次のアからカまでの文の中から，その内容が本文に書かれていることと一致するものを二つ選んで，そのかな符号を書きなさい。

ア　Jason thinks there is nothing that humans can do for creative jobs.
イ　Jason thinks we can make new businesses by using AI painters.
ウ　The AI painter can generate good words for making pictures.
エ　All the pictures that the AI painter made didn't win any contests.
オ　No one thinks that AI will take some creative jobs.
カ　Masato will make the poster design with the AI painter.

(5) 次の質問について，あなたの意見とその理由を，2文以上の英語で書きなさい。ただし，解答欄の Yes か No のいずれかに○をつけてから，理由を続けること。

質問：Do you think students should use AI to do their homework?

【理　科】（45分）　　＜満点：100点＞

1　BTB溶液を入れたうすい塩酸100mLに，うすい水酸化ナトリウム水溶液100mLを少しずつ滴下し混合溶液をつくった。その混合溶液に電圧を加え，流れる電流の大きさがどのように変化するかを調べる実験を行った。図1は実験の結果を表したものである。次の(1)から(4)までの問いに答えなさい。

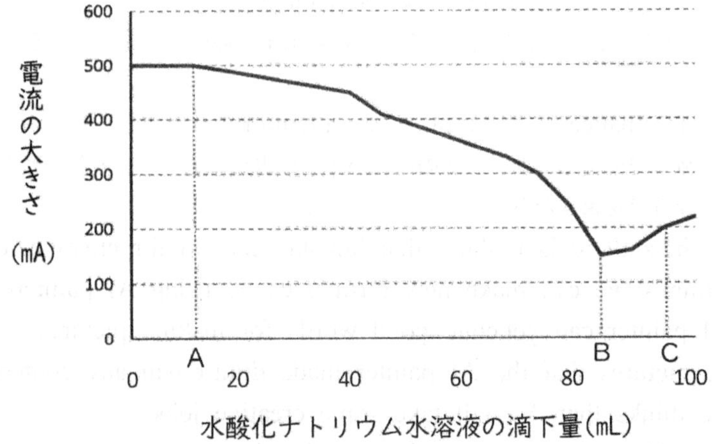

図1

(1)　図1の滴下量A，B，Cのとき，混合溶液の色の組み合わせとして最も適切なものを，右のアから力までの中から1つ選び，そのかな符号を答えなさい。

	A	B	C
ア	青	黄	緑
イ	青	緑	黄
ウ	黄	青	緑
エ	黄	緑	青
オ	緑	黄	青
カ	緑	青	黄

(2)　塩酸と水酸化ナトリウム水溶液の反応の化学反応式を書きなさい。

(3)　この実験における混合溶液中のイオンの総数の変化を表した図として最も適切なものを，次のアからエまでの中から1つ選び，そのかな符号を答えなさい。なお，横軸のA，B，Cは図1のA，B，Cの滴下量を示すものとする。

ア

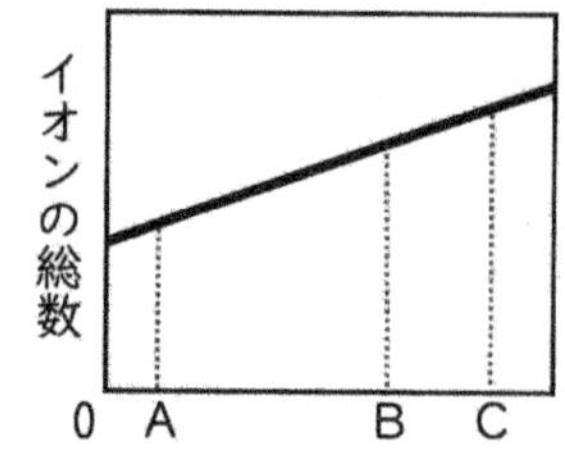

イ

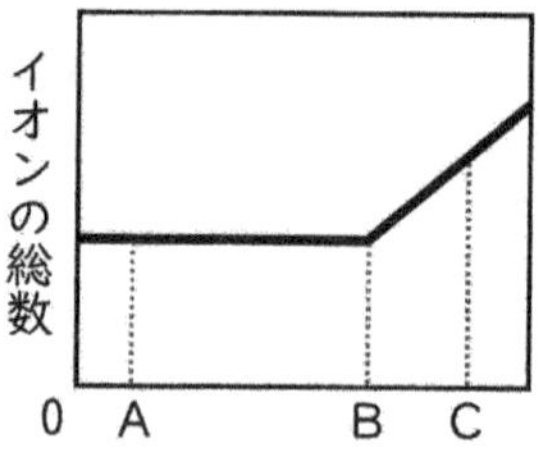

ウ

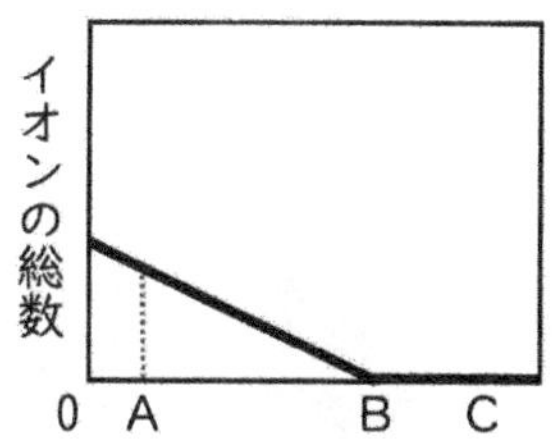

エ

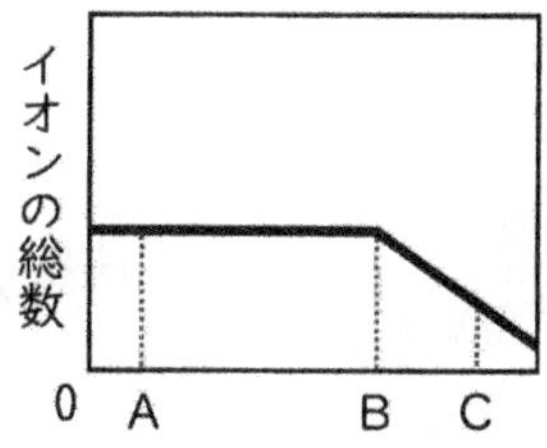

(4)　ある生徒が同様の実験を行おうとしたところ，70mL滴下したところで水酸化ナトリウム水溶液が足りなくなってしまった。最終的な混合溶液の総量だけでも同じにするため，残りの30mLは蒸留水を滴下した。図2はその結果を表したものである。このときの滴下量Dでの混合溶液の色として最も適切なものを，下のアからエまでの中から1つ選び，そのかな符号を答えなさい。

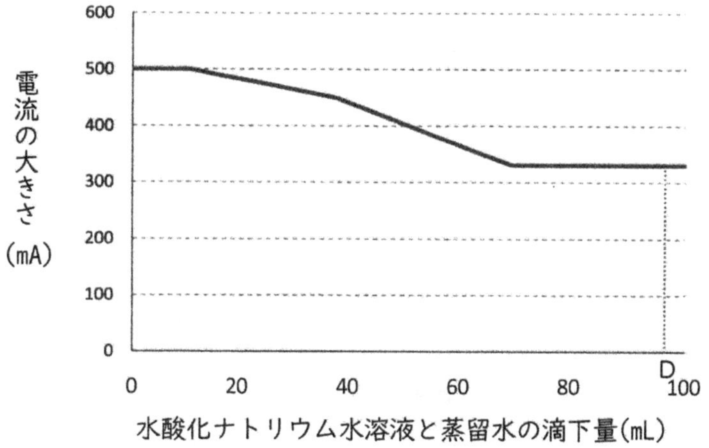

図2

ア　黄
イ　青
ウ　緑
エ　無色

2　図1は，IH調理器の構造を示している。調理器の内部にはコイルがあり，コイルに交流電流を流すとコイルをつらぬく磁界が常に変化するため，鉄なべの底に誘導電流が流れる。このとき，鉄なべ自体の電気抵抗により，熱が発生する。このしくみを確かめるために，交流電流が流れる電源装置を用いて実験Ⅰ～Ⅳを行った。表1は，実験Ⅰ以外の結果を表している。次の(1)から(4)までの問いに答えなさい。

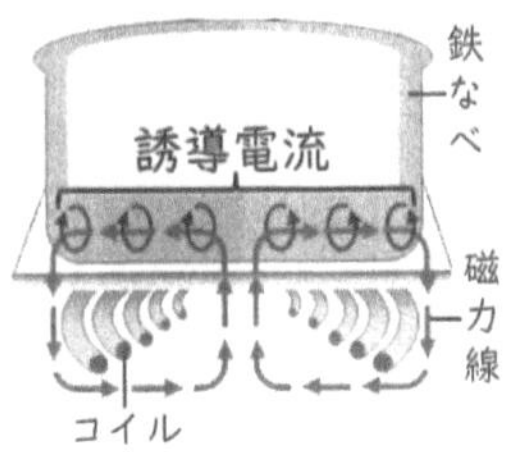

図1　IH調理器の構造

実験Ⅰ：電球と発光ダイオードにそれぞれ電流を流す。

実験Ⅱ：円形に束ねた導線を2つ（コイル1，コイル2）と電球を用意し，コイル1に電源装置，コイル2に電球をつなぐ（図2，図3）。コイル1の上にコイル2を置き，コイル1に電流を流す（図4，図5）。

実験Ⅲ：IH調理器の上に，図3のコイル2と電球を置き，IH調理器の電源を入れる。

実験Ⅳ：図２のコイル１の上に鉄なべを置き，コイル１に電流を流す。

図２　コイル１

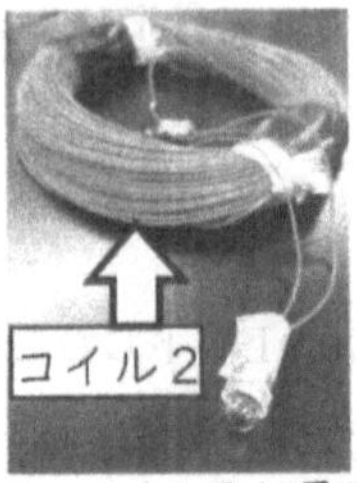

図３　コイル２と電球

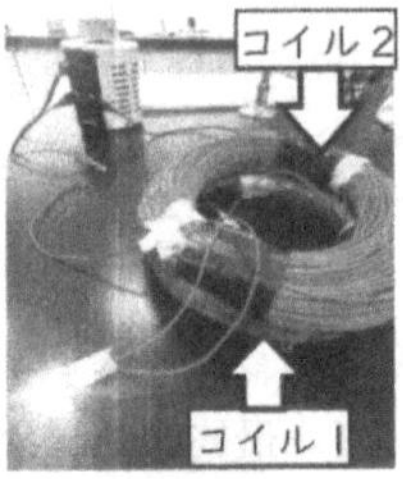

図４　実験Ⅱの様子

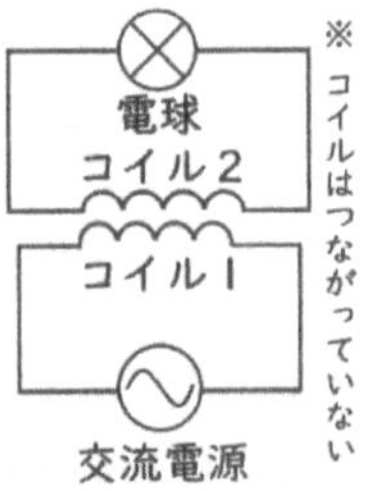

図５　実験Ⅱの回路図

表１　実験の組み合わせ，電流，結果

	組み合わせ	電流	結果
実験Ⅱ	【コイル１】　と　【コイル２と電球】	交流	誘導電流が発生して，電球は光った。
実験Ⅲ	【ＩＨ調理器】　と　【コイル２と電球】	交流	誘導電流が発生して，電球は光った。
実験Ⅳ	【コイル１】　と　【鉄なべ】	交流	誘導電流は発生したが，鉄なべは熱くならなかった。

(1)　実験Ⅰで電源装置から交流電流を流したときの結果の組み合わせとして最も適切なものを，下の**ア**から**エ**までの中から１つ選び，そのかな符号を答えなさい。

	電球	発光ダイオード
ア	光った	光った
イ	光った	光らなかった
ウ	光らなかった	光った
エ	光らなかった	光らなかった

(2)　実験Ⅱと同じ組み合わせで，直流電流が流れる電源装置に変えて実験を行ったときの結果の組み合わせとして最も適切なものを，下の**ア**から**エ**までの中から１つ選び，そのかな符号を答えなさい。

	誘導電流	電球
ア	発生した	光った
イ	発生した	光らなかった
ウ	発生しなかった	光った
エ	発生しなかった	光らなかった

(3)　実験Ⅱ，Ⅲの組み合わせとその結果から，実験Ⅳでは鉄なべが熱くなると予想したが，結果は熱くならなかった。これは発生した誘導電流が小さいためであったと考えられる。このとき，鉄なべを熱くさせるための工夫として適切でないものを，次の**ア**から**オ**までの中から２つ選び，そ

のかな符号を答えなさい。

ア　電流の周波数を高くする。　　**イ**　直流電流が流れる電源装置を使う。

ウ　コイル１の中を満たす鉄しんを入れる。　　**エ**　コイル１の巻き数を増やす。

オ　水中で実験を行う。

(4)　実験Ⅱ，Ⅳではコイル１が熱くなった。これは，コイル１の導線自体の抵抗により，電力量の一部が熱量に変わったためである。このように電力量が使用目的以外に消費されることを電力損失という。この現象は発電所から家庭へ電気を送るときにも起きる。次の２つの公式と図６を参考に，電力損失を減らす工夫として最も適切なものを，下の**ア**から**エ**までの中から１つ選び，そのかな符号を答えなさい。

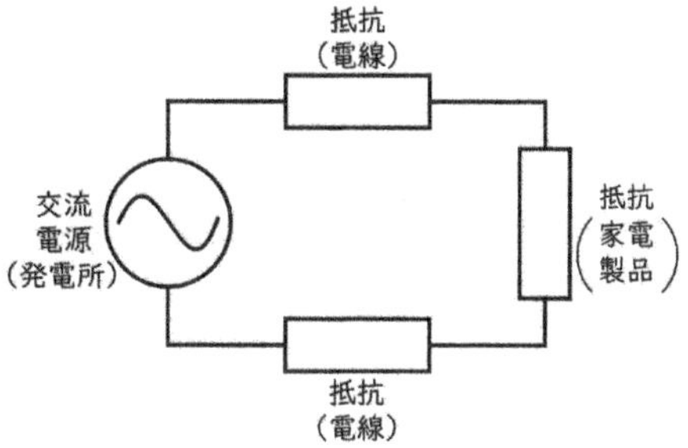

図６　発電所からの送電に関する模式的な回路図

【公式】
電力量[J]＝電圧[V]×電流[A]×時間[s]　　熱量[J]＝(電流[A])^2×抵抗[Ω]×時間[s]

ア　発電所からは電流を大きくして電気を送り出す。

イ　発電所からは電圧を大きくして電気を送り出す。

ウ　電線の素材を，抵抗の大きい金属に変える。

エ　家庭で消費する電力量が大きい時間帯では，発電所での発電量を大きくする。

3　夏は熱中症で救急搬送される人が多く，「熱中症を予防するための見える化」として名古屋市内のスポーツ施設には表１が貼られている所がある。図１（次のページ）は，尿の生成過程を表している。次の(1)から(4)までの問いに答えなさい。

表１　尿の色で脱水症状チェック

尿の色		チェック項目
	薄い緑色	問題なし。普段通りに水分を取ろう。
	薄い黄色	問題なし。コップ１杯の水分を取ろう。
	黄色	１時間以内に 250mL の水分を取ろう。屋外活動あるいは発汗していれば，500mL の水分を取ろう。
	黄土色	今すぐ 250mL の水分を取ろう。屋外活動あるいは発汗していれば，500mL の水分を取ろう。
	茶色	今すぐ 1000mL の水分を取ろう。この色より濃い場合は，すぐに病院へ行こう。

【尿の生成過程】

①　じん臓の一部である糸球体で，血液がろ過される。ろ過後のものを原尿という。

②　原尿の中から養分などの必要なものは，毛細血管中にもどされる（再吸収される）。

③　再吸収されずに残った不要なものが，尿となる。

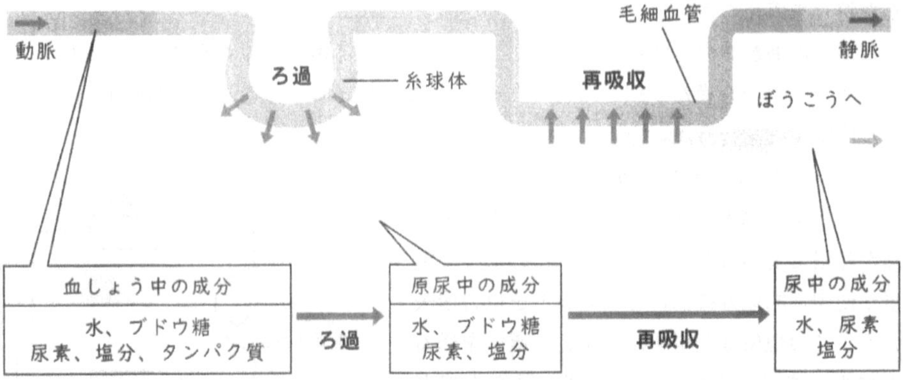

図1　尿の生成過程

(1)　表1のように脱水症状が深刻になるほど尿の色が濃くなる。その理由として最も適切なものを，下の**ア**から**エ**までの中から1つ選び，そのかな符号を答えなさい。

ア　尿に含まれる色素成分の濃度が，脱水症状前より高くなるから。

イ　尿に含まれる色素成分の濃度が，脱水症状前より低くなるから。

ウ　脳が色を指定し，命令しているから。

エ　神経が色を指定し，命令しているから。

(2)　1日に作られる原尿を180L，体外に排出される尿を1.8Lとするとき，再吸収される体積の割合として最も適切なものを，下の**ア**から**エ**までの中から1つ選び，そのかな符号を答えなさい。

ア　80%　　**イ**　90%　　**ウ**　95%　　**エ**　99%

(3)　原尿の多くの成分は再吸収されるため，体外に排出されない。もし原尿がすべて再吸収されれば，尿は生成されないため体外に排出されることはない。尿が生成され，排出される理由として適切でないものを，下の**ア**から**エ**までの中から1つ選び，そのかな符号を答えなさい。

ア　体内で作られた有害な物質を排出するため。

イ　体内の水分量を一定に保つため。

ウ　血液中の酸素濃度を一定に保つため。

エ　体内に侵入したウィルスや細菌を排出するため。

(4)　ヒトは，血液中の塩分濃度の変化を感知し，調節して一定の範囲内に保つことで生命活動を維持している。次の組み合わせとして最も適切なものを，下の**ア**から**エ**までの中から1つ選び，そのかな符号を答えなさい。

	塩分濃度が上昇する状況	再吸収する水分の量	尿量
ア	大量の汗をかいたとき	減らす	通常より多い量
イ	大量の汗をかいたとき	増やす	通常より少ない量
ウ	嘔吐《おうと》が続いたとき	減らす	通常より多い量
エ	嘔吐が続いたとき	増やす	通常の量

4 校外学習で山登りにでかけたときの先生と生徒の会話文である。次の(1)から(3)までの問いに答えなさい。

先　生　山頂に到着です。元気よく登ることができましたね。
ケンジ　がんばりました。ところで山頂の標高はどのくらいですか。
アカネ　看板に海抜1085mと書いてあるわ。
ケンジ　①今の山頂の気温は何℃かな。
先　生　地表と比べて涼しくて気持ちがいいですね。ほら，あの雲を見てください（図１）。何か気づいたことはありますか。

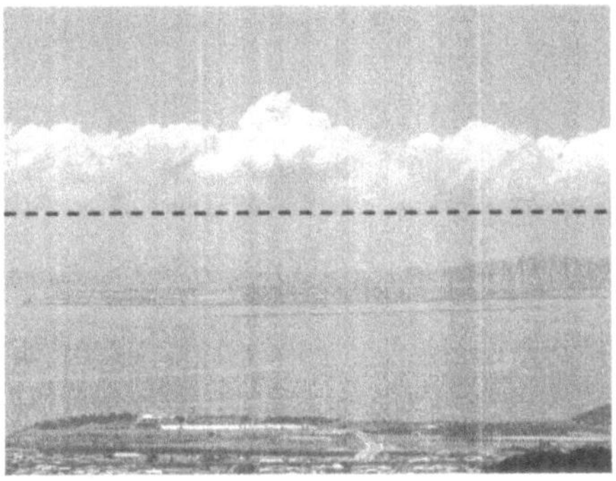
雲ができはじめる高さ
（雲底高度）

図１

ケンジ　雲の形はさまざまだけど，雲ができはじめる高さが同じように見えます。
先　生　同じ時に同じ地域で発生する雲は，②ほぼ同じ高さで雲になります。これを雲底高度といいます。
アカネ　雲は③地表の湿った空気があたためられて上空に移動することでできると習ったわ。
先　生　よく覚えていましたね。では，④あの雲の雲底高度を求めてみましょう。

(1)　下線部①について，高度が100m上がるごとに気温が0.65℃下がるとすると，山頂の気温は約何℃か。最も適切なものを，下のアからエまでの中から１つ選び，そのかな符号を答えなさい。ただし，地表（海抜15m）の気温を35℃とする。

ア　25℃　　**イ**　28℃　　**ウ**　31℃　　**エ**　34℃

(2)　下線部②について，雲底高度がほぼ同じ高さになる理由を，「飽和水蒸気量」という語句を用いて説明しなさい。

(3)　地表は気温が35℃で，$1m^3$あたりの空気に含まれる水蒸気の量が23.0ｇであった。表１を参考にして，あとの問いに答えなさい。

表１　各気温における飽和水蒸気量

気温(℃)	-5	0	5	10	15	20	25	30	35	40
飽和水蒸気量(g/m³)	3.4	4.8	6.8	9.3	12.8	17.2	22.8	30.4	39.2	51.2

(i)　下線部③について，地表の湿度として最も適切なものを，下のアからエまでの中から１つ選び，そのかな符号を答えなさい。

ア　60％　　**イ**　70％　　**ウ**　80％　　**エ**　90％

(ii) 下線部④について，雲底高度として最も適切なものを，下のアからエまでの中から１つ選び，そのかな符号を答えなさい。ただし，上空に移動した空気の温度は，雲が発生するまでは図２のように変化したものとし，上昇に伴う空気の体積変化の影響はないものとする。

ア 750m

イ 1000m

ウ 1200m

エ 1500m

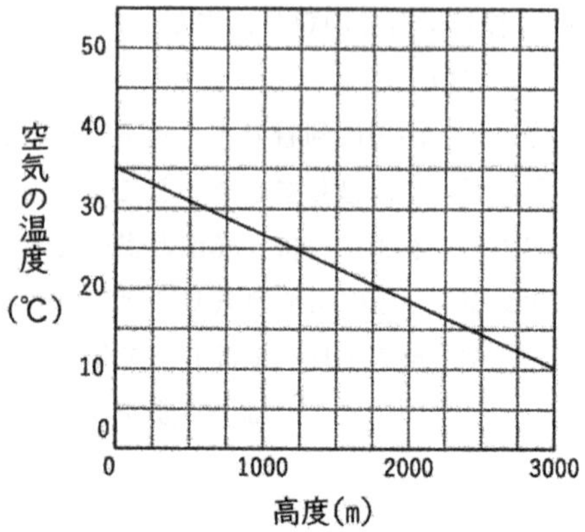

図２

5 次の(1)から(4)までの各問いに答えなさい。

(1) 次の動物たちを，見かけ上のあるひとつの観点で分類すると，３つのグループに分けることができた。

メダカ

カエル

ウシ

バッタ

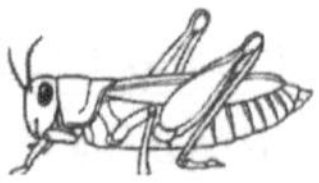

サケ

グループ	動物
①	メダカ，サケ
②	カエル，ウシ
③	バッタ

この分類にクモを入れようとすると，クモはどのグループにも分類できなかった。このとき，次の姿の動物Ａ，Ｂはそれぞれどのグループに分類できるか，①から③の番号で答えなさい。なお，分類できない場合は④と答えなさい。

クモ

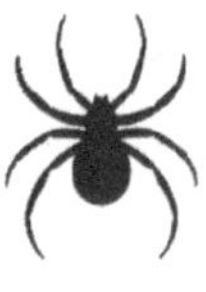

Ａ イモリ

Ｂ オタマジャクシ

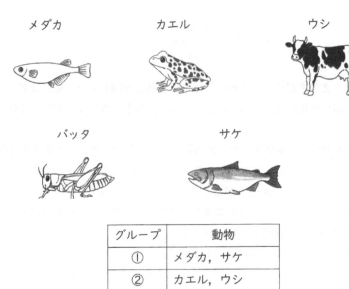

(2) 電車内に糸でつり下げられた物体を地上と電車内から観察した。電車が静止状態から矢印の方向へ発進したら，糸が傾いた状態となった。このとき糸を切ったところ，地上で静止している人からは，図3「右曲」のように落下して見えた。一方で，電車内で静止している人からは，図4「左下」のように落下して見えた。それぞれの人からこのように見えた理由として最も適切なものを，下の**ア**から**カ**までの中から１つ選び，そのかな符号を答えなさい。ただし，空気の抵抗力はないものとする。

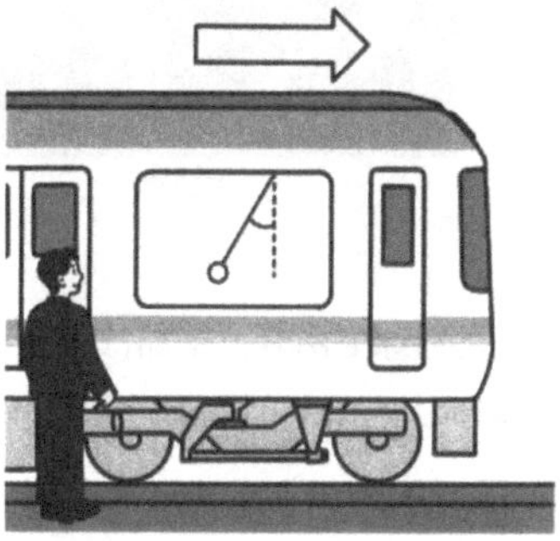
図１　地上の人から見た物体の様子

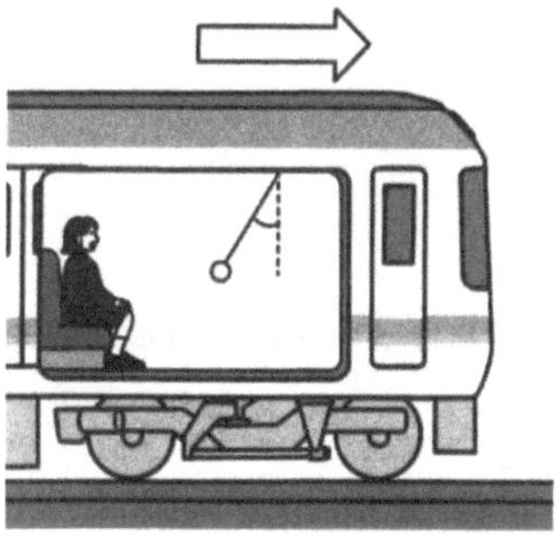
図２　電車内の人から見た物体の様子

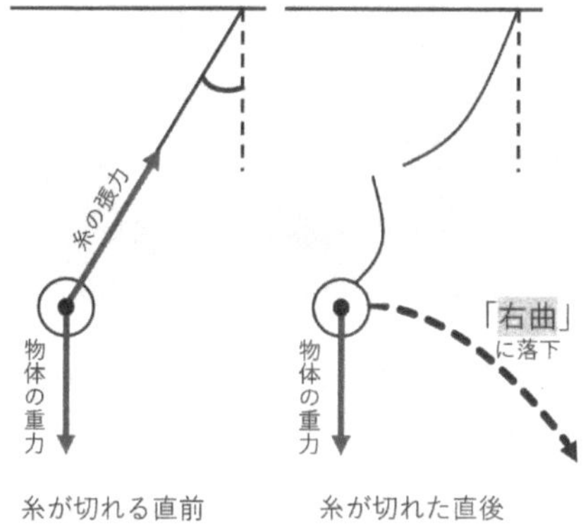

図３　地上の人から見た物体にかかる力

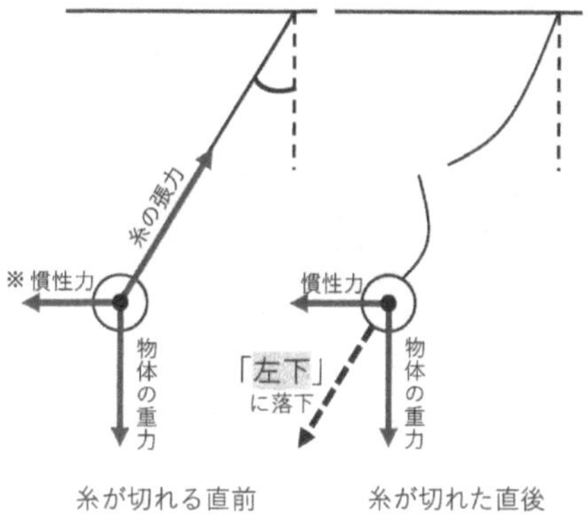

図４　電車内の人から見た物体にかかる力

	物体の垂直方向における運動	物体の水平方向における運動
ア	重力の向きに，等速直線運動	静止
イ	重力の向きに，等速直線運動	電車の進行方向に，等速直線運動
ウ	重力の向きに，等速直線運動	慣性力の向きに，一定の割合で速さが増加
エ	重力の向きに，一定の割合で速さが増加	静止
オ	重力の向きに，一定の割合で速さが増加	電車の進行方向に，等速直線運動
カ	重力の向きに，一定の割合で速さが増加	慣性力の向きに，一定の割合で速さが増加

※「慣性力」とは，物体が元の運動を保とうとしてはたらくものであり，電車内の人にだけ観測できる力である。

(3) 雲などの観測は気象衛星を用いて行っている。この気象衛星は赤道上空約35,800kmに位置し，地球の周りを地球の自転と同じ周期でまわっているため，いつも地球上の同じ範囲を撮影できる。図１は日本における秋分の日の正午に撮影された地球であり，中央に引いた線は赤道を，上部は北極点，下部は南極点を示し，ＰとＱはそれぞれ日本とニュージーランドの位置を示している。

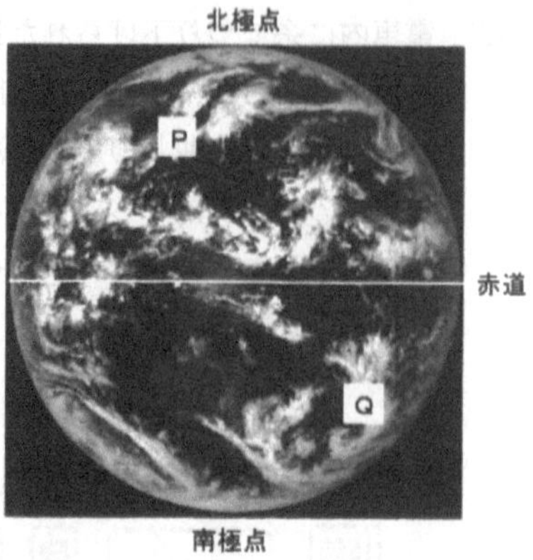

図１

次のＡからＤはいずれも日本時間の午前６時に撮影された地球であり，季節はＡからＤの順に推移している。また，ＡからＤの撮影日は日本における春分の日，秋分の日，夏至，冬至のいずれかである。

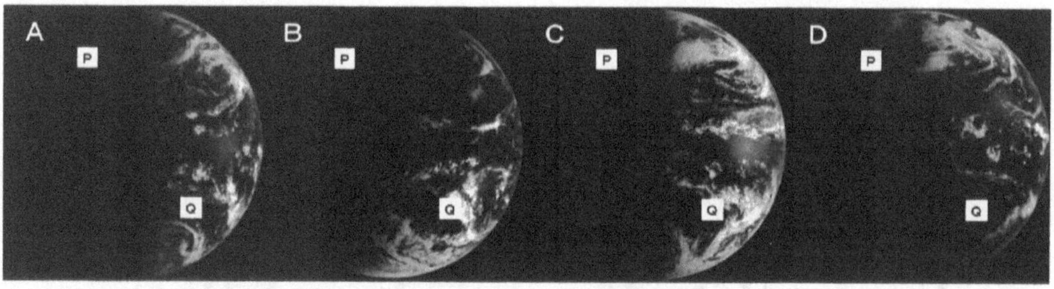

次の文章の（ｉ）に入る最も適切な語句を下の**ア**から**エ**の中から，（ii）に入る最も適切な文を下の**オ**から**ク**の中からそれぞれ１つずつ選び，そのかな符号を答えなさい。

> Ａは日本の（　ｉ　）に撮影された地球である。Ａ～Ｄは同じ時刻に撮影されたにもかかわらず，太陽の光が当たる範囲が季節によって変化するのは，（　ii　）公転しているためである。

（ｉ）
- **ア**　春分の日
- **イ**　秋分の日
- **ウ**　夏至
- **エ**　冬至

（ii）
- **オ**　地球が自転しながら
- **カ**　地球の自転軸（地軸）が傾きながら
- **キ**　太陽が自転しながら
- **ク**　太陽の自転軸が傾きながら

(4) ナツミは自動販売機の横に設置されているゴミ箱に，缶とペットボトルが混ざって捨てられていることに気づいた。そこで，居住地のゴミ処理場のしくみを参考にしてゴミを分類する方法を考え，実験を行った。【資料１】の中のＡからＥはそれぞれのゴミの種類を示す。【資料１】から【資料３】を参考に，ＢとＥにあてはまるものを，それぞれ次のページの**ア**から**オ**までの中から１つずつ選び，そのかな符号を答えなさい。

（【資料１】・【資料２】・【資料３】は次のページにあります。）

ア　アルミ缶　　**イ**　スチール缶　　**ウ**　ペットボトルのふた
エ　ペットボトルのラベル　　**オ**　ペットボトルの本体

【資料１】

アルミ缶・スチール缶・ペットボトル（ふた・ラベル・本体）を約５㎜角に切ってすべてを混ぜ合わせた「混合ゴミ」を用意し，操作１～６を行った。

操作１．４％食塩水を入れた１Ｌのビーカーに混合ゴミを入れると**A**が浮いた。

操作２．**A**を取り除き，沈殿したゴミを水道水でよく洗ったあと乾かした。

操作３．12％食塩水を入れた１Ｌのビーカーに操作２で沈殿したゴミを入れると**B**が浮いた。

操作４．**B**を取り除き，沈殿したゴミを水道水でよく洗ったあと乾かした。

操作５．操作４で沈殿したゴミに電磁石を近づけると電磁石に**C**が付着した。

操作６．**C**を取り除き，操作５で残ったゴミに振動をあたえたところ，上部の**D**と下部の**E**に分かれた。

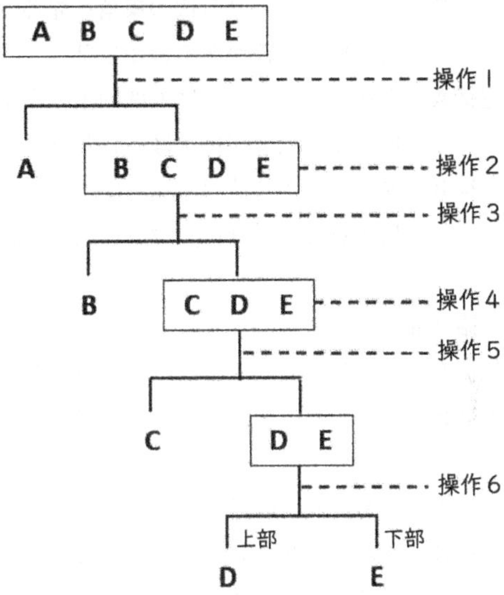

【資料２】食塩水の濃度とその密度

食塩水の濃度(%)	0	4	12
密度(g/m^3)	1.00	1.02	1.08

【資料３】ゴミの種類とその密度

ゴミの種類(材質)	密度(g/m^3)
アルミ缶(アルミニウム)	2.7
スチール缶(鉄)	7.8
ペットボトルのふた(ＰＰ)	0.9
ペットボトルのラベル(ＰＳ)	1.04～1.07
ペットボトルの本体(ＰＥＴ)	1.38～1.39

【社　会】（45分）　　＜満点：100点＞

1　以下の会話文は，身分制をテーマに調べ学習をしている生徒Aと生徒Bの会話である。あとの⑴から⑸までの問いに答えなさい。

会話文Ⅰ

生徒A　縄文時代は，弥生時代と異なり，墓や住居の形や大きさに差が見られないね。

生徒B　そうだね。縄文時代の集落を見ると，円を描くように住居が配置されているけれど，そのことと何か関係があるのかな？

生徒A　調べてみたら，円は人間同士の上下関係を否定する印象を与える形だそうだよ。会議でも参加者間の上下関係をはっきりさせないために，円卓を用いて行われることがあるみたい。

生徒B　すると，縄文人は「(　①　) な社会」だから住居の配置を円形にしたというよりも，円形にすることで「(①) な社会」を維持しようと努めていたかもしれないね。

会話文Ⅱ

生徒A　源頼朝は武士ではじめて幕府をひらいたね。

生徒B　そうだね。武士はもともと皇族や貴族を護衛する役割を担っていて，身分としては皇族や貴族よりも低かったのに，時代の経過とともに権力を握ることに成功したね。

生徒A　でも，武士は日本で一番権威のあった（　②　）を滅ぼすことはしなかったね。なぜかな？

生徒B　それは，頼朝以降，武家の頂点に立った人物の多くが，(②) から武家の棟梁（統率者）を意味する（　③　）に任命してもらっていることからも分かるように，自身の権力の正統性を確かなものにする狙いがあったと考えられているよ。

生徒A　なるほど。(②) から武家の棟梁として認めてもらうことで，周囲を納得させようとしていたんだね。

会話文Ⅲ

生徒A　弥生時代以来，続いてきた身分制社会は，1467年におきた応仁の乱によってゆらいだね。

生徒B　この乱によって足利将軍家の権力は衰退し，戦国時代になったね。戦国大名の中には，家来が主人に打ち勝つ「(　④　)」によってその地位を確立した者もいたね。

生徒A　でも，足利将軍家の権力は衰退しても，幕府はその後も存続していたね。しかも，あの織田信長は足利義昭を援助して (③) に就任させているしね。どんな目的があったのかな？

生徒B　衰退していたとはいえ（　⑤　）を利用しようとしたと考えられるね。

会話文Ⅳ

生徒A　徳川将軍家は儒学，なかでも，主従関係や上下関係を重要視する朱子学を広めたね。

生徒B　つまり，身分制度を重要視したってことかな？身分制度が重要視された時代というのはなんだか窮屈そう。自分は身分制度のない現代に生まれて良かったよ。

生徒A　そうだね。でも，身分制度は支配される者からすると理不尽な制度だけれども，社会全体からすると，必ずしも悪い側面ばかりではないと思うな。

生徒B　えっ？どうしてそう考えたの？

生徒A　身分制度が崩れた戦国時代は争いが絶えなかった一方で，江戸時代は約260年間続いて，その間，人口が増加しただけでなく，経済，文化が発展したよね。その理由の一つとして，身分制度によって（　⑥　）からだと考えられるからね。

生徒B　なるほど。そういう見方もあるね。

(1)　会話文Ⅰ中の（①）にあてはまる適切な語句を書きなさい。

(2)　会話文Ⅱ中の下線部について，頼朝のひらいた幕府に関する説明として最も適当なものを，次の**ア**から**エ**までの中から選んで，そのかな符号を書きなさい。

ア　政治，経済の中心である京都に幕府をひらいた。

イ　将軍権力を支えたのは守護大名たちであった。

ウ　将軍と主従関係を結んだ武士のことを御家人とよんだ。

エ　国司に任命された武士には治安維持の仕事が課せられた。

(3)　会話文Ⅱと会話文Ⅲ中の（②）から（④）にあてはまる語句として最も適当なものを，それぞれ次の**ア**から**エ**までの中から選んで，そのかな符号を書きなさい。

（②）にあてはまる語句

ア　藤原氏　　**イ**　摂関家　　**ウ**　蘇我氏　　**エ**　天皇

（③）にあてはまる語句

ア　征夷大将軍　　**イ**　執権　　**ウ**　関白　　**エ**　太政大臣

（④）にあてはまる語句

ア　打ちこわし　　**イ**　百姓一揆　　**ウ**　下剋上　　**エ**　一向一揆

(4)　会話文Ⅲ中の（⑤）にあてはまる言葉として最も適当なものを，次の**ア**から**エ**までの中から選んで，そのかな符号を書きなさい。

ア　将軍家の宗教的指導者としての地位　　**イ**　将軍家が持つ銀山・金山

ウ　将軍家が持つ権威　　**エ**　将軍家が持つアジアの外交ルート

(5)　会話文Ⅳ中の（⑥）にあてはまる文を解答欄に合うように書きなさい。

2　次のⅠからⅢは情報の歴史に関する資料である。また，文章**A**から**C**は生徒がそれぞれの資料に関して調べ，まとめたものである。あとの(1)から(4)までの問いに答えなさい。

Ⅰ

Ⅱ

Ⅲ

文章A

Ⅰには，大正時代に登場し，国民の新たな情報源となったラジオが写っています。ラジオの普及は大衆文化の成立に大きな影響を与えました。その一方で，戦時中に政府が国民を国の政策に協力させるためにラジオが利用されるなど，負の側面もありました。

文章B

Ⅱは日本が現在の（　①　）東北部に満州国を建国した際に作成されたチラシです。このチラシには「東アジアに住む日本人を含む多様な民族が共存して暮らせる国を目指す」という満州国の建国の理念が描かれ，その理念を多くの人に伝える役割を果たしました。しかし，実際は欧米列強が行ってきたことと同じく，満州国は日本の植民地でした。

文章C

Ⅲはミッドウェー海戦に関するものです。この記事は現在で言うところの“フェイクニュース”です。実際は日本が（　②　）に負けたにも関わらず，大勝したかのように書かれています。権力者により情報統制されていたことがうかがえる記事です。

⑴　**文章B**と**文章C**中の（①）と（②）にあてはまる語句の組み合わせとして最も適当なものを，次の**ア**から**エ**までの中から選んで，そのかな符号を書きなさい。

ア　①：台湾　　②：イギリス
イ　①：中国　　②：イギリス
ウ　①：台湾　　②：アメリカ
エ　①：中国　　②：アメリカ

⑵　**文章C**中の下線部について，新聞が偽情報を流した背景を説明した以下の文中の（**X**）と（**Y**）にあてはまる適切な言葉を，（**X**）は漢字２字で，（**Y**）は10字以内でそれぞれ書きなさい。

政府が日本軍の力を示すことで，（　**X**　）を（　**Y**　）ため

⑶　ⅡとⅢが作成された時期は，次のページの年表中の**a**から**c**のどこに該当するか。それぞれ選んで，そのアルファベットを書きなさい。

1900年
↕　a
1920年
↕　b
1940年
↕　c
1960年

(4)　ⅠからⅢに関する学習を通じて，生徒が学んだこととして最も適当なものを，次の**ア**から**エ**までの中から選んで，そのかな符号を書きなさい。

ア　時代にとりのこされないためには，常に新しい情報機器を使いこなすことが重要である。

イ　情報は権力者が操作する可能性があるので，国民は批判的精神を持つことが重要である。

ウ　平和の実現のためには高度な情報社会になる必要があるため，通信機器の普及が重要である。

エ　世代間の情報格差をなくすため，政府がデジタルデバイド解消に努めることが重要である。

3　東北地方について，あとの(1)から(3)までの問いに答えなさい。

(1)　次の文章は東北地方のある県の地形について述べたものである。文中の（①）と（②）にあてはまる言葉の組み合わせとして最も適当なものを，あとの**ア**から**エ**までの中から選んで，そのかな符号を書きなさい。

> 右の県の北部の海岸は（　①　）できた地形で，岬と入り江の複雑な海岸線になっており，地形を活かした（　②　）がさかんである。
> 一方，この海岸の入り江に津波が入り込むと，なだらかな海岸線の地域と比べて波が高くなる。このような地形がもたらす景観や海の幸，自然災害への影響について知ることが，地域を理解し，その地で豊かな暮らしを営み続けるために必要なことと言える。

（①）の選択肢

a　海面の上昇で山地が水没して　　b　氷河によって削られて

（②）の選択肢

c　いわしの地引きあみ漁　　d　わかめ・かきの養殖

ア　①：a　②：c　　**イ**　①：a　②：d　　**ウ**　①：b　②：c　　**エ**　①：b　②：d

(2)　次の文章について，あとの問いに答えなさい。

> かつて東北地方はシリコンロードとよばれ，x半導体工場が高速道路のインターチェンジ付近に建てられた。近年，y新型コロナウイルスの感染拡大の影響で，世界中で半導体不足が起こった。「産業のコメ」ともよばれる半導体をどう確保するか。海外のメーカーとの協力や，新しい工場の建設など，日本各地で取り組みが進んでいる。

① 文中の下線部xについて，その理由を解答欄に合うように「製品」という語句を用いて10字以内で書きなさい。

② 文中の下線部yについて，半導体不足に影響を与えたこととして適当でないものを，次のアからエまでの中から選んで，そのかな符号を書きなさい。

ア テレワークやリモート授業を導入する企業，学校が増えたこと。

イ 大型テレビやゲーム機を購入する人が増えたこと。

ウ 都市封鎖（ロックダウン）によって，人の移動が制限されたこと。

エ 感染予防のため，マスクを着用する人が増えたこと。

(3) 次のⅠは，東北地方4県の伝統工芸品とその産地を示し，Ⅱのグラフは，全国の国指定伝統工芸品産業の従業員数と生産額の推移を示したものである。あとの問いに答えなさい。

Ⅰ 東北地方4県の伝統工芸品とその産地

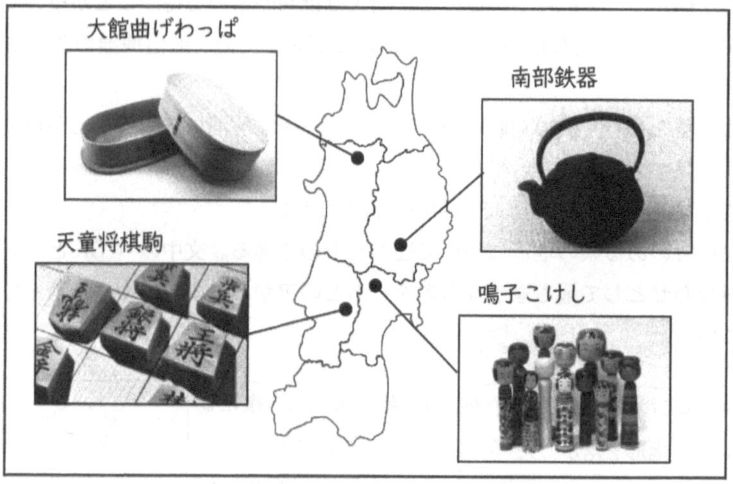

Ⅱ 全国の国指定伝統工芸品産業の従業員数と生産額の推移

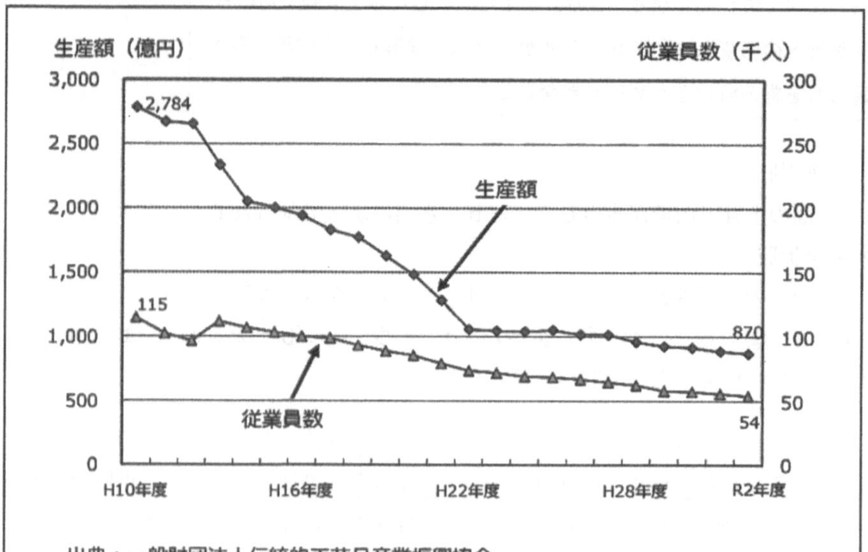

出典：一般財団法人伝統的工芸品産業振興協会

①Ⅱが表す内容として最も適当なものを，次のアからエまでの中から選んで，そのかな符号を書きなさい。

ア　平成10年度以降，従業員数の変化に比例して生産額も変化している。

イ　生産額と従業員数の減少にあわせて，国の伝統工芸品の指定数も減少している。

ウ　生産額の減少幅は，平成22年度以前に比べ，平成22年度以降は小さくなっている。

エ　令和２年度の生産額，従業員数ともに，平成10年度の３分の１を下回っている。

②次の４枚のカードは，南部鉄器を例に，生産額を回復するための新しい取り組みとして，生徒がアイデアを出し合い，案としてメモしたものである。伝統工芸品の生産額の回復策として適当でないものを，あとのアからエまでの中から選んで，そのかな符号を書きなさい。

新しい取り組みの案

よしきくんの案 赤やピンク，青，緑，オレンジなど カラフルな色づかいの製品をつくる	かずひこくんの案 だ円形や注ぎ口が細長いものなど デザインを工夫して製品をつくる
はるかさんの案 フライパンやIH調理器対応など 生活に取り入れやすい製品をつくる	りえさんの案 生産拠点を東南アジアに移して 価格競争に負けない製品をつくる

ア　よしきくんの案　　**イ**　かずひこくんの案　　**ウ**　はるかさんの案　　**エ**　りえさんの案

③次のⅢは東北地方６県の人口密度，米・果実の産出額，製造品出荷額について調べ，まとめたものである。Ⅳは東北地方に夏に吹く，冷たく湿った風の向きを地図に示したもので，ⅤはⅣの地図中の直線の断面図である。また，Ⅵは冷害の影響で平年より少なかった，1980年の東北地方６県の水稲の収穫量と平年の収穫量を比べた表である。ⅢとⅥの表中のＡ，Ｂ，Ｃ，Ｄはそれぞれ秋田県，岩手県，宮城県，山形県のいずれかである。南部鉄器の産地である県を，ＡからＤまでの中から選んで，そのアルファベットを書きなさい。

Ⅲ　東北地方６県の人口密度，米の産出額，果実の産出額，製造品出荷額

	人口密度（人／㎢）	米の産出額（億円）	果実の産出額（億円）	製造品出荷額（億円）
青森県	126.6	548	906	17,504
Ａ	81.2	1078	89	12,998
Ｂ	78.3	566	142	26,435
Ｃ	314.5	795	30	45,590
Ｄ	113.1	837	729	28,679
福島県	131.5	762	299	51,232

人口密度は2021年　米・果実の産出額は2020年　製造品出荷額は2019年の数値

（「データで見る県勢2023年度版」をもとに作成）

Ⅳ　夏に吹く冷たく湿った風の向き

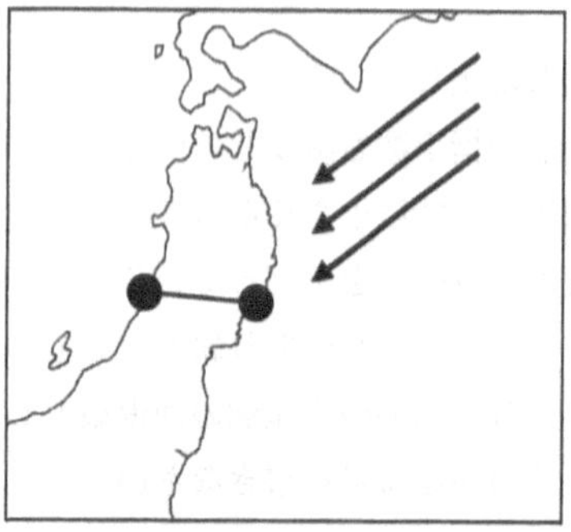

Ⅴ　●――●間の断面図

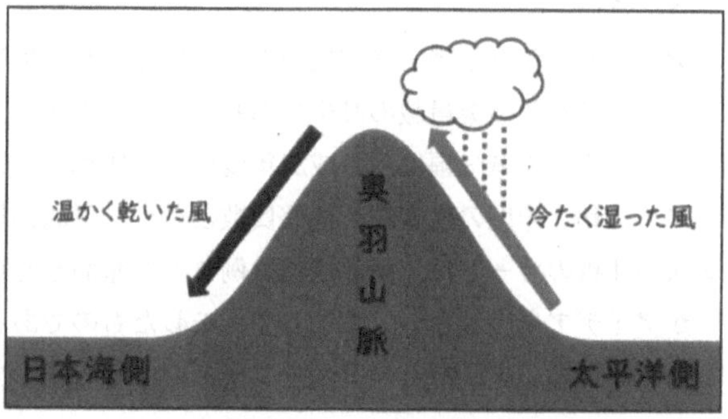

Ⅵ　1980年と平年の水稲の収穫量（千ｔ）

	1980年	平年
青森県	195.6	419.2
A	625.2	633.2
B	237.0	398.0
C	418.2	531.8
D	511.6	525.7
福島県	354.3	481.7

（農林水産省ウェブサイトをもとに作成）

4　次の略地図について，あとの⑴から⑶までの問いに答えなさい。

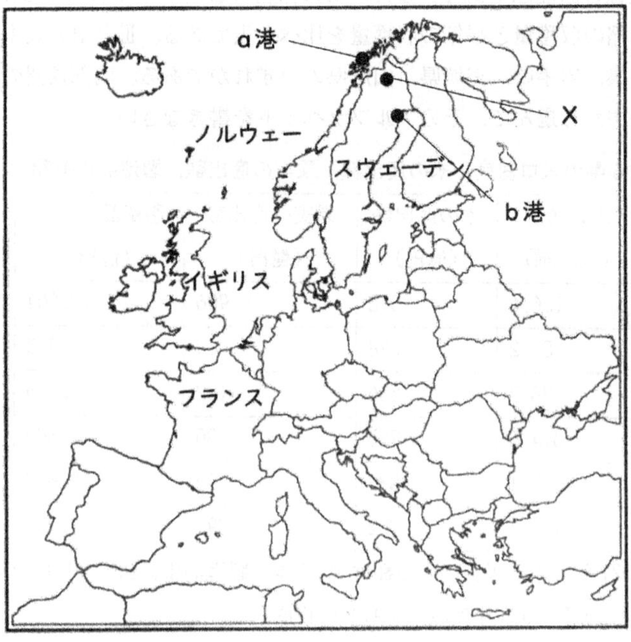

(1) 次の文章中の（①）と（②）にあてはまる文または数字を，あとの**ア**から**エ**までの中からそれぞれ選んで，そのかな符号を書きなさい。

> 略地図中のノルウェーやスウェーデンでは，夏至の頃，（　①　）時期があり，白夜とよばれる。この原因は，地球の自転の軸が約23.4度傾いているからである。白夜は緯度が約（　②　）度以上の地域で起きる。

（①）の選択肢

ア　太陽と月が重なり，太陽が欠けて見える
イ　地球が太陽と月の間に入り，月が欠けて見える
ウ　太陽が沈まない，または沈んだ後も明るい
エ　太陽がのぼらない，またはのぼった後もうす暗い

（②）の選択肢

ア　24
イ　67
ウ　114
エ　157

(2) 次の文章中の（①）と（②）にあてはまる語句の組み合わせとして最も適当なものを，あとの**ア**から**エ**までの中から選んで，そのかな符号を書きなさい。

> 略地図中のスウェーデンの**X**の地域では鉄鉱石が採掘され，多くが輸出されている。普段は**b**港から輸出されるが，冬季には港が凍結してしまうため，ノルウェーの**a**港から輸出される。**a**港の方が**b**港に比べ，高緯度に位置するにも関わらず，冬でも凍結しないのは暖流の（　①　）の影響を受けるからである。さらに，イギリスやフランスなどヨーロッパ北西部の地域は，（　②　）が暖流の上の温かい空気を大陸へ運ぶため，緯度が高いわりに気候は温暖である。

ア　①：カリフォルニア海流　　②：季節風
イ　①：カリフォルニア海流　　②：偏西風
ウ　①：北大西洋海流　　②：季節風
エ　①：北大西洋海流　　②：偏西風

(3) 次のページの資料は，ＥＵ各国の一人あたりの国民総所得を示している。あとの説明文の（①）から（④）にあてはまる語句を，あとの**ア**から**エ**までの中からそれぞれ選んで，そのかな符号を書きなさい。ただし，かな符号は１度しか使用できない。

説明文

> ＥＵ域内は人・もの・お金の移動が自由なため，ＥＵ東部の国々へ（　①　）を求めて（　②　）の移動が，またＥＵ中央部・西部の国々へ（　③　）を求めて（　④　）の移動が起こっている。

ア　労働者　　**イ**　工場　　**ウ**　より安い賃金　　**エ**　より高い賃金

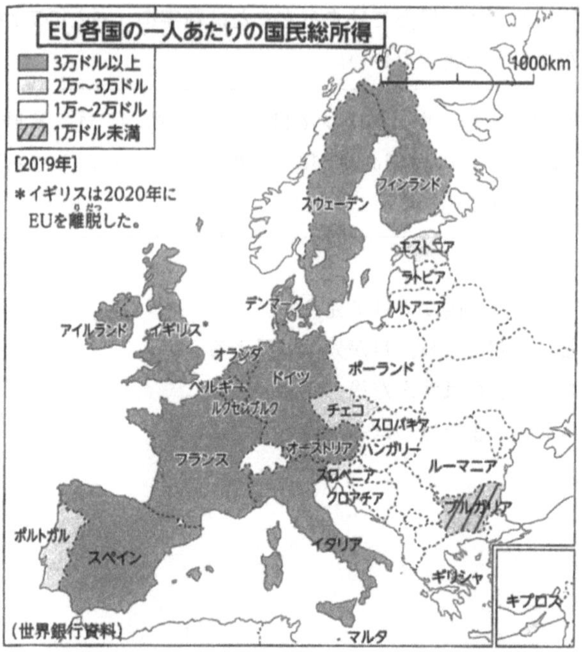

※国名の記載がある国がＥＵ加盟国（イギリスを除く)。

5　次の会話文を読み，あとの(1)から(4)までの問いに答えなさい。

先　生　今日の授業は，「情報化する社会」がテーマです。皆さんの中にもスマートフォンを持っている人がいるでしょう。皆さんはどんな使い方をしていますか？

生徒A　私はInstagramやLINE，TikTokなどのSNSで友達との連絡や動画を見るために利用しています。高校に入学したら中学校の友達だけでなく，いろんな人とSNSを使ってつながりたいです。新しい友達と学校帰りに食事に行ったり，夏休みに旅行に行ったりした写真をSNSに投稿して，高校生活を楽しんでいる姿をたくさんの人に見てもらいたいです。

先　生　Aさんの言ってくれたSNSは，うまく使えば有意義な情報を得ることができ，自分自身を豊かにしますね。しかし，SNSへの写真，動画などの投稿は，a 個人情報の流出の危険性や，肖像権や b 著作権の侵害といった問題を生んでいます。自分の高校生活をみだりに投稿することは，実は危険と隣り合わせの行為なのですよ。

生徒A　えっ，そんな…。でも確かに知らない人にプライベートを見られるのは少し怖いかも…。

生徒B　私は母から「他の人を c 誹謗中傷したり，傷つけたりするような投稿は絶対にしないで」と強く言われています。自分がそう思っていなくても，相手がそう受け止めることもあるからと。それから間違った情報も溢れているから気をつけるようにと注意されました。

先　生　Bさんのお母さんは，SNSや情報化社会の危険性をよく理解されていますね。様々な情報を整理し，正しく使おうとする姿勢や態度を d 情報モラル・情報リテラシーと言います。皆さんはしっかりと守れているでしょうか。

⑴　下線部aについて，現代で「個人の私生活がみだりに干渉されない権利」として，「新しい人権」の一つとされている権利を何と言うか。解答欄に合うように答えなさい。

⑵　下線部bについて，次の文章を参考にして，「著作権の侵害」にあたらない事例を，あとのアからエまでの中から選んで，そのかな符号を書きなさい。

> 「著作権」とは著作物を創作した者に与えられる，自分が創作した著作物を無断でコピーされたり，利用されたりしない権利のこと。

ア　あなたが作ったオリジナルキャラクターを，あなた自身がSNSに投稿して広めた。

イ　あなたが有名な漫画のキャラクターのイラストを用いて，Tシャツを作って販売した。

ウ　あなたが描いた絵を，友人がインターネット上で公開し自分が描いたものだと主張した。

エ　友人が書いたミステリー長編小説を，あなたが書いた小説として出版した。

⑶　下線部cについて，SNS上で自分の意見を発信することは，「表現の自由」として憲法で保障された権利でもある。次の憲法の性質について述べた文章A・Bと，それを踏まえて「表現の自由」について述べた文章C・Dのうち，正しい文章の組み合わせとして最も適当なものを，あとのアからエまでの中から選んで，そのかな符号を書きなさい。

憲法の性質を述べた文章

A　憲法は国（政府）が個人の人権を侵害しないよう，国が保障すべき人権を定めたものであり，個人が他者の人権を侵害しても，憲法違反を理由に取り締まりを受けることはない。

B　憲法は国の最高法規であり，憲法で保障されている人権について，個人が他者の人権を侵害した場合は，憲法違反を理由に取り締まりを受けることがある。

憲法の性質を踏まえて「表現の自由」について述べた文章

C　憲法上の「表現の自由」も，あらゆる表現を国が人権の一つとして保障したものであるから，個人の表現が他者を誹謗中傷することがあっても，法律で罰せられることはない。

D　憲法上の「表現の自由」は，他者の人権を侵害しない限りにおいて認められるべきであり，個人の表現が他者を誹謗中傷することがあれば，法律で罰せられることもある。

ア　AとC　　イ　AとD　　ウ　BとC　　エ　BとD

⑷　下線部dについて，次のような情報の扱い方は，誰にとって，どんな危険があると考えられるか。解答欄に合うように書きなさい。

> 高校のオリエンテーション合宿で撮影したクラス写真を，中学時代の友人のLINEグループに投稿した。

6　次の文章を読み，あとの⑴から⑷までの問いに答えなさい。

> 世の中には様々な，a「対立」が存在します。対立はやがて解決をすることが望まれます。互いの権利や考え方を尊重しながら解決策を模索し，互いが納得できるルールをつくることが大切です。これを「合意」と言います。対立から合意に至る過程も重要で，b「効率」とc「公正」の二つの側面を追求する必要があります。

公正という概念は，税金のしくみにも用いられています。例えば，（　①　）は所得に関係なく，皆が同じ税率を負担するという点で公正です。他方で，所得の低い人ほど所得に占める（①）の割合が多くなるという（　②　）のしくみを有する側面もあります。また，（　③　）は低所得者には低い税率が，高所得者には高い税率が適用されるしくみがあり，所得に応じた課税負担という点で公正です。しかし，いずれも完全な公正が実現できているわけではなく，「公正に近づけるためのしくみ」ということがふさわしいでしょう。

⑴　文中（①）から（③）にあてはまる語句の組み合せとして最も適当なものを，次の**ア**から**エ**までの中から選んで，そのかな符号を書きなさい。

ア　①：消費税　②：逆進性　③：所得税
イ　①：消費税　②：累進課税　③：所得税
ウ　①：所得税　②：逆進性　③：消費税
エ　①：所得税　②：累進課税　③：消費税

⑵　下線部**a**について，社会生活で生じた「対立」を解決する手段として裁判がある。裁判について述べた文として最も適当なものを，次の**ア**から**エ**までの中から選んで，そのかな符号を書きなさい。

ア　刑事裁判では，被告人は無罪の判決を受けるまでは有罪の扱いをうける。
イ　刑事裁判では，被告人の自白を唯一の証拠として有罪にすることができる。
ウ　民事裁判では，国（政府）や地方公共団体（地方自治体）を相手に裁判を行うことができる。
エ　民事裁判では，市民から選ばれた裁判員が審議に加わる裁判員制度が導入されている。

⑶　下線部**b**について，次の文章のうち，「効率」の考え方が活かされている事例としてふさわしくないものを，次の**ア**から**エ**までの中から選んで，そのかな符号を書きなさい。

ア　３日間の休日にサッカー部，野球部，陸上部がそれぞれグランドを１日ずつ使用する場合，陸上部はグランドを３分の１しか使用しないため，陸上部の活動日に空いたスペースをサッカー部と野球部で使用する。
イ　テーマパークの３人座席のアトラクションで，2人客が連続した場合，座席が１席ずつ空いてしまうため，１人客で乗車する人は「シングルライダー」として別の列を設けて，空いた座席に優先的に乗車できるようにする。
ウ　入学試験で受験生に問題用紙と解答用紙を配付する場合，最前列の生徒にまとめて渡し，後ろへ送るという方法で配付すると配付間違いが起こりうるため，試験監督が各机に問題用紙と解答用紙を１部ずつ配付する。
エ　３時間目の社会の授業でテストを実施する場合，早く解答を終えてしまう生徒もいるため，解答が終わった生徒は解答用紙を提出した後，静かに４時間目の数学のテストの勉強をしてよいこととする。

⑷　下線部**c**について，「公正」とは，「集団や個人を尊重し，不当に扱わないこと」を言う。次のページの資料のケース**A**からケース**C**は，「公正」とは言えず，あとの公正①から公正③のいずれかを満たしていない。それぞれのケースと，満たされていない公正①から公正③の正しい組み合わせとして最も適当なものを，あとの**ア**から**カ**までの中から選んで，そのかな符号を書きなさい。

資料

ある学校で体育館を活動場所として使用したいバドミントン部，バレーボール部，ダンス部の３つの部が話し合いを行い，各部が使用する決まりを考えることとした。
ケースＡ　ダンス部は球技ではないので，体育館の半面の使用が前提で話し合いが進められた。 ケースＢ　バレーボール部は，曜日・時間を問わず体育館の半面だけしか使用が認められなかった。 ケースＣ　バドミントン部の代表者が病気で欠席している（代わりもいない）中で会議が行われた。

公正①　利害が関係する人みんなが参加している（手続きの公正）。

公正②　差別的な理由付けで不当な制限がされることがない（機会の公正）。

公正③　結果や決定が，立場が異なっても受け入れられる（結果の公正）。

ア　Ａ：公正①　Ｂ：公正②　Ｃ：公正③
イ　Ａ：公正①　Ｂ：公正③　Ｃ：公正②
ウ　Ａ：公正②　Ｂ：公正①　Ｃ：公正③
エ　Ａ：公正②　Ｂ：公正③　Ｃ：公正①
オ　Ａ：公正③　Ｂ：公正①　Ｃ：公正②
カ　Ａ：公正③　Ｂ：公正②　Ｃ：公正①

ウ　霧嶋山の頂上は高く天変地異も起こりやすかったため、登頂するのは難しい山だった。

エ　霧嶋山では大切なものを無くしたり落としたりするため、地元の人も登りたがらなかった。

オ　筆者は天の逆鉾のことを聞いて恐ろしく感じ、霧嶋山には登らないことを固く決意した。

四　次の古文を読んで、あとの問いに答えなさい。

むかしあめつちいまだひらけざりし時、ア冊諾二柱《さくたくふたはしら》の御神、イ天《あめ》の浮橋《うきはし》の上よりウ霧《きり》の海を詠《なが》め下し給ふに、エ嶋のごとくに見ゆるもの有《あり》。二柱の御神、天のとぼこを以て1是《これ》を探《さぐ》り見給ふに、国なりければ、則此《すなはちこの》所に跡を垂《たれ》給ふ。霧嶋山と名付《なづく》る由来にして、其鉾《そのほこ》を逆《さか》しまに下し給ひしが、今に至り其《その》ままに此《この》山の絶頂に建《たち》て有《ある》を、天《あま》の逆鉾《さかほこ》といふ。誠に神代の旧物《きうぶつ》にして、奇絶の品、又、2外に是《これ》に比すべきものなし。人々皆珍らしく尊ぶ。3とく拝せん事を希《ねが》ふといへども、此《この》霧嶋山、格別の高山にして、殊に火もへ、風動き、其外《そのほか》種々の神変不思議、怪異、珍奇多く、登る者、不時に紛失する事抔《など》毎度の事ゆへに、薩州、日州の人といへども恐れて絶頂に至る者すくなし。

予、久敷此《ひさしくこの》逆鉾の事聞居《ききゐ》てゆかしく思ひ居つれば、鹿児嶋逗留の時節、志を起《おこ》して登らんとす。

（『西遊記』より）

（注）○あめつちいまだひらけざりし時＝世界の始まりである天と地がまだ開かれていなかった時。
○冊諾二柱の御神＝イザナミノミコトとイザナギノミコト。天地創造の二神。
○天のとぼこ＝天の鉾。
○薩州＝薩摩国の異称。現在の鹿児島県西部にあたる。
○日州＝日向国《ひゅうがのくに》の異称。現在の宮崎県と鹿児島県北東部にあたる。
○逗留＝旅先で、ある一定期間とどまること。

(1)　1是　が指す内容を本文中の波線部**ア**から**エ**の中から一つ選び、記号で答えなさい。

(2)　2外に是に比すべきものなし　とあるが、その内容を説明したものとして最も適当なものを次の**ア**から**エ**の中から選び、記号で答えなさい。

ア　逆鉾の刺さった山が天から見ると霧の中に浮かぶ嶋に見え、そのような景色はどこに行っても見られるものではないということ。

イ　天から落とされた鉾が偶然逆さまに刺さってそのままになっており、他にこのような奇跡的な光景を見られる場所はないということ。

ウ　鉾を逆さまにして山頂に建てようという発想自体が普通思いつかず、他に比べようもない珍しくすばらしい考えであるということ。

エ　神が大昔に山頂に建てたという逆さまの鉾がその場に存在し続けており、そのように長年残っている光景は他にはないということ。

(3)　3とく拝せん事を希ふといへども　の現代語訳として最も適当なものを次の**ア**から**エ**の中から選び、記号で答えなさい。

ア　特に拝んでみようとは思わなかったけれども

イ　すぐに拝んでみたいと強く望んだけれども

ウ　特に尊ぶ気持ちで拝むべきだと思ったけれども

エ　すぐに拝めるだろうと期待したけれども

(4)　この文章に書かれている内容として最も適当なものを次の**ア**から**オ**の中から選び、記号で答えなさい。

ア　霧が常にただよう海に浮かぶ嶋に存在していた山だったため、霧嶋山と名付けられた。

イ　霧嶋山は天の逆鉾がそびえ立つ神聖な山だったため、入山できる人々も限られていた。

イ　自分の人生のさまざまな困難や理不尽を誰かに聞いてもらうことによって、当事者から第三者に変わることができるから。

ウ　誰かに話を聞いてもらって自らに考える力が戻ってくると、第三者的な視点でさまざまな物事を考えられるようになるから。

エ　当事者としてのさまざまな困難や理不尽を抱える一方で、関わることすらできない困難や理不尽も世の中にはあるから。

(4) [A]、[B]にあてはまることばの組み合わせとして最も適当なものを、次の**ア**から**エ**の中から選び、記号で答えなさい。

ア　[A]　だけど　[B]　したがって

イ　[A]　だから　[B]　したがって

ウ　[A]　だけど　[B]　あるいは

エ　[A]　だから　[B]　あるいは

(5) この文章の段落の関係を説明したものとして最も適当なものを、次の**ア**から**エ**の中から選び、記号で答えなさい。

ア　第四段落で対話における第三者の重要性を述べ、第五段落ではその第三者について具体例を挙げ考察を深めている。

イ　第五段落で第三者がもつ性質について説明し、第六段落では当事者のもつ性質について対比的に説明している。

ウ　第六段落で人の抱える問題が多面的であることを述べ、第七段落では各々の問題に対する解決策を提案している。

エ　第七段落で話を聞くことに関する身近な具体例を挙げ、第八段落では社会に話を展開して広い視野の重要性を述べている。

(6) 次の**ア**から**オ**は、この文章を読んだ生徒たちがそれぞれ自分の意見をまとめたものである。その内容が、本文での筆者の考え方に近いものを二つ選び、記号で答えなさい。

ア　（Aさん）今の世の中では個々が異なる事情や問題を抱えており話し合いが容易ではないことが分かりました。その中で、相手が何を考えているのかを常に想像していくことを大切にしていきたいと思います。

イ　（Bさん）自分の抱える問題で周りを気遣う余裕がなくなり相手を傷つけそうになる気持ちは分かる気がします。そういう時は問題に時間と距離を置いて一人で落ち着いて考え直すことが大切だと考えました。

ウ　（Cさん）問題を解決する話し合いを始めるために、第三者にあらかじめ話を聞いてもらうことが大切だと感じました。日頃から親友と呼べるような心を打ち明けられる友人を数多く作っておこうと思いました。

エ　（Dさん）自分の悩みについて共感して話を聞いてくれる相手がいると、心が救われると思いました。私も相手の悩みや困りごとに直接関わりがなかったとしても親身になって話を聞いてあげたいと思います。

オ　（Eさん）時と場合によって聞いてもらう立場と聞く立場が入れ替わることで、問題の解決に繋がることが分かりました。解決が難しい問題に直面した時も、聞いてくれる人を支えに話し合いを続けたいです。

に、どこかで妥協点を見つけるためには、その裏で誰かがわかってくれている必要があります。「悔しいよね」と誰かが言ってくれるから、僕らは悔しい気持ちに少しだけ耐えられるようになります。

（東畑　開人『聞く技術　聞いてもらう技術』より）

（注）○1～8は段落符号である。
○リソース＝資源や財源。
○ブレグジット＝イギリスの欧州連合（ＥＵ）離脱を指した用語。

(1) [1]悪魔化が起こるのはそういうときです　とあるが、筆者の考える「悪魔化」とはどのような状況をさしているか。七十字以上八十字以下で説明しなさい。ただし、「余裕」「敵」「対話」という三つのことばを全て使って、「利害が対立しているとき、」という書き出しで書き、「～という状況。」で結ぶこと。三つの言葉はどのような順序で使ってもよろしい。

（注）・句読点も一字に数えて、一字分のマスを使うこと。
・文は、一文でも、二文以上でもよい。
・左の枠を、下書きに使ってもよい。ただし、解答は必ず解答用紙に書くこと。

利害が対立しているとき、

70　80

(2) [2]友人的第三者の力点は「第三者」のほうにあります　とあるが、どういうことをいいたかったのか。最も適当なものを次の**ア**から**エ**の中から選び、記号で答えなさい。

ア　身近で信頼のおける友人に、第三者としてではなく当事者として問題に関わってもらうのが大切だということ。

イ　友人と呼べる人の中でも、特に幼い頃から打ち解けている人の方が、問題に関わってもらいやすいということ。

ウ　友人であることよりも、問題から距離をとって親切に話を聞いてくれる人に相談するのが大切だということ。

エ　友人ではなく自身に全く関係のない初対面の人の方が、第三者として問題を解決できる可能性が高いということ。

(3) [3]しかし、同時に、僕らは常に当事者であるわけではありません　とあるが、なぜそのようにいえるのか。その理由として最も適当なものを次の**ア**から**エ**の中から選び、記号で答えなさい。

ア　さまざまな困難や理不尽に対して格闘することによって、その困難や理不尽から抜け出し当事者でなくなることができるから。

れません。「親友」みたいに心の底から打ち解けていて、絶対に裏切らないという確信がないと、「友達だ」と思いにくいのかもしれない。でもね、2友人的第三者の力点は「第三者」のほうにあります。問題から少し離れたところにいる誰かというのは、助けを求めると基本的に親切にしてくれるものだと思うんですね。そして、親切にしたりされたりしている関係を、僕らは「友人」と呼ぶのだと思うわけです。ですから、誰でもいい。同僚や上司でもいいし、取引先の人でもいいし、顔馴染《なじ》みのクリーニング屋さんでもいい（もちろん、家族だっていい）。戸惑う心をちょっと漏らしてみてほしい。そこで聞いてもらえた体験の蓄積が、あなたに新しい友人をもたらしてくれるはずです。

（中略）

6 僕らはみんな、自分の人生の当事者です。人生にはさまざまな困難が起こり、その中には理不尽なこともたくさんあります。僕らは当事者として、自分のことをできるかぎり自分で決められるよう、格闘しています。そういうときには、誰かに話を聞いてもらえると助かります。それは少なくとも、つながりをもたらしてくれます。僕らを孤立から引っ張り出してくれる。すると、僕らに考えるちからが戻ってきます。3しかし、同時に、僕らは常に当事者であるわけではありません。世界は広いし、世の中には自分と関係のないように思えることがたくさんあります。ユーラシア大陸の向こう側で戦争が起きていて、マンションの別の階の一室で悲劇が起きています。僕らは第三者で、手も足も出せないまま、成り行きを見守るしかない。

7 〔 A 〕、話を聞くことはできます。もしかしたら、うしろめたく感じるかもしれません。当事者が悲惨な境遇を語っているのに、自分は安全圏にいる。ひょっとしたらおせっかいと思われるかもしれないし、「わかってないくせに」と言われるかもしれない。そんな立ち入った話を聞いていいのだろうかと思ってしまいます。だけど、思うのです。おせっかいに案外ひとは助けられます。思ってもいないところから、つながりの糸が伸びてくる。想像もしていなかったひとから心配されていたことに気づく。この世界に、友といえるひとがいたことに驚く。誰かが話を聞いてくれる。それがちぢこまってしまっていた心をゆるませ、心を再起動するためのスペースを作ってくれる。

8 当事者であるときは話を聞いてもらい、第三者であるときは話を聞いてみる。立場は交互に入れ替わります。あるときには聞いてもらう側だったけど、別のときには聞く側になる。「聞いてもらう技術」を使うときもあれば、「聞いてもらう技術」を使っている人を見つけて「なにかあった？」と尋ねるときもある。「聞く」がそうやってグルグルと循環しているときにのみ、「社会」というものはかろうじて成り立つのではないでしょうか？ 部族とか村とか、小さな運命共同体しかなかったときには、全員が当事者でした。共同体がうまくいかなくなったら共倒れになってしまうわけですから。だけど、都市ができて、世界が広がって、お互いがお互いを知らず、責任を持たない個人たちが登場して初めて、「社会」が生まれてくる。第三者の登場こそが「社会」の発生です。〔 B 〕、「社会」問題に取り組むためには、聞く第三者がいないといけない。当事者同士がリングの上で血を血で洗う争いをせざるをえず、傷つきが溢《あふ》れかえるときに、リングサイドで第三者が話を聞いてくれる。そういう時間があるから、心を持ち直して、もう一度リングに戻って対話を続けることができる。苦しい対話の果て自らの問題を抱えていて、脅かされたように感じるからです。[1]悪魔化が起こるのはそういうときです。

2 たとえば、オリンピックの開催にせよ、感染予防対策にせよ、ワクチン接種にせよ、賛否両論ありました。それぞれが切実な理由を語っていたわけですが、コロナ禍にあってはすべての立場の人が追い詰められていて、自分とは異なる見解に耳を傾ける余裕がありませんでした。互いに相手陣営を悪魔化して、自分たちの声を聞いてほしいと叫び続けることになりました。そうなると、社会は分断され、最後はちからで押し切るしかなくなります。リソースが限られている社会とはそういうものです。思えば、コロナ以前から日本は余裕がなく、若者の声に応えようとすると、高齢者のリソースを削減せざるを得ず、地方の声に応えるならば、都市のリソースを減らさなくてはいけないという状態にありました。でも、当然、高齢者には高齢者の事情があり、都市には都市の苦境があるわけですから、亀裂が深まっていくことになります。日本だけじゃありません。トランプ現象を思い出してもいいし、ブレグジットを思い出してもいい。世界中で深刻な分断が生じ、両陣営ともに自分の声が聞かれていないと訴えるようになっていました。必要なのが対話なのは明らかです。リソースは限られているのだから、話し合い、調整し、落としどころを見つけないといけない。

3 だけど、そういうときほど対話は難しい。利害が深刻に対立しているとき、僕らは相手の話を聞けません。話せば話すほどに、傷つきが深まるからです。僕らの心には「敵か味方か」という想像力が働き、お互いを悪魔化していくことになります。聞いてもらえていないとき、まわりが敵だらけに見えてきます。視野が狭まり、不安が強くなり、考えるちからが損なわれます。孤立は心を蝕《むしば》み、自分や周囲を傷つけるような行動をとらせてしまいます。当事者同士で対立している問題について話し合いをするのがどれだけ難しいか。家庭内不和の多くが話し合いで解決されず、話をしようとすることで余計に悪化してしまうのと同じです。

4 そういうときに役に立つのは、しばし距離をとることであり、離れた場所から配慮を重ねる時間です。対話から問題解決が始まるのではなく、対話をできる状態になること自体が最終目標です。そのためには第三者の聞くちからが必要です。当事者同士の対話が始まるまでには、第三者がそれぞれの当事者の話をきちんと聞く必要がある。友達が聞いてくれていて、切実な事情を分かってくれているから、自分のことを全然わかってくれない夫の言い分も聞いてみようかと思えるわけです。テーブルに着くまでが大変なのです。十分に話を聞いてもらい、自分の物語にも正当性があると信じられてはじめて、他者の物語に耳を傾ける準備ができます。

5 ならば、具体的に誰に聞いてもらえばいいのか。友人的第三者とは誰なのか。これが難しい。そりゃ身近に信頼できる友人がいれば、その人に聞いてもらうのがいい。だけど、「友人」と言われると困ってしまう人が多いかもしれませんね。「あいつって友達かな……本当に友達って言えるのかな……」と考え始めると、友人なんか誰もいないような気がしてくるものです。それで結局、誰にも話ができなくなってしまう。幼い頃は公園で30分も遊べばすぐに友達になれたのに、大人になると、何年も机を並べて仕事をしていたとしても、全然友達になれなくなるからふしぎです。友達のハードルが上がりすぎるのかもし

ウ　第七段落の「それを単細胞でやってのける」は、単細胞では困難だと考えられることをやり遂げたゾウリムシの能力に対して、高く評価していることを言い表している。

エ　第八段落の「本能マシーン」は、単細胞のゾウリムシやモジホコリの本能の中に、複雑な機械にも活用できるような優れた能力がひそんでいることを言い表している。

(5)　この文章に書かれている内容に最も近いものを次のアからオの中から選び、記号で答えなさい。

ア　「学習欲」や「知識欲」は動物が生きるために必要不可欠であり、多くの学習を積み重ね知識を得て、より多くの知識を次世代に継承していくものである。

イ　「学習欲」や「知識欲」は人間がよりよく生きていくために必要であり、学校で自らの生物学的な特性を勉強して、自己理解を深めていくものである。

ウ　「学習欲」や「知識欲」はすべての動物が持つ欲であり、ヒトのような複雑な動物は単細胞生物から知識や学習、記憶のあり方を学び直していくものである。

エ　「学習欲」や「知識欲」は変化する環境の中で必要不可欠であり、学んだ知識や記憶を活かして、変わる環境に合わせ自らの行動を変化させていくものである。

オ　「学習欲」や「知識欲」はすべての動物が持つ本能と結びついており、その欲が尽きないように、常に新しい知識を学び続け記憶を増やしていくものである。

二　次の問いに答えなさい。

(1)　次の文中の傍線部1・2に用いる漢字として正しいものを、それぞれ次のアからエの中から一つ選び、記号で答えなさい。

私は筋の通らない彼女の主張に対してイ1ギ2を唱えた。

1　ア　違　イ　意　ウ　異　エ　威

2　ア　偽　イ　義　ウ　疑　エ　議

(2)　次の文中の傍線部と同じ意味で用いられている漢字として正しいものを、次のアからエの中から一つ選び、記号で答えなさい。

中学生の頃の楽しかった思い出が鮮やかによみがえる。

ア　鮮明　イ　新鮮　ウ　生鮮　エ　鮮度

(3)　次の文中の［A］にあてはまる最も適当なことばを、次のアからエの中から選び、記号で答えなさい。

彼の周囲を無視した［　A　］な態度には、誰もが困っている。

ア　順風満帆　イ　傍若無人　ウ　優柔不断　エ　八方美人

三　次の文章を読んで、あとの問いに答えなさい。

1　この本の背景になっているのは、「リソースが限られている社会で、それでもいっしょに暮らしていくためにはどうしたらいいだろうか？」という問いです。社会には深刻な分断がさまざまにあり、人々の利害関係は対立しています。リソースに余裕があるのならば、不利益を被《こうむ》っている人たちをひとりずつケアしていくことができるのでしょうが、僕らの社会では今それが難しい。一つをケアすれば、別のところに欠乏が生じてしまう。ですから、様々な声が上がってきても、その声はちゃんと聞かれません。聞かなきゃいけない側もまた、が、とにかくなんらかの安定した変化が生じます。それは、言い換えれば、「記憶」あるいは「知識」と呼ぶことができるでしょう。[1]ゾウリムシも「知識」を「学習」し、「記憶」を持っているわけです。新たに知識を持つことで、動物はより生き延びやすくなります。いや逆に、知識を学習しなければ、動物は食べ物や安全を得そこね、早晩死に至ることでしょう。ですから単細胞動物からヒトに至るいかなる動物も、必要に応じていやでも学習を行います。このように学習とは生き延びるために知識を得ようとするものですから、それは食欲や性欲と同じように本能であり、「欲」といえるのではないでしょうか。

（安藤　寿康『なぜヒトは学ぶのか　教育を生物学的に考える』より）

（注）○1～9は段落符号である。

○パブロフの犬＝ロシアの生理学者であるパブロフが実験で発見した生理現象。犬にエサを与えるときメトロノームの音を聞かせるとその音を聞くだけで唾液が出るようになる。

(1) 次の一文が本文から抜いてある。この一文が入る最も適当な箇所を、次の**ア**から**エ**の中から選び、記号で答えなさい。

さらに食欲と性欲は、単に個人がそれを欲するだけでなく、それが次の世代をはぐくむことにも関わってきます。

ア　本文中の〈　1　〉　**イ**　本文中の〈　2　〉

ウ　本文中の〈　3　〉　**エ**　本文中の〈　4　〉

(2) [A]にあてはまることばとして最も適当なものを次の**ア**から**エ**の中から選び、記号で答えなさい。

ア　運動によって環境を継続的に変化させること

イ　経験によって後天的に行動を変化させること

ウ　勉強によって知識を段階的に変化させること

エ　食欲によって優先的に場所を変化させること

(3) [1]ゾウリムシも「知識」を「学習」し、「記憶」を持っているわけですとあるが、具体的にはどういうことか。その説明として適当なものを次の**ア**から**オ**の中から二つ選び、記号で答えなさい。

ア　ゾウリムシが新しい環境に移動すると、餌となるバクテリアを探そうとする。

イ　ゾウリムシを適温から寒すぎる環境に移すと、適温の時よりも動きが鈍くなる。

ウ　ゾウリムシを温度変化のある環境へ移すと、元の生息していた温度に近い場所を探す。

エ　ゾウリムシを円形から正方形や正三角形の容器へ移すと、円形になって泳ぎだす。

オ　ゾウリムシがモジホコリほど大きく成長すると、環境の温度変化を予測できる。

(4) この文章中の波線部の表現に関する説明として最も適当なものを次の**ア**から**エ**の中から選び、記号で答えなさい。

ア　第二段落の「そんなものがあるのでしょうか」は、「生の三欲」の三つ目の存在を考えながらも、結論を出すにはまだ早いのではないかという不安を言い表している。

イ　第五段落の「せいぜいそんなところだと思うでしょう?」は、ゾウリムシではない私たちには、いくら考えてもゾウリムシのことは分からないことを言い表している。

5 たとえば単細胞動物のゾウリムシは繊毛《せんもう》を使って水の中で泳ぎ回りながら、彼らなりの居心地のいい場所を探しているようです。きっと彼らにとって暑すぎず寒すぎない安全で快適な場所、そして餌となるバクテリアがいそうなところへ近づこうとしているのでしょう。これは一般に「走性」と呼ばれる行動で、たとえば光に対する走性なら、明るい方へ明るい方へと向かおうとする、重力に関する走性なら上の方へとか下の方へとか向かおうとするなどといった行動があります。それ自体は生まれつき持った「反射」です。一定の環境が与えられれば無条件に必ず現れる反射なので「無条件反射」といいます。反射も、たとえば寒すぎるところに移せば動きが鈍くなるといった行動の変化はありますが、これ自体はもともと持っている反応のパターンで新たに獲得されたものではなく、そのとき限りの一過性の行動の変化ですので、先の学習の定義の「持続的」に当てはまりません。頭脳など持たず、きっと本能だけで生きているであろうゾウリムシたちにできるのは、せいぜいそんなところだと思うでしょう?

6 ところが彼らは一度うまく適応できた環境があると、なんとその場所の温度や地形まで覚えているらしいのです。彼らをある温度で培養しておくと、新しく温度に違いのある環境に移したとき、元の培養されていた温度の方に集まって泳ぎだします。これは無条件反射でやっていたことが、新しく与えられた特定の条件との結びつき(これを「連合」といいます)を学習したもので、条件反射といい、このようなタイプの学習を「レスポンデント条件づけ」といいます。生まれつき持っていたわけではない刺激と反応の連合を学習するわけです。有名なパブロフの犬も条件反射であり、レスポンデント条件づけによるものです。

7 またゾウリムシを一匹つかまえて３～４・５㎜程度の正方形、正三角形、円形の容器でしばらく泳がせてから、別の形の容器に移しかえると、彼らは元の形にあわせて泳ぎだすのだそうです。これを調べた研究者がこの実験を５００匹もやってみたところ、はっきりそうなったのは円形とそれ以外の形の間で移しかえた場合だけで、正方形と正三角形の区別はつかなかったということです。しかし人間だって、目隠しでそんな形の部屋に入れられて、その部屋の形や大きさを覚えておけと言われたら、壁が丸いか直線で角があるかの区別をするのがせいぜいでしょう。それを単細胞でやってのけるとはすごい学習能力ではありませんか。

8 暗く湿った場所を好んで生きるモジホコリという不気味な名前の粘菌は、単細胞のくせに肉眼で見えるほど大きく育ちますが、これもまた迷路を学習したり環境の温度変化を予測できるようになることがわかっています。こんな学習をコンピュータにやらせようとすると、環境変化の情報をフーリエ変換というむずかしい関数計算で処理しないとできないそうで、単細胞動物のこうした能力を用いてコンピュータ(粘菌コンピュータ)を作ろうという試みもなされて注目されています。彼らは決して無条件反射しかしていないただの本能マシーンなのではなく、ある種の「知性」を持ち、学習をして自らの行動を環境により的確に適応させているのです。

9 こうした学習の結果、将来同じ場面に出くわしたときに自身の行動を環境に適応させるための変化が動物の内部に起こります。ゾウリムシや粘菌とヒトでは、その変化が生じる仕組みはまったく異なります

【国　語】（四五分）〈満点：一〇〇点〉

【注意】　※字数制限のある問題は、句読点・記号も字数に含みます。

一　次の文章を読んで、あとの問いに答えなさい。

1　よく「生きるための三欲」といいます。動物が生きるために必要とする欲を三つあげるとすると、何でしょうか。「食欲」と「性欲」はすぐ思いつきます。（　1　）この二つが確かに動物が生存しつづけるために必要であることは誰も疑問に思わないでしょう。問題は三つ目。これをいろんな人にたずねると、「睡眠欲」や「排泄《はいせつ》欲」があがるようです。確かに睡眠や排泄は、生きていくうえで必要となりそうですし、しばしば「眠くて眠くてたまらない」とか「トイレに行きたくて仕方がない」という気持ちにおそわれるところは、欲に似たところがあります。（　2　）特に睡眠をコントロールしているのは食欲や性欲と同じ視床下部という脳の部位ですので、これを三つ目の「欲」に数えることには妥当性があるかもしれません。

2　でも脳のないゾウリムシにはおそらく睡眠欲はないでしょう。それに「欲」というのは、文字どおり「欲しくて欲しくてたまらない」という気持ちです。「食べ物が欲しい」「あの人が欲しい」という気持ち、つまり生存や繁殖のために必要なものが枯渇《こかつ》しているから、それを取り込もう、自分のものにしようとするわけです。（　3　）しかし「眠りたい」「排泄したい」というのは、何かを取り込んで自分のものにしたいという性質のものではなさそうです。（　4　）性欲はいうまでもなく、子どもを作り、遺伝子をつなぎます。食欲は卵《らん》や胎盤や乳、食餌《しょくじ》を通じて子どもに栄養を供給することにつながります。しかし寝ることや排泄することには、そのような世代性はなさそうです。そうすると、ネコやカエルやミミズにも、それどころか単細胞動物であるゾウリムシですら持っているであろう、動物が生きるために必要な「生の三欲」の三つ目とは、いったい何なのでしょうか。そんなものがあるのでしょうか。

3　あります。それは「知識欲」あるいは「学習欲」です。

4　動物は文字通り「動く」物です。動きますから環境はその都度《つど》変わる。するとその中で生き延びるために必要な行動を新たに学ばねばなりません。食べ物はどこにあるか、餌食《えじき》となる動物をいかにしとめるか、安全な場所はどこか、安全を脅《おびや》かすものが近づいてきたらどのように行動すればよいかなどを学ばねばならない。これが「学習」です。学習とはそれまで持たなかった運動パターンや知識を新たにし、忘れずに持ち続け、必要なときにそれを使えるようにすることです。学習というと、教科書や問題集などでお勉強することを想像するかもしれませんが、心理学ではもっとずっと広く考え、「経験による行動の持続的変化」を指します。この定義に当てはまるなら、ヒトだけでなくあらゆる動物のあらゆる行動の変化について用いられます。つまりゾウリムシのように単細胞で神経系すらないものから、ヒトのように１０００億もの神経細胞ネットワークからなる脳を使って複雑な学習をすることができる動物まで含めて、［　A　］を「学習」と総称するわけです。どんな動物もそれぞれに、すでにこの世に生を受けたときから、環境に適応しながら生き延びるためのさまざまな行動様式を生まれつき持っています。それ自体は生得的な行動ですが、それをもとにした学習をする働きをも備えているのです。

MEMO

大切なことはメモしておこうネ！

2024年度

解　答　と　解　説

《2024年度の配点は解答欄に掲載してあります。》

＜数学解答＞《学校からの正答の発表はありません。》

1　(1)　3　(2)　$\frac{9x+2y}{12}$　(3)　$-4\sqrt{2}$　(4)　$(x-5)(x+1)$　(5)　$x=2,\ -3$

(6)　$x=5,\ y=4$　(7)　$-\frac{1}{2}$　(8)　$\frac{7}{36}$　(9)　$x=7$

2　(1)　①　15　②　$\left(\frac{1}{2},\ \frac{3}{2}\right)$　(2)　①　2組の角がそれぞれ等しい　②　ア　$\frac{81}{10}$

(3)　①　ア　64　②　63(マス)

3　(1)　70(度)　(2)　$\frac{10}{3}$(cm)　(3)　$\frac{216}{5}$(cm^3)

○推定配点○

1　(1)　3点　他　各4点×8　2　(1)①，(2)①，(3)①　各5点×3　他　各8点×3

3　(3)　10点　他　各8点×2　計100点

＜数学解説＞

1　(数式の計算，平方根，因数分解，2次方程式，連立方程式，変化の割合，確率，資料の整理)

基本　(1)　$(14-4^2)\div6\times(-9)=(14-16)\times\frac{1}{6}\times(-9)=(-2)\times\frac{1}{6}\times(-9)=2\times\frac{1}{6}\times9=\frac{18}{6}=3$

基本　(2)　$\frac{3x-y}{3}-\frac{x-2y}{4}=\frac{4(3x-y)}{12}-\frac{3(x-2y)}{12}=\frac{4(3x-y)-3(x-2y)}{12}=\frac{12x-4y-3x+6y}{12}=\frac{9x+2y}{12}$

基本　(3)　$\sqrt{50}-\sqrt{6}\times\sqrt{27}=5\sqrt{2}-\sqrt{6}\times3\sqrt{3}=5\sqrt{2}-3\sqrt{18}=5\sqrt{2}-9\sqrt{2}=-4\sqrt{2}$

重要　(4)　$(x-3)^2+2(x-2)-10=x^2-6x+9+2x-4-10=x^2-4x-5=(x-5)(x+1)$

重要　(5)　$(2x+1)^2=25$　$2x+1=\pm5$　ここで$2x+1=5$のとき，$2x=5-1$　$2x=4$　$x=2$　また$2x+1=-5$のとき，$2x=-1-5$　$2x=-6$　$x=-3$　よって，$x=2,\ -3$

重要　(6)　$0.6x+y=7$の両辺を10倍して$6x+10y=70$…①　$3x-\frac{1}{2}y=13$の両辺を2倍して$6x-y=26$…②　①の両辺から②の両辺をひいて，$11y=44$　$y=4$　さらに，$y=4$を②に代入して$6x-4=26$　$6x=30$　$x=5$　よって，$x=5,\ y=4$

(7)　$y=\frac{6}{x}$において，$x=2$のとき$y=\frac{6}{2}=3$　$x=6$のとき$y=\frac{6}{6}=1$　このとき，$y=\frac{6}{x}$のグラフはxの値が2から6まで増加するとき，yの値が3から1まで減少するので，変化の割合は，$\frac{1-3}{6-2}=-\frac{2}{4}=-\frac{1}{2}$

(8)　2つのさいころをさいころA，さいころBのように区別し，さいころAを投げて出た目をa，さいころBを投げて出た目をb(a，bはそれぞれ6以下の自然数)とすると，$a+b$が5の倍数となるのは，$a+b=5$と$a+b=10$のとき。ここで，2つのさいころを投げて出た目を$(a,\ b)$のように表すと，$a+b=5$となるのは(1，4)，(2，3)，(3，2)，(4，1)の4通り，$a+b=10$となるのは(4，6)，(5，5)，(6，4)の3通りとなる。さらに，2つのさいころの目の出方は全部で$6\times6=36$(通り)となる。よって，求める確率は$\frac{4+3}{36}=\frac{7}{36}$

(9)　6人の点数の平均値は$(1+4+4+x+8+9)\div6=\frac{x+26}{6}$(点)　また，6人の点数の中央値は$(4+x)\div2=\frac{x+4}{2}$(点)　このとき，平均値と中央値が同じであれば$\frac{x+26}{6}=\frac{x+4}{2}$　両辺を6倍して$x+26=3(x+4)$　$x+26=3x+12$　$2x=14$　$x=7$

2 (1次関数・2次関数のグラフと図形，相似の利用，規則性)

重要 (1)　①　放物線$y=x^2$と直線$y=x+6$を連立方程式とみてyを消去すると，$x^2=x+6$　$x^2-x-6=0$　$(x+2)(x-3)=0$　$x=-2,\ 3$　このとき，点Aのx座標が-2，点Bのx座標が3となる。さらに，△OACと△OBCをそれぞれ底辺が線分OCの三角形とみると，△OACの高さは点Aのx座標の絶対値の2，△OBCの高さは点Bのx座標の3となる。また，点Cは直線$y=x+6$とy軸の交点なので，$y=x+6$に$x=0$を代入して$y=6$より，点Cの座標はC(0, 6)となり，線分OCの長さはOC＝6　よって，△OABの面積は△OACと△OBCの面積の和に等しいので，△OAB＝△OAC＋△OBC＝$6\times2\div2+6\times3\div2=6+9=15$

重要 ②　①より△OACの面積は6で，△OABの$\frac{1}{2}$の面積の$\frac{15}{2}=7.5$より小さいので，点Cを通り△OABの面積を2等分する直線は直線OBと交点を持つ。この交点を点Pとし，そのx座標を$x(x>0)$とすると，△OPCの高さは点Pのx座標のxとなるので，△OPCの面積は△OPC＝$6\times x\div2=3x$と表せる。このとき，△OACの面積と△OPCの面積の和が△OABの$\frac{1}{2}$の面積に等しいので，$6+3x=\frac{15}{2}$　両辺を2倍して$12+6x=15$　$6x=3$　$x=\frac{1}{2}$　このとき，点Pのx座標は$\frac{1}{2}$となる。また，点Bは直線$y=x+6$上の点なので，x座標の3を代入して$y=3+6=9$より，点Bの座標はB(3, 9)となる。このとき，直線OBはO(0, 0)とB(3, 9)を通る直線なので，直線OBの方程式は$y=3x$　さらに，$y=3x$に$x=\frac{1}{2}$を代入して$y=3\times\frac{1}{2}=\frac{3}{2}$となることから，点Pの$y$座標は$\frac{3}{2}$となる。よって，点Pの座標はP$\left(\frac{1}{2},\ \frac{3}{2}\right)$

(2)　①　△BCEと△AEFにおいて，∠EBC＝∠FAE＝90°…①　△BCEの内角の和は180°なので，∠ECB＝180°－∠EBC－∠BEC＝180°－90°－∠BEC＝90°－∠BEC…②　辺AB上で，∠FEA＝180°－∠FEC－∠BEC＝180°－90°－∠BEC＝90°－∠BEC…③　②，③より∠ECB＝∠FEA…④　①，④より2組の角がそれぞれ等しいので，△BCE∽△AEF　よって，相似条件は「2組の角がそれぞれ等しい」となる。

重要 ②　正方形ABCDの一辺の長さを$x(x>0)$とすると，正方形ABCDの面積はx^2と表せる。このとき，△BCEは∠CBE＝90°，BC＝x，BE＝$\frac{x}{3}$の直角三角形なので，△BCEの面積は$x\times\frac{x}{3}\times\frac{1}{2}=\frac{x^2}{6}$　△AEFは∠EAF＝90°，AE＝$\frac{2}{3}x$，AF＝$\frac{2}{9}x$の直角三角形なので，△AEFの面積は$\frac{2}{3}x\times\frac{2}{9}x\times\frac{1}{2}=\frac{2}{27}x^2$　△CDFは∠CDF＝90°，CD＝x，DF＝$x-\frac{2}{9}x=\frac{7}{9}x$の直角三角形なので，△CDFの面積は$x\times\frac{7}{9}x\times\frac{1}{2}=\frac{7}{18}x^2$と表せる。さらに，△CEFは∠CEF＝90°，CE＝3，EF＝2の直角三角形なので，△CEFの面積は$3\times2\times\frac{1}{2}=3$となる。このとき，面積において，正方形ABCD＝△BCE＋△AEF＋△CDF＋△CEFとなることから，$x^2=\frac{x^2}{6}+\frac{2}{27}x^2+\frac{7}{18}x^2+3$　両辺を54倍して$54x^2=9x^2+4x^2+21x^2+162$　$20x^2=162$　$x^2=\frac{162}{20}=\frac{81}{10}$　よって，正方形ABCDの面積は$\frac{81}{10}$

(3)　①　38×27マスの長方形において，横の境界線は26本，たての境界線は37本あるので，$26+37+1=64$より，対角線が通るマス目は64マスとなる。

や難 ②　横のマスの数とたてのマスの数の最大公約数が1であるとき，ぬるマス目の数は(横の境界線の数)＋(たての境界線の数)＋1と計算できる。次に，横のマスの数とたてのマスの数が1以外の最大公約数を持つとき，対角線はたての境界線と横の境界線のいずれかの交点を通るので，対角線はいくつかの合同な長方形の対角線に分けることができる。例えば4×6マスの長方形の場合，4と6の最大公約数が2であることから，たての境界線と横の境界線の交点を1つ通るので，対角線は2×3マスの長方形の対角線2つに分けることができる。このとき，ぬりつぶすマス目の数は2×3マスの長方形のときの2倍の数となり，$(1+2+1)\times2=4\times2=8$(マス)となる。よって，$39\times27$マスのとき，39と27の最大公約数は3であることから，対角線は13×9マスの長方形の対角線3つに分けることができるので，ぬりつぶすマスの数は$(12+8+1)\times3=21\times3=63$(マス)となる。

3 (円と角，平行線と線分の比・相似の利用，立体図形の体積)

重要 (1)　線分OAと線分ODはそれぞれ円Oの半径なので，△OADはOA＝ODの二等辺三角形となる。このとき，二等辺三角形の底角は等しいので，∠ODA＝∠OAD＝∠CAD…①　∠CADと∠CBDは同じ弧CDに対する円周角どうしなので等しく，∠CAD＝∠CBD＝48°…②　①，②より，∠ODA＝∠OAD＝48°　さらに∠ADB＝∠ODA－∠ODB＝48°－28°＝20°　∠ACBと∠ADBは同じ弧ABに対する円周角どうしなので等しく，∠ACB＝∠ADB＝20°　線分ACは円Oの直径なので∠ABC＝90°となることから，△ABCは∠ABC＝90°の直角三角形となる。よって，△ABCの内角の和は180°なので，∠BAC＝180°－∠ABC－∠ACB＝180°－90°－20°＝70°

重要 (2)　△DEFと△DABにおいて，EF//ABより，平行線の同位角は等しいので∠DEF＝∠DAB，∠DFE＝∠DBA　2組の角がそれぞれ等しいので，△DEF∽△DAB　さらに，DE：DA＝EF：AB＝2：5　ここでDE＝xとすると，AE＝AB＝5より，DA＝DE＋AE＝$x+5$と表せるので，$x:(x+5)=2:5$　$5x=2(x+5)$　$5x=2x+10$　$3x=10$　$x=\frac{10}{3}$となり，DE＝$\frac{10}{3}$　また，△AEBと△DEGにおいて，AB//DGより，平行線の錯角は等しいので∠EAB＝∠EDG，∠EBA＝∠EGD　2組の角がそれぞれ等しいので，△AEB∽△DEG　さらに，△AEBはAB＝AEの二等辺三角形なので，△DEGもDE＝DGの二等辺三角形となる。よって，DG＝DE＝$\frac{10}{3}$(cm)

や難 (3)　線分APの長さをxとすると，CR＝x，BQ＝$2x$，QF＝$6-2x$と表せる。ここで，立方体ABCD－EFGHを4点D，P，Q，Rを通る平面で切ったときの点Bを含む方の立体を立体Xとすると，立体Xを3点B，D，Qを通る平面で切ってできる2つの四角すいD－ABQPとD－BCRQは合同な四角すいとなる。さらに，四角すいD－ABQPにおいて，AB⊥AD，AP⊥ADよりADは四角すいD－ABQPの高さ，台形ABQPは四角すいD－ABQPの底面にあたるので，四角すいD－ABQPの体積は$(x+2x)\times6\div2\times6\div3=3x\times6=18x$と表せる。このとき，2つの四角すいD－ABQPとD－BCRQは合同なので，立体Xの体積は$18x\times2=36x$…①と表せる。また，四角すいQ－EFGHにおいて，EF⊥QF，GF⊥QFよりQFは四角すいQ－EFGHの高さ，正方形EFGHは四角すいQ－EFGHの底面にあたるので，四角すいQ－EFGHの体積は$6\times6\times(6-2x)\div3=12(6-2x)=72-24x$…②と表せる。さらに，立体Xの体積と四角すいQ－EFGHの体積が同じとき，①，②より$36x=72-24x$　$60x=72$　$x=\frac{72}{60}=\frac{6}{5}$　よって，四角すいQ－EFGHの体積は，$x=\frac{6}{5}$を②に代入して$72-24\times\frac{6}{5}=\frac{360}{5}-\frac{144}{5}=\frac{216}{5}$(cm^3)

★ワンポイントアドバイス★

規則性の発見など，数学的な洞察力を必要とする文章題も出題される。当日あわてることにならないように，過去問の研究をしっかりと行い，同傾向の問題を普段から解いておくような対策を行おう。

＜英語解答＞《学校からの正答の発表はありません。》

聞き取り検査

(1)　B　(2)　C　(3)　C　(4)　B　(5)　B

筆記検査

1　(1)　①　最初　ウ　最後　イ　②　最初　ウ　最後　エ　(2)　エ

2　(1)　flying　(2)　【a】ウ　【b】ア　【c】イ　(3)　ウ　(4)　イ

3　(1)　b　オ　d　エ　(2)　①　イ　②　エ　(3)　ウ　(4)　イ，カ

(5)　(例)　(No, because)doing their homework without help improves their ability to study. Also, using AI takes the chance to think from learners.

○推定配点○

聞き取り検査　各3点×5

筆記検査　各5点×17(1(1)各完答)　計100点

＜英語解説＞

聞き取り検査　解説省略。

筆記検査

1　**(会話文問題：語句整序，要旨把握，不定詞，現在完了，助動詞，受動態)**

(大意)　マキ(以下M)：何を見ているのかしら。／エイミー(以下A)：名古屋港水族館のホームページを見ているのよ。次の土曜にそこへ行きたいの。／M：その水族館はとても大きくて，多くの種類の海洋生物を見ることができるわ。一緒に行きましょう。／A：いいわね。土曜日のスケジュールがあるわ。私はペンギンが好きなので，“ペンギンの行進”を見たいわ。／M：それを見ることにしましょう。①他に何を見たいかしら。／A：“イワシの竜巻”を見たいわ。力強くて，美しいそうよ。②あなたは見たことがあるのかしら。／M：ええ，あるわ。水槽の灯りが素晴らしかった。“イワシの竜巻”は，1日に3回，12:30，14:30，16:00に始まるけれど，どれがいいかしら。／A：16:00までに水族館を出たいので，12:30はどう？／M：なるほど。土曜日は天気が良くて，混むので，早目に昼食をとった方が良いね。／A：良い考えだわ。／M：他に見たいものは？／A：午前にイルカの演技を見たいわ。／M：オーケー。イルカの演技は人気があるのよ。／A：どこでチケットを買ったらいいかわからないわ。／M：お母さんに買ってもらうように頼むわ。／A：良かった。

重要　(1)　①　What else do you want to see(?)　疑問詞付きで，主語が2人称，一般動詞の現在時制の疑問文＜疑問詞＋ do you ＋原形 ～ ?＞　＜疑問詞／any-, every-, some-, no- で始まり -body, -one, -thing, -whereで終わる語＋ else＞の語順に注意。　＜want ＋不定詞[to ＋原形]＞「～したい」　②　Have you ever seen it(?) ← 現在完了(完了・結果・継続・経験)の疑問文＜Have[Has]＋主語＋過去分詞～?＞　Have you ever done ～？「～

したことがありますか」ever の位置に注意。

重要 (2) ア) 水族館へ行くのは，土曜日なので，誤り。 イ) マキは I'll ask my mother to buy our tickets. と言っており，まだ買っていないので，不可。<will ＋原形>未来 <ask ＋人＋不定詞>「人に～するように頼む」 ウ) 見学予定は，*Penguin Walking*, *Tornado of Sardines*, the dolphin performance の3つなので，不一致。 エ) マキは We should have lunch early. The restaurant will be crowded. と述べているので，一致。should「～した方が良い，すべきである，たぶん～だ，のはずだ」 will be crowded ← 助動詞付きの受動態<助動詞＋ be ＋過去分詞>

2 **(長文読解問題・：語句補充・選択，語形変化，文挿入，内容吟味，要旨把握，英問英答・選択，単語，進行形，接続詞，不定詞，分詞・動名詞，受動態，前置詞，比較，関係代名詞)**

(大意) 飛行機が墜落したにもかかわらず，40日間，4人の子供達だけで，コロンビアのアマゾン多雨林で生き延びた。

ブラジルからコロンビアへ母親と一緒にA空路にて移動しようとしている時に，子供達の旅が始まった。飛行機はエンジンの故障で墜落し，彼らの母親を含めた3人の大人全員が死亡した。

最年長の13歳を始めとして，9歳，4歳，11か月の赤ちゃんの4人だけで，ジャングルに取り残されたのである。

子供達はアマゾンに住む先住民で，【a】ウ多雨林の植物や果物に詳しかった。

当初，子供達は飛行機の残骸に残された食料を食べて切り抜けたが，それらを食べ尽くすと，森林の果物や種子に関する彼らの知識を活用した。幸運にも，多くの植物が実をつける時期だった。

飛行機が墜落するとすぐに，生存者の捜索が始まった。2週間後，【b】ア彼らは墜落現場を発見した。子供達が生存しているかもしれないという痕跡が見つかった。

救助隊はヘリコプターから食料を投下したが，森林がうっそうとして，地表が見えなかった。動き回ることのないように，と彼らの祖母が子供達に呼びかけもした。

地上での捜査のために，150名以上の兵士が犬と一緒に駆り出された。【c】イ子供達が合図に使えるように，彼らは森にホイッスルを残していった。約70名の先住民のボランティアが捜索を手伝った。

いくつかの地点で，食べかけの果物や粗末な避難所などの子供達の痕跡が見つかった。

1か月以上経過して，墜落現場からおよそ5キロ離れた森林の小さな空き地で，衰弱した子供達が発見された。

子供達は毛布でくるまれて，飲み物が与えられ，ヘリコプターにより多雨林から救い出された。

子供達が無事だったので，誰もが喜び，ほっとした。“歴史に残る完全な生存例である”との声明が，コロンビア大統領により発表された。

コロンビアの首都にある病院で，子供達は約2週間の治療を受けた。

子供達の生存劇は多くの人々を勇気づけ，同時に，いかに先住民の知識や技量が困難時に役に立つかということが，明らかになった。

重要 (1) 空所の直前にはbe動詞があるので，進行形[be動詞＋現在分詞]となり，空所には -ing 形が当てはまることが予想される。空所を含む文の直後に Their small plane had engine trouble, ～ とあり，飛行機で空路を移動していたことが明らかなので，動詞 fly「飛ぶ，飛行機で行く」を flying とする。なお，進行形には進行中の動作だけではなく，近い未来の予定を表す用法があるので注意すること。

や難 (2) 「先住民ウィトト族はアマゾンの多雨林に暮らしていたので，【 a 】」次の段落で，the children used their knowledge of the forest's fruits and seeds to survive.「生

存するために，子供達は森の果物や種子の知識を利用した」と記されていることも参考にすること。正解は，ウ「彼らは多雨林の植物や果物のことに詳しかった」。～ , so ……「～である，それで……」 不定詞[to ＋原形]の副詞的用法(目的)「～するために」「飛行機が墜落するとすぐに，人々は生存者を求めて捜索を開始した。2週間後，【 b 】」直後に，「捜索していた人々は子供達がまだ生きているかもしれないという形跡を発見した」という文が続いていることを考慮すること。正解は，ア「墜落場所を見つけた」。as soon as「～するとすぐに」 go down「降りる，下がる，沈む」ここでは went down で「墜落した」。 found ← find「見つける」の過去形 search for「～を求めてさがす」 the people searching ← 現在分詞の形容詞的用法「～している名詞」 might ← may「～かもしれない，してもよい」の過去形 still「副詞：まだ，なお／形容詞：じっとした，静かな」【 c 】空所の前後で，捜査活動の内容が具体的に記されていることから考えること。正解は，イ「彼らは子供達が合図として使うために，森にホイッスルを残していった」。for the children to use as signals ← 不定詞の意味上の主語は<for ＋ S>で表す。／as「前置詞：～として／接続詞：～と同じくらい，のように，のとき，だから」 were sent out ← send out「派遣する」の受動態<be動詞＋過去分詞>「～される，されている」

やや難 (3) 質問「なぜ4人の子供達が1か月以上多雨林で生き延びたか」more than「～以上」正解は，ウ「ジャングルで生存する知識と技能を持ち合わせていたから」(○)。第5段落第2文に一致。knowledge and skills to survive ← 不定詞の形容詞的用法<名詞＋不定詞>「～する(ための)[すべき／するという]名詞」 to survive ← 不定詞の副詞的用法(目的)「～するために」 ア「犬と一緒だったから」(×) 犬と一緒だったのは救助に向かった兵士達(第8段落第1文)なので，不適。受動態<be動詞＋過去分詞>「～される」 イ「多雨林を歩き，一緒に身体を動かしたから」(×) 子供達が動き回ったという事実は本文より類推できるが(第9段落第1文)，運動が生存につながったとは述べられていないので，不可。 エ「救助チームがヘリコプターから落とした食べ物の入った箱を彼らが見つけたから」(×) 食料がヘリコプターより投下されたことは述べられているが，森がうっそうとしており(第7段落第1・2文)，その試みの成否，生存との関連に関しては記述がないので，不適。food boxes that the search teams dropped ← <先行詞＋目的格の関係代名詞 that ＋主語＋動詞>「主語が動詞する先行詞」

重要 (4) ア「4人の子供達は飛行機墜落事故の唯一の生存者だ」(○) 第2段落最終文・第3段落第1文に一致。including「～を含んで」<A ＋ be動詞＋ left alone> ← leave A alone「Aを一人きりにする」の受動態 イ「2週間の捜査後に人々は子供達を見つけた」(×) 第6段落第1文に As soon as the plane went down, people started searching for any survivors.／第10段落第1文に After more than a month, the soldiers finally found the children ～ と記されており，子供達が発見されたのは1か月以上経過してからである。of searching ← <前置詞＋動名詞[-ing]> started searching for ～ ← search for「～を探す」／動名詞[-ing]「～すること」 more than「～以上」 ウ「4人の子供達はすべて先住民ウィトト族の一員だった」(○) 第4段落第1文に一致。 エ「子供達の母親は飛行機事故で死んだ」(○) アの解説参照。

3 **(会話文問題：文挿入，語句補充・選択，要旨把握，自由・条件英作文，感嘆文，受動態，前置詞，動名詞，関係代名詞，付加疑問文，単語・熟語，不定詞，助動詞)**

(大意) 雅登(以下M)：これ何？ [a]ウ何て美しい絵なんだろう！ 誰が書いたの？／ジェイソン(以下J)：人工知能によって描かれたもので，コンテストで優勝したんだ。／M[b]オ何だって？ それじゃあ，人によって描かれたんじゃないということ？／J：そうなんだ。①プログラムに見出し語を入れると，人工知能がその言葉に合った絵を作り出すのさ。／M：[c]ア どうやってそんなことができるの？／J：色々な手法，特徴が組み合わされ，インターネット上の画像が結び付けられて，新しい絵が生み出されるんだ。／M：それはちょうど人がやっていることのように思えるんだけれど。／J：[d]エ なぜそう思うの？／M：人が芸術を創り出す時には，類似したことをしているよね。②僕らが絵を描く時には，過去に見た映像を思い出しているよね。それは，人工知能が行っていることに似ていると思うよ。／J：[e]イ ああ，同感だね。／M：それで，人間の画家はもう必要ないということ？　人工知能が創造的な仕事を奪うの？／J：多くの人達がそう考えるけれど，人にしかできないことがあるに違いないよ。人工知能は我々の感情に形を与えるA道具にすぎないのさ。人工知能を活用することで，より良い芸術を作ることができて，新しい事業も生み出されるんだ。／M：もっと多くの人が人工知能を使えば，芸術や文化がさらに発展するだろうね。／J：そうかもしれないね。さあ，来週のボランティア活動のポスターを作製するのに，人工知能を使わないか？／M：わかった，良い言葉を選ぶことにしよう。

やや難 (1)　【a】 続いて，In fact, it was painted by AI ～ とあるので，当てはまるのは，ウ「何と美しい絵なのだろう。誰がそれを描いたのかな」。What a beautiful picture！ ← 感嘆文「何と～なのだろう」＜What ＋形容詞で修飾された名詞(＋主語＋動詞)!／How ＋形容詞[副詞](＋主語＋動詞)!＞ in fact「実は」 was painted ← 受動態＜be動詞＋過去分詞＞「～される，されている」 【b】 空所前で，「AIによって描かれた絵がコンテストで優勝した」と聞いた際の応答を推測すること。正解は，オ「何だって？　それでは，人によって描かれたのではないということ？」。空所後の No. は「そうなんだ(それは人によって描かれたわけではない)」という意味になるので注意。【a】の解説参照。 【c】 続いて，AIによって絵が描かれる過程が説明されていることから考える。当てはまるのは，ア「どうやってそれ[AI]はそのことをやるの？」。by mixing images ← ＜前置詞＋動名詞[-ing]＞ 【d】 直前は「それ(手法，特徴，映像の組み合わせ)は，ちょうど人が行っていることのように思える」で，直後は「我々が芸術を創り出す際に，同じようなことをしているよね」の意。よって，空所には，発言説明を求める エ「なぜそう考えるの？」が該当する。 イ Yes, I agree with you. だと，後続部につながらない。just ＋前置詞 like「ちょうど～のよう」 what humans do「人がすること」← 関係代名詞 what「～であるもの[こと]／するもの[こと]」先行詞を含む。＝ the thing(s) which[that] We do ～, don't we？← 付加疑問文＜肯定文，否定の短縮形＞主語は人称代名詞にする。「～ですね，でしょうね」確認・同意を求める表現 【e】 イ「はい，同感です」が該当する。agree with ＋人・考え／to ＋計画・提案「～に賛成[同意・承諾]する」

基本 (2)　① ～ you(　)some keywords into the program ～ を，「プログラムにキーワードを打ち込む」という意味にするには，put を空所に入れればよい。some pictures which suit the words ← ＜先行詞 ＋主格の関係代名詞 which ＋動詞＞「動詞する先行詞」
② we (　) some images ～ なので，remember「～を思い出す」が当てはまる。image「イメージ，印象，映像，画像，像」「～を見る」は look at ～ と前置詞 atが必要なので，look 単独は不可。some images▼we saw ← ＜先行詞(＋目的格の関係代名詞)＋主語＋動詞＞「主語が動詞する先行詞」目的格の関係代名詞の省略 in the past「過去に」 残りの選択肢 read「～を読む」は①・②共に当てはまらない。

やや難 (3)　空所(A)を含む文は「人工知能は，私達の感情に形を与える単なるA(　　)だ」の意。文脈上，空所に当てはまるのは ウ tool「道具」。a tool that gives ～ ← ＜先行詞＋主格の関係代名詞 that ＋動詞＞「動詞する先行詞」 love「愛情」 chance「機会」 attention「注意，配慮」

重要 (4) ア 「創造的仕事に対して人間ができることは何も無い，とジェイソンは考えている」(×) 雅登の「人間の画家はもう必要ないということ？ 人工知能が創造的な仕事を奪うの？」という質問に対して，ジェイソンは「多くの人達がそう考えるけれど，人にしかできないことがあるに違いない」と答えているので，不適。nothing that humans can do／something that only humans can do ← ＜先行詞＋目的格の関係代名詞 that ＋主語＋動詞＞「主語が動詞する先行詞」 not ～ anymore「もはや～でない」 must「～しなければならない，に違いない」 イ 「人工知能画家を使って新しい事業を作り出せる，とジェイソンは考えている」(○) ジェイソンは By making good use of it[the AI painter], we can make art much better than before. It will generate new business as well. と言っているので，一致。by using[making]～ ← ＜前置詞＋動名詞[-ing]＞ make use of「～を使用[利用]する」 make art much better ← make O C「OをCの状態にする」 ＜much ＋比較表現＞比較表現の強調 better「よりよい[よく]」good／well の比較級 as well「なお，そのうえ，おまけに」 ウ 「人工知能画家は，絵を作り出すのに，良い語を生み出すことができる」(×) ジェイソンは there must be something that only humans can do. Thinking of keywords, ～ と述べており，雅登は let's choose some good words to make it！(it は人工知能画家を使って作成するポスターのこと)と発言していて，語を選ぶのは人なので，不適。 for making ～ ← ＜前置詞＋動名詞[-ing]＞ must「～しなければならない，に違いない」 thinking of keywords ～ ← 動名詞[-ing]「～すること」 エ 「人工知能画家が作成した全ての絵は，いかなるコンテストでも勝てなかった」(×) 雅登が目にした絵に関して，ジェイソンは「人工知能によって描かれたもので，アメリカのコンテストで優勝した」と述べているので，不一致。all the pictures that the AI painter made ← ＜先行詞＋目的格の関係代名詞 that ＋主語＋動詞＞「主語が動詞する先行詞」 was painted ← 受動態＜be動詞＋過去分詞＞「～される，されている」

オ 「人工知能が創造的仕事を担う[負う]，とは誰も考えていない」(×) 人工知能が創造的な仕事を人から奪うと多くの人々が信じている，との記述があるので，不一致。アの解説参照。

カ 「雅登は人工知能画家を使ってポスターの図案を作るつもりである」(○) ジェイソンの why don't you use the AI painter to make a poster for the volunteer event next week？という提案に対して，雅登は OK, let's choose some good words to make it！と答えているので，一致。Why don't you do？「～したらどう(ですか)」(提案) to make a poster[it]← 不定詞[to ＋原形]の副詞的用法(目的)「～するために」

やや難 (5) 質問：「宿題をやるのに，学生は人工知能を使うべきとあなたは考えるか」理由を添えて，2文以上の英語でまとめる自由・条件英作文。(解答例訳)「いいえ，自身の宿題を手助けなしでやることで，学習能力を向上させるから。人工知能を使うと，学習者から考える機会を奪うことにもなる」should「～した方が良い，すべきである，たぶん～だ，のはずだ」

★ワンポイントアドバイス★

大問2の(2)と大問3の(1)の適文の空所への挿入問題を取り上げる。キーワードなどをヒントにして，空所箇所の前後の文脈をしっかりと把握しながら，当てはまる文を選定すること。

＜理科解答＞《学校からの正答の発表はありません。》

1　(1)　エ　(2)　$HCl+NaOH \rightarrow NaCl+H_2O$　(3)　イ　(4)　ア

2　(1)　イ　(2)　エ　(3)　イ，オ　(4)　イ

3　(1)　ア　(2)　エ　(3)　エ　(4)　イ

4　(1)　イ　(2)　飽和水蒸気量に達する温度になるのが，同じくらいの高さだから。

　(3)　(i)　ア　(ii)　ウ

5　(1)　A　②　B　①　(2)　(地上の人)　オ　(電車内の人)　カ

　(3)　(i)　イ　(ii)　カ　(4)　B　エ　E　ア

○推定配点○

各4点×25　計100点

＜理科解説＞

1　(酸とアルカリ・中和―中和反応のイオンの数)

重要　(1)　塩酸を水酸化ナトリウム水溶液で中和していくと，徐々に電流が流れにくくなる。グラフのB点が中和点で，その後水酸化ナトリウムから生じるイオンが増えるので電流が大きくなる。A点では塩酸が残っており酸性であり，B点では中性，C点では水酸化ナトリウムが残っているのでアルカリ性になる。よってBTB溶液はA点では黄色，B点では緑色，C点では青色になる。

(2)　酸から生じる水素イオンと，アルカリから生じる水酸化物イオンが反応して水ができる反応を中和反応という。反応式は$HCl+NaOH \rightarrow NaCl+H_2O$である。

(3)　塩酸はH^+とCl^-のイオンに電離している。これに水酸化ナトリウム水溶液を加えると，H^+とOH^-が反応するためH^+が減少するが，Na^+が増加するのでイオンの総数は変化しない。中和点を過ぎると，Na^+とOH^-が増加する。A点からB点までイオンの数は変わらないのに流れる電流が減少するのは，H^+はNa^+に比べて電気を伝えやすいためである。

(4)　水酸化ナトリウム水溶液の滴下量が80mLを超えたあたりでちょうど中和する。70mLではまだ酸性であり，その後水を加えても酸性のままなのでBTB溶液は黄色になる。

2　(磁界とその変化―誘導電流)

(1)　直流は電流の向きが一定方向であり，交流は電流の向きが周期的に逆になる。電球は電流の向きに関係なく点灯する。発光ダイオードは一定の方向からの電流でしか点灯しないので，交流では点灯しない。

(2)　コイル1に交流を流すと磁界が生じ，それによってコイル2に誘導電流が発生する。コイル1に直流電流を流すと，電流の向きと大きさが一定で変化しないので磁界の変化が生じない。そのため，コイル2に誘導電流が生じず，電球も点灯しない。

(3)　直流電流では誘導電流が発生せず，水に浸けると漏電の危険がある。

(4)　熱量は電流の2乗に比例するので，電流の大きさを小さくすることで熱量をより少なくすることができる。そのために電圧を大きくして電気を送り出すとよい。

3　(ヒトの体のしくみ―腎臓のはたらき)

基本　(1)　脱水症状になると体内の水分量が減少し，尿に含まれる色素成分の濃度が増加するので尿の色が濃くなる。

基本　(2)　180Lのうち180－1.8＝178.2(L)が吸収されるので，(178.2÷180)×100＝99(%)が再吸収される。

(3)　尿の役割は，体内の有害物質を排出したり，体内の水分量を一体に保ち，血液中の酸素濃度を一定に保つことである。ウィルスや細菌を排出することはない。

(4)　水分が多量に失われると体内の塩分濃度が上昇する。そのために腎臓で再吸収される水分量が増え，尿の量が少なくなる。

4　(天気の変化―湿度)

(1)　地表の温度が35℃で海抜15mであり，山頂の海抜が1085mなので標高差1070mである。100m上昇するごとに気温が0.65℃下がるので，10.7×0.65＝6.955(℃)下がる。山頂の気温は35－6.955＝28.04≒28(℃)になる。

(2)　標高が高くなると気温が下がり，露点に達すると水蒸気が水滴に変わる。そのため，同じような高さで雲ができ始める。

重要　(3)　(i)　湿度＝(実際の水蒸気量÷その気温での飽和水蒸気量)×100より，(23.0÷39.2)×100＝58.6(％)なので，約60％である。　(ii)　実際の水蒸気量が23.0g/m^3であり，これが飽和水蒸気量となる気温が約25℃である。これが露点温度なので，図2より空気の温度が25℃になるのは高度1200m付近である。

5　(理科総合―小問集合)

(1)　3つのグループは呼吸の仕方の違いで分けられている。①はエラ呼吸，②は肺呼吸，③は気門の呼吸をしている。クモは腹部にある書肺という器官で呼吸をする。イモリは肺呼吸，オタマジャクシはエラ呼吸である。

やや難　(2)　物体に力がかかる場合，物体は一定の割合で速さが増加する等加速度運動を行う。力がかからない場合は，静止し続けるか等速直線運動を行う。地上の人から見た場合，物体には下向きに重力がかかるので加速度運動を行うが，列車の進行方向には糸が切れるので力が働かず等速直線運動を行う。列車内の人から見た場合，下向きには等加速度運動を行うが，慣性力が進行方向と逆にはたらくので，慣性力の方向に等加速度運動を行う。

(3)　(i)　AとCの写真では，赤道に垂直に太陽の陰が映るので，春分の日と秋分の日の写真である。Bは1日の日照時間が短く冬の時期であり，Dは夏の時期である。写真は季節の順に並べられているので，Aが秋分の日，Bが冬至，Cが春分，Dが夏至の日である。　(ii)　このように太陽の光が当たる範囲が異なるのは，地球の地軸が太陽に対して傾いているからである。

(4)　密度の小さいものは軽い。4％の食塩水の密度が1.02g/cm^3なので，それより密度の小さいペットボトルのふたは浮く。これがAである。次に12％の食塩水より密度の小さいラベルが浮く。これがBである。電磁石にくっつくのは鉄であり，Cがスチール缶である。DとEではEの方が重いので下になる。Eがアルミ缶でDがペットボトル本体である。

★ワンポイントアドバイス★

実験や観察をもとにした出題でポイントを読み取る力が必要であるが，重要な点は教科書で扱われている事柄なので，基礎知識をしっかりと理解するようにしたい。

＜社会解答＞《学校からの正答の発表はありません。》

1 (1) 平等(な社会)　(2) ウ　(3) ② エ　③ ア　④ ウ　(4) ウ
(5) (身分制度によって)争いがほとんどなくなった(から)

2 (1) エ　(2) X 国民(を)　Y 戦争に向けてまとめる(ため)　(3) Ⅱ b
Ⅲ c　(4) イ

3 (1) イ　(2) ① 製品を運び出しやすい(から)　② エ　(3) ① ウ　② エ
③ B

4 (1) ① ウ　② イ　(2) エ　(3) ① ウ　② イ　③ エ　④ ア

5 (1) プライバシー(の権利)　(2) ア　(3) エ　(4) 高校のクラスメイトにとってこの人物の中学の友人は無関係であり，そこに顔写真をさらすと肖像権やプライバシーの権利の侵害(という危険がある。)

6 (1) ア　(2) ウ　(3) ウ　(4) エ

○推定配点○
1 各3点×7　2 (2) 4点(完答)　他 各3点×4　3 各3点×6　4 各3点×7
5 各3点×4　6 各3点×4　計100点

＜社会解説＞

1 (日本の歴史ー身分制に関連する歴史)

や難 (1) 生徒Aの発言で,「円は人間同士の上下関係を否定する印象を与える形」とあり，身分の違いがある状態の逆であれば平等とか対等といった言葉を考えられればよい。

(2) 将軍と主従関係にある武士を御家人と呼ぶのは鎌倉時代，室町時代，江戸時代ほぼ同じ。武士がすべて御家人というわけではないことに注意。鎌倉時代や室町時代の御家人は大名のようなもの。江戸時代の御家人は将軍直属の武士の中では下位のものが御家人で，将軍の家臣ではあるがお目通りがかなわない存在。その上にいるのが旗本。

基本 (3) ② 日本で一番権威があり，将軍の任命権をもつのは選択肢の中で言えば天皇。 ③ 頼朝以降，武士の頂点に立った人物の多くが任命された武士の棟梁を意味する役職は征夷大将軍。
④ 家来が主人に打ち勝つのは下剋上。文字通り，下の者が上の者に勝つというもの。

(4) 文脈から考えて，空欄の直前につながるのは将軍家が持つ権威。

重要 (5) 生徒Aの空欄⑥の前の発言内容で,「身分制度が崩れた戦国時代は争いが絶えなかった一方で，江戸時代は」とあるので，身分制度が重視され整っていた時代だったから「争いがなかった」とか「平和だった」といった内容が考えられる。

2 (日本の歴史－「情報」に関連する近代の歴史)

基本 (1) ①は満州は中国の東北部。②はミッドウェー海戦は日本とアメリカの戦い。

や難 (2) 当時の日本は「挙国一致」で，戦争で勝つため国を挙げて一致団結して，動こうとしていた。そのため，負け戦を報道してしまうと，人々の中に迷いや，ためらい，疑問などが生じかねないということで，国が情報操作をして負け戦を伏せて報道している。

(3) Ⅱの満州国は満州事変で設立されたもの。満州事変は1931年の柳条湖事件から始まる。Ⅲのミッドウェー海戦は1942年。

重要 (4) 文章Cにあるように，新聞記事は権力者により情報統制された結果のもの。

基本 3 （日本の地理－東北地方の県）

（1） ① 宮城県北東部の複雑な海岸線は，岩手県の三陸海岸から続くリアス海岸のもので，リアス海岸は山地が沈むか海面の上昇によって，山の表面の複雑な地形が海岸線となったもの。氷河の浸食でできた複雑な海岸線は日本にはないが，フィヨルド。 ② リアス海岸の湾の中は波がおだやかなので養殖に適している。地引網漁は遠浅の砂浜海岸でないとできない。

重要

（2） ① 半導体の工場が高速道路のインターチェンジ付近にある場合，半導体を使う工場などで部品の発注があれば，速やかに自動車で配達ができる。現代のさまざまな製品の工場では，製造ラインで使う部品類をあまり備蓄せずに，その日の生産で使う部品をその日の朝までに納入してもらうという方法をとっているところが多く，このようなやり方の場合，部品の供給が安定して行われることが必要で，交通の便の良さも重要な要素になる。半導体のような小型軽量で単価が高いものの場合，大型のトラックでなくとも，小型のトラックやバンのような車でもかなりの量を運べる。 ② エ ア，ウはいずれも，そのためにパソコンなどの機器が必要であり，需要が増えれば半導体が不足する。また，ゲーム機やテレビの需要が増えても同様。

（3） ① アは従業員数の減少と生産額も比例して減少するなら，グラフの傾きが同じでなければならない。イはグラフから伝統工芸品の指定数の変化はわからない。エは生産額は3分の1になっているが従業員数は3分の1まではなっておらず2分の1弱。 ② 伝統工芸品は国内で製造しているからこそ意味があるので，生産コストの削減のために海外に生産拠点を移しては意味がない。 ③ Bが岩手県。Aは米の産出額が最も大きいので秋田県。Bは人口密度が一番低く，米や果実は少ないので岩手県。Cは米が多く，製造品出荷額が大きいので宮城県。Dは米も果実も多く，製造品出荷額はさほど大きくないので山形県。Ⅳの票の数値からいえるのは太平洋側の方がやませの害が大きいということ。日本海側のAの秋田県，Dの山形県は1980年の数値と平年の数値の差はあまりないが，Bの岩手県，Cの宮城県や青森県は差が大きい。

4 （地理―ヨーロッパの国々）

基本 （1） ① 高緯度地域の場合に一日中日が沈まない白夜や，逆に一日中日が昇らない極夜がある。 ② 地軸が約23度傾いた状態で地球は自転し，一年をかけて太陽の周りを公転している。そのため，地軸が傾いている67度よりも高緯度の地域で白夜や極夜が生じる。90度から23度を引けば67度。

（2） スカンジナビア半島の内側のボスニア湾やバルト海は冬になると凍結してしまう。これはスカンジナビア半島の西側を暖流の北大西洋海流が北上しているが，スカンジナビア半島中央にスカンジナビア山脈があるため，半島の西側は暖流の影響を受け高緯度でも比較的温暖な状態になるが，半島の東側は暖流の影響を受けず緯度なりの寒冷な気候になるためである。西ヨーロッパの多くの地域はこの北大西洋海流とその上の温暖な空気を偏西風が運んでくることで，緯度の割に温暖な西岸海洋性気候になる。

重要 （3） EUの前身のECの加盟国は西ヨーロッパのドイツ，フランス，イタリア，ベネルクス三国，イギリス，アイルランド，ギリシア，デンマーク，スペイン，ポルトガルでEUの他の加盟国はEUになってからの加盟国で，あとになって加盟した国の方が一般に経済があまり発展していない。そのため，EUの中で人件費を抑えるためには東欧やバルカン半島の国々の方へ工場などを持っていった方が有利であり，高い賃金を求めるなら古くからのEU加盟国へ行った方がよいという状態になっている。

5 （公民―権利に関連する問題）

（1） プライバシーの権利は，いわゆる新しい人権の中では比較的古くから問われているもの。マスコミが過激な報道合戦をしたり，インターネットが普及してきてからは簡単に情報がさらされるようになり，さらに深刻化している。

重要 (2)　イは自分のTシャツに描いただけなら問題になりにくいが，販売してしまうと明らかに問題になる。ウ，エは盗作と同じ。

(3)　現在の日本国憲法では，人権は最大限保障されてはいるが，全ての人権を認めてしまうと，ぶつかり合うこともあり得るので，「公共の福祉に反しない限り」認めるという留保がついている。他人を誹謗中傷した場合には名誉棄損という形で処罰されることもある。

やや難 (4)　クラス写真は，クラスの仲間での共有が前提のものであり，その写真を第三者に公開するとなると，そこに写っている人すべてに第三者への公開をすることについての了承を得ることが本来は必要であり，そうでないと肖像権の侵害やプライバシーの権利の侵害になりうる。また，インターネット上にその写真を載せると，意図していないところへの拡散の懸念もある。

6　**(公民―労働，バリアフリーに関連する問題)**

基本 (1)　消費税は税率は全ての人に一律であるため，同じ品物を購入して支払う消費税は金額ではみな同じになるが，その消費税が所得に占める割合は所得が少ない人ほど大きなものになり，所得の少ない人ほど税負担率が重くなる逆進性のある税といえる。所得税に導入されている累進課税制度は所得額が上がるにつれて税率も高くなるもので，これは所得に対する税の負担率を公平に近づけるためのもの。

重要 (2)　アは被告人が有罪の判決を受けるまでは無罪の扱い。イは被告人の自白は強要されて事実とは異なる場合もあり得るので，物的証拠や第三者の信用性のおける証言などが必要。エは裁判員裁判は殺人や傷害，強盗，放火といった重大事件の刑事裁判の第一審に取り入れられており，民事裁判ではない。

(3)　効率を求めるなら，列の端の人に全てを渡して，列の人に順に流す方がよい。

(4)　ケースAはそもそも体育館を使うのに球技を優先する理由はないので②。ケースBはバレーボールに限らず，この決定に納得できるかどうかということで③。ケースCはバドミントン部抜きで会議が行われ決定されたということで①。

★ワンポイントアドバイス★

知識としてはすごく細かいことを求めているという問題はないが，設問を含め問題の文章や言葉を正確に理解していかないと判断に悩みそうなものがあるので，正確に読み理解することの練習を日ごろから意識してほしい。

<国語解答>《学校からの正答の発表はありません。》

一　(1)　エ　(2)　イ　(3)　ウ・エ　(4)　ウ　(5)　エ

二　(1)　1　ウ　2　エ　(2)　ア　(3)　イ

三　(1)　異なる見解に耳を傾ける余裕が失われ，対話が難しくなり，話を聞いてもらえないことでまわりが敵だらけに見え，自分や周囲を傷つけるという状況。

(2)　ウ　(3)　エ　(4)　ア　(5)　ア　(6)　エ・オ

四　(1)　エ　(2)　エ　(3)　イ　(4)　ア

○推定配点○

一　各5点×6　二　各3点×4　三　(1)　8点　他　各5点×6

四　各5点×4　計100点

＜国語解説＞

一　(論説文―脱文補充，文脈把握，内容吟味)

(1)　「食欲と性欲は」「次の世代をはぐくむ」とあるので，少なくとも食欲と性欲について，それが次の世代をはぐくむことに関わるのだという話題が展開されているはずだということがわかる。すると，4の後は「性欲は……子どもを作り，遺伝子をつなぎます」「食欲は……子どもに……つながります」と，食欲と性欲が「子ども」という次の世代をはぐくむことにつながる，という説明になっているので，4が適当。

(2)　まず，学習について第四段落では「学習とはそれまで持たなかった……を指します」と説明されているので，「経験」によって「行動」が変化するという内容は必須である。この時点でイを選んでよい。アの「環境を」エのの「食欲によって」は，第四段落を読めば除外しやすいが，迷うのはウであろう。ただしウは「勉強によって」が明確に誤り。第四段落では「学習というと，……お勉強することを想像するかもしれませんが，……」と逆接「が」で学習＝勉強は否定されている。

(3)　ア・イは第五段落において，「それ自体は生まれつき持った『反射』です」「反射も，……先の学習の定義の『持続的』に当てはまりません」とあるので除外できる。　オは「ゾウリムシがモジホコリほど大きく成長する」ということが本文中に言及がなく，かつ最終段落において「ゾウリムシと粘菌とヒトでは，……まったく異なります」と，ゾウリムシと粘菌であるモジホコリでも変化の仕組みが異なるということが明言されているので除外できる。

重要　(4)　ア　「考えながらも」以降誤り。筆者は既に三つ目は「学習欲」「知識欲」だという結論を持っているのであり，「そんなものがあるのでしょうか」は読者にあえて疑問形で投げかけることで関心を引く技巧である。　イ　「ゾウリムシでない」以降誤り。ゾウリムシには「学習欲」「知識欲」があると筆者はわかっているのだから，人間にはわからないということをここで表明する意味はない。ここでは，直後の「ところが」からもわかる通り，読者の予想を超えた高度な事実があるということを導くためにあえて疑問形にし，俗にいえば読者を〈あおって〉いるのである。

エ　まず「○○マシーン」という言い方自体が，「○○しかできない／しない」というネガティブな意味で使われるものというイメージは持っておきたい。文脈上も，「……しかしていないただの」であり，ネガティブな意味であることが示唆されている。加えて「マシーン」というのはあくまでも比喩であり，実際に機械として使えるというわけではない。

(5)　ア　「次世代に継承」が誤り。最終段落では，学習について「生き延びるために知識を得ようとするもの」とあるので，継承の話には触れられていない。またここまでのゾウリムシやモジホコリの例でも，次世代への継承という観点はない。　イ　「人間が」がまず誤り。学習欲や知識欲はゾウリムシのような単細胞生物にもあり，生き延びるために必要だという内容の文章なので，人間に限定している時点で誤読している。また「学校で」「生物学的な特性」を勉強すべきだということも本文中で触れられていない。本文は，学習とはどのようなもので，どうして欲と言えるのか，どうして必要なのかについて説明する内容である。　ウ　「単細胞生物から」が誤り。単細胞生物はあくまでも学習欲がある意外な生き物の例であり，単細胞生物から学べという主張は本文中に見られない。　オ　「その欲が尽きないように」以降誤り。筆者は学習欲や知識欲を三大欲求の中に位置づけている，つまり本能的なものとして位置付けているのであるうえ，最終段落にも「いやでも学習を行います」とあるので，食欲や睡眠欲と同様本来は尽きないものであるということは考えられる。また「常に新しい知識を」以降の内容も本文中に根拠がない。確かに「知識を学習しなければ，……早晩死に至る」とあるが，それは学習とは生き延びるために必要な，いわば自然と行う対策のようなものであるという説明であって，新しい知識を得るとか記憶を増やすとかいった方向の言及ではない。

二 (漢字の読み書き，熟語)

基本 (1) 「彼女の主張に対して……唱えた」がヒント。「異議」とは「違った意見」。同音異義語の「意義」は「意味」とほぼ同義。「異義」は「違った意味」。「義」は意味を表し，「議」は意見を表すと知っていれば容易な設問。

(2) 傍線部の「鮮やか」は「はっきりと」と言い換えられる。これはアの「鮮明」の「鮮」と同義。イ～ウの「鮮」はいずれも「まだ時間が経っておらず，生き生きとしている」という意味で用いられており，「中学生の頃の……思い出」と過去のものに対して使うにあたっては不自然である。

(3) 「周囲を無視した」がヒント。　ア 「順風満帆」とは「物事がすべて順調に進行すること」。　イ 「傍若無人」とは「他人を無視して，勝手で無遠慮な言動をとること」。　ウ 「優柔不断」とは「物事の判断がなかなかできず，迷ってばかりいること」。　エ 「八方美人」とは「周囲の誰からも嫌われないよう誰に対しても愛想よく振る舞うような人」。非難の意を込めて用いられる。

三 (論説文―文脈把握，接続語の問題，段落・文章構成，内容吟味)

重要 (1) 言葉と書き出しの指定があるので，ある程度ヒントは与えられている。傍線部1より前には，どういう「とき」かの説明が展開されているのであって「悪魔化」自体が具体的に説明されているとは言えないので，傍線部1より後に根拠を求める。「余裕」は第二段落「自分とは異なる見解に……ありませんでした」，「対話」は第三段落「そういうときほど対話は難しい」，「敵」は第三段落「僕らの心には……見えてきます」に登場する。したがって，このあたりの内容をまとめて記述できるとよい。異なる見解に耳を傾ける余裕がなくなる→対話が難しくなる→話を聞いてもらえない→まわりが敵だらけに見える，という流れが必要。字数が足りない場合は，第三段落の「自分や周囲を……とらせてしまいます」を盛り込んでもよいが，あくまでもメインの流れに加える形。メインの流れを削ると減点につながるだろう。

(2) 「力点」とは，一般には「特に力を注いだ所。重視した点」。つまり，「友人的第三者」という言葉は，「友人」ではなく「第三者」の方が重要だということである。この言葉の意味を理解できていればア・イは除外できる。言葉の意味を理解できていなくとも，傍線部2直前「でもね」という逆接と，「誰でもいい」という記述をとれていればア・イは除外できる。エは「初対面の人の方が」が誤り。第五段落によれば，「親切にしたりされてりしている関係」を「友人」と呼ぶ，ということなので，こういった関係が初対面の人を指すとは考えにくい。また「同僚や上司」「取引先の人」「顔馴染みのクリーニング屋さん」といった具体例をふまえても，まず初対面の人を想定してはいないだろう。

(3) 傍線部3直後の内容を根拠にする。「世界は広いし，……見守るしかない」の部分で挙げられているのは，「大陸の向こう側」「マンションの別の階の一室」など，自分が当事者ではなく，無関係な第三者であることしかできない状況である。この内容をとれていればエは無理なく選択できる。ア・イは当事者から第三者に変わるという文脈だが，これでは傍線部3「しかし，同時に」の部分をとれていない。第六段落の要点は，〈A：われわれは人生の当事者であり，困難が起こったときは誰かに話を聞いてもらえると考えるちからが戻ってくる〉〈B：常に当事者でいることはできない。世界は広く，自分とは無関係で手出しのできないこともある〉〈AとBは両立する〉ということである。当事者として困難を感じているときは，話を聞いてもらえると〈助かる〉というだけであり，第三者に変化することができるわけではない。このことは，「当事者」「第三者」という語の定義をふまえてもよい。ウは，「考える力が戻ってくる」を拡大解釈している。第三者的な視点で考えられるかどうかは本文中で言及されていない。

(4) A 直前の「世界は広いし，……見守るしかない」からは，当事者でないことに対しては手出しができないということを述べている。対して直後の「話を聞くことはできます」は，直前の〈できない〉に対し〈できる〉ことを挙げているので，逆接の「だけど」が適当。 B 直前の「第三者の……発生です」が理由となって，直後の「『社会』問題に……いないといけない」が結論となっているので，因果関係を示す「したがって」が適当。第三者がいないと「社会」ではないのだから，「社会」問題をなんとかしたいならば第三者が必要だ，という論理である。

(5) イ 「当事者のもつ性質」以降誤り。第六段落では，人生の当事者ではあれど世界のすべての当事者ではないということが述べられている。当事者がもつ性質も，「僕らは当事者として，……格闘しています」程度にしか述べられておらず，「対比」が成立しているとは言えない。
ウ 「各々の問題」以降誤り。第七段落では話を聞くことの重要性が述べられているのであり，「各々の」つまり個別の問題への解決策が述べられているわけではない。むしろ，〈困っている当事者がいた場合全般に有効な策〉が述べられていると言ってもよいだろう。 エ 「話を聞くことに関する」以降誤り。第七段落で述べられているのは話を聞くことの重要性であり，「身近な具体例」は挙げられていない。また「広い視野」についても明確に主張されているとは言えない。第三者が話を聞くことが，社会問題への対応として推奨されるという主張が展開されるのみである。

(6) ア 「相手が何を考えているのか」以降誤り。本文では，繰り返し対話の重要性が述べられているのであり，「想像」するだけでは不足である。実際に話したり，話を聞いたりというのが「対話」であるということは第四段落以降の記述から明らかである。 イ 「一人で落ち着いて考え直す」が誤り。選択肢アの解説同様，重要なのは「対話」である。また第六段落では「同僚や上司でもいいし，……漏らしてみたほしい」とあるので，一人で考えることを筆者は推奨していないことがわかる。 ウ 「親友と呼べるような」以降誤り。第五段落，特に傍線部2を含む一文からは，親友と呼べる人でなくとも，第三者と呼べる人に助けを求めることの重要性を説いている。また第五段落で挙げられている「同僚や上司」「取引先の人」「顔馴染みのクリーニング屋さん」などといった具体例は，一般的に「親友と呼べるような」相手とは考えにくい。それでも，そうした相手でもいいから話してみよと筆者は主張しているのである。

四 **(古文―指示語の問題，文脈把握，口語訳，内容吟味)**

〈口語訳〉 昔，天地がまだ開けていなかったとき，イザナミノミコトとイザナギノミコトの二柱の神様が，天の浮橋の上から霧の海を眺め降ろしなさったところ，島のように見えるものがあった。二柱の神様は，天の鉾でこれを探ってみなさると，国であったので，ここに(両名が)現れなさった。(これが)霧嶋山と(その場所が)名前がついた由来であって，その鉾を逆さまに下ろしなさったものが，今に至るまでそのままこの山の頂上に建ててあるのを，天の逆鉾という。本当に神代(＝神様の時代)の古い物で，珍しい品という点ではまた，ほかにこれに肩を並べるものがない。人々は皆珍しくありがたく思う。すぐに拝んでみたいと強く望んだけれども，この霧嶋山は，格別の高山であって，更に火が燃えていて，風が吹き，そのほか種々の神変不思議，怪異，珍奇なことが多く，登る者は，思いがけずに行方不明になることなどは毎度のことなので，薩州，日州の人といえども恐れて頂上に到着する者は少ない。私は，長らくこの逆鉾のことを聞いていて見たいと思っていたので，鹿児嶋滞在の機会に，決心して登ろうとする。

(1) 「二柱の御神」が主語，「天のとぼこ」を使って「是」を探ったということである。この時点でアは除外できる。文脈上，「二柱の御神」はイからウを眺めたところ，エを発見し，「天のとぼこ」を使って探ったということなのだから，発見したものであるエを探ったと考えるのが妥当。

また，探った結果としては「是」が国になったということ，「天のとぼこ」を下したものが今でもこの山の頂上にあるということなので，山がありそうな場所であるという理由でもエが選べる。

重要 (2) 「奇絶の品」として傍線部2だということである。直前の「誠に神代の旧物にして」が直接の「奇絶の品」であることの理由である。また，「神代の旧物」つまり神の時代の古いものであるということは，「其鉾を……天の逆鉾といふ」に記述されている。「神代」というのは，初代天皇と考えられていた神武天皇即位より前に，天皇ではなく神が治めていた時代があるという発想に基づく。この内容に合致するのはエのみ。ア～ウは「誠に神代の旧物にして」という部分を反映できていない。

(3) 「とく」は「早く」なのでこの時点でイ・エに絞られる。「希ふ」は現代仮名遣いでは「こいねがう」と読み，「強く願い望む」という意味。エの「期待」は語義的に誤り。よってイが適当。

(4) イ 「天の逆鉾がそびえ立つ神聖な山だったため」「入山できる人々も限られていた」が誤り。前者は「格別の高山にして，……珍奇多く」と矛盾する。逆鉾があったからではなく，高山であることと，火山であること，風も強いこと，怪異が起こることが原因である。後者は「登る者，……至る者すくなし」と矛盾する。ここを読むと，入山しても行方不明になったりして，登頂できる人が少ないということであるので，入山自体ができない人がいたという根拠はない。
ウ 「天変地異」が誤り。「天変地異」とは「異常気象や，それによる災害」。「天変」は，暴風，雷，雨，日食，月食など。「地異」は，地震，洪水などを指すが，イの解説同様高山であることと，火山であること，風も強いこと，怪異が起こることが原因で登頂が難しいということなので，天変地異が起こりやすかったとう根拠はない。風が強い程度では天変地異とは言えない。

★ワンポイントアドバイス★

現代文は，部分的な表現だけで内容を決めつけず，文脈の流れを確認しよう。特に最終段落に向けた論理の流れは大切だ。古文は，まず全体を読んで大まかな内容を把握し，省略された主語など細部に目を向けてみよう。

MEMO

大切なことはメモしておこうネ！

2023年度

★★★★★★★★★★★★★★★★★★★★★★★★

入　試　問　題

2023年度

名古屋経済大学市邨高等学校入試問題

【数　学】（45分）　＜満点：100点＞

1　次の(1)から(10)までの問いに答えなさい。

(1)　$\left(\frac{3}{2}\right)^2 \div 6 \times (-4^2)$　を計算しなさい。

(2)　$\frac{2x-y}{3}-\frac{x+3y}{2}$　を計算しなさい。

(3)　方程式　$2x+y+12=3x-y=11$　を解きなさい。

(4)　$2\sqrt{18}-\sqrt{50}-\sqrt{32}$　を計算しなさい。

(5)　$ax^2-3ax-10a$　を因数分解しなさい。

(6)　2次方程式　$x(x+3)=1$　を解きなさい。

(7)　等式　$m=\frac{2a-b}{3}$　を a について解きなさい。

(8)　y は x に反比例し，$x=4$ のとき $y=6$ である。$x=-8$ のときの y の値を求めなさい。

(9)　男子３人，女子２人の中から，２人の代表をくじで選ぶとき，少なくとも女子が１人選ばれる確率を求めなさい。

(10)　右の表は，あるクラスの生徒の通学時間を度数分布表でまとめたものである。右の度数分布表から，このクラスの生徒の通学時間の平均値を求めなさい。

時間（分）	度数（人）
0以上 ～ 10未満	3
10 ～ 20	8
20 ～ 30	12
30 ～ 40	6
40 ～ 50	1
計	30

2　次の(1)から(3)までの問いに答えなさい。

(1)　右の図の放物線は $y=ax^2$ であり，２点A，Bは放物線上の点である。点Aの座標は（２，８）であり，点Bの x 座標は０より小さい。２点A，Bを通る直線を ℓ，x 軸と直線 ℓ との交点をＣとするとき，次の①，②の問いに答えなさい。

①　a の値を求めなさい。

②　△OAB＝△OBCであるとき，点Cの x 座標を求めなさい。

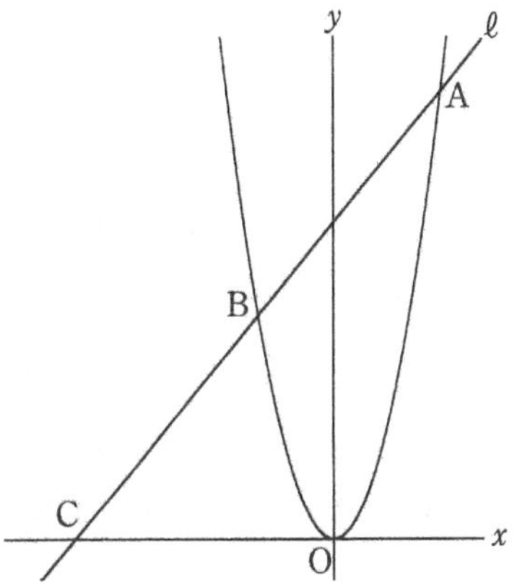

⑵　右の図は視力を検査するときに使うもので，考案したフランスの眼科医ランドルトの名にちなんで「ランドルト環《かん》」と呼ばれています。
右の図の寸法のランドルト環を５ｍ離れた所から見て，そのすき間が判別できれば，1.0の視力があると，1909年の国際眼科学会で決められました。
右の図の寸法のランドルト環を，大きさを変えずに，x ｍ離れた所から見て，すき間が判別できたとき，その視力を y とすると，

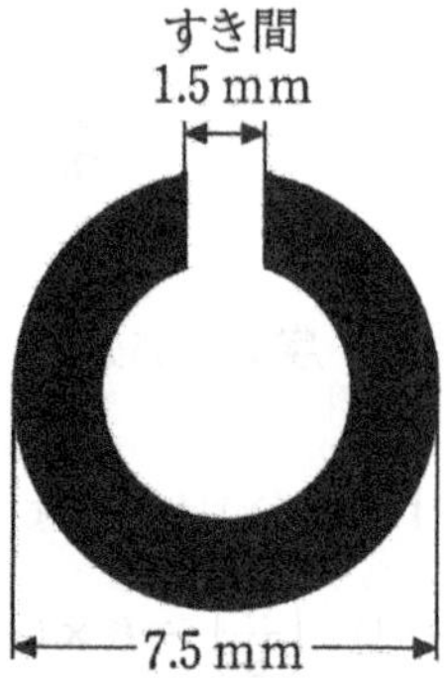

$$y=\frac{1}{5}x$$

という比例の関係があることが知られています。このとき，次の①，②の問いに答えなさい。

①　右の図の寸法のランドルト環を何ｍ離れた所から見て，すき間を判別できれば，1.2の視力があるといえるか。

②　実際の視力検査では，距離を固定してランドルト環の大きさを変えて検査している。５ｍ離れた所から見て検査をするとき，0.6の視力があるか確認するためには，すき間が何㎜のランドルト環が判別できればよいか。

⑶　以下の先生と太郎さんと花子さんの会話文を読んで，次の①，②の問いに答えなさい。

先生：こんな問題を考えたんだけど，解いてごらん。
花子：『方程式 $5\sqrt{x}+x=6$ を解け』か。難しそうね。
太郎：そうだよね。どうしたらいいんだろう？根号が邪魔だよね。
花子：２乗したら外せるんじゃない？
太郎：でも，$(5\sqrt{x}+x)^2=25x+10x\sqrt{x}+x^2$ だから根号が残っちゃうね。
花子：どうしよう？
先生：$5\sqrt{x}$ だけを２乗できたらいいね。
花子：あっ！最初の式を $5\sqrt{x}=6-x$ に変形してから両辺を２乗したらいいんじゃない？
太郎：なるほど！できそうだね！じゃあ計算したらこんな感じかな。

$$5\sqrt{x}+x=6$$
$$5\sqrt{x}=6-x$$
$$(5\sqrt{x})^2=(6-x)^2$$
$$25x=36-12x+x^2$$
$$x^2-37x+36=0$$
$$(x-1)(x-36)=0$$

よって，$x=1$，36

花子：先生できました！答えは $x=1$，36 です。
先生：頑張ったね。じゃあ検算してみようか。

①　太郎さんと花子さんの出した結論には間違いがある。その間違いとは何か。なぜそう判断したのかも合わせて答えなさい。

②　方程式 $6\sqrt{x}+7=x$ を解きなさい。

3 次の(1)から(3)までの問いに答えなさい。

(1) 下の図のABを直径とする半円Oの円周上に2点C，Dをとり，AD，OCの交点をEとする。
$\angle \mathrm{OCD}=50^\circ$，$\angle \mathrm{AEC}=80^\circ$であるとき，$\angle \mathrm{OAD}$の大きさを求めなさい。

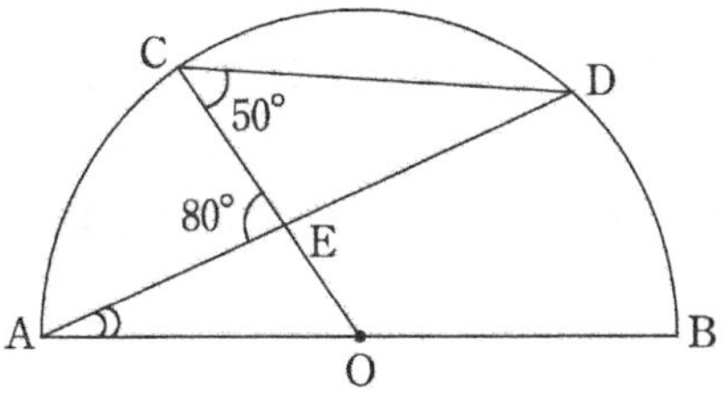

(2) 下の図の△ABCはAB＝12cm，BC＝14cm，CA＝7cmである。辺AB，BC上にそれぞれ点D，Eがあり，AD＝3cmである。
△ABC＝2△BDEであるとき，BEの長さを求めなさい。

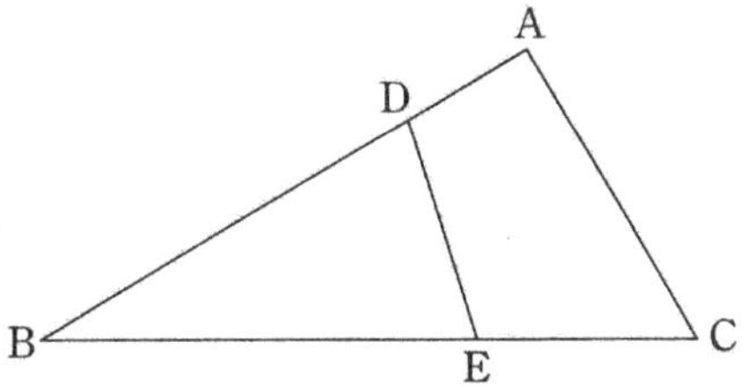

(3) 右の図に示した立体O－ABCは，底面が1辺の長さ6cmの正三角形で，OA＝OB＝OC＝12cmの正三角すいである。辺OC，OA上にそれぞれ点P，Qを，BP＋PQ＋QBが最小になるようにとる。正三角すいO－ABCを平面BPQで切ったとき，点Oを含まない方の立体の体積は正三角すいO－ABCの体積の何倍になるか求めなさい。

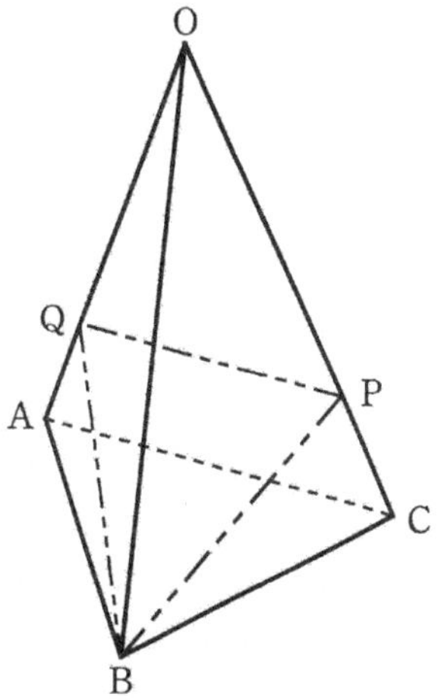

【英　語】（45分）　＜満点：100点＞

外国語（英語）聞き取り検査

Part A

(1)から(3)までのそれぞれの対話を聞き，その最後の文に対応する応答として最も適切なものを，選択肢AからDまでの中からそれぞれ一つ選び，記号で答えなさい。

対話と選択肢は二回読まれます。(1)から(3)までの対話と選択肢はすべて放送されます。

それでは始めます。

Part B

(4)から(5)までのそれぞれの英文を聞き，その質問に対して最も適切な答えを，選択肢AからDまでの中からそれぞれ一つ選び，記号で答えなさい。

英文と質問は二回読まれます。

それでは始めます。

＜リスニング問題スクリプト＞

(1) A：Let's go to the park.

B：We were there all day yesterday.

A：Yeah, but I'm bored and I like the playground there.

B：Can we go to the aquarium instead?

A：

A）The park doesn't have an aquarium.

B）The playground is boring.

C）We went to the aquarium yesterday.

D）Ok. If you really want to.

(2) A：This zoo is famous for having four panda bears.

B：That's a lot! What is your favorite thing here?

A：

A）I like watching the monkeys play.

B）The pandas will be sleeping.

C）Lunch is expensive here.

D）Sure. That is a good idea.

(3) A：My school trip is cancelled this year. We will have regular classes.

B：Why is that?

A：Because of Covid-19 we shouldn't leave the prefecture.

B：

A）Where are you going?

B）That wasn't a very exciting trip.

C）What will you do instead of the trip?

D）Well, my school is still going on a trip.

(4) Tomorrow is going to be so much fun! It's my friend's birthday. It will be very busy! We are going to have a big party for her. I will make a cake and my friend will decorate our classroom. My other friend made a gift. After school we will sing karaoke. After that I'm going to eat with my family and then we are going bowling.

Question: What will the girl do for her friend?

A) She will make a cake.
B) She will decorate her classroom.
C) She will make a gift.
D) She will go bowling.

(5) Sustainable Development Goals or SDGs are very important. Every person should do what they can to help the environment. I recommend not using plastic bags and using a reusable water bottle. Also, we should ride our bikes more and drive cars less. We should pick up any garbage we see on the ground at parks and on streets. Every little bit helps.

Question: What did the man say we should do to help the environment?

A) We should ride bikes more.
B) We should turn off lights.
C) We should pick up garbage on beaches.
D) We should drive cars.

外国語（英語）筆記試験

1．翔（Sho）が台湾に住んでいる友人の王（Wang）とリモート交流しています。二人の対話が成り立つように，（A）から（D）までのそれぞれにあてはまる最も適当な語を，次のアからシまでの中からそれぞれ一つ選び，そのかな符号を書きなさい。ただし，いずれも一度しか用いることができません。使用しないかな符号も含まれています。文頭にくる語も小文字になっています。

Sho: What made you study Japanese?
Wang: I got interested in Japanese "City Pop." So I started to study Japanese.
Sho: What is "City Pop?"
Wang: City Pop is a style of Japanese pop (A) from the 1970s and 1980s.
Sho: I see. What is your favorite City Pop song?
Wang: I like "Mayonaka no Door" because it's very cool. It was sung by a Japanese (B) Miki Matsubara.
Sho: (C) did you get to know the song?
Wang: My friend in Indonesia introduced it to me.
Sho: Really?
Wang: Yes. These days, young people around the world listen to it. Japanese City Pop songs have become so popular among them. Some of them

even make their (D) songs influenced by Japanese City Pop.

Sho: It's very interesting to know Japanese pop culture is spreading all over the world!

ア book	イ right	ウ teacher	エ music	オ which
カ people	キ what	ク language	ケ singer	コ how
サ own	シ like			

2．次の文章を読んで，あとの(1)から(5)までの問いに答えなさい。

Do you know one of the most famous scientists Isaac Newton? He was born in Lincolnshire, England in 1643, and he grew up on a farm. When he was a boy, he made lots of great inventions like a windmill to grind corn, a water clock and a sundial. However, Isaac didn't get good grades at school.

When he was 18 years old, Isaac went to study at Cambridge University. He was very interested in physics, mathematics and astronomy. However, in 1665 the Great Plague spread in England and Cambridge University had to close down. So [①].

Isaac was studying and experimenting at home. One day, when he was drinking a cup of tea in the garden, he (A) an apple fall from a tree. Then he thought, 'Why do apples fall down?' From this discovery, he formed the theory of gravity. Gravity is an invisible force which pulls objects to the Earth and keeps the planets moving around the Sun.

Isaac was fascinated by light. He found that white light is made of all the colors of the rainbow. Isaac also invented a special telescope by using mirrors. ＿②＿. Also, he made another very important discovery, 'Newton's Three Laws of Motion.' They explain how objects move. Isaac's laws are still (B) today for sending rockets into space.

Thanks to his discoveries, Isaac became rich and famous. However, he had a bad temper and often argued with other scientists. He died in 1727 at the age of 85. He was buried along with English kings and queens in Westminster Abbey in London. He was one of the greatest scientists and mathematicians.

(注)

invention 発明品　windmill 風車　grind 細かく砕く　sundial 日時計　physics 物理学

astronomy 天文学　the Great Plague 大疫病（ここではペストの大流行のこと）

experiment 実験する　discovery 発見　form 形成する　theory 理論

invisible 目に見えない　force 力　object 物体　planet 惑星

be fascinated by ～ ～に魅了される　invent 発明する　telescope 望遠鏡　law 法則

bad temper　不機嫌　　argue with ～　～と言い争う　　be buried　埋葬される
参考：https://learnenglishkids.britishcouncil.org/ja/short-stories/isaac-newton

(1)（A）と（B）のそれぞれにあてはまる最も適当な語を，次の五語の中からそれぞれ一つ選び，正しい形に変えて書きなさい。

use　get　go　take　see

(2) ① にあてはまる最も適当な語句を，次のアからエまでの中から一つ選び，そのかな符号を書きなさい。

ア Isaac was happy to be at Cambridge University
イ Isaac had to stay in the university
ウ Isaac had to go back to his hometown
エ Isaac wanted to eat apples

(3) 下線部②にあてはまるように，次のアからクまでの語を正しく並べ替えるとき，二番目と四番目にくる語をそれぞれ選び，そのかな符号を書きなさい。

ア telescopes　イ was　ウ it　エ powerful　オ much
カ than　キ more　ク other

(4) 次のアからエまでの中から，その内容が本文に書かれていることと一致するものを二つ選び，そのかな符号を書きなさい。

ア Isaac Newton invented many things before he entered university.
イ Isaac Newton formed the theory of gravity when he was studying and experimenting at home.
ウ Isaac Newton invented a telescope to see an the colors of the rainbow.
エ Isaac Newton used his three laws of motion to invent a special telescope.

(5) 次の英文は，この文章を読んだ中学生が書いた感想文です。（X）から（Z）までのそれぞれにあてはまる最も適当な語句を，次のアからウまでの中からそれぞれ選び，そのかな符号を書きなさい。

I found three interesting points from this story. First, he (X) at school. I thought all scientists are intelligent when they are young. Second, he was interested in light and found that white light (Y) all the colors of the rainbow. Whenever I look up at the sky, I will remember this. Third, he (Z) and argued with other scientists. In my opinion, everyone is not perfect so it is natural for him to be like us. After I read this story, I felt Isaac Newton was very close to me.

X　ア didn't get great inventions　イ didn't get good grades
　ウ didn't get bad grades
Y　ア is much more powerful　イ is an important color
　ウ is made of
Z　ア had a bad temper　イ was not a scientist　ウ was not buried

3．春樹（Haruki）が自分の iPad を見ているとき，アメリカから来た留学生のオリバー（Oliver）が話しかけている場面です。次の対話文を読んで，あとの(1)から(5)までの問いに答えなさい。

Oliver: Hi, Haruki.
Haruki: Hi, Oliver. How are you?
Oliver: Good. Are you reading a book online?
Haruki: Yes. It's very interesting. Can you guess who wrote this story?
Oliver: 【 a 】
Haruki: Actually, it was written by an AI, artificial intelligence.
Oliver: Oh, really? How can it do that?
Haruki: From large amounts of stories, the AI finds rules and patterns of plots. ①If we (Ⅰ) some themes or ideas to the AI, it will make a story related to them. Or if we write the beginning part of a story, the AI can complete it for us.
Oliver: Wow, that's amazing! ②Well, if it's possible, I'm afraid that writers will (Ⅱ) their job in the near future.
Haruki: 【 b 】
Oliver: What do you mean?
Haruki: An AI cannot make story ideas because it's difficult for the AI to create new things from nothing.
Oliver: 【 c 】
Haruki: No, not yet. AI still needs our (A) when it starts writing. And it doesn't have the motivation to write a story, anyway.
Oliver: 【 d 】
Haruki: We should change our point of view, Oliver. AI writers can be great tools which help us with vocabulary and grammar.
Oliver: 【 e 】
Haruki: I don't know. Just read many books and learn to make your own stories.

（注） artificial intelligence 人工知能　large amounts of ～ 膨大な量の～
pattern パターン，規則性　plot （小説，劇などの）筋　theme テーマ
related to ～ ～に関連した　the beginning part of ～ ～の冒頭部分
complete ～ ～を完成させる　motivation 動機，意欲　vocabulary 語彙
grammar 文法

(1) 次のアからオまでの英文を，対話文中の【a】から【e】までのそれぞれにあてはめて，対話の文として最も適当なものにするには，【b】と【d】にどれを入れたらよいか，そのかな符号を書きなさい。ただし，いずれも一度しか用いることができません。

ア Umm, I don't think so. AI cannot be just like a human writer.
イ I see. Then, what will the future be like for AI writers?

ウ　Can I be a good writer with help from AI?

エ　Why do you ask me that?　I have no idea.

オ　You mean that an AI cannot write a story all by itself?

(2)　下線①，②のついた文が，対話の文として最も適当なものになるように（Ⅰ）と（Ⅱ）のそれぞれにあてはまる最も適当な語を，次のアからオまでの中からそれぞれ選び，そのかな符号を書きなさい。

ア　ask　　イ　lend　　ウ　give　　エ　use　　オ　lose

(3)（A）にあてはまる最も適当な語を，次のアからオまでの中から一つ選び，そのかな符号を書きなさい。

ア　help　　イ　voice　　ウ　future　　エ　hearts　　オ　friends

(4)　次のアからカまでの中から，その内容が本文に書かれていることと一致するものを二つ選び，そのかな符号を書きなさい。

ア　AI is good at creating new things from nothing.

イ　AI can support us when we write stories.

ウ　To change our point of view, we should read many books online.

エ　Human writers should use AI when they write stories.

オ　Only human writers can make story ideas.

カ　AI writers always want to write their own stories.

(5)　次の質問に Yes か No で答えなさい。それに続いて，あなたがそのように考える理由や具体例，詳しい説明を二から三文程度で書きなさい。

Do you think many people will use AI in the future?

【理　科】（45分）　＜満点：100点＞

1　けん君は夏休みを利用して，鍾乳洞《しょうにゅうどう》の見学に行きました。

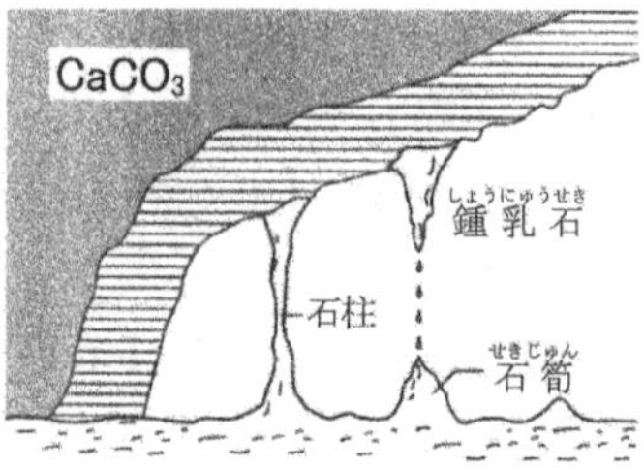

鍾乳洞は石灰岩台地にできた地下の空洞で，中には鍾乳石や石筍《せきじゅん》，石柱などがあり，それらは年々成長して大きくなります。けん君が観察すると，鍾乳石から水滴がぽたぽたと落ちており，落ちているところに石筍がありました。けん君は，なぜ鍾乳石や石筍ができるのかを不思議に思い，鍾乳石と同じ主成分（炭酸カルシウム）の石灰石を使って，以下の実験を行った。

【実験１】

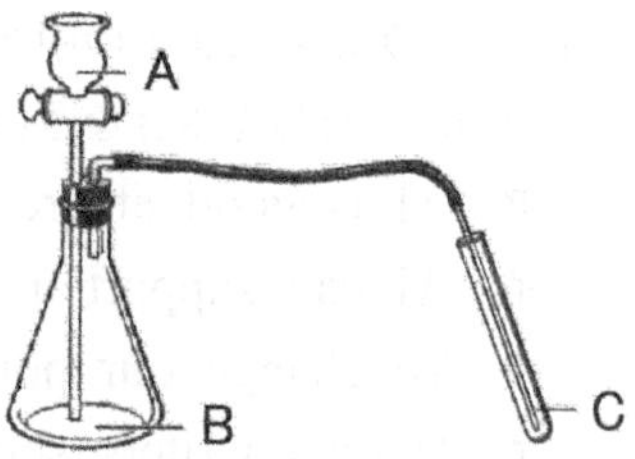

右の図のような装置を使い，石灰石とうすい塩酸を反応させて，気体を発生させた。発生した気体を石灰水に通したところ，石灰水は一度白くにごり，その後にごりは消えた。反応が終わった後，三角フラスコ内の溶液のみを取り，ゆるやかに加熱したところ，塩化カルシウムの白い固体が残った。

【実験２】

炭酸水の入ったビーカーに石灰石を入れて１日静置すると，石灰石は少量溶けた。反応後に残った石灰石を取り除き，溶液のみをゆるやかに加熱して水分を蒸発させたところ，ビーカーには白い固体ができた。

【実験３】

石灰石を水に入れて１日静置したが，石灰石は溶けなかった。

(1)　**【実験１】**の装置のＡからＣに入れる物質の組み合わせとして正しいものを，下の**ア**から**カ**までの中から１つ選び，そのかな符号を答えなさい。

	A	B	C
ア	石灰石	塩酸	石灰水
イ	石灰石	石灰水	塩酸
ウ	塩酸	石灰石	石灰水
エ	塩酸	石灰水	石灰石
オ	石灰水	塩酸	石灰石
カ	石灰水	石灰石	塩酸

(2)　下の文章は**【実験２】**で白い固体ができた理由を述べたものである。（①），（②）に当てはまる語の組み合わせとして正しいものを，次のページの**ア**から**カ**までの中から１つ選び，そのかな符号を答えなさい。

「石灰石が炭酸水と反応して水に溶けやすい物質ができた後，加熱することで水分と（　①　）が抜けていき，水に溶けにくい（　②　）ができた。」

	①	②
ア	水素	炭酸カルシウム
イ	水素	塩化カルシウム
ウ	二酸化炭素	炭酸カルシウム
エ	二酸化炭素	塩化カルシウム
オ	酸素	炭酸カルシウム
カ	酸素	塩化カルシウム

(3) 実験を参考にして，次の文章のうち正しいものを，下の**ア**から**カ**までの中から２つ選び，そのかな符号を答えなさい。

ア 石筍《せきじゅん》を水に入れると，二酸化炭素が発生する。
イ 石筍は，石灰岩の成分を含んだ水滴から水分が蒸発してできる。
ウ 鍾乳石《しょうにゅうせき》と塩酸を反応させてできた塩化カルシウムは水に溶けにくい。
エ 鍾乳石は，二酸化炭素を含んだ水に溶けない。
オ 石灰岩を塩酸に入れると，酸素が発生する。
カ 石灰岩は，二酸化炭素を含んだ水に溶ける。

2 浮力とは，水などの液体中にある物体に対して，重力とは逆の方向にはたらく力である。

> アルキメデスの原理
> 「液体中の物体は，物体が押しのけた液体の重さに等しい大きさの浮力を受ける。」

下の表は，さまざまな液体や材質の密度を表している。物体の密度とは，単位体積当たりの質量である。例えば１cm^3の物体の質量が5.0ｇであったとき，密度は5.0ｇ/cm^3と表す。
さまざまな液体と材質の物体をつかって浮力の実験を行った。なお，表面張力は無視できるものとする。

液体	密度(g/cm^3)
水	1.00
サラダ油	0.91

材質	密度(g/cm^3)
マグネシウム合金	1.80
塩化ビニル	1.40
アクリル	1.20
木材（ヒノキ材）	0.40

(1) アルキメデスの原理より，物体にはたらく重力と浮力の大きさによって，その物体が液体に浮くか沈むかが決まる。これには押しのける物体と押しのけられる液体の密度が関係している。
次の文章の（①）から（③）に当てはまる語の組み合わせとして正しいものを，後の**ア**から**ク**までの中から１つ選び，そのかな符号を答えなさい。

> 物体にはたらく重力よりも物体の受ける浮力が小さいとき，物体は（　①　）。物体や液体

にはたらく重力は密度に比例するため，物体の密度が液体の密度よりも大きいとき，物体は（　②　）。したがって，アクリルはサラダ油に（　③　）。

	①	②	③
ア	浮く	浮く	浮く
イ	浮く	浮く	沈む
ウ	浮く	沈む	浮く
エ	浮く	沈む	沈む
オ	沈む	浮く	浮く
カ	沈む	浮く	沈む
キ	沈む	沈む	浮く
ク	沈む	沈む	沈む

⑵　右の図のように縦16㎝，横10㎝，高さ６㎝のマグネシウム合金を静かに水の上にのせたところ沈んだ。このときマグネシウム合金にはたらく浮力の大きさ（N）を，下のアからオまでの中から１つ選び，そのかな符号を答えなさい。ただし，水の密度は1.0ｇ/㎝^{3}とし，100ｇにかかる重力の大きさを１Nとする。

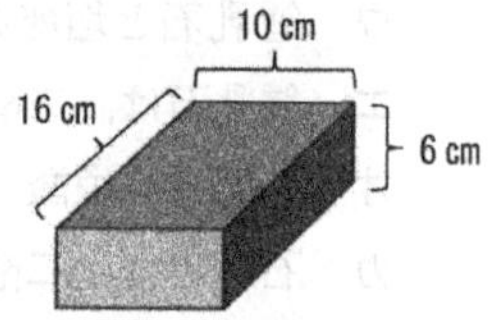

ア　1.8N　　イ　9.6N　　ウ　17.3N　　エ　960N　　オ　1728N

⑶　水で満たした水槽に⑵と同じ大きさの木材をのせたとき，木材はいくらか沈み，水があふれた。あふれた水の体積を量ったところ，384㎝^{3}であった。木材は水面から何㎝沈んだか。下のアからオまでの中から１つ選び，そのかな符号を答えなさい。

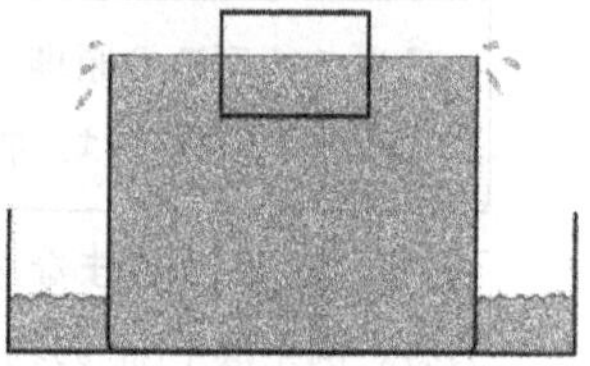

ア　0.4㎝　　イ　1.0㎝　　ウ　2.4㎝
エ　3.0㎝　　オ　3.6㎝

⑷　右の図のように外形が縦16㎝，横10㎝，高さ６㎝，厚さ１㎝の箱舟をさまざまな材質でつくり，以下の実験を行った。

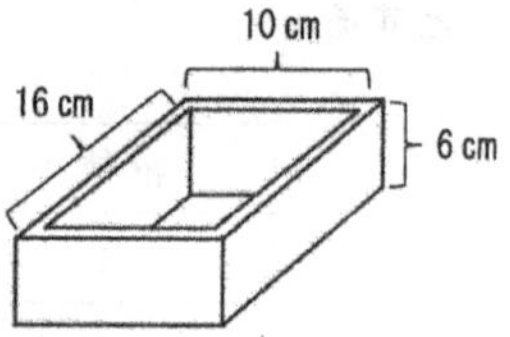

【実験１】
　木材でつくった箱舟を静かに水の上にのせたところ，箱舟は水面から１㎝沈んだ。
【実験２】
　アクリルでつくった箱舟を静かに水の上にのせたところ，箱舟は水面から３㎝沈んだ。
【実験３】
　マグネシウム合金でつくった箱舟を静かに水の上にのせたところ，箱舟は水面から4.5㎝沈んだ。
　同じ大きさの箱舟を塩化ビニルでつくったとき，箱舟は何㎝沈むか。下のアからオまでの中から１つ選び，そのかな符号を答えなさい。
ア　2.8㎝　　イ　3.2㎝　　ウ　3.5㎝　　エ　3.7㎝　　オ　4.2㎝

3　熱帯などの海域では，太陽の強い日差しで海水が温められ，上昇気流が発生しやすくなります。多くの水蒸気を含んだ空気は上空で集まり積乱雲が発生します。渦を巻きながら積乱雲が大きくなると，熱帯低気圧や台風となります。

7月から10月にかけては日本に台風が接近しやすい気圧配置になります。台風が日本付近に接近または上陸する際には，台風の進行方向の右側に特に注意が必要です。また，秋にかけては日本付近の上空を吹く（　A　）により台風の速度が増加していくことが考えられます。

(1)　下線部の理由として正しいものを，下の**ア**から**エ**までの中から１つ選び，そのかな符号を答えなさい。

ア　台風は上から見て反時計回りの風が渦を巻きながら吹いており，進行方向の風が加わるから。

イ　台風は上から見て反時計回りの風が渦を巻きながら吹いており，進行方向に対して逆向きの風が加わるから。

ウ　台風は上から見て時計回りの風が渦を巻きながら吹いており，進行方向の風が加わるから。

エ　台風は上から見て時計回りの風が渦を巻きながら吹いており，進行方向に対して逆向きの風が加わるから。

(2)　（A）に当てはまる語として正しいものを，下の**ア**から**オ**までの中から１つ選び，そのかな符号を答えなさい。

ア　季節風　　**イ**　偏西風　　**ウ**　上昇気流　　**エ**　下降気流　　**オ**　貿易風

(3)　台風が発生する，「夏に勢力が強くなる気団」と「風の向き」の組み合わせとして正しいものを，下の**ア**から**カ**までの中から１つ選び，そのかな符号を答えなさい。

ア　シベリア気団　　南東の風
イ　シベリア気団　　北西の風
ウ　シベリア気団　　南西の風
エ　小笠原気団　　南東の風
オ　小笠原気団　　北西の風
カ　小笠原気団　　南西の風

(4)　台風は普通，海上から陸地に接近または上陸することで勢力が弱まる。その理由を「**水蒸気**」という語を用いて答えなさい。

4　原始地球の大気には酸素がなく，初期の生物は酸素を使わない呼吸を行っていた。約30億年前にはラン藻類が出現して酸素をつくりはじめ，多くの種類の生物が誕生し，進化してきた。

進化の過程では，ハチュウ類と鳥類の中間的な特徴をもつ生物がいた。その１つが右の図の始祖鳥《しそちょう》と呼ばれるものである。

(1)　始祖鳥に見られるハチュウ類の特徴として正しいものを，下の**ア**から**オ**までの中から２つ選び，そのかな符号を答えなさい。

ア　歯がある。　　**イ**　胎生である。
ウ　体は羽毛で覆われている。　　**エ**　前足はつばさになっている。
オ　つばさの先には爪のついた指がある。

(2) 進化の過程で，生物が水中から陸上へ出たことにより起こった変化を文章に示した。文章中の（①）から（③）に当てはまる語の組み合わせとして正しいものを，下の**ア**から**カ**までの中から1つ選び，そのかな符号を答えなさい。

・ひれが足に変化した。

・（　①　）呼吸から（　②　）呼吸へと変化した。

・乾燥に耐えられる（　③　）のある卵を陸上に産むようになった。

	①	②	③
ア	皮ふ	肺	保護毛
イ	皮ふ	えら	殻
ウ	皮ふ	肺	殻
エ	皮ふ	えら	保護毛
オ	えら	肺	殻
カ	えら	皮ふ	保護毛

(3) ハトの翼とイヌの前足のように，形やはたらきは異なるが，基本的なつくりが似ていて元は同じものだったと考えられる器官を何というか。下の**ア**から**オ**までの中から1つ選び，そのかな符号を答えなさい。

ア 相同器官　**イ** 痕跡《こんせき》器官　**ウ** 退化器官　**エ** 相似器官　**オ** 同類器官

(4) 右の図はガラパゴス諸島におけるフィンチのスケッチである。これらはもともと同じ種であったが，それぞれ生活環境に適応するためにくちばしの形が変わった。このくちばしの変化が起こった**最も大きな要因**と考えられるものは何か。下の**ア**から**エ**までの中から1つ選び，そのかな符号を答えなさい。

ア 巣をつくる場所の違い

イ 外敵の種類の違い

ウ 気温の違い

エ 捕食する食べ物の違い

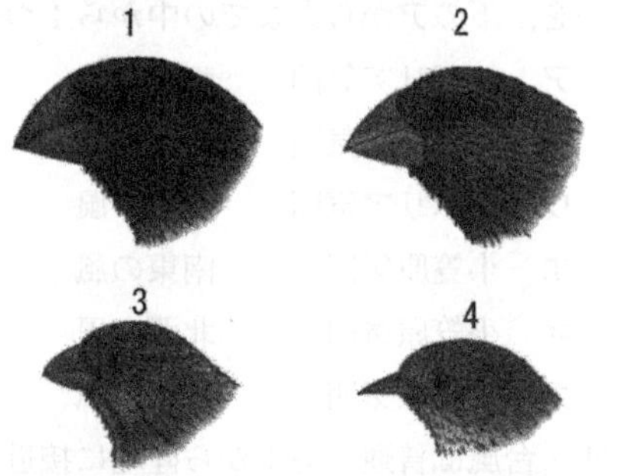

1. Geospiza magnirostris（オオガラパゴスフィンチ）　2. Geospiza fortis（ガラパゴスフィンチ）

3. Geospiza parvula（コダーウィンフィンチ）　4. Certhidea olivacea（ムシクイフィンチ）

ガラパゴス諸島に生息するフィンチのくちばしに見る形態の進化
（チャールズ.ダーウィン著「ビーグル航海記」より）

5 次の①から(4)の各問いに答えなさい。

(1) さまざまな質量の**銅粉**と**銅板**を，ガスバーナーで質量が一定になるまでそれぞれ加熱した。**銅粉**と**銅板**の反応前と反応後の質量は次のページの表の通りとなった。また，この実験における理論値も計算した。後の①，②の問いに答えなさい。

＜実験値＞

反応前の**銅粉**の質量(g)	1.00	2.00	3.00	4.00	5.00
反応後の**銅粉**の質量(g)	1.20	2.40	3.60	4.70	5.90

反応前の**銅板**の質量(g)	1.00	2.00	3.00	4.00	5.00
反応後の**銅板**の質量(g)	1.10	2.20	3.30	4.40	5.50

＜理論値＞　化学反応式などから計算で求めた値

反応前の**銅**の質量(g)	1.00	2.00	3.00	4.00	5.00
反応後の**銅**の質量(g)	1.25	2.50	3.75	5.00	6.25

①　銅を加熱した時の化学反応式を書きなさい。

②　下のグラフはこの実験結果と理論値を示したものである。この実験に関する文章のうち**誤っているもの**を，下のアからエまでの中から１つ選び，そのかな符号を答えなさい。

ア　この実験の結果では，3.00ｇの**銅粉**と結びついた酸素の量は0.60ｇである。

イ　**銅粉**の質量が増えていくに従い，結びついた酸素の質量はほぼ一定の割合で増えていく。

ウ　**銅板**の質量が増えていくに従い，「反応後の**銅板**の質量」の実験値は，理論値との差が大きくなる。

エ　「反応後の**銅粉**の質量」の実験値を理論値に近づけるためには，**銅粉**の粒がより粗いものを使う。

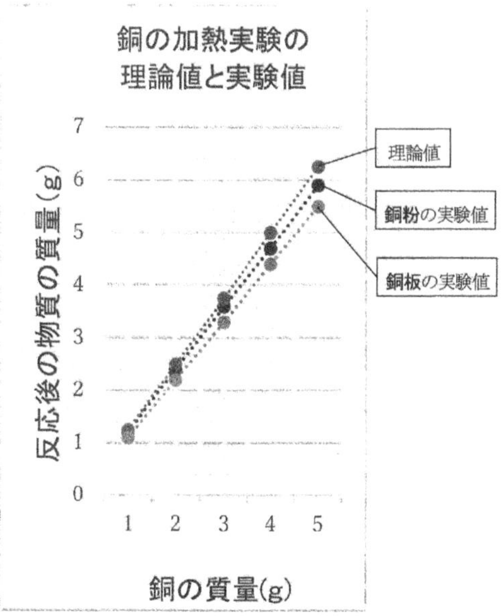

(2)　図１のような目盛りのついた重さの均一な棒を用意し，中央から左に６目盛りの位置におもりを２つ吊《つ》るし，中央から右に３目盛りの位置におもりを４つ吊るしたところ，ちょうどつり合い，棒は地面と平行になった。

次のページの図２のように中央から左におもりを吊るしたとき，中央より右にはどのようにおもりを吊るせば，棒は地面と平行になるか。以下のルールに従って考え，解答用紙の図に図示しなさい。

図１

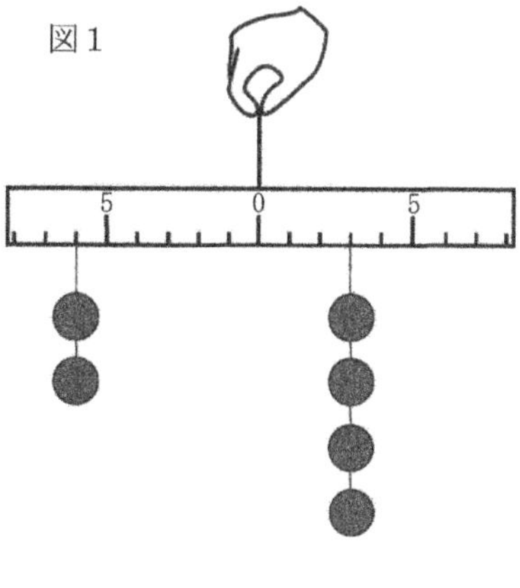

【ルール】

その１．糸の重さは無視できる。

その２．おもりの重さはすべて等しい。

その３．おもりは３つつながっているものと，４つつながっているものの２つを使うこと。

その４．おもりは中央より右側で，目盛りのある２か所の位置に吊るすこと。

図２

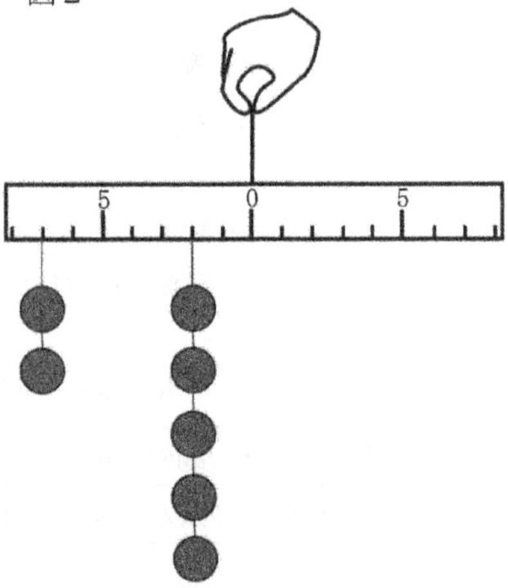

(3)　下の図はある地層の模式図である。この地層のでき方は以下の通りである。

一番古い地層は石灰岩である。この大地は地殻変動により沈降《ちんこう》して海に沈み，砂れきの層の上に砂の層，そして泥の層ができた。 再び地殻変動が起こり，この土地は両側から押され逆断層ができた。その後，土地は隆起《りゅうき》し地表に現れ，長い間風雨にさらされた。 その後，火山の噴火が起こり，再び沈降して海に沈み砂の層ができた。

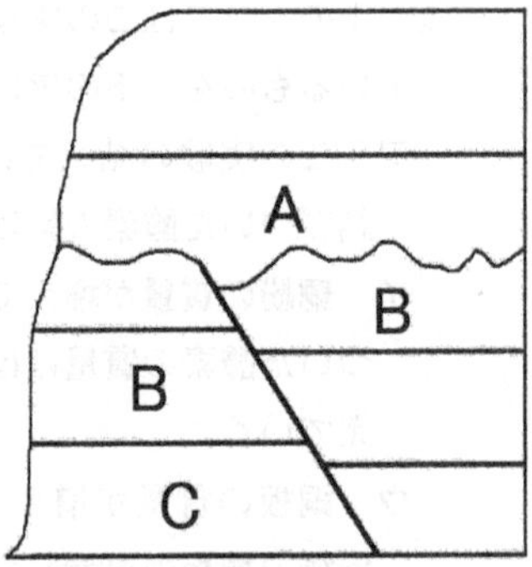

地層の模式図

図中のＡからＣの地層を構成する物質の組み合わせとして正しいものを，下の**ア**から**カ**までの中から１つ選び，そのかな符号を答えなさい。

	A	B	C
ア	砂れき	砂	火山灰
イ	砂れき	泥	砂
ウ	砂れき	泥	石灰岩
エ	火山灰	泥	砂れき
オ	火山灰	砂	石灰岩
カ	火山灰	砂	砂れき

(4)　市邨高校に通うゆたかくんは，「※なごや生物多様性保全活動協議会（なごビオ）」が令和３年度に行った「テントウムシ」を対象とした一斉調査に参加した。後の各資料は，その活動の調査結果をまとめたものの一部である。

※なごやに生息する生物及びその環境の継続的な調査を行い，生物多様性の現状を把握するとともに，外来生物の防除など身近な自然の保全を実践することを目的とした活動をしている団体である。

この調査に関する文章のうち，**調査結果に当てはまる文章**を，次のページの**ア**から**カ**までの中から**すべて選び**，そのかな符号を答えなさい。

表１　採集した総数2050個体のうち，種が確定したテントウムシ科1676個体42種の内訳

図１　調査結果一覧（市内外）

図２（次のページ）　今回の調査で50個体以上見つかった13種を生育環境別に分類したもの

表１

種名	確認数	種名	確認数
ナナホシテントウ	260	ババヒメテントウ	4
キイロテントウ	168	シセンクロテントウ	3
★クモガタテントウ	165	ジュウサンホシテントウ	3
クロツヤテントウ	144	ヒメアカホシテントウ	3
ヒメカメノコテントウ	131	シロジュウシホシテントウ	2
ダンダラテントウ	128	★ツマアカオオヒメテントウ	2
ナミテントウ	128	ニジュウヤホシテントウ	2
クロヘリヒメテントウ	118	★ムネハラアカクロテントウ※	2
★モンクチビルテントウ	94	ヨツボシテントウ	2
ハダニクロヒメテントウ※	63	アカイロテントウ	1
コクロヒメテントウ	52	オトヒメテントウ	1
アカホシテントウ	51	クロスジヒメテントウ	1
ムーアシロホシテントウ	51	シコクフタホシヒメテントウ	1
ツシマクロヒメテントウ※	37	★ツシママダラテントウ	1
オオタツマアカヒメテントウ	10	トホシテントウ	1
ハレヤヒメテントウ	9	ベニヘリテントウ	1
★ベダリアテントウ	9	マクガタテントウ	1
セスジヒメテントウ	7	★ミスジキイロテントウ	1
ニセツマアカヒメテントウ※	6	ムツキボシテントウ	1
フタホシテントウ	6	ムツボシテントウ	1
シロジュウゴホシテントウ	4	ヨツモンヒメテントウ	1

（網掛け）名古屋市初記録（※は愛知県初記録）
★　外来種

図１

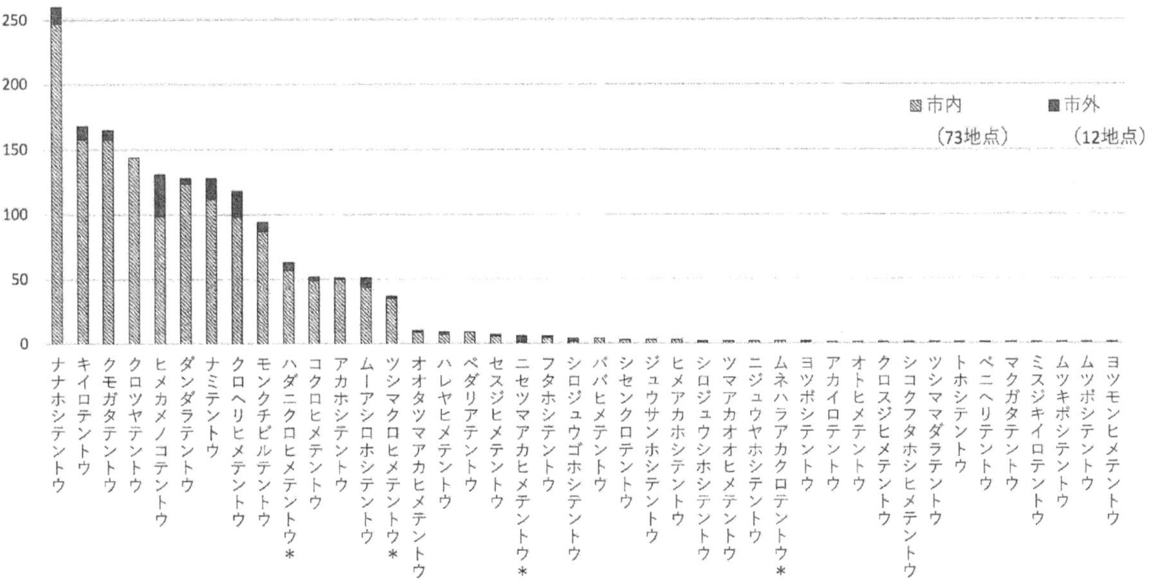

図2

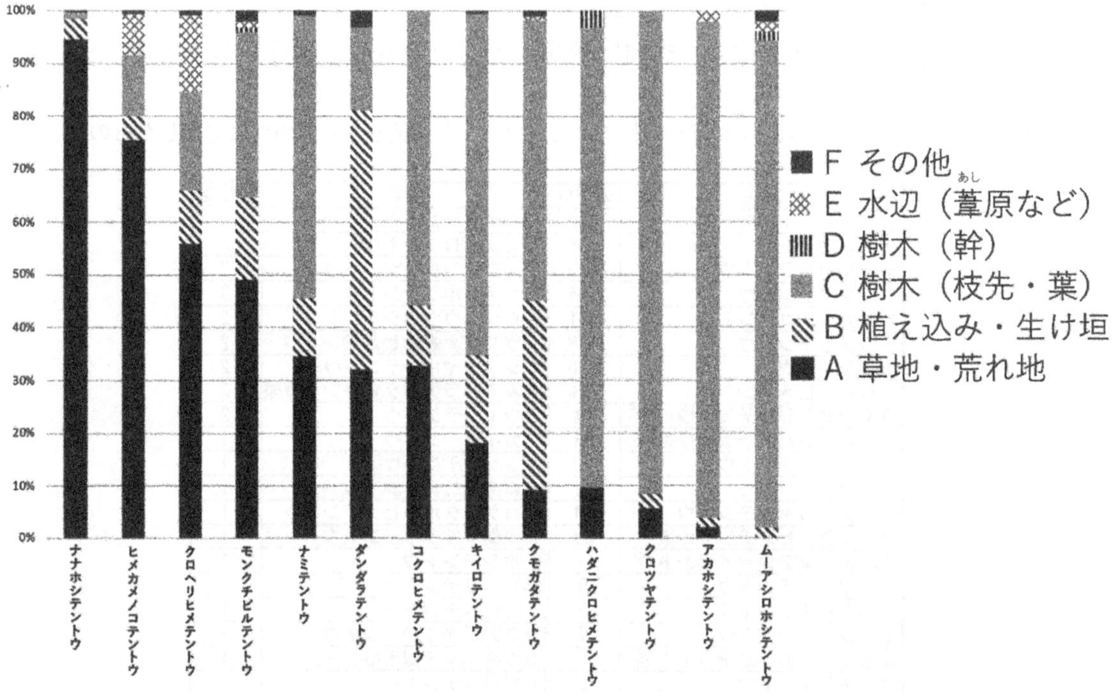

ア　テントウムシは，すべての種で同じものをエサとしている。

イ　日本に生息するテントウムシは全部で42種である。

ウ　名古屋市で初めて確認された種のうち，外来種は５種である。

エ　種が確定したテントウムシの中では，ナナホシテントウは全体の２割以上を占めている。

オ　名古屋市内で５番目に数が多かった種は，ヒメカノコテントウである。

カ　ダンダラテントウを捕獲するには，植え込みを探すことが一番効率が良い。

【社　会】（45分）　＜満点：100点＞

1　次のⅠからⅣの資料について，あとの(1)から(4)までの問いに答えなさい。

Ⅰ

尾張国海部郡魚鮨三斗六升

Ⅱ

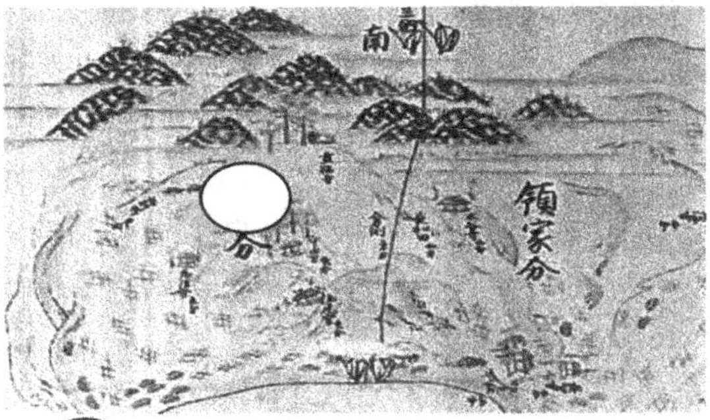

※ ◯ 部分には（1）の文章中（　③　）と同じ語句が入る。

Ⅲ

Ⅳ

(1)　次の文章は，生徒がⅠからⅣの資料について調べてまとめたレポートの一部である。文章中の（①）から（⑥）にあてはまる語句と，その組み合わせとして最も適当なものを，それぞれアからエまでの中から選んで，そのかな符号を書きなさい。

> Ⅰの写真は，木簡と呼ばれる木製の板で，板に記された「魚鮨」の文字から，この時代の税の一種である（　①　）に関わるものであると判断できる。
>
> Ⅱの図は，この時代の貴族や寺院が所有する私有地である（　②　）の領有権をめぐる争いに関する絵図である。幕府が仲裁し，領家と（　③　）とで（②）を折半したことを示している。
>
> Ⅲの図は，この時代に現在の（　④　）県にあった出島を描いたものである。出島で商取引が許可されていた海外の国は（　⑤　）のみであった。
>
> Ⅳの図は，（　⑥　）貿易の様子を描いたものである。この時代はそれまでの身分に対する価値観が薄れ，下剋上の風潮が広がっていた。

①の選択肢

ア 租　イ 調　ウ 庸　エ 雑徭

②と③の選択肢

ア ② 口分田 ③ 地頭　イ ② 口分田 ③ 国司

ウ ② 荘園 ③ 地頭　エ ② 荘園 ③ 国司

④と⑤の選択肢

ア ④ 長崎 ⑤ イギリス　イ ④ 長崎 ⑤ オランダ

ウ ④ 鹿児島 ⑤ イギリス　エ ④ 鹿児島 ⑤ オランダ

⑥の選択肢

ア 朝貢　イ 朱印船　ウ 勘合　エ 南蛮

(2) ⅠからⅣの資料を年代の古い順に並べたものとして最も適当なものを，次の**ア**から**カ**までの中から選んで，そのかな符号を書きなさい。

ア Ⅰ→Ⅱ→Ⅲ→Ⅳ　**イ** Ⅰ→Ⅲ→Ⅱ→Ⅳ　**ウ** Ⅰ→Ⅱ→Ⅳ→Ⅲ

エ Ⅰ→Ⅳ→Ⅱ→Ⅲ　**オ** Ⅱ→Ⅰ→Ⅲ→Ⅳ　**カ** Ⅱ→Ⅰ→Ⅳ→Ⅲ

(3) 次の文は，生徒がⅢの資料の時代と現代とを比較して考察したメモである。文中の（　）にあてはまる言葉を20字以内で書きなさい。

Ⅲの資料の時代，海外との貿易を制限することが可能であったのは，現代と異なり，経済的に（　　20字以内　　）からである。

(4) 次の文は，Ⅳの資料の時代に各地の有力者が行ったことについて生徒がまとめたメモである。文中の（①）と（②）にあてはまる言葉の組み合わせとして最も適当なものを，下の**ア**から**カ**までの中から選んで，そのかな符号を書きなさい。

この時代，各地の有力者は自身の支配を固めるために，独自の法律である（　①　）を制定したり，支配地を発展させるために（　②　）を行ったりした。

ア ① 御成敗式目 ② 座の廃止

イ ① 御成敗式目 ② 株仲間の公認

ウ ① 分国法 ② 座の廃止

エ ① 分国法 ② 株仲間の公認

オ ① 武家諸法度 ② 座の廃止

カ ① 武家諸法度 ② 株仲間の公認

2 次のページの略年表を見て，あとの(1)から(5)までの問いに答えなさい。

(1) 略年表中の下線部Aについて，この出来事をきっかけに始まった自由民権運動について述べた文として最も適当なものを，次の**ア**から**エ**までの中から選んで，そのかな符号を書きなさい。

ア 薩摩藩，長州藩出身者による専制的な政治が続いていたことへの不満から起こった。

イ 政府の外交政策への反発から，外国人の排除と，天皇中心の国づくりを求めて展開された。

ウ 植木枝盛や中江兆民らが広めたロシアの社会主義の思想が大きな影響を与えた。

エ 初めは地租の引き下げを求める豪農や商工業者が中心だったが，のちに士族も加わった。

1874年	A民撰議院設立の建白書が提出される
	↕ a
1880年	国会期成同盟が設立される
	↕ b
1889年	B大日本帝国憲法が発布される
	↕ c
1913年	桂太郎内閣が総辞職する
	↕ d
1925年	C新しい選挙制度が成立する
	↕ e
1932年	五・一五事件が起こる
	↕ f
1940年	大政翼賛会が成立する

(2) 次の文章は，略年表中の下線部Bの時期におけるヨーロッパ各国の政治状況を述べたものである。文章中の（①）から（③）にあてはまる国名の組み合わせとして最も適当なものを，下の**ア**から**カ**までの中から選んで，そのかな符号を書きなさい。

> ヨーロッパの中でも早くから民主制が進んだ（ ① ）では立憲君主政のもと，議会制民主主義が発展していた。なお，この国では古くに「権利の章典」によって「国王は議会の承認がなければ法律の停止や新しい課税ができない」ことが定められていた。（ ② ）では幾度かの革命を経て，共和政を柱とした国づくりが進められていた。二院制がしかれ，両院から任期付きの大統領が選出されていた。（ ③ ）はビスマルクの手腕により統一され，君主権の強い憲法によって国がまとめられていた。

ア ① イギリス ② ドイツ ③ フランス
イ ① イギリス ② フランス ③ ドイツ
ウ ① フランス ② イギリス ③ ドイツ
エ ① フランス ② ドイツ ③ イギリス
オ ① ドイツ ② フランス ③ イギリス
カ ① ドイツ ② イギリス ③ フランス

(3) 大日本帝国憲法はどの国の憲法を参考にして作成されたか。その国名として最も適当なものを，次の**ア**から**エ**までの中から選んで，そのかな符号を書きなさい。

ア ドイツ　**イ** イギリス　**ウ** フランス　**エ** アメリカ

(4) 略年表中の下線部Cについて，次の問いに答えなさい。

①この選挙制度で選挙権が与えられた対象として最も適当なものを，次の**ア**から**エ**までの中から選んで，そのかな符号を書きなさい。

ア 満25歳以上の全ての男女　**イ** 満25歳以上で直接国税15円以上納める男女
ウ 満25歳以上の全ての男子　**エ** 満25歳以上で直接国税15円以上納める男子

②この選挙制度の成立とともに，治安維持法が制定された。この法律について生徒がまとめた次のレポートの文中の（　）にあてはまる言葉として最も適当なものを，下の**ア**から**エ**までの中から選んで，そのかな符号を書きなさい。

治安維持法は，労働者を中心に平等な社会を目指そうとする共産主義思想などを取り締まることを目的として作られた法律で，「（　　　）を否定する目的のために，政治結社を組織し，または，そのような目的の結社だという事情を知っていながら加入した者を処罰する」という内容のものであった。

ア　天皇制，または私有財産制度　　**イ**　天皇制，または計画経済制度
ウ　民主制，または私有財産制度　　**エ**　民主制，または計画経済制度

(5)　次のXとYの資料で示された出来事が起こった時期は，略年表中のａからｆの期間のいずれかにあてはまる。その組み合わせとして最も適当なものを，下の**ア**から**ケ**までの中から選んで，そのかな符号を書きなさい。

X

宣言
決議
労働日
大演説會

Y

ア　X：ａ　Y：ｂ	**イ**　X：ｄ　Y：ｂ	**ウ**　X：ｆ　Y：ｂ
エ　X：ａ　Y：ｃ	**オ**　X：ｄ　Y：ｃ	**カ**　X：ｆ　Y：ｃ
キ　X：ａ　Y：ｅ	**ク**　X：ｄ　Y：ｅ	**ケ**　X：ｆ　Y：ｅ

3　次のⅠの表は，中部地方の９県の総面積，山地面積，米・野菜・果実の農業産出額について，まとめたものである。Ⅰの表中のA，B，C，Dはそれぞれ静岡県，新潟県，福井県，山梨県のいずれかである。また，Ⅱの写真はⅠの表中のBの県で撮影された写真である。あとの(1)から(4)までの問いに答えなさい。

（Ⅰ・Ⅱは次のページにあります。）

(1)　次の文章は，Ⅰの表中のAからDまでのいずれかの県の説明文である。文章の内容にあてはまる県として最も適当なものを，Ⅰの表中のAからDまでの中から選んで，そのアルファベットを書きなさい。

複雑に入り組んだ海岸線が広がり，沿岸部には原子力発電所が複数立地しており，現在は一部が稼働している。国内生産量の９割以上を占める眼鏡フレームは海外でも人気がある。

Ⅰ　9県の総面積，山地面積，米・野菜・果実の農業産出額

県名	総面積(㎢)	山地面積(㎢)	米(億円)	野菜(億円)	果実(億円)
長野県	13,562	11,543	473	818	743
A	12,584	8,142	1,501	317	86
岐阜県	10,621	8,258	229	323	55
B	7,777	5,650	198	607	234
愛知県	5,173	2,134	298	1,010	190
C	4,465	3,820	61	110	595
富山県	4,248	2,733	452	56	24
D	4,191	3,021	309	81	9
石川県	4,186	2,048	299	97	34

(『データでみる県勢2022年版』をもとに作成)

Ⅱ　Bの県で撮影された写真

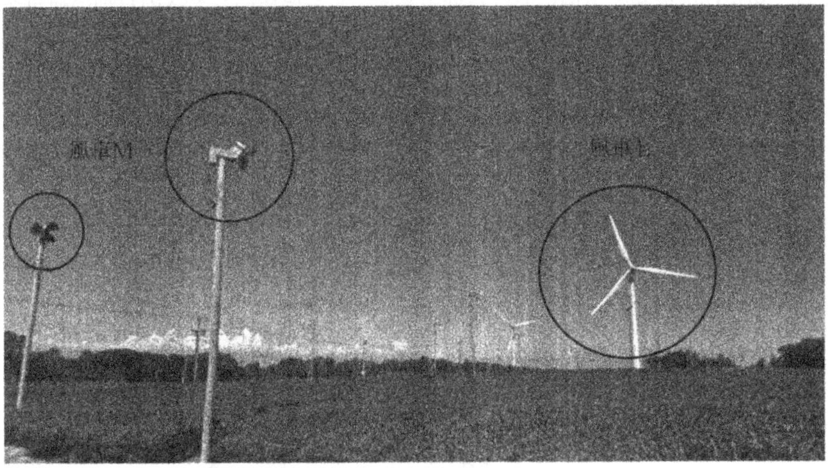

(Google マップ ストリートビューをもとに作成)

(2)　次の文章は，Ⅱの写真の説明文である。文章中の（①）にあてはまる言葉を漢字4字で書きなさい。また，（②）にあてはまる作物名として最も適当なものを，下のアからエまでの中から選んで，そのかな符号を書きなさい。

> 資料Ⅱの写真には，大小2種類の風車が見られるが，それぞれ役割が異なる。Lの風車は（　①　）のためのもので，Mの風車はこの地域で栽培される（　②　）の霜害《そうがい》を防ぐための送風機である。3月中旬から5月初旬までの間，早朝などに気温が下がると遅霜とよばれる霜が発生して（②）の新芽を傷める原因になる。地面に近いところには冷たい空気の層が，地面から約3～5メートルのところには，やや暖かい空気の層ができるため，送風機を回して空気の層をかくはんする事で，霜の被害を防いでいる。

（②）の選択肢

ア　稲　　イ　もも　　ウ　いぐさ　　エ　茶

⑶　次の表のａからｃには，中部地方の９県のいずれかの県庁所在地があてはまる。あてはまる県庁所在地の組み合わせとして最も適当なものを，下の**ア**から**カ**までの中から選んで，そのかな符号を書きなさい。

	月	a	b	c
月平均気温（℃）	1月	4.5	2.7	0.6
	8月	27.8	26.6	25.2
降水量（㎜）	1月	48.4	259.5	51.1
	8月	126.3	168.3	97.8

（『データでみる県勢 2022 年版』をもとに作成）

ア　ａ：金沢市　ｂ：岐阜市　ｃ：静岡市　　**イ**　ａ：金沢市　ｂ：静岡市　ｃ：岐阜市
ウ　ａ：甲府市　ｂ：新潟市　ｃ：名古屋市　**エ**　ａ：甲府市　ｂ：静岡市　ｃ：福井市
オ　ａ：名古屋市　ｂ：長野市　ｃ：富山市　**カ**　ａ：名古屋市　ｂ：富山市　ｃ：長野市

⑷　次のⅤは，東京都中央卸売市場における静岡県産，長野県産のレタスの月別出荷量を示していて，ＸとＹは静岡県と長野県のいずれかである。あとの説明文の（①）と（②）にあてはまる言葉の組み合わせとして最も適当なものを，下の**ア**から**カ**までの中から選んで，そのかな符号を書きなさい。

Ⅴ　東京都中央卸売市場における静岡県産，長野県産のレタスの月別出荷量（単位：10ｔ）

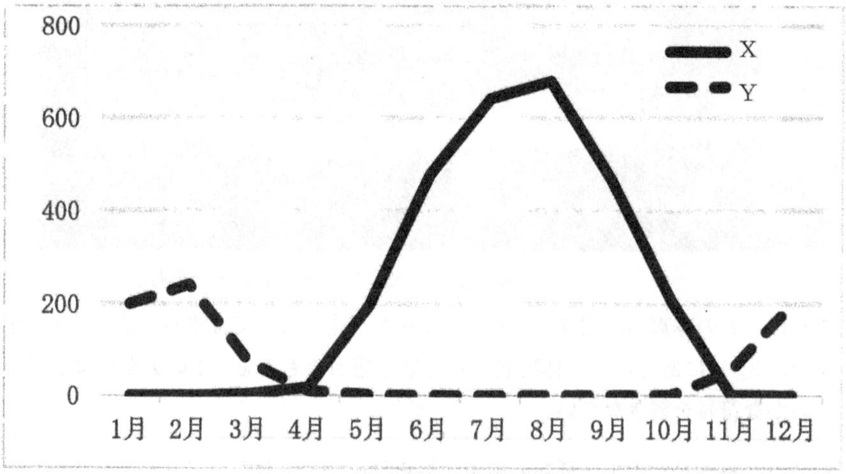

（東京都中央卸売市場ホームページをもとに作成）

（　①　）県では，気候の特徴を生かし，国内の他の産地でレタスの出荷量が（　②　）時期にレタスを栽培することが可能で，高い収益をあげている。

ア　①　Ｘが示す長野　②　多い　　**イ**　①　Ｘが示す静岡　②　多い
ウ　①　Ｙが示す長野　②　少ない　**エ**　①　Ｙが示す静岡　②　多い
オ　①　Ｘが示す長野　②　少ない　**カ**　①　Ｘが示す静岡　②　少ない

4 次のⅠの略地図は，2022年サッカーワールドカップの出場国のうち，それぞれの地域で最初に出場を決めたガーナ，カナダ，ドイツ，ブラジル，そして開催国のカタールについて，それぞれの首都の位置を示したものである。Ⅱのグラフは，５国の首都のうち２都市の月別平均気温と月別降水量を示している。またⅢの表は，５国の国民総所得，１人当たり国民総所得，輸出額を示し，Ⅳの表は，５国の対日本輸出品目上位５つを示している。ⅢとⅣのＡからＤは，ガーナ，カナダ，ドイツ，ブラジルのいずれかがあてはまる。あとの(1)から(5)までの問いに答えなさい。

（Ⅲ・Ⅳは次のページにあります。）

Ⅰ　カタール，ガーナ，カナダ，ドイツ，ブラジルの首都の位置

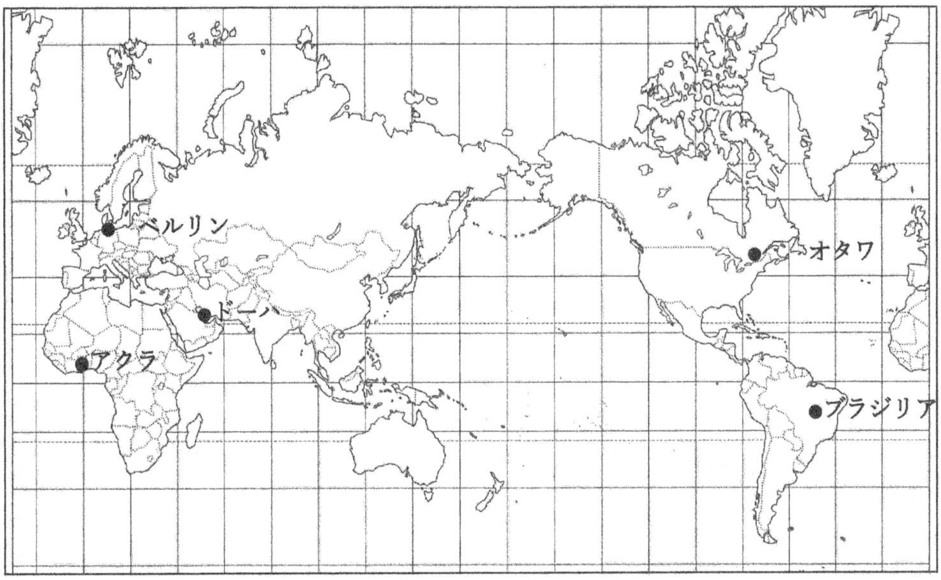

Ⅱ　２都市の月別平均気温と月別降水量

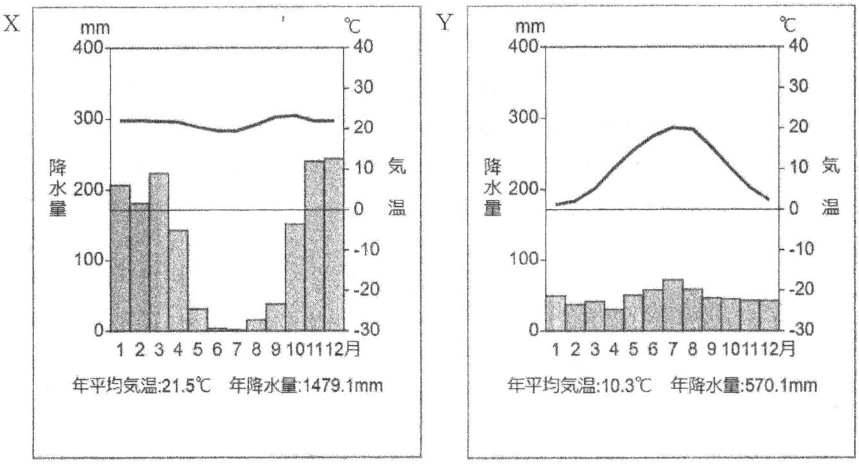

（『理科年表 2022 年版』をもとに作成）

Ⅲ　5国の国民総所得，1人当たり国民総所得，輸出額

	国民総所得 （億ドル）	1人当たり国民総所得 （ドル）	輸出額 （億ドル）
カタール	1,714	61,180	515
A	655	2,210	167
B	39,661	48,550	13,804
C	17,192	46,460	3,921
D	18,275	9,270	2,099

（『データブックオブザワールド2022年版』をもとに作成）

Ⅳ　5国の対日本輸出品目上位5つ

	第1位	第2位	第3位	第4位	第5位
カタール	a	液化天然ガス	石油製品	揮発油	液化石油ガス
A	カカオ豆	アルミニウム類	金属類	魚粉	まぐろ
B	b	乗用車	一般機械	電気機器	有機化合物
C	豚肉	b	石炭	なたね	銅鉱
D	鉄鉱石	とうもろこし	鶏肉	有機化合物	コーヒー豆

（『データブックオブザワールド2022年版』をもとに作成）

(1)　5つの都市のうち最初に1月1日の朝を迎えるのはどの都市か。最も適当なものを，次の**ア**から**オ**までの中から選んで，そのかな符号を書きなさい。

ア　ブラジリア　　**イ**　オタワ　　**ウ**　ドーハ　　**エ**　ベルリン　　**オ**　アクラ

(2)　ⅡのXとYは，それぞれどの都市の月別平均気温と月別降水量を示しているか。その組み合わせとして最も適当なものを，次の**ア**から**カ**までの中から選んで，そのかな符号を書きなさい。

ア　X：ブラジリア　Y：ドーハ　　**イ**　X：ブラジリア　Y：ベルリン
ウ　X：ドーハ　Y：アクラ　　**エ**　X：ドーハ　Y：ベルリン
オ　X：ベルリン　Y：ドーハ　　**カ**　X：ベルリン　Y：アクラ

(3)　次の文章は，Ⅲの表中のAからDまでのいずれかの国の説明文である。文章の内容にあてはまる国として最も適当なものを，Ⅲの表中のAからDまでの中から選んで，そのアルファベットを書きなさい。

> かつては先住民族のイヌイットが，トナカイやアザラシなどを対象とした狩猟生活を営んでいたが，ヨーロッパからの移民によって土地を追われた。はじめはフランス人が，のちにイギリス人が移り住むようになり，現在では国民の多数をイギリス系の住民が占める一方で，一部の州ではフランス系の住民も多いことから英語とフランス語が公用語とされている。

(4)　Ⅳの表中のaとbに適する輸出品目の組み合わせとして最も適当なものを，次の**ア**から**カ**までの中から選んで，そのかな符号を書きなさい。

ア　a：船舶　b：衣類　　**イ**　a：原油　b：衣類　　**ウ**　a：船舶　b：医薬品
エ　a：原油　b：医薬品　　**オ**　a：船舶　b：木材　　**カ**　a：原油　b：木材

(5) 次の表の①から③には，ガーナ，カタール，ドイツのいずれかがあてはまる。あてはまる国名の組み合わせとして最も適当なものを，下の**ア**から**カ**までの中から選んで，そのかな符号を書きなさい。

	固定電話契約数（100人あたり）	携帯電話契約数（100人あたり）	インターネット利用者率（%）
①	48.4	128	88.1
②	16.3	138	99.7
③	0.9	134	53
カナダ	35.9	91.9	96.5

（『データブックオブザワールド2022年版』をもとに作成）

ア ① ガーナ ② カタール ③ ドイツ
イ ① ガーナ ② ドイツ ③ カタール
ウ ① カタール ② ドイツ ③ ガーナ
エ ① カタール ② ガーナ ③ ドイツ
オ ① ドイツ ② カタール ③ ガーナ
カ ① ドイツ ② ガーナ ③ カタール

5

次のⅠからⅢまでの資料は，生徒がまとめたレポートの一部とその資料である。あとの(1)から(3)までの問いに答えなさい。

Ⅰ 衆議院と参議院の比較

衆議院		参議院
465人	定員	248人
4年	任期	6年 3年ごとに 半数改選
あり	解散	なし
満18歳以上	選挙権	満18歳以上
満25歳以上	被選挙権	満30歳以上
小選挙区 289人 比例代表 176人	選挙制度	選挙区 148人 比例代表 100人

Ⅱ 過去の通常国会における法案の提出数と成立数

※（ ）内の数字は法案の成立数

通常国会	内閣提出法案	議員提出法案（議員立法）	
		衆議院	参議院
平成30年（第196回）	65（60）	46（16）	25（6）
平成31年（第198回）	57（54）	36（10）	34（6）
令和2年（第201回）	59（55）	27（8）	30（0）
令和3年（第204回）	63（61）	45（19）	37（2）
令和4年（第208回）	61（61）	61（15）	35（2）

（内閣法制局ホームページおよび参議院ホームページをもとに作成）

Ⅲ　民主主義について

2022年7月10日，参議院議員通常選挙が行われた。衆議院・参議院からなる国会は，社会のルールである法律を作る場である。同様に，学校の生徒会活動や生徒議会では，生徒会役員や代議員の生徒が，新しいルールの制定やルールの改正・廃止を提案して議論することができる。国の政治でも，学校生活でも，選挙や話し合いにより物事が決められるという民主主義の在り方を，私たち自身がしっかりと理解し，主体的に参加することが求められる。

⑴　Ⅰの資料を参考に，衆議院と参議院について述べた内容として最も適当なものを，次の**ア**から**エ**までの中から選んで，そのかな符号を書きなさい。

ア　参議院は衆議院より被選挙権年齢が低く，より若い人が議員になることができる。

イ　参議院は衆議院より任期が長く解散がないため，より慎重な審議ができる。

ウ　一度の選挙で衆議院は465人，参議院は248人の議員が当選する。

エ　衆議院の比例代表選挙では176の選挙区から1人ずつ議員が当選する。

⑵　次の文章は，Ⅱの資料をもとに生徒が書いたメモである。文章中の（①）から（③）にあてはまる言葉の組み合わせとして最も適当なものを，後の**ア**から**エ**までの中から選んで，そのかな符号を書きなさい。また，（X），（Y）に入る語句をそれぞれ漢字2字で答えなさい。

国会に提出される法案において，（　①　）提出法案の成立数は，いずれの国会においても（　②　）提出法案の成立数を上回っている。（②）提出法案の中で，提出数に対して成立の割合が最も高いのは（　③　）での提出法案であるが，（①）提出法案の成立の割合を超えるものではない。このことから，（　X　）権の担い手である国会議員が提出した法案より，（　Y　）権の担い手である（①）の提出した法案の方が成立数が多く，成立の割合も高い。

ア　①　内閣　　②　議員　　③　第204回の衆議院

イ　①　内閣　　②　議員　　③　第208回の衆議院

ウ　①　議員　　②　内閣　　③　第204回の衆議院

エ　①　議員　　②　内閣　　③　第208回の衆議院

⑶　Ⅲの資料中の下線部について，ある高校の生徒会で，「**スニーカー（運動靴）での通学を認めるべきである**」というテーマで肯定側・否定側に分かれ「ディベート」を行った。以下の文章は肯定側の主張（スピーチ）の一部である。この主張内容に対する反論として最も適当なものを，後の**ア**から**エ**までの中から選んで，そのかな符号を書きなさい。

肯定側の主張（スピーチ）

現在はローファー（革靴）での登校が義務付けられています。ローファーは走ることを前提とされておらず，走りにくいうえ，かかとが※角ばった構造になっているため，転んでけがをする原因となり危険です。よって，通学に適していません。

※図の通り

ア　ローファーは価格が高く，通学で穴が開いたり汚れてしまったりした場合でも，家庭によっては気軽に購入することができない。他方でスニーカーはローファーより安価なものもあり，家計に優しい。よって，スニーカーでの通学を認めるべきである。

イ　ローファーはフォーマルな形をしており，制服と併せてコーディネートを考えた場合，もっとも見栄えが良い。スニーカーでは，色合いや形など，生徒の好みに任せることになるので，コーディネートが崩れてしまう。よって，現状を維持すべきである。

ウ　ローファーは走ることを前提としていないと主張していたが，体育の授業では体育用の運動靴を使用するし，遅刻しそうな人以外は走って通学することはない。スニーカーでの通学を認める理由にはならない。よって，現状を維持すべきである。

エ　スニーカーはデザイン性が高いものや通気性に優れたものなど，個性やニーズに応じて選択することができる。他方でローファーはほとんど画一的なデザインで，個性やニーズを満たすことができない。よって，スニーカーでの通学を認めるべきである。

6　次のⅠとⅡの文章は，生徒が日本の労働と雇用の問題や，不当労働行為についてまとめたレポートの一部である。あとの(1)から(6)までの問いに答えなさい。

Ⅰ　日本の労働と雇用の問題について

昨今，「働き方改革」という言葉を耳にする機会が増えた。特に「コロナ禍」以降は，自宅で仕事をする在宅勤務をはじめとする（　X　）と言われる働き方がそれを促進させている。「働き方改革」が求められる背景には，労働者の長時間労働の問題，そして，a高齢や病気で身体が不自由な家族の世話や，子育てと仕事との両立の問題がある。

日本では，憲法で労働者の権利が保障され，b労働基準法，労働組合法，そして（　Y　）を定めた（　Z　）の労働三法が制定されている。働く機会はすべての人に用意されていなければいけないが，現代ではまだ，身体や心に障がいのある人が，十分に雇用されている社会とは言えない。企業はそうした人たちがc働きやすい職場環境を整備した上で，雇用をしていくべきだと言える。

Ⅱ　不当労働行為について

不当労働行為とは，使用者が労働者に対して，労働組合に加入していることを理由に不利益となる扱いをすることや，使用者が労働組合の運営に介入したり，使用者が労働組合の団体交渉の申し入れを正当な理由なく拒否したりすることである。さらに，就職試験の際に就職希望者に労働組合に入らないことをすすめたり，労働組合に入らないことを採用の条件にしたりすることも不当労働行為にあたる。

(1)　Ⅰの文章中の（X）にあてはまる言葉として最も適当なものを，次の**ア**から**エ**までの中から選んで，そのかな符号を書きなさい。

ア　メセナ　　**イ**　ワーク・ライフ・バランス　　**ウ**　テレワーク　　**エ**　非正規雇用

(2)　Ⅰの文章中の（Y）にあてはまる内容と（Z）にあてはまる法律の名称の組み合わせとして最も適当なものを，後の**ア**から**エ**までの中から選んで，そのかな符号を書きなさい。

ア　Y：労働者と使用者の交渉により労働条件を定め，労働契約を結ぶこと
　　Z：労働契約法

イ　Y：労働者と使用者の対立を予防・解決するための手続き
　　Z：労働契約法

ウ　Y：労働者と使用者の交渉により労働条件を定め，労働契約を結ぶこと
　　Z：労働関係調整法

エ　Y：労働者と使用者の対立を予防・解決するための手続き
　　Z：労働関係調整法

(3)　前のページのⅠの文章中の下線部ａについて，このための休暇制度を整える目的で定められた法律の名称として最も適当なものを，次の**ア**から**エ**までの中から選んで，そのかな符号を書きなさい。

ア　育児・介護休業法　　　　　**イ**　障害者基本法

ウ　男女共同参画社会基本法　　**エ**　男女雇用機会均等法

(4)　Ⅰの文章中の下線部ｂの法律に照らした場合，違法であるものを，次の**ア**から**エ**までの中から１つ選んで，そのかな符号を書きなさい。

ア　私は，上司（自分より仕事上の立場が上の人）よりも給料が少ない。

イ　私の会社は，15歳に達していない人でも働く（雇用する）ことができる。

ウ　私の会社は，１週間に１日だけ休日がある。

エ　私の会社は，１週間あたりの労働時間が30時間になる。

(5)　前のページのⅡの資料を参考に，不当労働行為にあたらないものを，次の**ア**から**エ**までの中から１つ選んで，そのかな符号を書きなさい。

ア　就職試験の面接において，社長が面接を受ける人に労働組合に入らないことをすすめること。

イ　社長が労働組合に対し，組合活動に寄付金を出し，会社の要求を受け入れてもらおうとすること。

ウ　社長が労働組合からの団体交渉の申し入れの度に，「出張」と理由を偽り，団体交渉に応じないこと。

エ　社長が会社の従業員数が十分であるとして，新入社員の募集をしないこと。

(6)　Ⅰの文章中の下線部ｃについて，2006年にバリアフリー新法が制定された。「バリアフリー」とはすべての人が暮らしやすいよう，障壁（バリア）を取り除くことである。右下の写真の施設にどのような工夫を加えたら「バリアフリー」が実現できるか，左下の文中の（①）から（③）にあてはまる言葉を，※印の指示に従って書きなさい。

右の施設は（　①　）にとって（　②　）が障壁になっているため，（　③　）ことでバリアフリーになると考える。

※①には「どのような人にとって」かを，②には「バリアとなっている部分」を，③には「バリアを取り除く工夫」をそれぞれ書くこと。

無条件にいいみたいなところがある。技術の進歩で手間が省けるようになっても、心理的にはどうしても抵抗が生じるようだ。

四 次の古文を読んで、後の㈠から㈣までの問いに答えなさい。（本文の----の左側は現代語訳です。）

ア下総《しもふさ》の国は、**イ**武蔵《むさし》の北にあり。**ウ**常陸《ひたち》と**エ**下野《しもつけ》にはさまれり（はさまれている）。常陸は下総の東なり。下野は下総の西北にあたる。この国の駅路《えきろ》のほとり（道ばたに）に、桃李《たうり》の花、甚《はなはだ》多し。桃《もも》の花は、西国《さいごく》の桃より色こく、うるはし（美しい）。李《すもも》の花もまたよし。西国の李にまさりて（勝って）色白し。もろこし（中国）の詩などに桃李を甚《はなはだ》賞すること、①西国の桃李の花のよからざるをのみ見て、いぶかしく思ひしに、今このあたりの桃李、色ことなる（様子が違うのを）を見て、②げにも（たしかに）と思ひしられて、うたがひをときぬ（解いた）。梨花《りくわ》もまた多し。犬桜《いぬざくら》もまたうるはし。この辺に、橘《たちはな》、金橘《きんかん》、柑《くねんぼ》の類《たぐひ》見えず。寒国《かんこく》ゆへなるべし（寒さの厳しい国だからであろう）。

（『東路記《あづまぢのき》』による）

（注）〇 下総《しもふさ》・武蔵《むさし》・常陸《ひたち》・下野《しもつけ》＝いずれも関東の国。
〇 駅路《えきろ》＝宿場を通る、国が整備した幹線道路。
〇 橘《たちばな》、金橘《きんかん》、柑《くねんぼ》＝いずれも柑橘類の名。

㈠ 波線部**ア**から**エ**までの中から、もっとも北に位置する国を選んで、そのかな符号を書きなさい。

㈡ ①西国の桃李の花のよからざるをのみ見て、いぶかしく思ひしの現代語訳として最も適当なものを、次の**ア**から**エ**までの中から選んで、そのかな符号を書きなさい。

ア 西国の桃李の花が美しいのを思い出し、当然だと思っていた
イ 西国の桃李ほど美しくない花だけ見て、不思議に思っていた
ウ 西国の桃李の花が美しくないのだけ見て、疑問に思っていた
エ 西国の桃李の花ほど美しくなくても、仕方ないと思っていた

㈢ ②げにもの内容として最も適当なものを、次の**ア**から**エ**までの中から選んで、そのかな符号を書きなさい。

ア 西国の桃李の花にこの辺りの桃李の花が劣るのは当然だ。
イ 中国の詩で桃李の花が大変誉められているがその通りだ。
ウ 西国の桃李の花はこの辺りの桃李の花に及ばないのは当然だ。
エ 中国の詩で桃李の花をあまり詠まないのはそういうことだ。

㈣ 次の**ア**から**エ**までの中から、その内容がこの文章に書かれていることと一致するものを一つ選んで、そのかな符号を書きなさい。

ア 下野の国の桃李の花は下総の国で見る桃李よりも美しさは一段と劣っている。
イ 筆者が中国で見た桃李の花と同じくらい美しい桃李の花に出会って驚かされた。
ウ 西国出身であろう筆者は下総の国の桃李を見て初めて気づいたことがあった。
エ 西国では見られない梨花や犬桜、橘などを見て、筆者はより美しく感じている。

ケーキ作りは、

60 70

(五) 次の**ア**から**オ**までの中から、その内容がこの文章に書かれていることと一致するものを一つ選んで、そのかな符号を書きなさい。

ア 女性が持つ料理のスキルや知識は二〇世紀までは女性性の象徴であったが、インスタント食品や加工食品が普及したことで女性には社会進出が新たに求められるようになった。

イ 一九三〇年代に発売されたケーキミックスは、地域限定販売であったことと第二次世界大戦の影響を受けたことが原因となり、売り上げを大きく伸ばすことはできなかった。

ウ 二〇世紀半ばには中産階級の増加により電化製品が普及しオーブンを備えたキッチンを持つ家庭が増えたことも、ケーキミックスが売り上げを伸ばした要因の一つであった。

エ 女性の社会進出が進んだ二〇世紀半ばには、デザートやケーキづくりは料理にかわる女性らしさの象徴として重視されるようになり、より手軽さが求められるようになった。

オ 一九五〇年代になると、ディヒターはケーキミックスから乾燥卵を抜くという手法を初めて考案し、消費者が卵を入れるスタイルに切り替えて売り上げの倍増に成功した。

(六) 次の**ア**から**オ**は、本文を読んだ生徒五人が、意見を述べたものである。その内容が本文から**読みとれない**考えを含むものを一つ選んで、そのかな符号を書きなさい。

ア 二〇世紀半ばまでに女性の「らしさ」の表現は大きく変わったようだが、「家事は女性がするもの」という考え方自体はその後もあまり変化しなかったようだ。今では広告でも男性が洗濯や炊事をするのを見られるようになったが、二〇世紀の間は違っていた。

イ 「便利さを享受」する「戸惑いや懸念」とあるが、便利になるとはこれまでになかったものや考え方が登場するということだから、受け入れるには時間がかかるようだ。今ではインスタント食品はなくてはならないが、普及するまでに長い時間がかかっている。

ウ 料理は女性の「らしさ」の象徴だったとすると、インスタント食品も男女の分業ではなくて「女性の負担」をどれだけ減らせるかと無意識に考えられていたのだと思う。働く女性の手間を軽くするという考え方自体に料理は女性のやる事という意識が見える。

エ 女性が家事と仕事を容易に両立できるようになったのはインスタント食品が普及したのも大きな理由の一つだろう。しかし、そのために料理が女性性の象徴であり続けることになったのだから、便利さの裏に感じた戸惑いと懸念は悪い方向に実現したようだ。

オ 自分が手間をかけたものの方がより評価が高くなる傾向のことを心理学では「イケア効果」というそうだ。料理も手間をかけた方が当時すでに認識しており、同社のケーキミックスに関する特許にもそのことが明示されていた。よって必ずしもディヒターの案が革新的だったわけではない。ただ、おそらく三〇年代当時は、ケーキミックスの売り上げ自体が大きくなかったため、ダフ社のアイデアも顧みられることがほとんどなかった。一九五〇年代になってようやく、便利さは両刃の剣になりうることが問題となり、ディヒターの提案が画期的なものとして業界内で受け入れられたのではないだろうか。ディヒターの市場調査とそれから導かれた結論には、第二次世界大戦後、様々なインスタント食材や加工食品が発売される中で、戸惑いや懸念が入り混じりつつ便利さを享受する、当時の人々の心理が表れているようにも思われる。

（久野愛『視覚化する味覚――食を彩る資本主義』による）

（注）○ 1～9は段落符号である。
○ 女性性＝身体的な性別とは別の、心理的・精神的な部分における「女性らしさ」。
○ 体現＝思想や観念など目に見えない精神的な事柄を具体的なものとして形にあらわすこと。
○ レトリック＝表現や言い回しの工夫。
○ ディヒター＝アメリカの心理学者。心理学の手法を用いて市場調査を行い、消費者の行動心理を分析した。

㈠ 〔A〕、〔B〕にあてはまる最も適当なことばを、次の**ア**から**カ**までの中からそれぞれ選んで、そのかな符号を書きなさい。

ア もし　**イ** また
ウ なぜなら　**エ** ともかく
オ しかし　**カ** つまり

㈡ ［①］にあてはまる最も適当なことばを、次の**ア**から**エ**までの中から選んで、そのかな符号を書きなさい。

ア 救世主　**イ** 玉手箱
ウ 絵空事　**エ** 即戦力

㈢ ②理想的な女性であり続けるための道具　とあるが、ここでの「理想的な女性」の条件として誤りを含むものを次の**ア**から**エ**までの中から選んで、そのかな符号を書きなさい。

ア 色々見た目も美しい料理を作るスキル・知識を持っている女性。
イ 家庭外で働くことなく妻・母としての役割を果たしている女性。
ウ 伝統的な女性観や家庭観に従い家事をこなすことができる女性。
エ 家族に料理やデザートを作れる明るく優しい存在としての女性。

㈣ ③その後ケーキミックスは売り上げを順調に伸ばすこととなったのである　とあるが、筆者はその理由をどのような点にあると分析しているか。第八段落の内容を要約し、六十字以上七十字以下で書きなさい。ただし、「象徴」「罪悪感」「達成感」の三つのことばを全て使って、「ケーキ作りは」という書き出しで書き、「～という点。」で結ぶこと。三つのことばはどのような順序で使ってもよろしい。

（注）・句読点も一字に数えて、一字分のマスを使うこと。
・文は、一文でも、二文以上でもよい。
・次のページの枠を、下書きに使ってもよい。ただし、解答は必ず解答用紙に書くこと。

である。

4 （　B　）、戦後の好景気に沸くアメリカで中産階級層が拡大したこともケーキミックスが人気を得た理由の一つだと考えられる。本格的な大量消費社会の到来ともいわれる時代であり、テレビや冷蔵庫、電気洗濯機など家庭用電化製品が普及した。また、郊外化が進み、オーブンを完備した大きなキッチンがある、小綺麗《こぎれい》な一戸建ての家で暮らす一家が理想的な家庭像としてメディアで報じられた。「豊かな」社会の恩恵を享受する中産階級家庭は、経済的余裕やケーキを焼くためのオーブンを所有していることなどから、物理的な条件も揃《そろ》っていたのだ。

5 そしてもう一つ大きな理由は、なぜそこまでしてケーキを焼く女性たちが多かったのかという疑問とも関係する。（略）デザート、特にケーキを焼くことは女性性の象徴とされたためである。戦後は、女性の社会進出が進んだ一方で、伝統的な女性や家庭のあり方を重視する風潮が強く、女性は、家庭の外で働いているか否かによらず、妻・母としての責務を果たすことが求められた。こうした「理想的な女性」像は、当時流行ったテレビドラマなどでも、おいしい料理や食後にはデザートを供し、常に明るく優しい存在として描かれていた。つまりケーキミックスは、忙しい女性に家事の時間短縮や手間の省略を可能にするだけでなく、②理想的な女性であり続けるための道具でもあったのである。

6 では、戦後、ケーキやカラフルなデザートと結びつけられた女性らしさはどのようにして強固な言説として作られたのだろうか。ここでは、ケーキミックス製造会社の宣伝広告や女性誌、料理本で使われたレトリックや女性のイメージの構築を主にみていきたい。

7 まず、女性らしいデザートやケーキは、簡単に作れることが重要だった。その最たる例がケーキミックスで、混ぜるだけでケーキを作ることが可能となった。『グッド・ハウスキーピング』誌に掲載された一九五〇年の記事は、「最近の花嫁は、旦那さんにケーキを作ってほしいと言われても買い出しに行く必要はないのです。棚に買い置きしているケーキミックスの箱を取り出すだけです」と述べ、ケーキ作りの準備さえも必要ないことを強調した。そして、ケーキの作り方を解説した最初の一文が「ケーキミックスの箱に書かれている説明を読むこと」と書かれており、続いて「箱の指示通りにオーブンの温度を設定」することになっていた。

8 だが、便利すぎる商品は、女性らしさの象徴としてのケーキを作るには適していなかった。容易に作れるようになった一方、ケーキミックスを使うことは手抜きをしているという罪悪感を少なからず主婦に抱かせることとなったのだ。一九五〇年代半ばにディヒターが行ったゼネラル・ミルズ社のケーキミックスに関する市場調査によると、多くの女性たちは、水を入れるだけの同社の商品に不満を持っていた（当時のケーキミックスは乾燥卵がすでにミックスの粉に含まれていた）。ケーキ作りをしたという実感や達成感、満足感を得られないというのである。そこでディヒターは、乾燥卵をミックスの原料から抜き、水だけでなく生卵も消費者が加えるような商品に変更するよう提案した。卵を追加することが実際にどれほど女性たちの「達成感」に寄与したかはわからないが、③その後ケーキミックスは売り上げを順調に伸ばすこととなったのである。

9 ただ、一九三〇年代にケーキミックスの発売を開始したダフ社は、ケーキミックスに主婦自らが卵を入れることの心理的重要性について、の多様性についての例をあげて説明することで反論している。

イ　日常的なことばづかいに対する違和感から考察を深め、ことばに潜む一般的な価値観や考え方について疑問を投げかけている。

ウ　自説の根拠となることばの使われ方を客観的なデータをあげて明示し、対立する意見を持つ人にも伝わるように工夫している。

エ　ことばが持つ多角的な意味から生じる誤解を解きほぐし、なぜ外国語を学ぶ必要があるのか、その重要性を冷静に説明している。

オ　身近なことばの中から誤った用法で使われているものを指摘し、正しく言語を習得するために必要なものについて提案している。

二　次の㈠、㈡の問いに答えなさい。

㈠　次の①、②の文中の傍線部について、漢字はその読みをひらがなで書き、カタカナは漢字で書きなさい。

①　豪雨被害の発生状況には温暖化の影響が顕著である。

②　環境にハイリョした事業計画案を提出する必要がある。

㈡　次の文中の〔③〕に入る最も適当なことばを、次の**ア**から**エ**までの中から選んで、そのかな符号を書きなさい。

明日の集合時刻を守るように〔　③　〕。

ア　さじを投げる　　**イ**　水をさす

ウ　手塩《てしお》にかける　　**エ**　釘《くぎ》をさす

三　次の文章を読んで、後の㈠から㈥までの問いに答えなさい。

1　料理の色や見た目が女性性の象徴であり続けた一方で、その女性らしさをいかに実現するか、（　A　）どのように視覚に訴える料理やデザートを作るかは、二〇世紀半ばまでに大きく変化した。簡易・即席食品や加工食品など、「忙しい」女性が短時間で失敗なく「理想の女性」であり続けるための商品が次々と登場したのだ。こうして、かつて女性らしさや女性のスキル・知識をも体現していた料理は、より簡単に誰もが作ることのできるものとなったのである。

2　そうした商品の一つが「ケーキミックス」である。日本のホットケーキミックスに近い商品で、パッケージに入っている粉（小麦粉や砂糖、ベーキングパウダーなどがあらかじめ混ぜられたケーキの素）に水や卵を混ぜて焼くだけでケーキを作ることができた。この商品は、一九三〇年代にピッツバーグのP・ダフ・アンド・サンズ（以下ダフ）社が地域限定で発売したことに始まる。だが当時は人気が出ず、市場が拡大するのは第二次世界大戦後になってからである。製粉会社のゼネラル・ミルズ社とピルズベリー社が、それぞれ一九四七年と一九四八年に独自のケーキミックスを発売すると、一気に人気商品となった。一九四七年のケーキミックスの売り上げが約七九〇〇万ドルだったのに対し、一九五〇年までにはそのおよそ二倍の売り上げを誇るまでになった。

3　ケーキミックスが人気を博した要因はいくつかあり、まず、女性の社会進出が一つの理由として挙げられる。戦後、家庭の外で働く女性の数は急増する一方、家事は女性の仕事であるという考え方は依然として根強く、多くの女性は仕事と家事の両立を迫られた。こうした中、簡単に時間をかけずに作ることができる「時短メニュー」などを扱った料理本が多く出版され、女性誌などでも取り上げられた。ケーキミックスは、こうした働く忙しい女性にとっては［①］のような存在だったのここで筆者はどのようなことを言おうとしているのか。最も適当なものを次の**ア**から**エ**までの中から選んで、そのかな符号を書きなさい。

ア　「英語一つ」という言い方に対し、英語も話される国によっていろいろな種類があるといった見方をしていては国を単位に言語を数えることを問題視する観点からそれてしまう。

イ　日本が一つの国に一つの言語だけであるという例が特殊なだけで、多くの国では公用語その他をふくめ多様な言語が話されているという問題を認めないことになってしまう。

ウ　「英語一つ」という言い方に対し、それぞれの国には多様な先住民族の多様な言語があるという見方をしていては、公用語としての英語の優位性を認めることになってしまう。

エ　「〇ヵ国語」という数え方を言語でしている限り、沖縄の諸言語やアイヌ語の存在を認めないということになってしまい、多くの地域で言語が滅びていくことにつながってしまう。

(三)　②母国語　とあるが、「母国語」について筆者の考えと同じものを次の**ア**から**エ**までの中から選んで、そのかな符号を書きなさい。

ア　英語のmother tongueを「母国」の「語」と誤って郡訳したため混乱が生じているのであり、最も自由に使える言語が所属する国と関係ない場合も多いのだから、「母語」を積極的に使用すべきだ。

イ　「母国語」だろうが「母語」だろうが、最近では一方の性を優先させない態度を明確化する傾向があるため、この表現は明らかな性差別であり、これらに代わる表現を考えていくべきであろう。

ウ　ブラジルのポルトガル語のように、国の名前とその国で最も話されている言語の名称とは異なる場合が多いのであるから、母国語や母語という表現はできるだけ避けたほうがいいのではないか。

エ　どの国に所属しているかという問題とどの言語が最も自由に使えるかというのは別の問題であるから、後者を指す場合は、「母語」として、「国」という表現を入れないほうがいいのではないか。

(四)　文章中の波線部の説明として最も適当なものを、次の**ア**から**オ**までの中から選んで、そのかな符号を書きなさい。

ア　第一段落に「コダワリ」とあるが、筆者はカタカナで書くことでこのことばを本来の意味とは異なる独自の意味で使っているということを強調している。

イ　第二段落に「関係ありません」とあるが、あえて使われた丁寧語から、強引なこじつけで筆者の主張を批判する人々への強い不満を感じとることができる。

ウ　第三段落に「時代錯誤」とあるが、一つの国が複数の公用語を採用していることをいまだに認めようとしない考え方を批判する気持ちが込められている。

エ　第四段落に「大きな力」とあるが、個人の努力だけではなく社会に広く理解されないかぎり物事は動くものではないという筆者の思いを読みとることができる。

オ　第六段落に「腑に落ちない」とあるが、日本の大学がアイヌ語や沖縄の諸言語を外国語扱いする事実に対する悲しみと半ばあきれた気持ちが反映されている。

(五)　この文章の特徴として最も適当なものを、次の**ア**から**オ**までの中から選んで、そのかな符号を書きなさい。

ア　対立する立場の意見を紹介してその問題点を述べた上で、ことば

4 ことばはときに人為的な作用によって変えることができる。「看護師」や「准教授」は二十一世紀になって変更された。だから《ｶ国語》を「言語」に変えることも可能なはずなのだが、そのためには大きな力が必要である。わたしが一人で主張したところで、変なコダワリがある面倒なヤツが騒いでいるとしか思われないだろう。ちなみに「こだわる」というのは、本来はどうでもいいことを必要以上に気にするという否定的な意味が基本で、深い思い入れがあるというのは新しい用法である。わたしには否定的にしか使いたくないという「コダワリ」があり、またしても面倒な人になってしまう。それでもことばに気を遣うのは外国語を学ぶときの基本的な態度だし、さらに言語学の考え方にも繋《つな》がっていく。

5 《②母国語》というのも気になる。ことばにおける性差別については、最近では多くの国で非常に神経を尖《とが》らせている。英語圏では he or she のような表現があり、あるいは xhe のように、何と読むかは想像もつかないが、とにかく一方の性だけを優先させていないという態度を明確にして気を遣っている。日本語でも同じ傾向があり、わたしが小学生だった頃とは違って「父兄参観」ではなく「保護者参観」となる。不思議なことに「父」はダメだが「母」は構わないらしい。「母語」とか「母校」などは今でも使う。「母」には自分が生まれたり、学んだりした場所という意味があるようだ。わたしは幼いときにこの用法が分かっておらず、「母校＝母親が卒業した学校」だと勘違いしていて、そのためいつも女子校の名前を挙げていたため、周囲からひどく驚かれた。それはまあいいとして、わたしはやっぱり《母国語》という表現が気になる。

6 《母国語》とは何か。自分が生まれ育った国の国語なのか。それとも幼い頃に身につけたおかげでどれよりも自由に使える言語のことで、英語の mother tongue に相当するのか。だったら母語のほうがいい。母国の言語と自分の母語が違うことだってある。日本で生まれ育っても、家庭環境のために日本語ではない別の言語のほうが自由に使える人はいくらでもいる。自分にとっていちばんの言語は国と関係ない。このことはもっと意識していい。母語は言語学の専門辞典はもちろん、一般の国語辞典にも載っているのだが、どうも定着していない。相変わらず《母国語》を使う。人は一度身につけた用語がなかなか更新できないらしい。本当のことをいえば、わたしは「外国語」というのさえ、ときに抵抗を感じている。「国」があるかぎり、日本にとって決して外国ではない地域のアイヌ語や沖縄の諸言語をこの範疇《はんちゅう》に入れるのは躊躇《ためら》われる。外国語科目として開講している大学もあるようだが、なんとなく腑《ふ》に落ちない。

（黒田龍之助『外国語を学ぶための 言語学の考え方』による）

（注）○ 1〜6は段落符号である。
○ 人為的＝自然のままではなく、人間の手が加わること。
○ 看護師＝二十世紀には「看護婦」と呼んでいた。
○ 准教授＝二十世紀には「助教授」と呼んでいた。
○ 範疇《はんちゅう》＝同じような性質のものが含まれる枠組み。

(一) （Ａ）にあてはまる最も適当なことばを、次のアからエまでの中から選んで、そのかな符号を書きなさい。

ア 例によって　イ 例外的に
ウ 例外ではなく　エ 例えるなら

(二) ①細かいことにコダワリすぎると物事の本質を見誤る とあるが、

【国　語】（四五分）〈満点：一〇〇点〉

一　次の文章を読んで、後の㈠から㈤までの問いに答えなさい。

1　人にはときどき妙なコダワリがあるものだが、わたしも（　A　）、とくにことばの使い方については、気になって仕方のないものがいくつかある。たとえば《二ヵ国語放送》（以下、気になる用語や言語学の考え方とは違う使い方には《　》をつけることにする）。わが家は地上デジタル放送に完全に乗り遅れ、最近ついにテレビが観られなくなってしまったのだが、新聞のテレビ欄には以前と同様に目を通す。すると映画やニュース番組に《二ヵ国語放送》とあって、これが相変わらず奇妙に感じられる。他にも「この観光案内所では《三ヵ国語》で対応します」とか「この芸能人は《四ヵ国語》がペラペラです」といった表現が、どうにも落ち着かない。

2　気になる理由は二つ。まずこの数字のなかに日本語を含《ふく》めていることが圧倒的に多いこと。日本語、英語、中国語で三ヵ国語対応っていうけれど、それって結局は二つの外国語じゃないの？　なんかズルくない？　ということで、外国語という観点からは一つ差し引いて数えることにしている。だがこれはそれほど重要ではない。それよりもどうして二ヵ国、三ヵ国、四ヵ国のように「国」が出てくるのだろうか。あるいは「国語」が二、三、四なのだろうか。いずれにしても変ではないか。だって国の数と言語の数は一致しないのだから。国を数えるときに「〇ヵ国」というのは分かる。イギリスとアメリカとカナダとオーストラリアとニュージーランドだったら五ヵ国となることは納得だ。だがこれらの国々の言語となると、ふつう五ヵ国語にはならない。英語一つである。こういうとき、①細かいことにコダワリすぎると物事の本質を見誤る。アメリカ英語とイギリス英語はけっこう違うとか、アメリカにはネイティブアメリカンの諸言語、オーストラリアにはアボリジニーの言語がたくさんあるではないかといった指摘は、この際まったく関係ありません。そうではなくて、言語を数えるときに《〇ヵ国語》というのは変ではないかといいたいのである。

3　原因はすぐに思い当たる。日本では圧倒的多数の人々が、自分の国がそうであるため、他でも一つの国に一つの言語という関係だと、信じて疑わないからではないか。くり返すがここでアイヌ語や沖縄の諸言語、あるいは在日の人々が使う韓国・朝鮮語を持ち出しても、まず理解してもらえない。さらには自分の国の話となると急に興奮する人もいる。話を海外に移すことにしよう。たとえばカナダ。この国では英語とフランス語が公用語である。こういうとき、「カナダでは《二ヵ国語》が話されます」というのはどう考えても奇妙だというのは、きっと理解していただけるだろう。これじゃカナダが一つの国ではないみたいではないか。あるいは英語はイギリス、フランス語はフランスが本場で、それを借りているにすぎないと考えるのだろうか。かなり時代錯誤である。ツッコミを入れたいのではない。ただ、ちょっとだけ気を遣ってほしいのだ。《二ヵ国語》じゃなくて「二言語」と表現したらどうだろうか。それだけでずっと正確になる。「カナダでは二言語が話されています」だったら納得できる。「この観光案内所では三言語で対応します」とか「この芸能人は四言語がペラペラです」だったら、日本語が含まれていてもいなくても、まったく問題ない。《ヵ国語》を「言語」に変えるだけで、ずいぶん正確になる。

2023年度

解　答　と　解　説

《2023年度の配点は解答欄に掲載してあります。》

<数学解答>《学校からの正答の発表はありません。》

1　(1)　-6　(2)　$\frac{x-11y}{6}$　(3)　$(x=)2$，$(y=)-5$　(4)　$-3\sqrt{2}$

(5)　$a(x-5)(x+2)$　(6)　$(x=)\frac{-3\pm\sqrt{13}}{2}$　(7)　$a=\frac{3m+b}{2}$　(8)　$(y=)-3$

(9)　$\frac{7}{10}$　(10)　23(分)

2　(1)　①　$(a=)2$　②　$(x=)-2-2\sqrt{2}$　(2)　①　6(m)　②　2.5(mm)

(3)　①　解説参照　②　$(x=)49$

3　(1)　20(度)　(2)　$\frac{28}{3}$(cm)　(3)　$\frac{7}{16}$(倍)

○推定配点○

1　各5点×10　2　(1)①・(2)①・(3)②　各5点×3　他　各6点×3

3　(1)　5点　他　各6点×2　計100点

<数学解説>

基本　**1**　(数・式の計算，1次方程式，平方根，因数分解，2次方程式，反比例，確率，資料の活用)

(1)　$\left(\frac{3}{2}\right)^2\div6\times(-4^2)=\frac{9}{4}\times\frac{1}{6}\times(-16)=-6$

(2)　$\frac{2x-y}{3}-\frac{x+3y}{2}=\frac{2(2x-y)-3(x+3y)}{6}=\frac{4x-2y-3x-9y}{6}=\frac{x-11y}{6}$

(3)　$2x+y+12=11$より，$2x+y=-1$…①　$3x-y=11$…②　①＋②より，$5x=10$　$x=2$　①に$x=2$を代入すると，$2\times2+y=-1$　$4+y=-1$　$y=-5$

(4)　$2\sqrt{18}-\sqrt{50}-\sqrt{32}=2\times3\sqrt{2}-5\sqrt{2}-4\sqrt{2}=6\sqrt{2}-5\sqrt{2}-4\sqrt{2}=-3\sqrt{2}$

(5)　$ax^2-3ax-10a=a(x^2-3x-10)=a(x-5)(x+2)$

(6)　$x(x+3)=1$　$x^2+3x=1$　$x^2+3x-1=0$　解の公式より，$x=\frac{-3\pm\sqrt{3^2-4\times1\times(-1)}}{2\times1}$ $=\frac{-3\pm\sqrt{9+4}}{2}=\frac{-3\pm\sqrt{13}}{2}$

(7)　$m=\frac{2a-b}{3}$　$3m=2a-b$　$2a-b=3m$　$2a=3m+b$　$a=\frac{3m+b}{2}$

(8)　$y=\frac{a}{x}$に$x=4$，$y=6$を代入すると，$6=\frac{a}{4}$　$a=24$　よって，式は$y=\frac{24}{x}$となり$x=-8$を代入すると，$y=\frac{24}{-8}=-3$

(9)　男子3人，女子2人の中から2人の代表を選ぶ場合の数は，$5\times4\div2=10$(通り)　男子3人の中から2人の代表を選ぶ場合の数は，$3\times2\div2=3$(通り)　よって，少なくとも女子が1人選ばれるのは，$10-3=7$(通り)なので，求める確率は$\frac{7}{10}$

(10)　生徒の通学時間の合計は階級値×度数の和で表せるので，平均値は，$(5\times3+15\times8+25\times12+35\times6+45\times1)\div30=(15+120+300+210+45)\div30=690\div30=23$(分)

2　(2次関数，図形・グラフの融合問題，2次方程式，その他)

重要　(1)　①　$y=ax^2$にA(2，8)を代入すると，$8=a\times2^2$　$8=4a$　$a=2$　②　頂点Oから直線

ℓに下した垂線の足をHとする。△OAB，△OBCの底辺をそれぞれ辺AB，BCとすると高さは共に線分OHとなるから，△OAB＝△OBCであるときAB＝BCである。よって，点Bは線分ACの中点である。点A，Cのy座標はそれぞれ8，0なので，点Bのy座標は$(8+0)\div 2=8\div 2=4$
$y=2x^2$に$y=4$を代入すると，$4=2x^2$　$x^2=2$　$x=\pm\sqrt{2}$　点Bのx座標は負なので$x=-\sqrt{2}$
点Cのx座標をtとすると，$(t+2)\div 2=-\sqrt{2}$　$t+2=-2\sqrt{2}$　$t=-2-2\sqrt{2}$

重要　(2)　①　$y=\frac{1}{5}x$に$y=1.2$を代入すると，$1.2=\frac{1}{5}x$　$x=6$(m)　②　$y=\frac{1}{5}x$に$y=0.6$を代入すると，$0.6=\frac{1}{5}x$　$x=3$　すき間が1.5mmのランドルト環を3m離れた所から見て，すき間を判別できれば，0.6の視力があるといえる。5m離れた所から見て，すき間が$z$mmのランドルト環を判別できれば0.6の視力があるとすると，$1.5:3=z:5$　$3z=7.5$　$z=2.5$(mm)

やや難　(3)　①　(間違い)答えは$x=1$であり，$x=36$は方程式の解ではない。(理由)まず，平方根の中は0以上となるから，$x\geqq 0$　また，$\sqrt{x}\geqq 0$なので$5\sqrt{x}\geqq 0$　$5\sqrt{x}+x=6$より，$6-x\geqq 0$　よって$x\leqq 6$となる。また，$0\leqq x\leqq 6$であるから，答えは$x=1$であり，$x=36$は解ではない。　②　①と同様に$7\leqq x$　$6\sqrt{x}+7=x$より，$6\sqrt{x}=x-7$　両辺を2乗して，$(6\sqrt{x})^2=(x-7)^2$
$36x=x^2-14x+49$　$x^2-50x+49=0$　$(x-1)(x-49)=0$　$x=1,\ 49$　$7\leqq x$より，$x=49$

3 (円周角の定理，面積比，長さの計量，正三角すい，体積比)

基本　(1)　△CEDの内角と外角の関係より，∠CDE＝80°－50°＝30°　円周角の定理より，∠COA＝2∠CDA＝2×30°＝60°　△AOEの内角と外角の関係より，∠OAD＝∠OAE＝80°－60°＝20°

重要　(2)　AB＝12，AD＝3より，BD＝12－3＝9(cm)　△ABCと△BDEは∠Bが共通なので，△ABC：△BDE＝BA×BC：BD×BE＝12×14：9×BE＝168：9BE＝56：3BE　よって，56：3BE＝2：1　6BE＝56　BE＝$\frac{28}{3}$(cm)

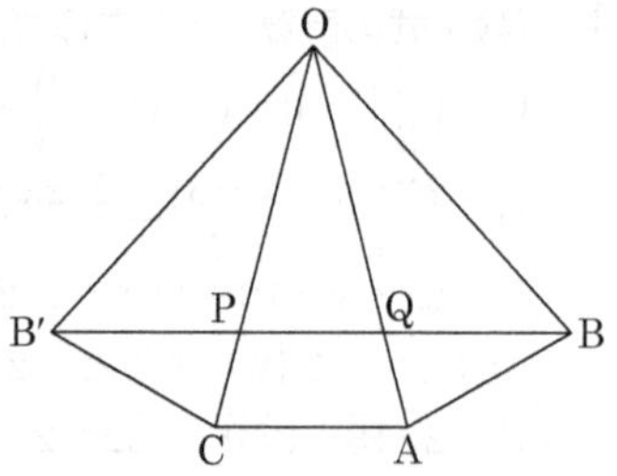

やや難　(3)　側面の展開図は右のようになる。△OB′BはOB′＝OB＝12(cm)の二等辺三角形だから，∠OB′P＝∠OBQ　△OB′Cと△OBAにおいて，OB′＝OB＝12(cm)，OC＝OA＝12(cm)，B′C＝BA＝6(cm)より，3組の辺がそれぞれ等しいので，△OB′C≡△OBA　合同な図形の対応する角は等しいので，∠B′OC＝∠BOA　また，△OB′Pと△OBQにおいて，OB′＝OB＝12(cm)，∠OB′P＝∠OBQ，∠B′OP＝∠BOQより，1組の辺とその両端の角がそれぞれ等しいので，△OB′P≡△OBQ　よって，OP＝OQ　さらに，△OCAと△OPQにおいて，OC：OP＝OA：OQ　∠COA＝∠POQより，2組の辺の比とその間の角がそれぞれ等しいので，△OCA∽△OPQ　よって，∠OCA＝∠OPQ…①　△OB′Cと△OCAは合同な二等辺三角形だから，∠OCB′＝∠OCA…②　対頂角は等しいので，∠OPQ＝∠B′PC…③　①～③より，∠B′PC＝∠B′CP　したがって，△OB′Cと△B′CPは相似な二等辺三角形となる。よって，OB′：B′C＝B′C：CP　12：6＝6：CP　12CP＝36　CP＝3(cm)となるから，OP＝12－3＝9(cm)　△OCAと△OPQの相似比は，OC：OP＝12：9＝4：3なので，面積比は$4^2:3^2=16:9$　よって，△OCA：四角形PCAQ＝16：(16－9)＝16：7　正三角すいO－ABCと四角すいB－PCAQの底面をそれぞれ△OAC，四角形PCAQと考えると，高さは頂点Bから底面に下した垂線となるので，体積比は底面の面積比に一致する。したがって，(正三角すいO－ABC)：(四角すいB－PCAQ)＝△OCA：四角形PCAQ＝16：7より，$\frac{7}{16}$倍となる。

★ワンポイントアドバイス★

基本的問題の中に思考力を問う問題が含まれている。問題文の中から必要な値を使って計算をする力が問われている。

＜英語解答＞《学校からの正答の発表はありません。》

聞き取り検査

Part A (1) D (2) A (3) C Part B (4) A (5) A

筆記検査

1 A エ B ケ C コ D サ

2 (1) A saw B used (2) ウ (3) (2番目) イ (4番目) キ
(4) ア，イ (5) X イ Y ウ Z ア

3 (1) b ア d イ (2) Ⅰ ウ Ⅱ オ (3) ア (4) イ，オ
(5) (例) Yes, I do. AI is also used in cars. AI supports drivers to reduce danger and accidents. I think AI can make our lives safer and more convenient.

○推定配点○

3 (5) 8点 他 各4点×23(2(3)・(4)，3(4)各完答) 計100点

＜英語解説＞

聞き取り検査 解説省略。

筆記検査

基本 **1** (会話文読解問題：語句補充・選択，単語，疑問詞)

(大意) S：どうして君は日本語を勉強するようになったの？／W：日本の「シティポップ」に興味を持ったから日本語を勉強し始めたよ。／S：シティポップって何？／W：1970年代，1980年代の日本のポップ(A)ミュージックだよ。／S：君のお気に入りのシティポップの歌は何？／W：「真夜中のドア」が好き。日本人(B)歌手の松原みきによって歌われたんだ。／S：(C)どうやってその歌を知ったの？／W：インドネシアの友人が僕に紹介してくれたよ。／S：本当？／W：日本のシティポップは世界中の若者の間で人気だよ。日本のシティポップに影響を受けた(D)自分自身の曲を作る人もいる。／S：日本のポップカルチャーが世界中に広まっているのを知るのは興味深いね！

2 (長文読解問題・伝記：語句補充・選択，語形変化，語句整序，比較，内容一致，要旨把握)

(大意) 最も有名な科学者の1人であるアイザック・ニュートンを知っていますか。彼は1643年にイングランドのリンカーンシャーで生まれ，農場で育った。少年時代に風車，水時計，日時計など，たくさんの優れた発明をしたが，学校での成績は良くなかった。／18歳の時，彼はケンブリッジ大学に進学したが，1665年にペストが広がり，大学が閉鎖された。そのため①アイザックは故郷に帰らなくてはならなかった。／アイザックは自宅で学習し，実験した。ある日彼は庭で木からリンゴが落ちるのを(A)見た。彼は「なぜリンゴは落ちるのか」と思い，重力の法則を組み立てた。重力とは物体を地球に引き付け，惑星が太陽の周りを周り続けるようにする目に見えない力である。／アイザックは光に魅了された。彼は白い光は虹のすべての色でできていることを発見した。

アイザックは鏡を使うことにより特別な望遠鏡も発明した。②それは他の望遠鏡よりずっと強力だった。また，彼はもう1つ，非常に重要な「ニュートンの運動3法則」を発見した。アイザックの法則は現在も宇宙にロケットを送るのに(B)使われている。／アイザックは自分の発見によって裕福で有名になったが，不機嫌な人物で，よく他の科学者たちと言い争った。彼は1727年に85歳で亡くなり，ロンドンのウェストミンスター寺院で英国の国王や王妃たちと共に埋葬された。

(1)　(A)　<see ＋目的語＋動詞の原形>「－が～するのを見る」 ここでは see の過去形 saw にする。　(B)　受動態<be 動詞＋過去分詞>「～される」

(2)　大意下線部参照。大学が閉鎖されて，実家に帰り，そこで勉強や実験をした，という流れ。

(3)　it was much more powerful than other telescopes　powerful は more を付けて比較級にする。much は比較級の前において，比較級の意味を強める。

(4)　ア「アイザック・ニュートンは大学に入学する前に多くのものを発明した」(○)　イ「アイザック・ニュートンは自宅で勉強や実験をしている時に重力の法則を組み立てた」(○)
ウ「アイザック・ニュートンは虹のすべての色を見るために望遠鏡を発明した」(×)　エ「アイザック・ニュートンは特別な望遠鏡を発明するために自分の運動3法則を使った」(×)

重要　(5)　(大意)「私はこの話から3つ興味深い点を見つけた。第1に，彼は学校で(X)良い成績を取らなかった。第2に，彼は白い光が虹のすべての色(Y)でできていることを発見した。第3に，彼は(Z)不機嫌で他の科学者たちと言い争った。私はニュートンを身近に感じた」

3　(会話文読解問題：文補充・選択，語句補充・選択，内容一致，条件英作文)

(大意)　O：君はオンラインで読書しているの？／H：うん，とてもおもしろいよ。誰がこの話を書いたかわかる？／O：[a]どうして僕にそんなことを聞くの？　わからないよ。／H：実はAI，人工知能によって書かれたんだ。／O：本当？　どうやってできるの？／H：大量の物語から，AIは筋書きの法則やパターンを見つける。①僕たちがAIに何らかのテーマやアイデア(Ⅰ)を与えると，それに関連した物語を作るんだ。もし僕たちが物語の最初の部分を書いたら，AIが僕たちの代わりにそれを完成させる。／O：すごいね！　②それが可能なら，作家は近い将来に仕事(Ⅱ)を失うよ。／H：[b]うーん，僕はそう思わない。AIは人間の作家のようにはなれない。／O：どういう意味？／H：AIは何もないところから新しいものを作ることができないから，物語のアイデアを作ることはできない。／O：[c]AIはすべて自分で物語を書くことができないということ？／H：まだできない。AIは書き始めるときに僕たちの(A)手助けが必要だ。それに物語を書こうと言う動機もない。／O：[d]なるほど。じゃあ，AIライターにとって将来はどうなるのだろう？／H：僕たちは見方を変えるべきだ。AIライターは僕たちに語彙や文法を手助けしてくれる優れた道具になりうる。／O：[e]僕はAIの手助けで良い作家になれるかな？／H：わからない。たくさん本を読んで独自の物語の作り方を学びなよ。

(1)～(3)　大意下線部参照。

(4)　イ「AIは私たちが物語を書く時にサポートしてくれる」(○)　オ「人間の作家だけが物語のアイデアを作ることができる」(○)

重要　(5)「あなたは将来，多くの人がAIを使うと思いますか」　(解答例の訳)「はい，そう思います。AIは車にも使われています。AIは危険や事故を減らすためにドライバーをサポートします。私はAIが私たちの生活をより安全で快適にしてくれると思います」

★ワンポイントアドバイス★

2の(5)の感想文は，本文の内容をまとめた要約文の役割を果たしている。

＜理科解答＞《学校からの正答の発表はありません。》

1 (1) ウ　(2) ウ　(3) イ，カ

2 (1) ク　(2) イ　(3) ウ　(4) ウ

3 (1) ア　(2) イ　(3) エ　(4) 陸地では，台風のエネルギー源である水蒸気が大量に得られないから。

4 (1) ア，オ　(2) オ　(3) ア　(4) エ

5 (1) ① $2Cu+O_2 \rightarrow 2CuO$　② エ　(2) 右図
(3) カ　(4) ウ，カ

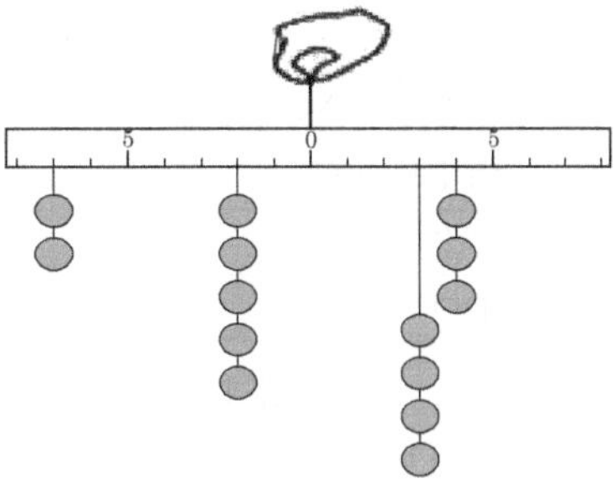

○推定配点○
各5点×20　　計100点

＜理科解説＞

1 (水溶液－鍾乳洞の形成)

(1)　石灰石とうすい塩酸を反応させるので，液体の塩酸をAのコックつきろうと管，固体の石灰石をBの三角フラスコに入れる。できた気体の二酸化炭素を石灰水に通すので，石灰水をCの試験管に入れる。

(2)　実験2では，石灰石(炭酸カルシウム)が炭酸水に溶けて水に溶けやすい物質ができた。この物質を取り出すために液を加熱すると，水とともに溶けていた二酸化炭素が出ていき，再び石灰石と同じ炭酸カルシウムができた。　①　この実験で水素や酸素は出てこない。　②　この実験に塩酸のような塩化物は関わっておらず，また，塩化カルシウムは水に溶ける。

重要 (3)　ア：誤り。実験3の通り，石筍の主成分である石灰石は水には溶けない。　イ：正しい。石灰岩と石灰石は同じ成分である。実験2の通り，石灰石が炭酸水に溶けたあと水が蒸発すると再び石灰石になる。　ウ：誤り。実験1で三角フラスコ内の溶液を加熱すると塩化カルシウムの固体が出てきた。つまり，塩化カルシウムは液に溶けていた。　エ：誤り。実験2の通り，鍾乳石と同じ成分の石灰石が，炭酸水に少し溶けている。　オ：誤り。実験1で，石灰水が一度白くにごったので，発生したのは二酸化炭素である。　カ：正しい。実験2の通り，鍾乳石と同じ成分の石灰岩が，炭酸水に少し溶けている。

2 (力のはたらき－さまざまな物体にはたらく浮力)

(1)　①　重力よりも浮力が小さいとき，物体は沈む。　②　浮力は，物体の押しのけた液体の重さと等しい。そのため，物体の密度が液体の密度よりも大きいならば，重力よりも浮力が小さいので，物体は沈む。　③　アクリルの密度1.20g/cm^{3}はサラダ油の密度0.91g/cm^{3}よりも大きいので，アクリルは沈む。

重要 (2)　図のマグネシウム合金の体積は16×10×6＝960(cm^3)である。これが水に沈むとき，マグネシウム合金が押しのける水の体積も960cm^{3}である。水の密度が1.00g/cm^{3}だから，960cm^{3}の水の質量は960×1.00(g)＝960(g)であり，はたらく浮力は9.6Nとなる。

(3)　あふれた水の体積が384cm^{3}だから，木片のうち水面下の部分の体積も384cm^{3}である。水面下の部分の高さをx[cm]とすると，16×10×x＝384より，x＝2.4(cm)である。

や難 (4)　密度の表と実験1～3の結果をまとめると，次ページの表のようになる。表より，水面下に沈んでいる高さは材質の物質の密度に比例する。よって，0.40：1＝1.40：xより，x＝3.5(cm)と

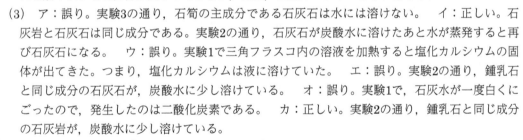

なる。なお，この関係が成り立つのは，箱舟の密度，箱舟の質量，箱舟にはたらく重力，浮力，箱舟のうち水面下の部分の体積，水面下に沈んでいる高さがすべて比例するためである。

	材料の密度〔g/cm^3〕	沈んだ高さ〔cm〕
マグネシウム合金	1.80	4.5
塩化ビニル	1.40	x
アクリル	1.20	3
木材	0.40	1

なお，直接計算するには，まず箱舟の材料の体積を求める。外側が16×10×6＝960(cm^3)で，内側が(16－2)×(10－2)×(6－1)＝560(cm^3)だから，材料の体積は960－560＝400(cm^3)である。塩化ビニルの密度は1.40g/cm^{3}だから，箱舟の質量は400×1.40＝560(g)である。これが浮くためには，押しのけた水の質量も560gでなければならない。よって，箱舟のうち水面下の部分の体積も560cm^{3}である。水面下の部分の高さを$x$cmとすると，16×10×x＝560より，x＝3.5(cm)である。

3　(気象・天気－台風の性質)

重要　(1)　台風は低気圧の一種であり，上から見て反時計回りに風が吹き込む。そのため，進行方向の右側では，空気の動きに台風じたいの速さが加わり，風速がより強くなる。

(2)　日本など中緯度の上空には，一年じゅう西から東へ偏西風が吹いている。そのため，台風をはじめ低気圧，高気圧などは，偏西風に流されて西から東へ動く。なお，台風は低気圧の一種だから上昇気流が活発だが，速度の増加とは関係ない。また，季節風は上空ではなく地表近くを吹く風である。貿易風は赤道付近で吹く風である。

(3)　夏に勢力が強くなる気団は，太平洋上で発達する小笠原気団(太平洋高気圧)である。ここから吹き出す南東の季節風によって，日本列島は高温で湿潤な気候になる。冬はシベリア気団が発達して，日本列島には北西の季節風が吹く。

(4)　台風のエネルギー源は，海面から水が蒸発して水蒸気になるときに吸収する熱量である。台風が陸地にくると，海面から新しい水蒸気を得られないために，勢力が弱まる。

4　(動物の進化－セキツイ動物のからだ)

重要　(1)　シソチョウは約1.4億年前の化石種である。ハ虫類としての特徴は，歯があること，爪のついた指があること，尾骨があることなどである。また，鳥類としての特徴は，からだが羽毛でおおわれていること，翼を持っていることなどである。なお，ハ虫類，鳥類ともに卵生であり，胎生ではない。

(2)　水中生活から陸上生活に進化するには，水中でのえら呼吸から，空気中での肺呼吸への変化が必要であった。また，卵の中身が乾燥しないように殻でおおわれた卵を産むようになった。

(3)　ホ乳類，ハ虫類，両生類の前あし，鳥類の翼，魚類の胸びれは，現在では形やはたらきがそれぞれ違うが，骨格の基本的なつくりは同じで，同じ起源から進化してきた証拠になる。このような器官を相同器官という。

(4)　ダーウィンの観察によると，これらの違いは，何を食べているかによって変化する。例えば，図の1のオオガラパゴスフィンチは，植物の硬い種子を割って食べやすい口であり，4のムシクイフィンチは木の幹の中にいる虫を捕まえて食べやすい口である。

5　(小問集合－各領域の考察問題)

基本　(1)　①　銅Cuと酸素O_2から酸化銅CuOができる。並べると$Cu+O_2 \rightarrow CuO$だが，これでは左右の原子の数が合わない。そこで，CuとCuOの数を増やすと，$2Cu+O_2 \rightarrow 2CuO$となり，数が合って完成である。　② 理論値に比べ，銅粉の場合は加熱後の質量が少し足りず，銅板の場合は加熱後の質量がだいぶ足りない。これは，酸化されず残った銅があるためである。誤りはエであり，銅がより細かくなった方が，全体が酸化されやすく，理論値に近づく

(2) 棒は，中央からの長さと重さの積が等しいときにつりあう。図1の例では，左が6×2＝12で，右が3×4＝12でつりあっている。図2では，左側を下げるはたらきが7×2＋2×5＝24である。右側を下げるはたらきも24のときつりあう。つまり，△×3＋□×4＝24となるような△と□を探せばよい。□＝1，2，…と順に入れていくと，□＝3のとき△＝4で，4×3＋3×4＝24があてはまる。

(3) 問題文の内容を右図のように当てはめていく。断層ができる前の地層は，石灰岩→砂れき→砂→泥の順にできた。不整合より上の地層は，火山灰→砂の順にできた。

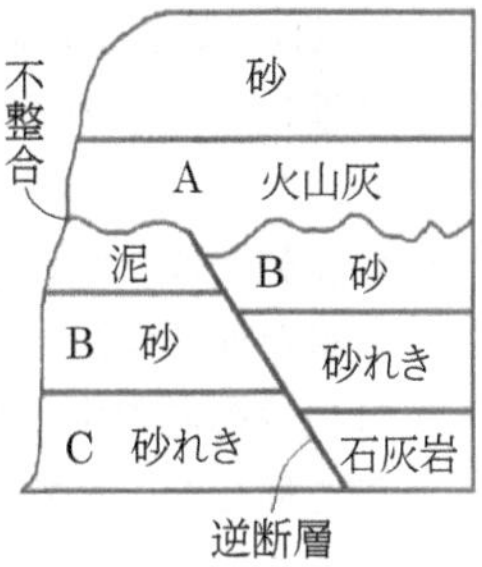

(4) 表1と図1，図2をていねいに見ていく。　ア：誤り。図2のように，種によって生育環境が大きく異なるので，同じものをエサとしているとは考えられない。エサが同じならば，同じ生育環境に集中するはずである。　イ：誤り。この調査では，2050個体のうち1676個体で42種が確定しているが，残る個体に他の種がいるかもしれない。また，日本列島では，名古屋周辺で見つかっている種とは他の種が生息している可能性が充分にある。　ウ：正しい。表1で名古屋市初記録は，灰色のついた14種であり，そのうち外来種は★のついたモンクチビルテントウ，ツマアカオオヒメテントウ，ムネハラアカクロテントウ，ツシマママダラテントウ，ミスジキイロテントウの5種である。　エ：誤り。種が確定している1676個体のうち，表1でナナホシテントウは260個体であり，その割合は260÷1676＝0.15…だから，2割は超えていない。　オ：誤り。ヒメカノコテントウという種は，表や図にないので，5番目のはずがない。図1で全体の5番目はヒメカメノコテントウだが，市内だけなら5番目はダンダラテントウである。　カ：正しい。図2でダンダラテントウの生育環境は，Bの「植え込み・生け垣」が約50％を占めていて，他よりも割合が大きい。

★ワンポイントアドバイス★

基礎知識はしっかり問題練習して身につけるとともに，問題文や図にあるヒントにも気を配ろう。

＜社会解答＞《学校からの正答の発表はありません。》

1 (1) ① イ　②・③ ウ　④・⑤ イ　⑥ エ　(2) ウ
(3) 海外からの輸入に頼る必要がなかった　(4) ウ

2 (1) ア　(2) イ　(3) ア　(4) ① ウ　② ア　(5) オ

3 (1) D　(2) ① 風力発電　② エ　(3) カ　(4) オ

4 (1) ウ　(2) イ　(3) C　(4) エ　(5) オ

5 (1) イ　(2) ア　X 立法　Y 行政　(3) ウ

6 (1) ウ　(2) エ　(3) ア　(4) イ　(5) エ　(6) ① 足の不自由な人

② 階段　③ エスカレーターやエレベーターを設置する

○推定配点○

1 (3) 2点　他 各3点×6　2 各3点×6　3 各3点×5　4 各3点×5

5 各3点×5　6 (6) 2点(完答)　他 各3点×5　計100点

＜社会解説＞

1 (日本の歴史―律令時代から江戸時代まで)

(1) ① 調は律令時代に各地方の特産品を都に納めさせた税の一つ。租が稲で国司のもとに，庸は都に布を納めるか都で10日間の労役を行うもの。 ② 図は荘園に鎌倉幕府が設置した地頭が，しだいに荘園を私物化していった過程で行われた下地中分というもののもの。 ③ 地頭は源頼朝が仲たがいした弟の義経を捕らえるという名目で，全国の荘園や国衙領に設置したもの。守護と地頭は結局義経が死んだ後も存続し，鎌倉幕府の力が各地に及ぶようになった。 ④ 図は長崎の港の中に1641年にオランダ商館を平戸から移すために築いた出島。ここにオランダ商館を移したことで一連の鎖国の動きがひとまず完成する。 ⑤ 鎖国下の江戸時代に日本に来航することが許されていたヨーロッパの国はオランダのみ。 ⑥ 室町時代末から安土桃山時代にかけて，日本にはヨーロッパのさまざまな国から人々が来るようになり，スペインやポルトガルの人は南蛮人，オランダ人やイギリス人は紅毛人と呼ばれた。

(2) ウ Ⅰ 律令時代→Ⅱ 鎌倉時代→Ⅳ 室町時代末から安土桃山時代→Ⅲ 江戸時代の順。

(3) 現在の貿易に近いかたちの貿易は南蛮貿易の頃から始まる。それまでの日本は国内だけで経済は完結しており，南蛮貿易で珍しい品物が輸入はされたが，その品が無いと困るということもなかったので，江戸時代に鎖国をした際にも，基本的に国内の経済だけで完結していたので問題はなかった。

基本 (4) ウ 分国法は戦国大名が自身の領国の支配を強化するために制定したもの。座は室町時代に出てきた一部の商人や職人が自分たちの利益を守るためにつくった同業組合で，排他的なものであったため，自由な経済の発展を疎外するものであった。織田信長の楽市楽座令はまさしく自由な経済を発達させるために，この座を廃止したり，寺社などが市を仕切り税を課すのを禁止したりすることで城下の経済を発達させようとしたもの。

2 (日本と世界の歴史－明治時代から昭和初期までの政治)

(1) ア，イは江戸時代の尊王攘夷運動の説明。ウはロシアの社会主義ではなくフランスの自由主義。エは自由民権運動とは全く異なる内容。

重要 (2) イ イギリスはヨーロッパの他の国々に先駆けて17世紀に革命がおこり，国王の専制政治が破られ議会制民主主義が生まれた。フランスでは1789年からのフランス革命の後も，1830年の七月革命，1848年の二月革命と段階的に革命がおこり，政治の変革が進んだ。ドイツは，1871年にドイツ帝国が誕生するまでは，現在の州に近い領邦と呼ばれる小さな国が林立しており，それが1848年のオーストリアやプロシアでの三月革命を機に，ドイツを統一する機運が高まり，最終的にプロシアを中心にドイツ帝国が誕生した。そのドイツ統一の中心となり統一後の首相となったのがビスマルク。

(3) ア 大日本帝国憲法を作成するにあたり，伊藤博文がヨーロッパの国々の中でドイツの憲法を手本としたのは，ドイツ帝国の憲法が一番君主権が強く，日本の理想とする形に近いものであったから。ワイマール憲法はこのドイツ帝国憲法の後に出てくるものなので，混同しないように注意。

重要 (4) ① ウ 1925年に定められたこの制度を普通選挙法と呼ぶことがあるが，普通選挙というのは年齢や国籍など以外の有権者資格の制限をつけない選挙制度で，それまでは納税額による制限があった。厳密にいえばこの段階でもまだ性別の制限があるので，本当の意味で普通選挙になるのは第二次世界大戦後の1945年の選挙法改正によってである。 ② ア 「治安維持法」の第一条に，「国体を変革し又は私有財産制度を否認することを目的として結社を組織し又は情を知りて之に加入したる者は十年以下の懲役又は禁固に処す。」とあり，国体を変革するというのは国の在り方を変えるということで，天皇制を否定することを意味する。

(5) オ Xは最初のメーデーの開催。日本最初のメーデーは1920年5月1日に上野公園で開催された。Yは最初の衆議院議員選挙の様子。1890年に最初の選挙が行われ，第一回帝国議会が開催された。

3 (日本の地理－中部地方の県に関連する問題)

基本 (1) D 福井県の鯖江市がメガネフレームの生産で有名。

(2) 大きな風車は風力発電用のもので，小さいものは茶畑で霜が降りて茶葉に被害が出るのを防ぐためのもの。新茶の収穫が行われる5月初旬頃はまだ寒暖差もあり，遅い霜が降りると，新茶の若い葉が傷んで商品価値が無くなってしまうため，霜が降りるのは夜間に空気が動かない時なので，送風機で風を起こしてやることで霜が降りにくくなるようにしている。

重要 (3) カ まずbの1月の降水量が非常に大きいので，日本海側のものと考える。選択肢の中では新潟市と富山市があり，次にa，cの気温や降水量を見ると，cの方が気温は全般に低く，降水量も夏は少ないことがわかるので，選択肢の甲府市と長野市，名古屋市の中で考えれば，cは内陸のものになるから名古屋市，aが名古屋市と判断できる。

(4) オ 静岡県産と長野県産のレタスの出荷に関する問題。グラフを見るとXは暑い夏の時期に，Yは暑い時期を避けた時期に多いことがわかる。レタスやキャベツ，セロリなどは暑さに弱い作物なので，長野県や群馬県などの山間部では夏でも涼しい気候を利用してこれらを栽培するいわゆる高冷地農業がおこなわれていて，一方の静岡県は比較的温暖な気候なので，冬でも寒すぎないから冬の時期にこれらの野菜を栽培しており，そのため市場ではこのグラフのように年間でレタスの供給はあるが，栽培地が変化してくる。

4 (地理―サッカーワールドカップ参加国に関連する問題)

重要 (1) ウ ブラジリア，オタワ，ドーハ，ベルリン，アクラの中で一番早く日付が変わる都市がどこかというもの。日付は日付変更線の西側，東経側で最も経度が高いところから順に変わり，西経側の最も経度が高いところが最後になる。この場合，ドーハ(51°33′E)，ベルリン(13°23′E)，アクラ(0°14′W)，ブラジリア(47°55′W)，オタワ(75°40分W)の順になる。

(2) イ グラフのXは年中高温で，降水量が多い時期とほとんどない時期がはっきりしているのでサバナ気候のものであり，サバナ気候に該当するのはブラジリア。Yは気温の変化はやや小さめで，降水量は年間を通してほぼ一定なので，西岸海洋性気候のものとわかる。これらの都市の中で西岸海洋性気候に当てはまるのはベルリン。

(3) C 先住民族がイヌイット，英語とフランス語が公用語ということで，カナダと判断できる。カナダはフランスの植民地であったところを後からイギリスが奪ってイギリスの植民地となった歴史がある。カナダの東部にあるケベック州は現在でもフランスの植民地の名残がある場所で，カナダからの独立運動も根強いので，カナダ政府もケベック州のことを配慮している。表Ⅲ，ⅣのAがガーナ，Bがドイツ，Cがカナダ，Dがブラジル。

重要 (4) エ 表中のaがカタールの日本向けの輸出品の中でもトップになるのは原油，bはドイツやカナダからの日本の輸入品で，実は医薬品が入る。医薬品は新薬の開発には非常に資金がかかるのと手間もかかり，開発したものが認可されるかどうかも厳しい。そのため，現在の日本でももちろん新薬の開発も行われるが，輸入が圧倒的に多いのが実情である。

やや難　(5)　オ　固定電話は電話線の設置や固定電話の設置などのインフラ整備が必要なため，新興国や発展途上国ではあまり普及しないので①はドイツになる。また，携帯電話契約数が多いなかで，インターネット利用率が高い②がカタールで，インターネットの利用率が低い③がガーナとなる。

5　(公民―国会，民主主義に関連する問題)

重要　(1)　イ　アは衆参の被選挙権年齢は衆議院が満25歳以上，参議院が満30歳以上で，参議院の方が年齢が高いので誤り。ウは参議院は一度の選挙では半数ずつの改選になるので誤り。エは衆議院の比例代表選挙は全国を11のブロックに分け，それぞれのブロックの割り当て議席数分を各政党の得票率に応じて比例配分していくので誤り。

基本　(2)　ア　国会で審議される法律案は非常にたくさんあり，またその内容も多岐にわたるが，内閣が行政行為を行う裏付けとして必要とする法律案がその中でも多数あり，その法律案の成立率がどうしても高くなる。国会は立法権を握り，内閣は行政権を持つ。

やや難　(3)　ウ　スニーカーでの通学を認めるべきか否かの議論の問題。認めるべきとしている側の論点で，現段階で義務付けられている革靴が走ることを前提としないものであり，また踵の構造が危険であるというものになっており，これに対する反論として，まず学校の中での体育などで使用する運動靴があり，その上で通学時に走る必要は本来なら無いということで，肯定側の主張の論点に対しての反論となっているのがウ。他は，肯定側の論点とはずれているので反論としては不適切である。

6　(公民―労働，バリアフリーに関連する問題)

基本　(1)　ウ　テレワークはテレというのが「離れた」という意味で，会社などのオフィスから離れた場所で仕事をすること。インターネットやパソコンを使った作業が普及したことで可能になったのと，2019年からのコロナ禍が，テレワークの普及を加速したといっても過言ではない。

(2)　エ　いわゆる労働三法は，労働基準法，労働組合法，労働関係調整法。このうちの労働関係調整法は，使用者の企業と労働者側の組合との交渉が円滑に行われ，労使間の対立を予防し解決するためのもの。

(3)　ア　子育てや，介護などのために仕事を休むことを保障するための法律が育児・介護休業法。

(4)　イ　原則，15歳未満の児童を働かせることはできない。ただし，子役などの特殊なものは規定を設けて可能とはしている。

(5)　エ　不当労働行為は，使用者側が労働者の権利を侵害するものなので，使用者側が経営上の理由で，新に従業員を雇うかどうかの判断を下すのは，関係ないことになる。

やや難　(6)　全ての人にとって，生活をするうえで支障となるものを取り除くのがバリアフリー。この写真の場合，ビルの中の階段を撮影したものだと思うが，足の不自由な人にとっては階段での登り下りは行動を妨げる要因になる。この場合，階段に代わるエレベーターやエスカレーターなどを設置することで，このバリアとなるものは取り除くことが可能である。

★ワンポイントアドバイス★

時間に対して問題数はさほど多くはないが，記号問題が多く，それぞれの選択肢をていねいに見ていかないと選びづらいところもあるので，要領よく解いていくことが必要。

＜国語解答＞《学校からの正答の発表はありません。》

一　(一)　ウ　(二)　ア　(三)　エ　(四)　エ　(五)　イ

二　(一)　①　けんちょ　②　はいりょ　(二)　エ

三　(一)　A　カ　B　イ　(二)　ア　(三)　イ　(四)　卵を自ら加える工程によって，手抜きをしているという罪悪感ではなく達成感を女性に与え，女性性の象徴であり続けることに成功した点。　(五)　ウ　(六)　イ

四　(一)　エ　(二)　ウ　(三)　イ　(四)　ウ

○推定配点○

一　各5点×5　二　各4点×3　三　(四)　13点　他　各5点×6

四　各5点×4　計100点

＜国語解説＞

一　(論説文―脱文・脱語補充，文脈把握，内容吟味)

(一)　「わたしも」と「も」を使っていることから，筆者は「人にはときどき妙なコダワリがある」ということについて「私にも他の人と同じく，コダワリがある」と言いたいのだと考えられる。ア　「例によって」は「いつもの通りに」という意味。「いつもの通りにコダワリがある」は不自然である。　イ　「例外的に」では，筆者にはコダワリがないことになってしまう。　エ　「喩えるなら」とあると「気になって仕方のない」ことと「コダワリ」は別のものということになってしまうが，「気になって仕方のない」ことと「コダワリ」はほぼ同義である。これは第四段落「ちなみに……否定的な意味が基本」ということからもわかる。

重要　(二)　第二段落「どうして二ヵ国，……出てくるのだろうか」「言語を数えるときに……いいたいのである」より，筆者は言語の数を国の数と同様に数えることを疑問視しているとわかる。これが「本質」であり，筆者の最も訴えたいことである。そのうえで，傍線部①の「細かいこと」の具体例として「アメリカ英語と……といった指摘」が挙げられている。この内容に合致するアが適当。その他の選択肢では言語の数え方に言及がなく，不適当。

(三)　ア　「誤って翻訳した」が誤り。mother tongue については第六段落に言及があるが，「誤って翻訳した」という根拠はない。　イ　「明らかな性差別」が誤り。第五段落に「不思議なことに……構わないらしい」とあるが，それに対して筆者が性差別だと感じているまでの根拠はない。一般に，「母」という言葉を使った表現が日本語にはよくある，程度の話であり，そこに筆者の批判的主張は見られない。　ウ　「母語という表現はできるだけ避けたほうがいい」が誤り。第六段落に「だったら母語のほうがいい」とあるように，筆者は「母語」という表現を避けるべきとはしていない。

(四)　ア　「本来の意味とは異なる」が誤り。第四段落「ちなみに……面倒な人になってしまう」より，筆者は本来の意味通りの否定的なニュアンスで「コダワリ」としているのである。
イ　「強引なこじつけ」が誤り。「アメリカ英語とイギリス英語はけっこう違う」をはじめ，「指摘」の内容自体は一般的に知られていることである。また，「英語一つ」に対して「英語の中でも色々ある」という指摘自体はその通りであり，どちらにせよ「強引なこじつけ」とはいえない。「こじつけ」とは，「関係のない事柄同士を，無理に結び付けること」。　ウ　「一つの国が……批判する」が誤り。「時代錯誤」としているのは，「英語はイギリス，……借りているにすぎない」という考え方である。したがって，公用語かどうかは無関係で，要はその言語が「どこの国

の所有物か」という考え方が時代錯誤である，ということである。 オ 「外国語扱いする」「悲しみと半ばあきれた気持ち」が誤り。そもそも「腑に落ちない」とは，「納得がいかない」という意味であり，「悲しみ」や「あきれ」のニュアンスは含まれない。

(五) ア 「対立する……上で」が誤り。確かに言語の数え方については，第二段落の「アメリカ英語と……といった指摘」は「対立する立場の意見」と言えなくもないが，「その問題点を述べて」はいない。「関係ありません」と一言で片づけている。また，「母国語」という言葉に関しては対立する立場の意見がそもそも述べられていない。日本で「母国語」という表現が定着している現状について述べているのみである。 ウ 「客観的なデータをあげて」が誤り。「客観的なデータ」といったとき，一般的には誰でもわかる数値などを指す。しかし本文中ではそのようなデータが使われているわけではなく，あくまで常識の範疇の物事を挙げたり，筆者の感覚をもとに述べたりしている。 エ 「なぜ外国語を学ぶ必要があるのか」が誤り。筆者の主張としては，まず第三段落「《ヵ国語》を……正確になる」と言語の数え方についてであり，このようにことばに気を遣うことを，第四段落では「外国語を学ぶときの基本的な態度」としている。したがって，筆者は外国語を学ぶべきだという主張はしていない。言語の数え方を変えるべきだと主張しているのである。 オ 「誤った用法で使われているものを指摘」が誤り。筆者は「～ヵ国語」「母国語」という表現に違和感をもっているが，それは誤った用法で使われているわけではなく，筆者個人としては批判的立場であるというだけである。現に「～ヵ国語」が誤った用法であるならば，第一段落にあるように新聞に表記されることはないだろう。「母国語」についても，筆者は第五段落にあるように「気になる」「母語のほうがいい」としているのみで，誤った用法だとする根拠はない。

二 (漢字の読み書き，慣用句)

(一) ① 「顕著」とは，「だれの目にも明らかなほどはっきりあらわれているさま」。 ② 「配慮」とは，「事情をふまえて，気遣いのこもった取り計らいをすること」。「慮」の「七」の部分が抜けがちなので注意。

(二) ア 「さじを投げる」とは，「あきらめて，手を引くこと」。 イ 「水をさす」とは，「うまく進行している事などに，わきから邪魔をすること」。 ウ 「手塩にかける」とは，「世話をして大切に育てること」。 エ 「釘をさす」とは，「相手が約束を破ったり，逃げたりできないように，かたく約束しておくこと」，また「相手の行動を予測してきつく注意すること」。この文の「集合時間を守るように」から，「遅れない」ということを約束させた，あるいは「遅れるな」と注意したと考えられるため，エが適当。

三 (論説文一接続語の問題，脱文・脱語補充，文脈把握，内容吟味)

(一) A 「女性性」と「女性らしさ」はほぼ同じような意味。料理の見た目や色が女性性＝女性らしさの象徴であったということであるが，「視覚に訴える」とは見た目や色を魅力的なものにする，ということと考えられ，「(魅力的な)見た目や色＝視覚に訴える＝女性性(女性らしさ)」という図式が成立する。よって同内容をまとめる「つまり」が適当。 B 空欄B直後には「戦後の好景気……拡大したこともケーキミックスが人気を得た理由の一つ」とあり，第三段落で挙げられている「女性の社会進出」に加えてケーキミックスが人気を博した理由を述べているとわかる。したがって，同程度のものを並べて述べる「また」が適当。

(二) 第三段落の内容をふまえると，女性が社会進出した結果，時短になるケーキミックスが人気を博したということである。つまりケーキミックスは時間のない女性を助けたと考えられるので，「救世主」が適当。エと迷うが，空欄直後の「のような存在」という表現に合わない。空欄には比喩的表現が入るはずである。ケーキミックスは実際の救世主ではないが，女性にとっては救世主のように感じられる存在だということである。　イ　「玉手箱」とは，「軽々しく開いてはいけない大切な箱」。　ウ　「絵空事」とは，「大げさで現実にはありえないこと」。

(三)　「家庭外で働くことなく」が誤り。第五段落「女性は，家庭の外で働いているか否かによらず，……求められた」と矛盾する。

重要　(四)　「その後」とは，消費者である女性が生卵を加えるような作りに変えた後ということである。そもそもケーキミックスには既に乾燥卵が含まれていたが，それは「手抜きをしているという罪悪感」を女性に抱かせ，「ケーキ作りをしたという実感や達成感，満足感を得られない」ものであった。また，「女性らしさの象徴としてのケーキ作り」とあることから，おそらく水だけでケーキ作りが完結してしまうと女性性の象徴であるケーキ作りを達成した実感がなく，手抜きであるという罪悪感を与えると考えられる。そこで逆に考え，卵を加える工程を含むケーキミックスは達成感を与えることでケーキ作りを女性性の象徴とさせ続けられたということが記述できるとよい。卵を加える工程がなければ，ケーキ作りは「手抜き」でしかなく，女性性の象徴として落第してしまうのである。

(五)　ア　「普及したことで」が誤り。ケーキミックスもインスタント食品の一つであるが，第三段落によれば女性が社会進出をしたことで，仕事と家事の両立を迫られた女性を助けるものとしてケーキミックスが人気を博したのである。つまり，女性の社会進出の方が先で，それに合わせる形でインスタント食品や加工食品が登場したと考えられる。　イ　「第二次世界大戦の影響を受けたこと」が誤り。一九三〇年代の発売されたダフ社製のケーキミックスについて，第二段落に「当時は人気が……なってからである」とあるが，第二次世界大戦が影響して人気が出なかったという説明はなされておらず，「原因となり」と断定するのは無理がある。　エ　「料理にかわる」が誤り。第五段落「戦後は，……伝統的な女性や家庭のあり方を重視する風潮が強く，……『理想的な女性』像は，……おいしい料理や食後にはデザートを供し，……存在として描かれていた」と矛盾する。　オ　「初めて考案し」が誤り。第九段落第一文によれば，一九三〇年代に卵を加える工程については既にダフ社によって考案されていた。また，第二段落では明確に「日本のホットケーキミックスに近い商品で，……水や卵を混ぜて焼くだけで……この商品は，一九三〇年代に……発売した」とある。

や難　(六)　イ　「普及するまでに長い時間がかかっている」は読み取れない。本文はケーキミックスが普及した背景，およびケーキミックスに感じる戸惑いについて扱っており，インスタント食品が普及するまでに長い時間がかかったという記述はない。エの「悪い方向に実現したようだ」は微妙なところだが，第三段落「迫られた」，第五段落「求められた」「『理想的な女性』像」という言い回しからも，料理が女性性の象徴であるということに対し筆者が賛同していないことがうかがえる。さらにケーキミックスをはじめとしたインスタント食品は，第五段落にもあるように「理想的な女性であり続けるための道具」なのだから，インスタント食品によって手間が省略されると同時に，女性は社会に進出しても「料理をするもの」という固定観念から抜け出すことはなかったと考えられる。

四　(古文―文脈把握，口語訳，内容吟味)

〈口語訳〉　下総の国は，武蔵の北にある。日立と下野にはさまれている。日立は下総の東である。下野は下総の西北にあたる。この国の駅路の道ばたに，桃李の花が，たいへん多い。桃の花は，西国の桃より色が濃く，美しい。李の花もまたよい。西国の李に勝って色が白い。中国の詩などに桃李をたいへん賞賛していることを，西国の桃李の花が美しくないのだけ見て，(桃李はそれほど良いものではないのではないかと)疑問に思っていたのだが，今このあたりの桃李は，様子が違うのを見て，たしかに(賞賛に値する)と思い知って，疑いを解いた。梨花もまた多い。犬桜もまた美しい。この辺りに，橘，金橘，柑の類いは見られない。寒さの厳しい国だからであろう。

(一)　図解してみるとわかりやすい。下総は武蔵の北にあるのだから，イはありえない。下総の東に常陸があるので，下総と常陸は同じような緯度だろうと思われる。下野が下総の「西北」にあるため，もっとも北に位置するのは下野である。

重要 (二)「ざる」は「～ない」という打消の意味を表す。したがって，西国の桃李の花は「よくない」つまり美しくないのである。ア・イ・エは西国の花を「美しい」としているため不適当。「桃の花は，西国の桃より色こく，うるはし」という記述からも，下総あたりの桃は西国の桃よりも美しいことがわかる。

(三)「うたがひをときぬ」とあるが，疑っていたのは「もろこしの詩などに桃李を甚賞すること」である。それは筆者が「西国の桃李の花のよからざるをのみ見て」いたからであり，「このあたりの桃李，色ことなるを見て」疑いを解いたということであるから，下総あたりの桃李の花の美しさを見れば，中国の詩で桃李の花が誉められるのも当然だと考えを変えたということである。この内容に合致するイが適当。　ア　西国の桃李の花の方が「この辺り」つまり下総あたりよりも美しいとしている点が誤り。問二解説に同じ。　ウ　「中国の詩」要素がない点が誤り。
エ　「詠まない」が誤り。「甚賞する」の「賞」は，字義から「誉める」ということだと推測できるとよい。

(四)　ア　下野と下総を比べている点が誤り。筆者は「このあたり」と一くくりにしているのみであり，関東の中でどれがよいという比べ方はしていない。あくまでも関東と西国の比較である。
イ　「中国で見た」が誤り。筆者は中国の詩で桃李が誉められていることは知っているが，中国に行ったことがあるとする根拠は本文中にない。　エ　「橘などを見て」が誤り。「この辺に，橘，金橘，柑の類見えず」と矛盾する。「ず」は打消の意味。また「梨花や犬桜」が西国では見られないのかどうかも，本文の記述からは断定できない。

★ワンポイントアドバイス★

論説文は，筆者の主張している論理だけでなく，そこから逆に考えて「こういうことも言える」というところまで意識しよう。古文は，基本的な助動詞や単語の意味をおさえたうえで，見落とさないよう正確に読み取ろう。

2022年度

入　試　問　題

2022
年
度

2022年度

名古屋経済大学市邨高等学校入試問題

【数　学】（45分）　＜満点：100点＞

1　次の(1)から(9)までの問いに答えなさい。

(1)　$\frac{1}{2}\times(7-15)\div 4$ を計算しなさい。

(2)　$(3x)^2\div(-6xy^2)\times 4x^2y$ を計算しなさい。

(3)　$\sqrt{12}+\sqrt{27}-\sqrt{48}$ を計算しなさい。

(4)　2次方程式 $x^2+4x=32$ を解きなさい。

(5)　連立方程式 $\begin{cases} \dfrac{x-2}{6}+\dfrac{y+2}{10}=0 \\ 0.05x+0.21y=0.16 \end{cases}$ を解きなさい。

(6)　8人のテストの結果が 4，5，10，2，0，6，7，1（点）でした。中央値を求めなさい。

(7)　素数を小さい数から順に並べるとき，3番目の数から7番目の数までの和を求めなさい。

(8)　右図のように3つの直線が交わっています。$\angle x$ の大きさを求めなさい。

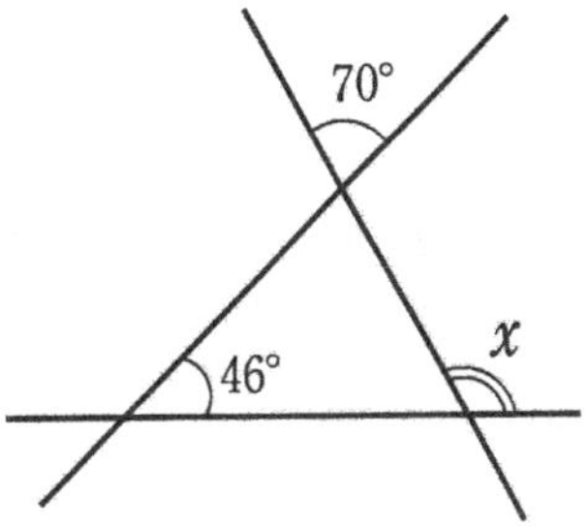

(9)　下の図は，1辺の長さが1㎝の立方体4つを，3通りの方法で積んであるものです。3通りの方法のうち，表面積が最も小さくなるものを選び，その表面積を求めなさい。

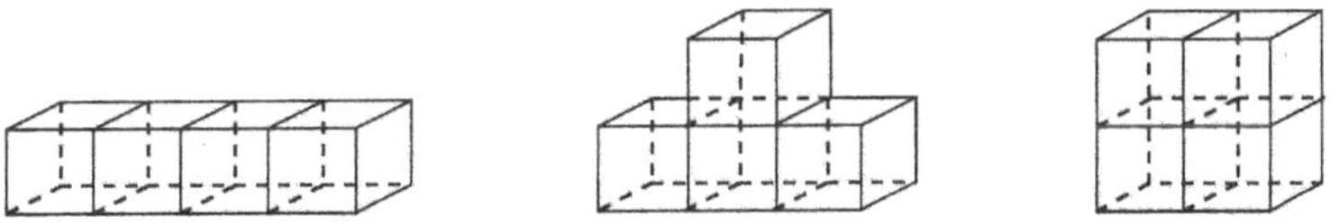

【方法①】　【方法②】　【方法③】

2　あとの(1)から(3)までの問いに答えなさい。

(1)　下のように，整数が書かれている5枚のカードがあります。次のページの①，②の問いに答えなさい。

−2	−1	0	1	2

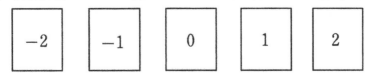

① カードをよくきってから２枚引いたとき，２枚に書かれた整数の積が負の数になる確率を求めなさい。

② カードをよくきってから３枚を順に引いたとき，１枚目と２枚目の積が，２枚目と３枚目の積と同じになる確率を求めなさい。ただし，引いたカードは戻さないものとします。

⑵ 下の表は，ある中学校の３年生50人に対して，平日と休日の学習時間をそれぞれ調査した結果を，度数分布表にまとめたものです。次の①，②の問いに答えなさい。

時間(分)	学習時間 平日（人）	学習時間 休日（人）
0 以上～ 20 未満	3	1
20 ～ 40	a	3
40 ～ 60	b	c
60 ～ 80	16	d
80 ～100	4	10
100 ～120	1	3
計	50	50

① 平日の学習時間が40分未満の生徒の割合は，全体の30％でした。b に当てはまる数を求めなさい。

② 度数分布表から求めた休日の学習時間の平均は68分でした。d に当てはまる数を求めなさい。

⑶ 下の図のような，3つの容器P，Q，Rがあるとき，次の①から③までの問いに答えなさい。ただし，容器の厚さは考えないものとし，円周率はπとします。

P：半径２㎝の半球の形をした容器
Q：底面の円の半径が２㎝，高さが２㎝の円すいの形をした容器
R：底面の円の半径が２㎝，高さが２㎝の円柱の形をした容器

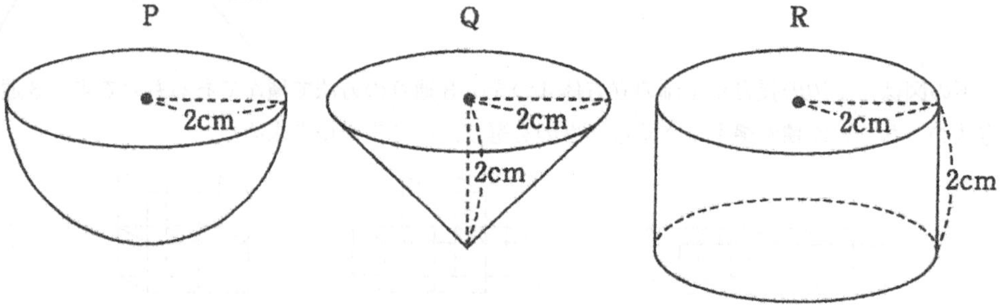

① Pの容器いっぱいに水を入れて，水面が水平になるように容器を固定した。このとき，水の体積を求めなさい。

② Qの容器の頂点から半分の高さまで水を入れ，水面が底面に対して水平になるように容器を固定した。このとき，水面の面積を求めなさい。

③ P，Qそれぞれの容器いっぱいに入れた水をRの容器に移したとき，水面の高さは下の底面から何㎝になるか答えなさい。

3　次の(1)から(3)までの問いに答えなさい。

(1)　太郎くんは自分で解くことができなかった次の【問題】について，先生に質問をしました。

> 【問題】
> 原点をOとする。放物線 $y = x^2$ と直線 $y = \frac{1}{2}x + 3$ の交点をA，Bとしたとき，△ABOの面積を求めよ。

太郎：先生。次の図の△ABOの面積をどうやって求めたらいいのか分かりません。

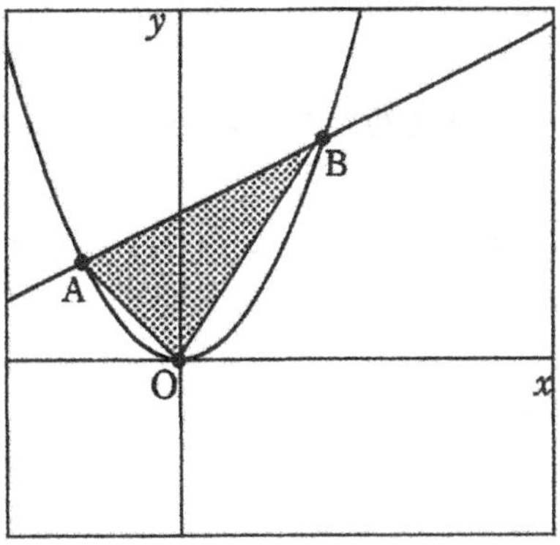

先生：例えば，三角形の面積と平行線の関係を利用する方法があるよ。図のように点Aと点Bについて，y 軸に対して平行に移動させ，x 軸との交点をそれぞれA′，B′としてごらん。そうするとどうなるかな？

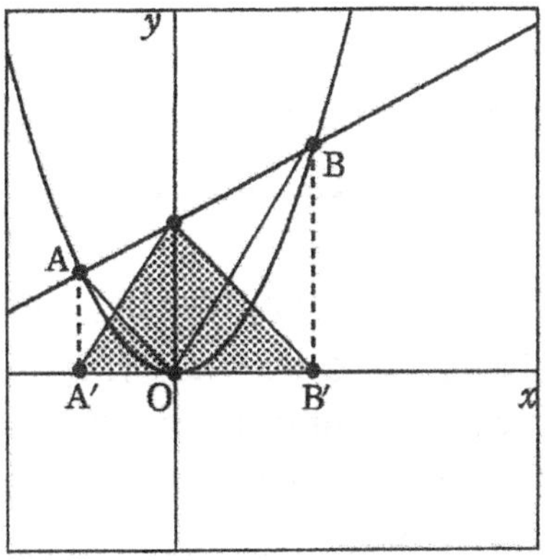

太郎：そうか！直線の切片とA′，B′を結んでできる三角形と元の△ABOの面積が同じになるんだ！

先生：その通り。では求められるかな？

＊＊＊

次の①，②の問いに答えなさい。ただし座標の１目盛りを１㎝とします。

①　線分A′B′の長さを求めなさい。

②　【問題】の答えを求めなさい。

(2)　次のページの図のように，数字が書かれた１辺１㎝の正方形をある規則にしたがってすきまなく並べ，大きな正方形を作っていきます。次のページの①，②の問いに答えなさい。

1

⇒

2	3	4
3	1	3
4	3	2

⇒

3	4	5	6	7
4	2	3	4	6
5	3	1	3	5
6	4	3	2	4
7	6	5	4	3

① 10という数字が書かれた正方形を初めて並べるとき，一番大きな正方形の１辺の長さを求めなさい。

② 50という数字が書かれた正方形を初めて並べるとき，一番大きな正方形の１辺の長さを求めなさい。

⑶ 図のような１辺が８㎝の正方形の方眼紙に，切りこみ，山折り，谷折りの印を入れ，その印に沿って，切りこんだり折り曲げたりすることを考えます。次の①，②の問いに答えなさい。

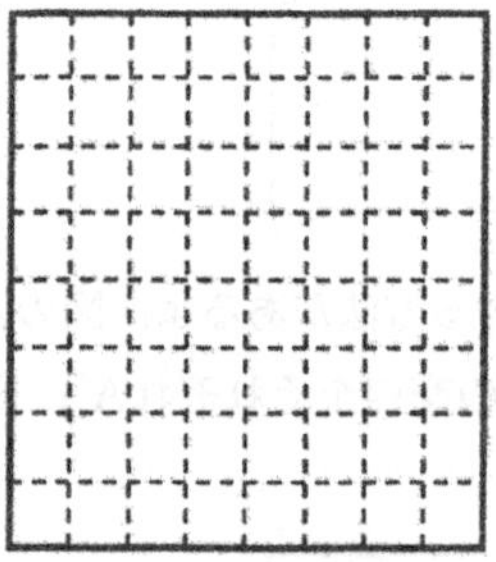

① 図１のように切りこみ，山折り，谷折りの印を入れた方眼紙ABCDがあります。切りこみの印に沿って切りこみ，∠APBが直角になるように線分PQで折り曲げ，BCを含む面を底面にして置くと図２のようになりました。この図において，底面と垂直になる部分は方眼紙ABCDのどこですか。解答用紙に斜線をかき入れなさい。ただし，できた図形の面はすべて平面とし，方眼紙の厚さは考えないものとします。

図1

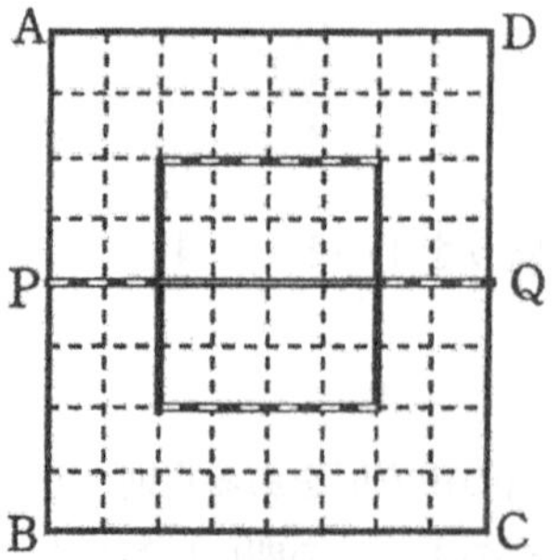

⇒

図2

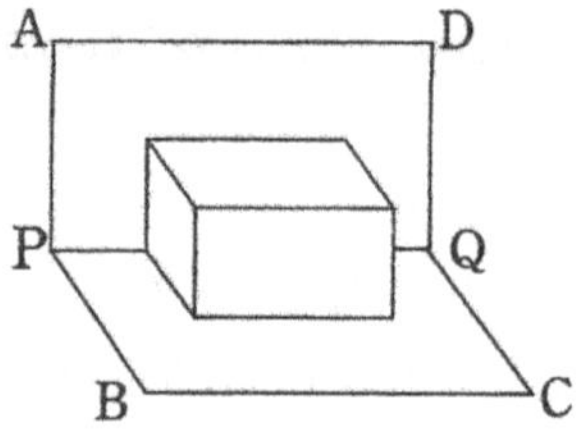

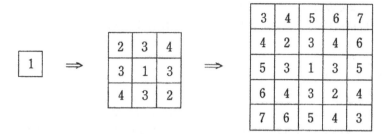

② 図３のように切りこみ，山折り，谷折りの印と斜線をかき入れた方眼紙EFGHがあります。切りこみの印に沿って切りこみ，∠EPFが直角になるように線分PQで折り曲げ，FGを含む面が底面になるように置きました。この図形を真上から見たとき，斜線をかき入れた部分はどのように見えますか。解答用紙の図PFGQに斜線をかき入れなさい。

図3

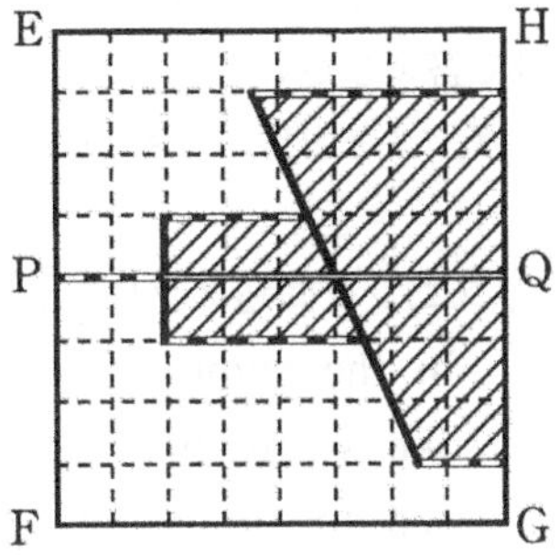

【英　語】（45分）　＜満点：100点＞

外国語（英語）聞き取り検査

ただいまより聞き取り検査を行います。

これから読まれる英文を聞き，問いの⑴から⑷までの質問の答えとして正しいものを，ａからｄまでの中からそれぞれ一つ選び，記号で答えなさい。

英文は２回読まれます。必要があれば，メモを取ってもかまいません。

それでは始めます。

＜リスニング問題スクリプト＞

Hello, my name is Yusuke. In the summer I visited a beach with my family. We wanted to do fun activities like swim, play frisbee, and have a picnic. When we got there, I was very surprised to see a lot of garbage. My sister said we should try and clean the beach. We both got bags from our car and started to fill them with trash. I picked up a lot of plastic straws and bottles. We also found a fishing net and plastic bags from candy and other snacks. There was one part of the beach that looked clean, so my younger brother started to play in the sand there. He called us to come over and look at the sand. It had many different colors. My brother asked me why. I looked at it carefully and saw small pieces of plastic! Even when we thought that part of the beach was clean, it really wasn't. We didn't get to play because we were busy cleaning, but we decided that on weekends we should visit other beaches and see if they had the same problems. Once we went to a beach that didn't have big trash but still had small plastics in the sand. Someone else cleaning up the beach told me the small pieces of plastic are called microplastics. I think people sometimes clean beaches but can't clean up everything because the plastics are too small. It is difficult for us to find a beach without plastics on it. I think more people should help to clean beaches. Also, we should all try to use less plastic. I think some of the plastic is left on the beach from people visiting and some of it comes from the ocean and rivers. Some even comes from outside Japan. Many people think of Japan as a clean country. We should do our best to keep Japan clean.

問い

⑴ What fun activities did Yusuke do at the beach?

ａ He enjoyed BBQ.

ｂ He enjoyed swimming and played frisbee.

ｃ He enjoyed swimming, played frisbee, and had a picnic.

ｄ He didn't do any fun activities.

⑵ Who told Yusuke they should clean up the beach?

ａ Yusuke's brother　　ｂ Yusuke's sister

ｃ Yusuke's mother　　ｄ Yusuke's father

(3) What kind of trash did Yusuke find on the beach?

a Old boxes　b Broken toys　c Magazines　d Plastic straws

(4) Where does the trash they find on the beaches come from?

a From Japan　b From other countries

c From Japan and other countries　d From people visiting the beach

外国語（英語）筆記検査

1．留学生デイビッド（David）と，そのホストファミリー亜美（Ami）が会話をしています。二人の会話が成り立つように，①から③までのそれぞれの（　　）内に最も適当な語を入れて，英文を完成させなさい。ただし，①については【　】内の語を用いること。

Ami: Last summer, I enjoyed watching the Olympic Games.

David: Me too. We saw new kinds of sports. I liked sport climbing, especially the bouldering event. Most players had great physical strength.

Ami: Yes. I also enjoyed watching the opening ceremony of the Olympics. The live version pictograms came up a lot.

David: Yeah, I became interested in the pictograms. They are simple but they have messages and many people can understand ①(　　)(　　)(　　) easily.【mean】 They are very useful.

Ami: I think so. But did you know they are sometimes changed? Look at the two pictures. Both mean “Don’t use a stroller here.” They are almost the same. But there is a difference between them. Have you found it?

David: Yes. One pictogram shows a person with a skirt. But ②(　　)(　　)(　　) a person without a skirt.

Ami: That’s right. Can you tell which is newer?

David: Umm... I think ③(　　)(　　)(　　).

Ami: That’s right. Pictograms are changing little by little. They show what people think and what is common to people at that time. In this case, we can see that gender equality is becoming common.

David: That’s interesting. I’ll try to look at pictograms carefully from now on in my daily life.

A

B

（注） bouldering event　ボルダリング競技　　pictogram　ピクトグラム，図記号

came up a lot　（世間で）話題になった　　stroller　ベビーカー

2．次の文章を読んで，あとの(1)から(5)までの問いに答えなさい。

Earth's temperature has risen by about 1℃ since 1900. This rise in Earth's temperature is called global warming. It is having dangerous effects on people, wildlife, and the planet. Now many countries are facing serious problems because of climate change. Countries must work together to solve these problems.

What is happening to the world now? Climate change is making many parts of the world drier. It is killing the world's crops and threatening the global food supply. It is said that by 2100, about 50% of all the world's species could go extinct. It is also a cause of many natural disasters. [①]. Especially, wildfires in the western United States are (A) worse. In California, many people have lost their homes because of the wildfires.

On the other hand, in Japan, there are more floods than before. ②Rising【 heavier / making / rainfall / is / global temperature 】. In 2017, heavy rain kept falling over the same area between Fukuoka and Oita Prefectures. It caused floods and landslides and many people were killed.

Global warming is caused by increased greenhouse gases in the air. Carbon dioxide is the main greenhouse gas. A large amount of carbon dioxide is released by human activities. Today, we use a lot of electricity and transportation such as cars, trucks, and planes. They are very useful for our daily lives, but they use a lot of energy. Burning fossil fuels for energy puts a lot of carbon dioxide into the air.

Today, Japan is trying to use renewable energy such as wind and solar power. They don't make carbon dioxide or other greenhouse gases. There are also many things we can do to help reduce carbon dioxide. For example, we can walk or ride bicycles instead of using cars and it's also good to turn off the lights and devices when we don't use them. Let's take action for a better future.

（注）wildlife 野生動物　crop 作物　threaten ～ ～をおびやかす
species（動植物分類上の）種　go extinct 絶滅する　disaster 災害　flood 洪水
prefecture 県　landslide 地すべり　greenhouse gas 温室効果ガス
carbon dioxide 二酸化炭素　release ～ ～を放つ　transportation 乗り物
fossil fuel 化石燃料　renewable energy 再生可能エネルギー　reduce ～ ～を減らす
device 機器

(1)（A）にあてはまる最も適当な語を，次の5語の中から選び，正しい形にかえて書きなさい。

take　get　make　go　use

(2) [①] にあてはまる最も適当な英語を，次のアからエまでの中から一つ選び，そのかな符号を書きなさい。

ア Then, people started to grow crops
イ For example, it increases the danger of wildfires
ウ Because a lot of people lost their homes
エ Because there are many wild animals in California

(3) 下線②のついた文が，本文の内容に合うように，【 】内の語句を正しい順序に並べかえなさい。ただし，解答欄には並べかえた部分のみ書きなさい。

(4) 本文中では，地球温暖化についてどのように述べられているか。最も適当なものを，次のアからエまでの文の中から一つ選び，そのかな符号を書きなさい。

ア Many natural disasters cause global warming.

イ Global warming is caused by many of the world's species going extinct.

ウ Technology, which makes people's lives more convenient, causes global warming.

エ The increase of greenhouse gases in the air causes global warming.

(5) 次のアからエまでの文の中から，その内容が本文に書かれていることと一致するものを一つ選び，そのかな符号を書きなさい。

ア In California, lots of people lost their homes because of floods.

イ We should not use electricity at all in everyday life.

ウ Renewable energy is one way to help reduce greenhouse gases.

エ Japan is the only country that experiences natural disasters because of climate change.

3．稔（Minoru）とイギリスから来た留学生グリス（Chris）が会話をしています。次の会話文を読んで，あとの(1)から(5)までの問いに答えなさい。

Minoru: Hi, Chris.

Chris: Hi, Minoru. How are you today?

Minoru: 【 a 】

Christ: Why do you say that? What's wrong with you?

Minoru: ①Before I (　　) home, I was watching TV this morning. Then I saw blood type fortune telling. It said that today is going to be an unlucky day for "type O."

Chris: 【 b 】

Minoru: Really? It's fortune telling by blood types. Every morning I check it on TV. Hey Chris, what's your blood type? Here's my iPad, and I'll check yours on the internet.

Chris: 【 c 】

Minoru: Why don't you know? Everyone knows it and I know even my father's and my brother's.

Chris: Wow, that sounds (A) to me. In my country, most people don't know their blood types. Only people who have had a transfusion or surgery may know it.

Minoru: 【 d 】

Chris: Yeah. In the U.K., horoscopes are common. People use star signs for fortune telling. Well, what's your star sign?

Minoru: Ah, what is “star sign”?

Chris: It’s also called “zodiac sign.” There are twelve signs and everybody has their own star sign like Gemini, Scorpio, or Capricorn. It’s decided by your birthday.

Minoru: 【 e 】

Chris: Pisces. And my birthday is August 20. My star sign is Leo.

Minoru: Pisces and Leo? What are they?

Chris: Pisces is fish, and Leo is a lion. ②They (　　) from the names of constellations which you can find in the night sky.

Minoru: How cool!

(注) fortune telling 占い　transfusion 輸血　surgery 手術　horoscope 星占い
constellation 星座

(1) 次のアからオまでの英文を，会話文中の【a】から【e】までのそれぞれにあてはめて，会話の文として最も適当なものにするには，【b】と【d】にどれを入れたらよいか，そのかな符号を書きなさい。ただし，いずれも一度しか用いることができません。

ア My blood type? I don’t know it. Do Japanese people know their blood types?
イ Oh, I got it! My birthday is March 16, so my star sign is...
ウ I see. That’s why you’ve never heard of blood type fortune telling.
エ Not so good. It’ll be an unlucky day for me.
オ Blood type fortune telling? What’s that? I’ve never heard of it.

(2) 下線①，②のついた文が，会話の文として最も適当なものとなるように，それぞれの（　）にあてはまる語を書きなさい。

(3) （A）にあてはまる最も適当な語を，次のアからエまでの中から選び，そのかな符号を書きなさい。

ア good　イ lucky　ウ happy　エ strange

(4) 次の英文は，クリスが帰国後，稔に送ったメールです。このメールが会話文の内容に合うように，次の（X），（Y）のそれぞれにあてはまる最も適当な語を書きなさい。

> Hi Minoru,
> After we talked about fortune telling, I learned an interesting story about blood types. I heard that many Japanese people (X) that blood type has some influence on personality. Is that true? Like that, we often guess someone’s personality by star signs. The twelve signs are categorized into four types: air, earth, water and fire. It is said that people of different types of signs have different personality traits. If you are interested, (Y) more information on the internet!
> Bye,
> Chris

(注) influence 影響　personality 性格　be categorized into ～ ～に分類される　trait 特徴

(5) 紗良(Sara), 裕樹(Yuki), 菜摘(Natsumi), 明生(Akio), 香奈(Kana)の5人がHoroscopeを見ています。それぞれの誕生日が記された表をもとに, あとのQ1からQ4の(Ⅰ)から(Ⅳ)にあてはまる英語を書きなさい。

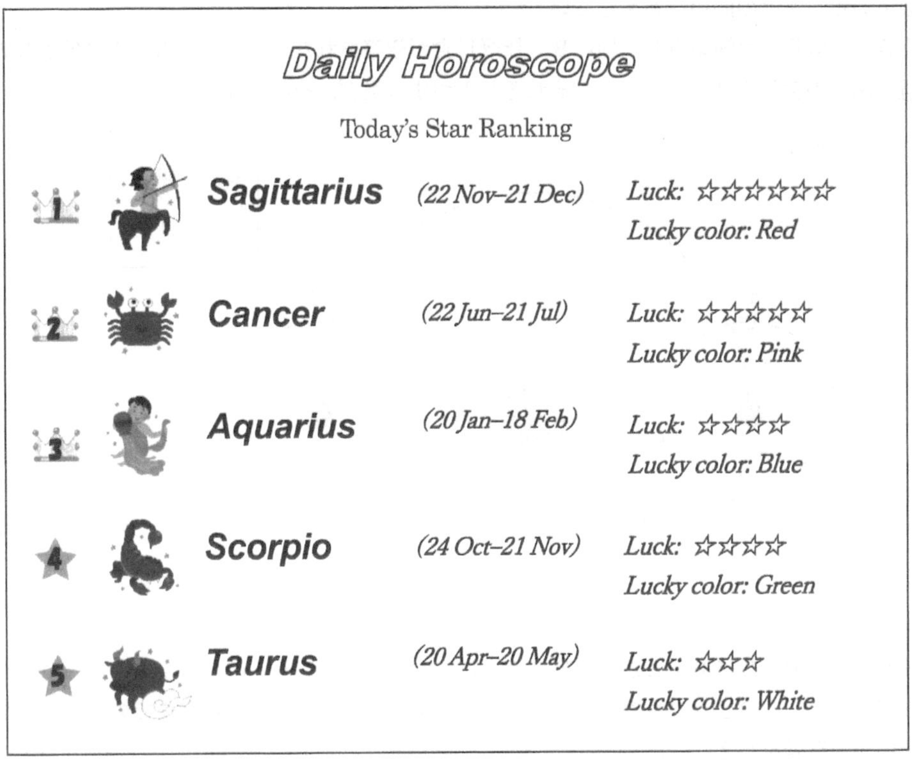

Today's Star Ranking

1		**Sagittarius**	*(22 Nov–21 Dec)*	Luck: ☆☆☆☆☆☆ *Lucky color: Red*
2		**Cancer**	*(22 Jun–21 Jul)*	Luck: ☆☆☆☆☆ *Lucky color: Pink*
3		**Aquarius**	*(20 Jan–18 Feb)*	Luck: ☆☆☆☆ *Lucky color: Blue*
4		**Scorpio**	*(24 Oct–21 Nov)*	Luck: ☆☆☆☆ *Lucky color: Green*
5		**Taurus**	*(20 Apr–20 May)*	Luck: ☆☆☆ *Lucky color: White*

Name	Sara	Yuki	Natsumi	Akio	Kana
Birthday	2月11日	12月6日	7月30日	11月12日	6月23日

Q1 What is Kana's lucky color?
――(Ⅰ).
Q2 Who is the luckiest person of the five?
――(Ⅱ).
Q3 Who is the person whose lucky color is blue?
――(Ⅲ).
Q4 (Ⅳ)?
――It is Scorpio.

【理　科】（45分）　＜満点：100点＞

1　地球は太陽を中心に公転し，月は地球を中心に公転している。また，地球は図１の矢印 a の方向に自転している。あとの問いに答えなさい。

⑴　地点Aで皆既月食が観察され，地点Bで皆既日食が観察されたとき，地点Aおよび地点Bの月の位置を図１のアからクまでの中からそれぞれ１つずつ選び，そのかな符号を答えなさい。

図１

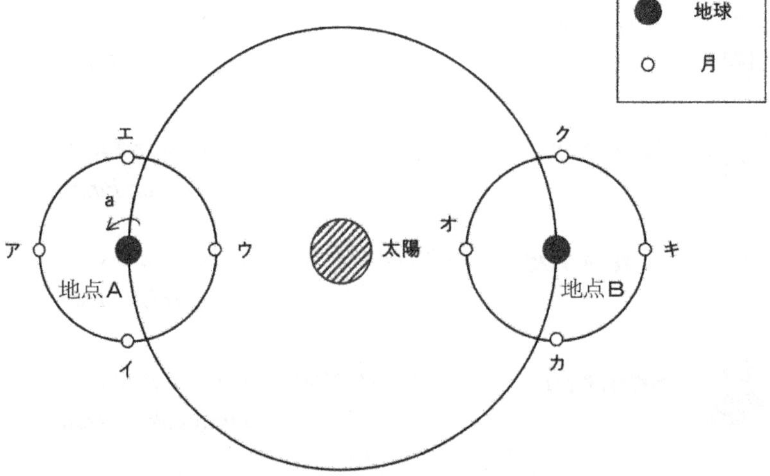

⑵　地球が図２の地点Cにあるとき，深夜０時に月を観察したところ，図３のような形の月が東の空で観察された。このときの月の位置として正しい位置を，図２のケからタまでの中から１つ選び，そのかな符号を答えなさい。

図２

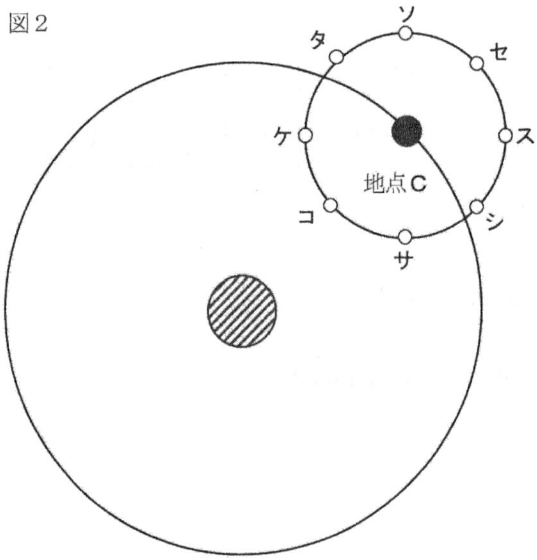

図３

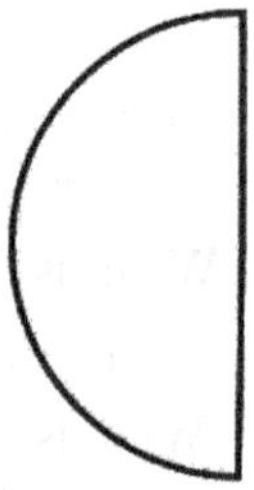

⑶　太陽と月と地球において，月の公転する向きだけが逆になった場合，地球から見た月はどのように満ち欠けをするか。次のページの図４のAとCの月の満ち欠けの様子を次のページのアからクまでの中からそれぞれ１つずつ選び，そのかな符号を答えなさい。

図4

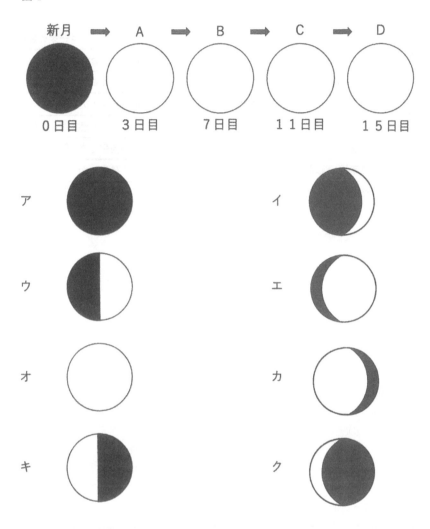

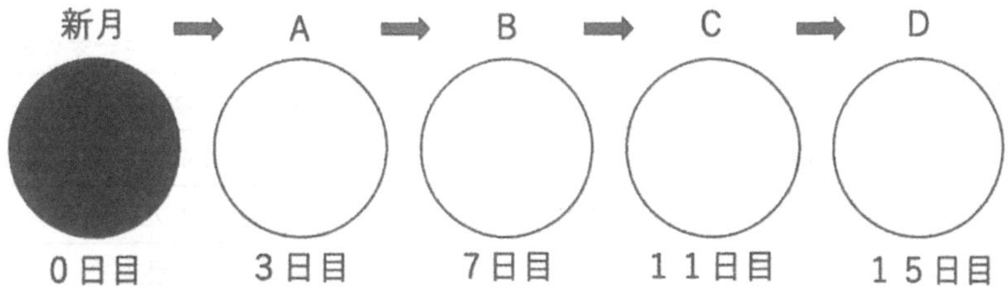

ア 

イ 

ウ 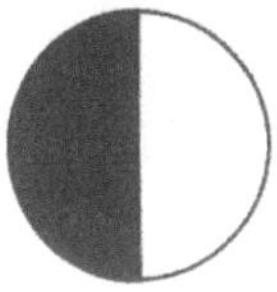

エ 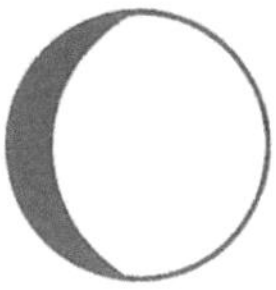

オ 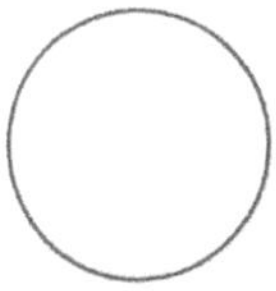

カ 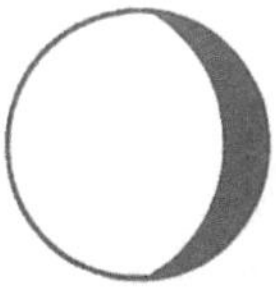

キ 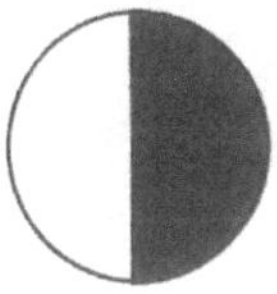

ク 

2　空気中には目に見えない微生物が漂っています。また，机の上や壁などにも存在していて，私たちは微生物による感染症の脅威にさらされています。そこで，微生物による感染症の脅威を手洗いなどでどれだけ防ぐことができるかを調べる実験を行いました。あとの問いに答えなさい。

【実験の条件】

・微生物の培養には寒天培地（0.1%のグルコース溶液を加熱して寒天粉末を加え，冷やし固めて滅菌処理したもの）を用いた。

・実験では同じ人が同じ指を寒天培地に押しつけた。

・手洗い方法は，保健所の推奨する方法で行った。

・セッケンは泡状セッケンを使用し，アルコールは75%エタノールを使用した。

・寒天培地はふたをして，①適切な温度で約48時間培養した。

・できるだけ他の微生物が混入しない環境下で行った。

【方法と結果】

実験番号	培地への操作	実験結果（コロニー※の様子）
1	指をつけなかった。	発生しなかった（図1）。
2	手洗いをせず指を培地に押しつけた。	特に多く発生した（図2）。
3	水で手洗いした指を培地に押しつけた。	多く発生した（図3）。
4	セッケンで手洗いした指を培地に押しつけた。	いくつか発生した（図4）。
5	アルコールをつけてこすった指を培地に押しつけた。	2つ発生した（図5）。
6	セッケンで手洗いしたときの泡を培地につけた。	多く発生した（図6）。
7	手洗いをせず指を培地に押しつけたあと，アルコールをかけた。	1つ発生した（図7）。

※コロニー：多量の微生物が集まっているところ。

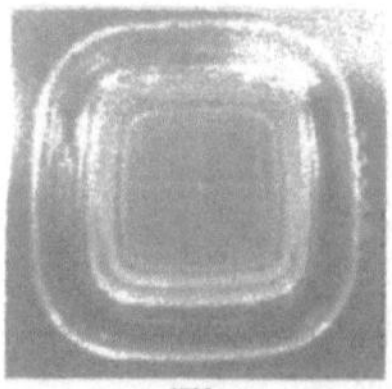
図1

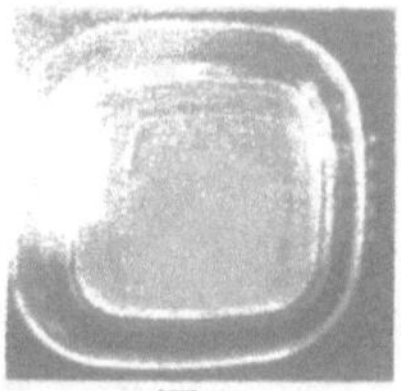
図2

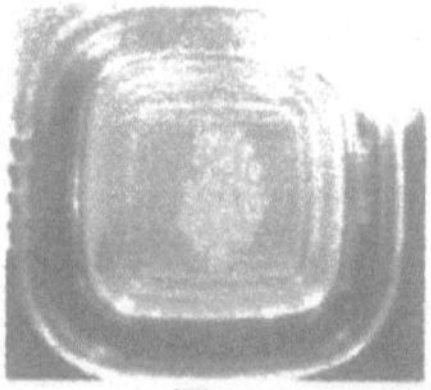
図3

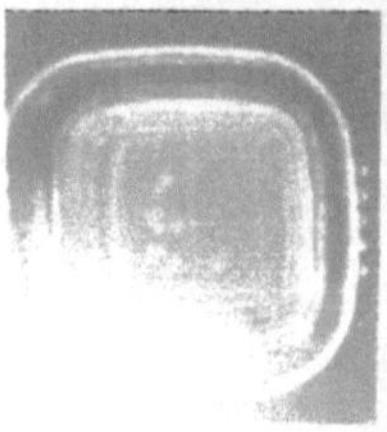
図4

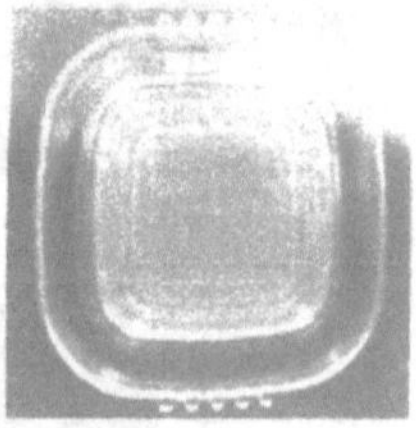
図5

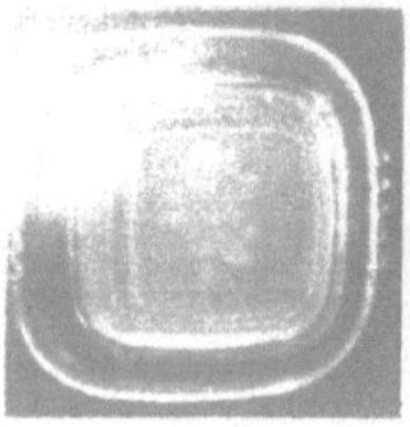
図6

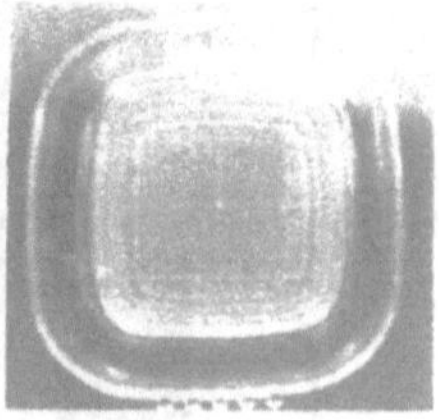
図7

(1) 実験番号1を行う目的を答えなさい。

(2) 下線部①について，人の指に存在する微生物を培養するために適切な温度はどれか。下の**ア**から**エ**までの中から1つ選び，そのかな符号を答えなさい。

ア 5℃　**イ** 20℃　**ウ** 35℃　**エ** 50℃

(3) 実験番号3と4の結果から，水による手洗いとセッケンによる手洗いの効果について述べた文のうち，最も適当なものを下の**ア**から**エ**までの中から1つ選び，そのかな符号を答えなさい。

ア 水による手洗いだけで微生物を完全に洗い流すことができる。

イ セッケンによる手洗いだけで微生物を完全に洗い流すことができる。

ウ 水による手洗いはセッケンによる手洗いよりも，微生物を洗い流すことができる。

エ セッケンによる手洗いは水による手洗いよりも，微生物を洗い流すことができる。

(4) 実験番号6と7の結果から考えられることについて述べた文のうち，最も適当なものをあとの**ア**から**エ**までの中から1つ選び，そのかな符号を答えなさい。

ア セッケンは微生物の増殖を抑えるが，アルコールは微生物の増殖を抑えない。

イ セッケンは微生物の増殖を抑えないが，アルコールは微生物の増殖を抑える。

ウ　セッケンとアルコールはどちらも微生物の増殖を抑える。

エ　セッケンとアルコールはどちらも微生物の増殖を抑えない。

(5)　食品衛生協会では感染症の予防対策として，セッケンによる手洗いのあと，手を拭き乾燥させてからアルコールによる消毒を行う方法を推奨しています。今回の実験結果から，このように推奨されている理由として最も適当なものを下の**ア**から**エ**までの中から１つ選び，そのかな符号を答えなさい。

ア　セッケンで洗い流せなかった微生物をアルコールで死なせることができるから。

イ　セッケンは，微生物の増殖を抑える効果がアルコールと比べて長く続かないから。

ウ　アルコールは，手についたセッケンの成分を洗い流すことができるから。

エ　アルコールは水やセッケンと混ざることで，微生物の増殖を抑えるはたらきが強くなるから。

3　以下のⅠ，Ⅱの各問いに答えなさい。

Ⅰ　ガスバーナーの構造と原理を知るためにガスバーナーを分解した。ガスバーナーは３つの部品からなっていた。

図１

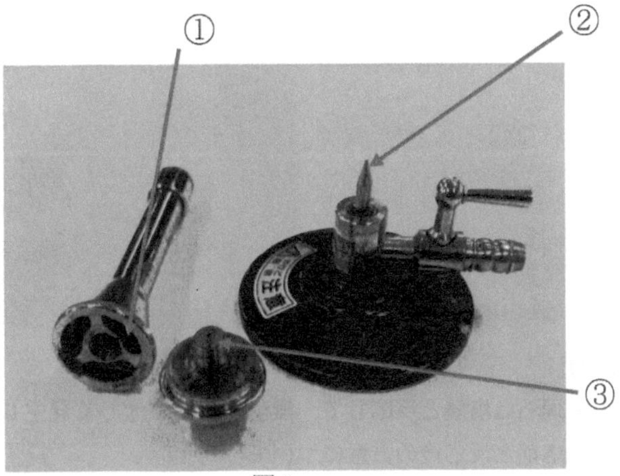

図２

(1)　図２の部品①に見える外側の３つの穴の役割を答えなさい。

(2)　ガスバーナーを組み立てたときの，部品②と部品③の内部構造を図３に示した。部品②の先端が図４の形ではなく，図３のようにとがっているのはなぜか。次のページの**ア**から**エ**までの中から１つ選び，そのかな符号を答えなさい。

図３

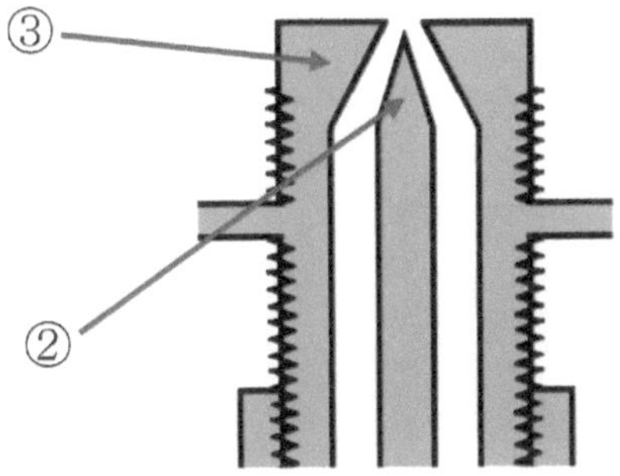

図４

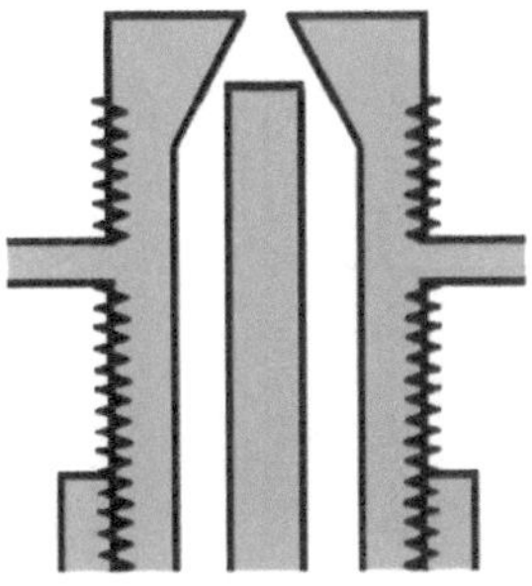

ア　ガスバーナーの台座を安定させるため。

イ　ガスバーナーの中を通る気体の流れを調節するため。

ウ　ガスバーナーにたまる熱を効率よく逃がすため。

エ　ガスバーナーに取り付けるネジを固定するため。

Ⅱ　質量保存の法則を確認するために，塩酸と大理石を使った実験を行った。実験の手順および結果を参考に，あとの問いに答えなさい。

【手順】

1）５％の塩酸を①メスシリンダーで正確に50mLはかり取り，100mLビーカーに入れる。

2）大理石（炭酸カルシウム）を５ｇはかり取る。

3）塩酸の入ったビーカーと大理石５ｇを電子てんびんにのせ，反応前の全体の質量をはかる。

4）②大理石５ｇを塩酸の中に入れ，反応語に再び全体の質量をはかる。

【結果】

・大理石は塩酸と反応して，無色の気体が激しく発生した。

・反応前と反応後の質量について

反応前の全体の質量	105.0g
反応後の全体の質量	104.3g

⑴　下線部①について，目盛りの読み方として正しいものを下のアからウまでの中から１つ選び，そのかな符号を答えなさい。

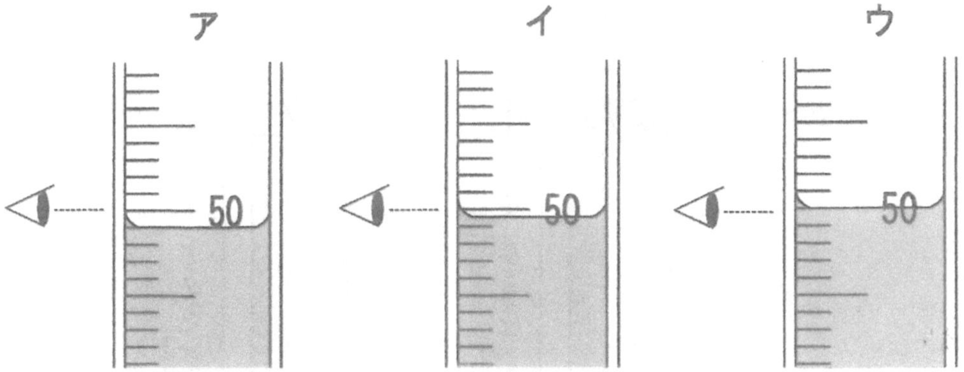

⑵　下線部②の反応の化学反応式を書きなさい。

⑶　質量保存の法則によれば，反応の前後では全体の質量は変わらないはずであるが，今回の実験では反応後に質量が減ってしまったように見える。次の①，②の各問いに答えなさい。

①　今回の実験で，質量が減ったことで，質量保存の法則が成立しないように見えた理由を答えなさい。

②　今回の実験において，質量保存の法則が成り立つことを確認するためには，以下の器具（または装置）のうち，どれを使えばよいと考えられるか。最も適切なものを下のアからオまでの中から１つ選び，そのかな符号を答えなさい。

ア

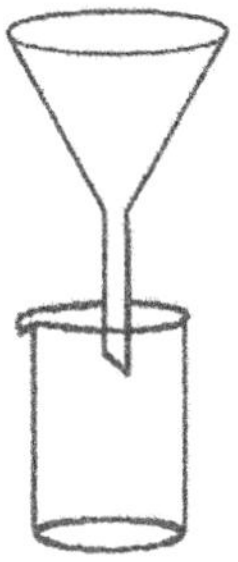

イ

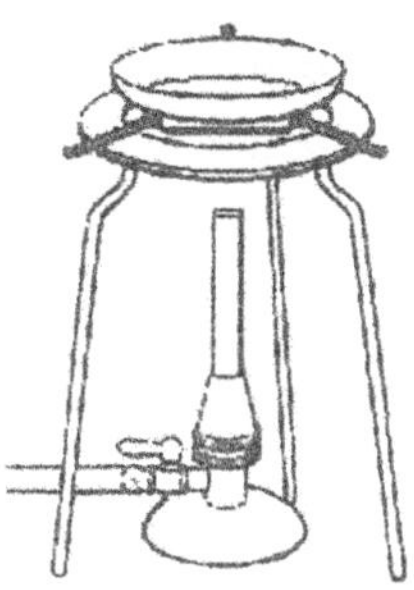

ウ

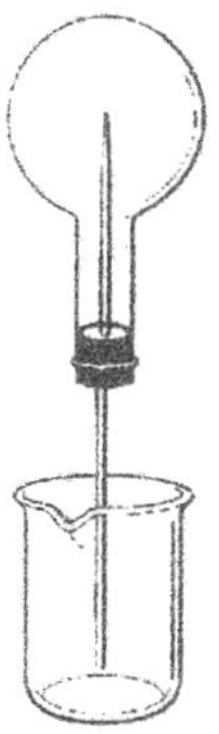

エ

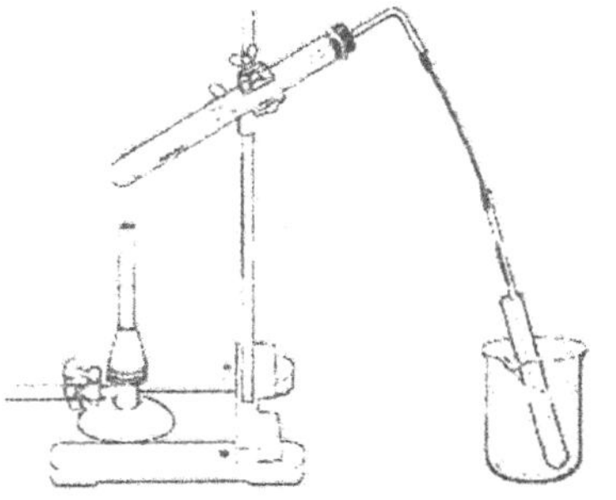

オ

4　あとのⅠ，Ⅱの各問いに答えなさい。

Ⅰ　勇樹と雪子が次のような【実験１】【実験２】を行った。それぞれの実験について，あとの問いに答えなさい。ただし，斜面と水平面はなめらかにつながっているものとする。

【実験１】　次のページの図のように，小球を地点Aから静かに放し，斜面ABに沿ってすべらせた。小球は地点Bを通って地点Cまで転がり，そのまま地点Cを通り過ぎた。

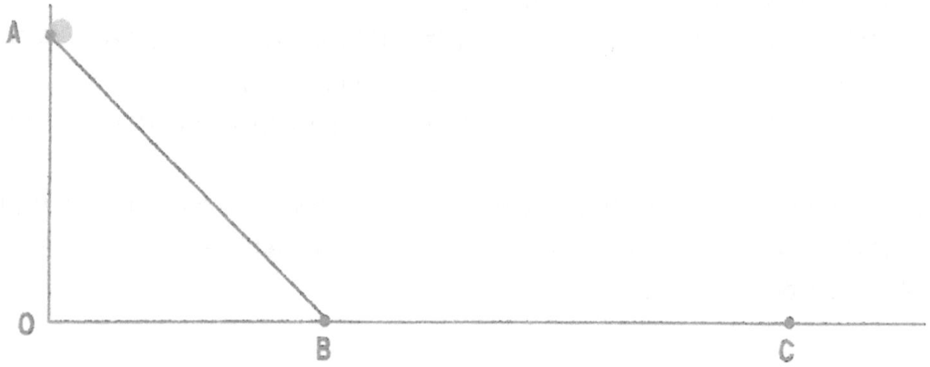

(1)　地点Aで手を放したあとの小球の速さをグラフにまとめた。最も適当なグラフはどれか。下のアからエまでの中から１つ選び，そのかな符号を答えなさい。ただし，摩擦は考えないものとする。

ア

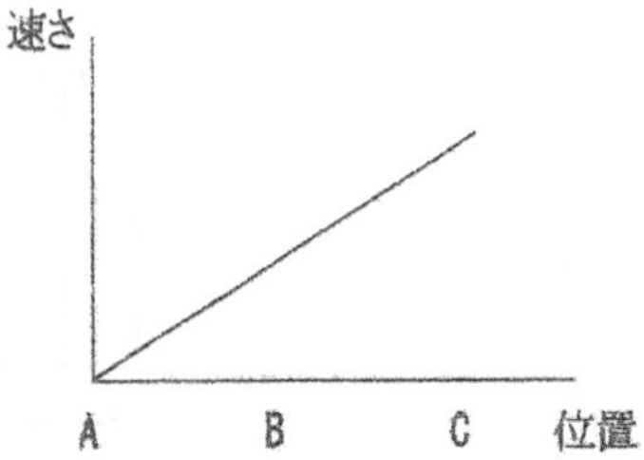

イ

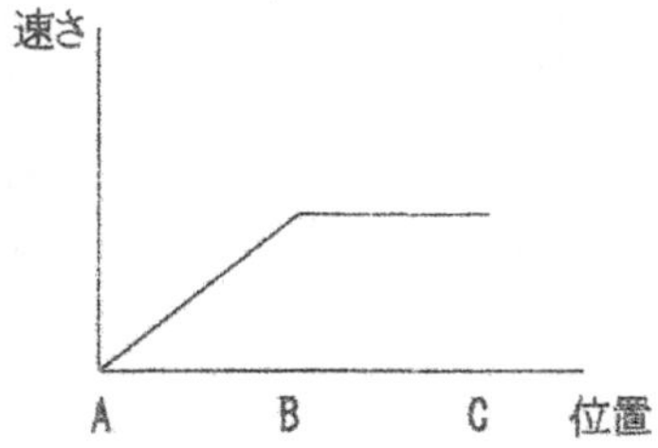

ウ

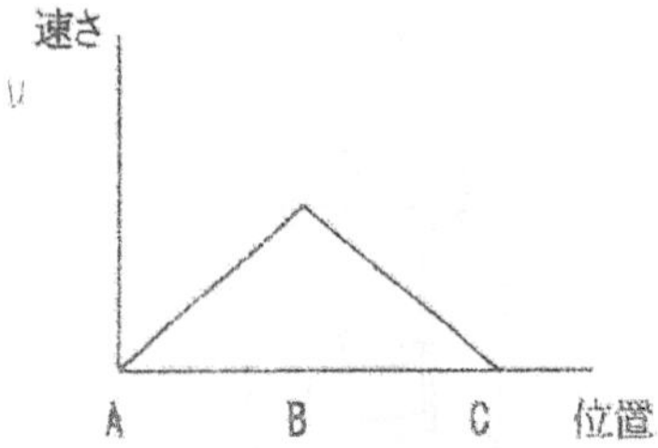

エ

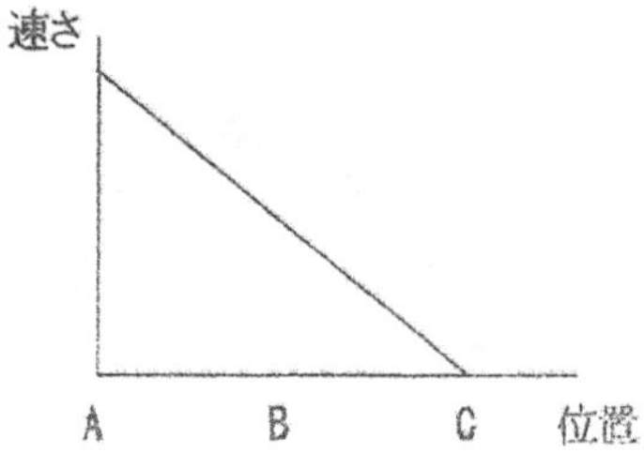

【実験２】　下の図のように，斜面ABと斜面ADをつくり，地点Aから２個の小球を地点Bと地点Dに向けてそれぞれ同時に静かに手を放して斜面をすべらせた。各地点間の距離はそれぞれ１mとし，地点X，YはそれぞれAから50cmの距離とする。勇樹と雪子の会話を読んで，あとの問いに答えなさい。

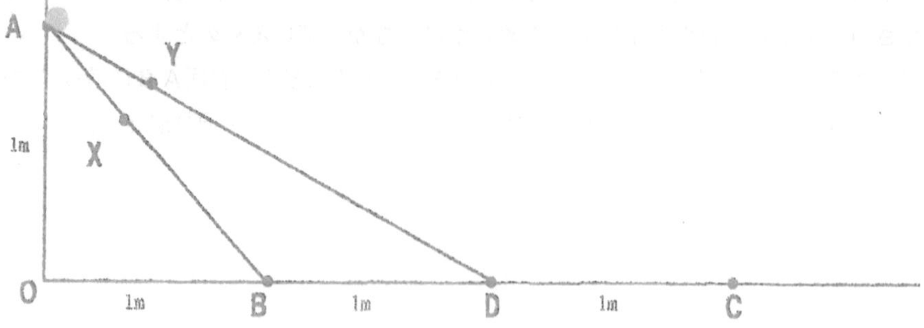

勇樹　地点Aから地点Bと地点Dに向けて２個の小球を同時に転がしたら，地点Cにはどちらの小球がはやく着くだろう。

雪子　同じ高さからすべらすなら，どちらも（　a　）エネルギーは同じね。

勇樹　小球が斜面から水平面に到達したとき，（　a　）エネルギーは全部（　b　）エネルギーに変換されるね。つまり，どちらも水平面に到達したとき，小球の速さは同じはずだね。

雪子　水平面に到達したときの速さが同じなら，どちらの小球も同時に地点Cに到達するんじゃないかな。実際に実験してみましょう。

（小球を転がす実験をした）

雪子　あれ，地点Dに向けて小球を転がしたほうがはやく地点Cに着いたわ。

⑵　会話文の（a）（b）に入る語句の組み合わせとして最も適当な組み合わせをアからエまでの中から１つ選び，そのかな符号を答えなさい。

	（a）	（b）
ア	運動	位置
イ	位置	運動
ウ	運動	熱
エ	位置	熱

⑶　地点Xと地点Yの小球の速さについて，速いのはどちらの地点にあるときか。

Ⅱ　地下鉄の路線では，2つの駅の高さが同じでも，その間の軌道が低くなっていることがある。これは力学的エネルギーの保存の法則にしたがい，余分なエネルギーを使わなくてもよいように考えられているためである。しかし，現実にはエネルギーを使わなければ，次の駅に到達できない。エネルギーを使わなければいけない理由を考えて答えなさい。

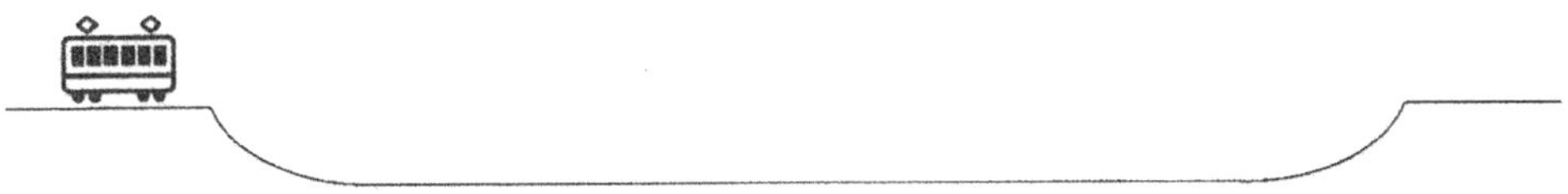

5　あとの⑴から⑷までの各問いに答えなさい。

⑴　次のページの図は，ある地震について，震央からの距離とゆれの始まった時間との関係を表したものである。A，Bは地震を計測した地点である。震央から同じ向きの同一直線上にA，Bがあり，Bのほうが震央に近く，AとBの間の直線距離は120㎞である。地震が発生した時刻は何時何分何秒か。ただし，Ｐ波の伝わる速度とＳ波の伝わる速度はそれぞれ一定とする。

また，この地震はごく浅いところで起きたものとする。

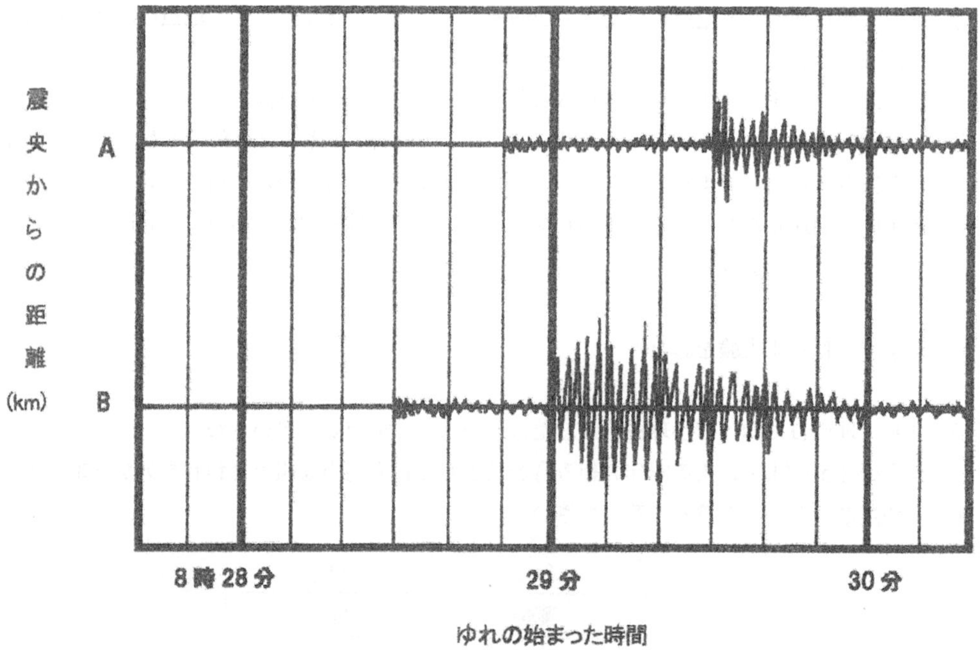

⑵　図のように導線Pを固定して，導線Pと平行に導線Qを置き，それぞれに電流 I_1および I_2を流した。このとき，導線Qが動く方向を下のアからエまでの中から１つ選び，そのかな符号を答えなさい。

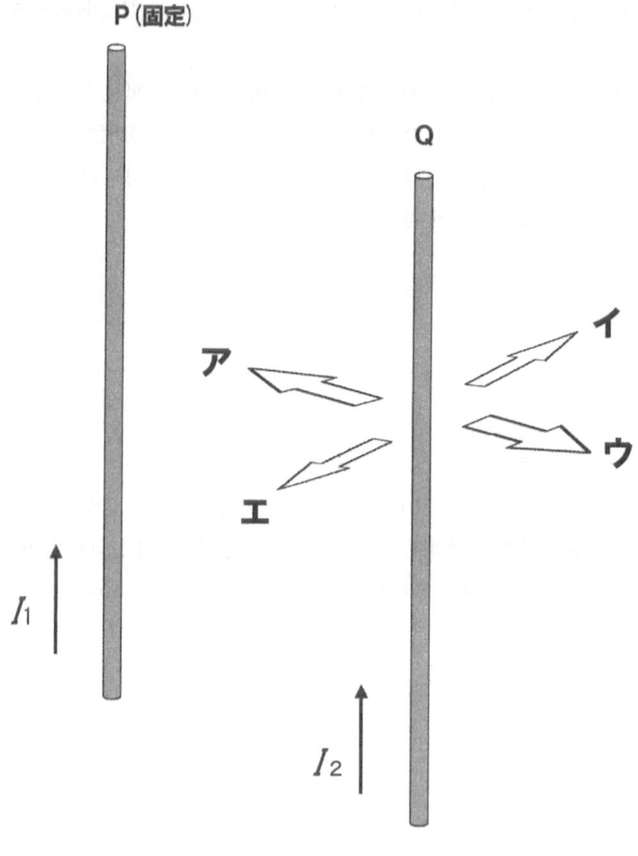

(3)　血液中のブドウ糖の濃度を「血糖濃度」といい，健康な人では「血液100mL中70から100㎎」である。人は食後，小腸から吸収されたブドウ糖を必要なところに運び，エネルギー源として利用するだけでなく，肝臓や筋肉でグリコーゲンに変えて蓄えたりしている。そして，運動などで多くのエネルギーが必要になると，蓄えられたグリコーゲンをブドウ糖に変えて利用している。

健康な人では，食後に血糖濃度が高くなるとインスリンというホルモンがすい臓から分泌される。分泌されたインスリンが肝臓にはたらきかけてブドウ糖をグリコーゲンに変えることで，血糖濃度を下げ「血液100mL中70から100㎎」を維持しようとしている。

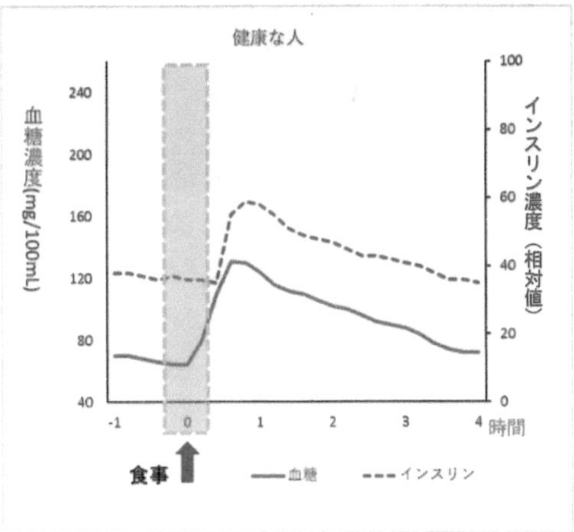

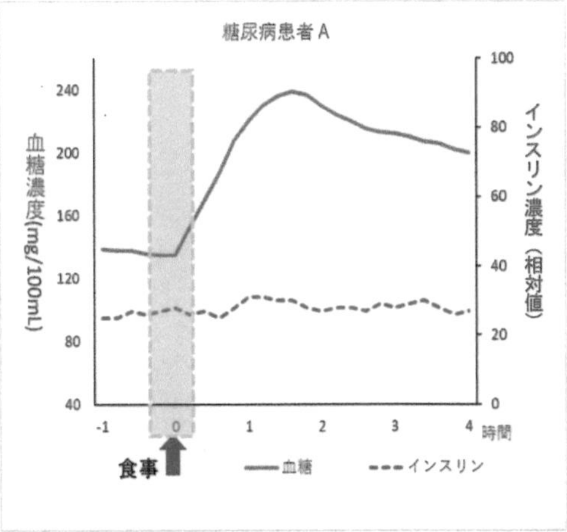

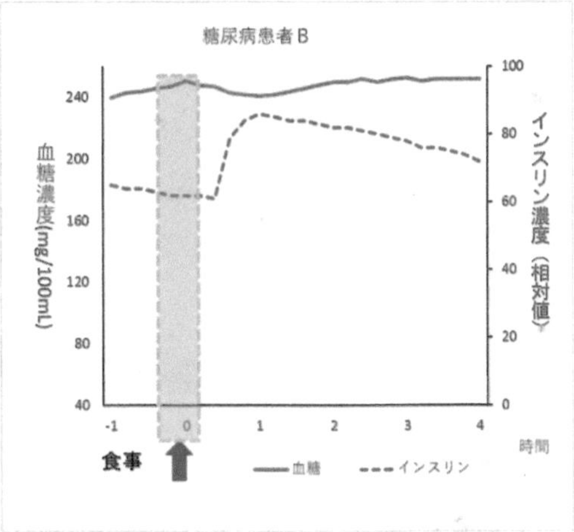

糖尿病には，インスリンが分泌されない症状と，インスリンが分泌されても血糖濃度を下げることができない症状がある。グラフから読み取ることのできる内容として正しいものをあとの**ア**から**ク**までの中から３つ選び，そのかな符号を答えなさい。

ア　患者Aは健康な人と比べて，インスリンの濃度が常に低い。

イ　患者Bは健康な人と比べて，血糖濃度が常に低い。

ウ　健康な人は，食事によって血糖値が上昇する前にインスリンが分泌される。

エ　健康な人は，インスリンによってグリコーゲンをブドウ糖にしている。

オ　患者Aは，すい臓からインスリンを分泌する機能が低下している。

カ　患者Aは，肝臓でブドウ糖をグリコーゲンに変える機能が低下している。

キ　患者Bは，すい臓からインスリンを分泌する機能は正常にはたらいている。

ク　患者Bは，肝臓でブドウ糖をグリコーゲンに変える機能が正常にはたらいている。

⑷　右図のように，電源装置，電流計，炭素棒a，bを導線でつないだ。ビーカーに塩化銅水溶液を入れ直流電流を流したところ，炭素棒aでは赤い物質が付着し，炭素棒bでは気体が発生した。

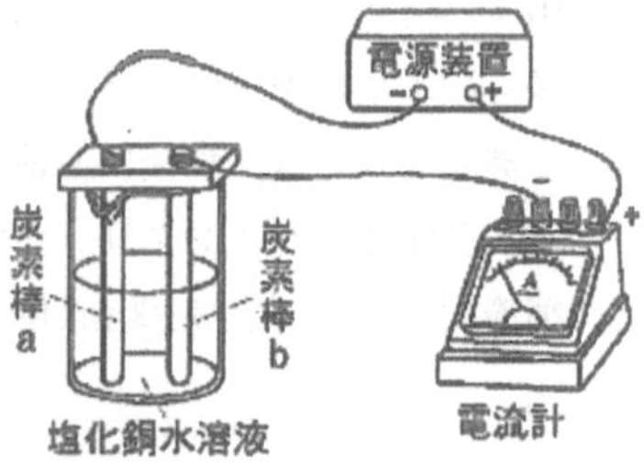

この装置で，流れる電流と発生する物質の量の関係を調べたところ，下のグラフの通りとなった。ただし，500mAにおける気体の発生量は測定していない。

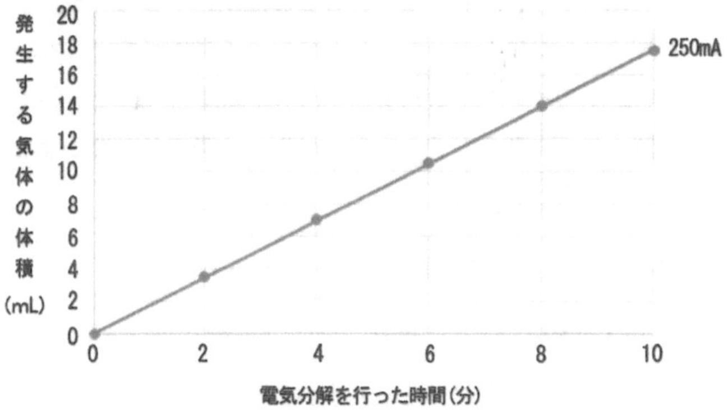

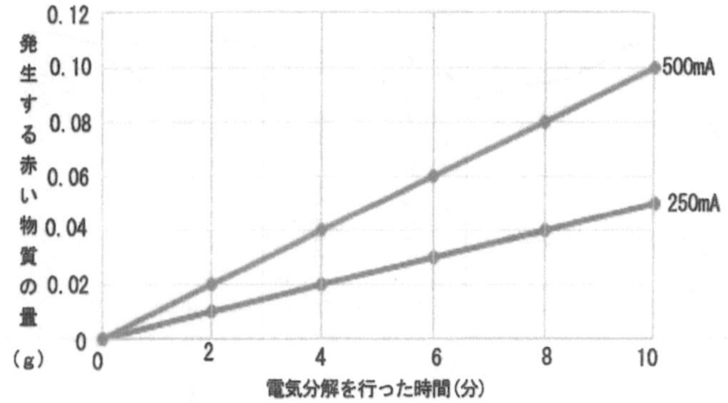

このビーカーの中で起きた反応は次の通りである。

$$CuCl_2 \longrightarrow Cu + Cl_2$$

今，この溶液に１Ａ（1000mA）の電流を４分間流したときに発生する気体の量は何mLになるか。ただし，水溶液による気体の吸収はないものとする。

【社　会】（45分）　＜満点：100点＞

1　次の資料ⅠからⅣについて，あとの⑴から⑷までの問いに答えなさい。

Ⅰ

	正丁 （せいてい） 21歳から60歳	老丁 （ろうてい） 61歳から65歳	少丁 （しょうてい） 17歳から20歳
調	絹，糸，綿，布 特産物	正丁の二分の一	正丁の四分の一
庸	布 ＊労役のかわり	正丁の二分の一	なし
雑徭	年間60日以下 の労役	正丁の二分の一	正丁の四分の一

Ⅱ

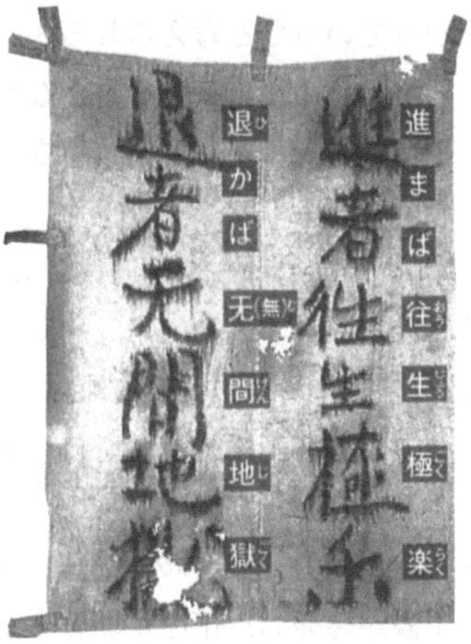

Ⅲ

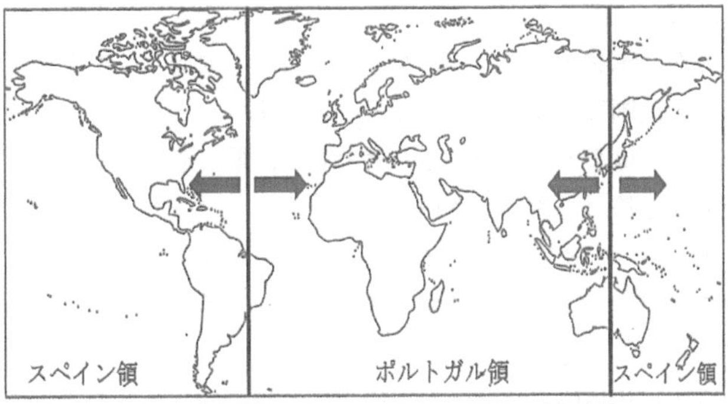

境界線A　　境界線B

Ⅳ

⑴　資料Ⅰは律令期における税に関するものである。律令制度のもとでは税を徴収するために「戸籍」を６年ごとに，「計帳」を毎年作成し，それぞれには氏名，性別，年齢などが記されていた。資料Ⅰを参考にして次の文章中の（①），（②）にあてはまる語句として，最も適当なものを書きなさい。

計帳が毎年作成された理由は（　①　）が変化すると（　②　）が変わるからである。

⑵　次の文章は資料Ⅱの説明文である。文章中の（①）にあてはまる語句として，最も適当なものを，あとの**ア**から**エ**までの中から選んで，そのかな符号を書きなさい。また，（②）にあてはまる語句を漢字２字で書きなさい。さらに，（③）に入る語句を，資料Ⅱの現代語訳から選んで書きなさい。（③）に入る語句が複数ある場合，解答する語句は一つのみでよい。

資料Ⅱは（　①　）の際に使用された旗である。（①）は同じ（　②　）を信じた人達により起こされたものであり，資料中の旗に見える（　③　）という語句から，その特性がうかがえる。

ア　徳政一揆　　**イ**　土一揆　　**ウ**　国一揆　　**エ**　一向一揆

⑶　資料Ⅲはスペインとポルトガルの勢力圏に関するものである。まず，1494年に両国の間におけ

る勢力圏を分けるための境界線Aが引かれたが，その後，あることが判明したことにより，1529年にもう一つの境界線Bが設定された。そのあることとは何か。文章で答えなさい。

⑷　資料Ⅳは江戸時代に作られた浮世絵の中でも錦絵と呼ばれる木版画で，手書きの浮世絵と異なり，同一の作品を大量に生産することができた。その結果，どのような身分の人たちに作品が広がっていったと考えられるか。その答えとして最も適当なものを，次の**ア**から**エ**までの中から選んで，そのかな符号を書きなさい。

ア　大名　　**イ**　町人　　**ウ**　皇族　　**エ**　貴族

2　次の文章ⅠからⅢは近代における欧米諸国に関するものである。あとの⑴から⑷までの問いに答えなさい。

Ⅰ　（　①　）は世界に先駆けて蒸気機関の実用化に成功し，工業化を推し進めることに成功した。その結果，工場や機械を持つ資本家が，労働者を雇って利益を目指して生産活動を行うA資本主義が成立した。

Ⅱ　（　②　）は3つの身分に分かれる厳しい身分社会であったが，その大部分を占めていた平民の不満が爆発し，革命が勃発した。革命の中で人権宣言が発表され，ヨーロッパがB民主主義に基づく市民社会に変わっていく転換点になった。

Ⅲ　工業化を推し進めた欧米諸国は，安い原料の入手先と工業製品の販売先を求めて世界各地に進出し始めた。主にアジアやアフリカが欧米諸国の植民地となり，それらの地域では不当な支配を受けることになった。このような欧米諸国による政策をC帝国主義と呼ぶ。

⑴　文章Ⅰ・Ⅱにある（①）・（②）にあてはまる国の組み合わせとして，最も適当なものを，次の**ア**から**カ**までの中から選んで，そのかな符号を書きなさい。

ア　①　ドイツ　　②　イタリア　　**イ**　①　ドイツ　　②　フランス
ウ　①　イギリス　②　イタリア　　**エ**　①　イギリス　②　フランス
オ　①　フランス　②　イギリス　　**カ**　①　イタリア　②　ドイツ

⑵　下線部Aに関して，わが国における近代以降の経済活動の歴史について記したものとして，最も適当なものを，次の**ア**から**エ**までの中から選んで，そのかな符号を書きなさい。

ア　明治初期，政府は殖産興業のために，お雇い外国人を招いて八幡製鉄所などの民営工場をつくって，欧米の進んだ技術を民間に広めようとした。

イ　幕末から欧米への輸出を伸ばした生糸は，明治時代の重要な輸出品の一つとなり，日露戦争後には世界最大の生糸輸出国となった。

ウ　第一次世界大戦後，荒廃したヨーロッパでは多くの物資の需要が高まったため，物資を運ぶための造船業が発展し，成金と呼ばれる富裕層が増えた。

エ　第二次世界大戦後，朝鮮戦争や東京オリンピックなどを経て，バブル経済の崩壊まで高度経済成長と呼ばれる急激な経済発展を遂げた。

⑶　下線部Bに関して，次の①から③の文章は，わが国の民主主義の歴史に関連する内容のものである。それぞれの文章中には，説明として**ふさわしくない語句**が一つずつ含まれている。ふさわしくない語句の書かれたかな符号をそれぞれ書きなさい。

①　政府を去っていたア**大久保利通**らは政府の一部の人間による専制政治を武力ではなく言論によって批判し，民撰院設立建白書を政府に提出して国会を開くことを求めた。1880年には各地

の運動の代表者が大阪に集まりイ国会期成同盟を結成した。この運動に関連して，板垣退助はフランスの人権思想に基づいてウ自由党を，エ大隈重信はイギリスのような議会政治を目指して立憲改進党をつくった。

② 政府は憲法を作成するにあたり，君主権の強いアプロイセンのそれを参考とした。1885年には太政官制を廃止して内閣制度をつくり，初代内閣総理大臣にイ伊藤博文が就任した。憲法案は枢密院での審議を経て，1889年に天皇が国民に与えるという形で大日本帝国憲法として発布された。帝国議会はウ貴族院と衆議院の二院制がとられた。有権者は直接国税15円以上を納める満25歳以上の男性とされ，国民のエ約30%が選挙権を手にした。

③ 日露戦争後，薩摩や長州出身者による勢力と，ア立憲政友会が交互に内閣を組織する時代が続いた。大正時代のはじめ，大日本帝国憲法の精神に基づいて，国民の意見を大切にした政治を求めるイ護憲運動が起こった。吉野作造はウ民本主義をとなえて普通選挙によって議会で多数を占めた政党が政府を組織するべきだと主張して，大衆に影響を与えた。そして，1918年，原敬が首相となり，初の本格的なエ藩閥内閣が誕生した。

⑷ 下線部Cに関して，次の資料aからdに表現されている情勢は，次のページの年表中のアからコのどこに該当するか。それぞれ答えなさい。

a

b

THE BOILING POINT.

c

d

年表

西暦	出来事
1840年	アヘン戦争勃発
↕ ア	
1853年	ペリー来航
↕ イ	
1871年	日清修好条規調印
↕ ウ	
1894年	日清戦争勃発
↕ エ	
1900年	義和団事件
↕ オ	
1904年	日露戦争勃発
↕ カ	
1914年	第一次世界大戦勃発
↕ キ	
1920年	国際連盟発足
↕ ク	
1929年	世界恐慌はじまる
↕ ケ	
1931年	満州事変
↕ コ	
1939年	第二次世界大戦勃発

3　次の資料は九州地方の５県の産業について調べてまとめたものである。あとの(1)から(4)までの問いに答えなさい。なお，表中のA，B，C，D，Eはそれぞれ福岡県，長崎県，熊本県，鹿児島県，沖縄県のいずれかである。

５県の人口，米の収穫量等

	A	B	C	D	E
人口（千人）	1602	1453	1326	5103	1747
米の収穫量（千t）	92.4	2.2	57.4	182.9	176.2
野菜産出額（億円）	657	153	525	794	1247
畜産産出額（億円）	3162	457	554	392	1147
海面漁業産出額（億円）	776	209	1057	347	444
観光宿泊旅行者数（千人）	1493	5272	2471	3390	1446

（『データでみる県勢 2021 年版』をもとに作成）

(1)　次のページの文章はEの県の地形について述べたものである。文章中の（①）にあてはまる語句として，最も適当なものを，次のページのアからエまでの中から選んで，そのかな符号を書きなさい。また，(②) にあてはまる文章として，最も適当なものを，あとの**オ**から**ク**までの中から選んで，そのかな符号を書きなさい。

> 世界最大級のカルデラを持つ（ ① ）があり，カルデラ内には人々が火山とともに生活をしている。カルデラとは（ ② ）のことで，その周辺では千年以上もの間，採草，野焼き，放牧が行われ，人々によって草原を保つ努力が続けられてきた。

ア 桜島　**イ** 有珠山　**ウ** 雲仙岳　**エ** 阿蘇山

オ 火山噴火によってできた円形のくぼ地　**カ** 火山噴火によってできたU字形の谷
キ 氷河によってできた円形のくぼ地　**ク** 氷河によってできたU字形の谷

⑵ 次の資料は名古屋市とA，B，Dの県庁所在地の月別降水量と月別平均気温，年降雪日数を表したものである。Aの県庁所在地を示す資料をXからZまでの中から選んで，そのアルファベットを書きなさい。

名古屋市と３市の月別降水量と月別平均気温，年降雪日数

名古屋市	X 市	Y 市	Z 市
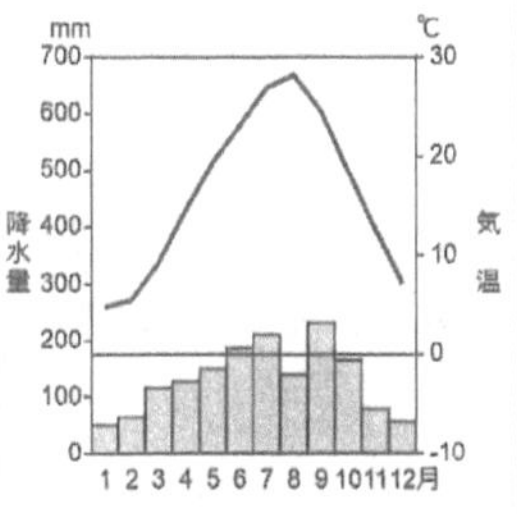	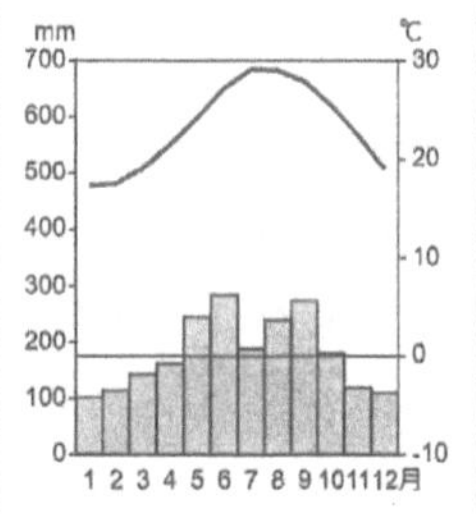	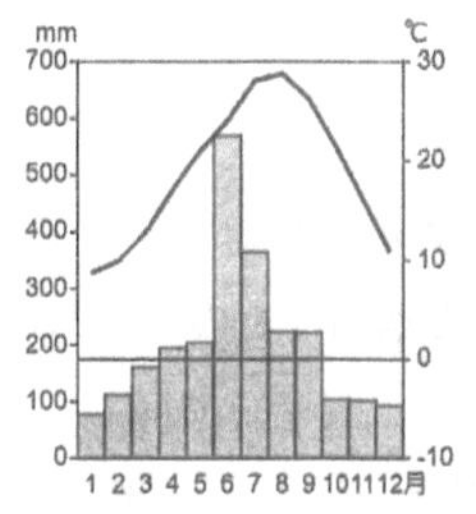	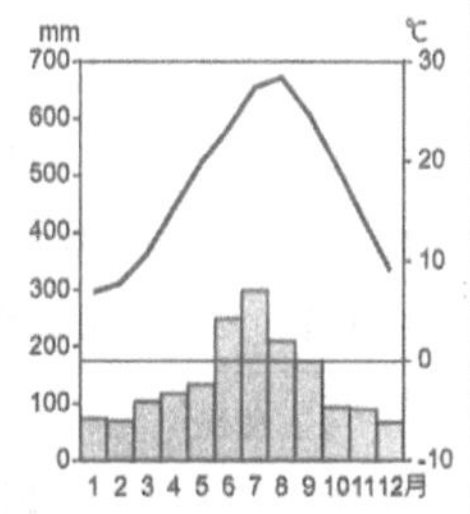
年降雪日数 16.6 日	年降雪日数 0.0 日	年降雪日数 5.5 日	年降雪日数 17.1 日

（気象庁ＨＰなどをもとに作成）

※気温と降水量は 1991 年から 2020 年までの平均値。

※年降雪日数は 1981 年から 2010 年までの平均値。

⑶ 次のページの資料のａからｅは北海道，東京都，愛知県，大阪府と福岡県のいずれかの製造品出荷額等割合を示したものである。北海道と福岡県を示すアルファベットの組み合わせとして，最も適当なものを，次の**ア**から**カ**までの中から選んで，そのかな符号を書きなさい。

ア 北海道：ａ　福岡県：ｂ
イ 北海道：ａ　福岡県：ｃ
ウ 北海道：ｂ　福岡県：ａ
エ 北海道：ｄ　福岡県：ｅ
オ 北海道：ｅ　福岡県：ａ
カ 北海道：ｅ　福岡県：ｂ

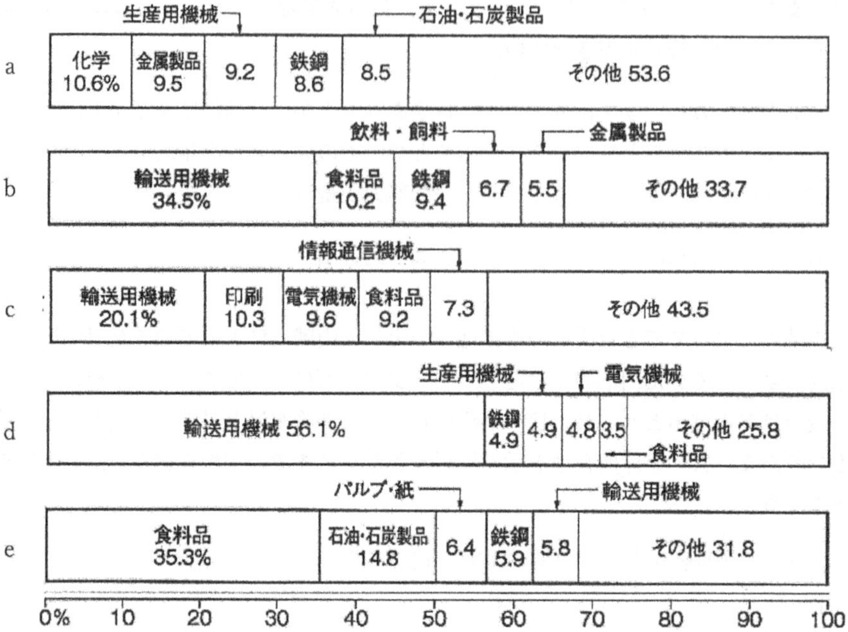

(『データでみる県勢 2021 年版』をもとに作成)

⑷ 次の図Ⅰ・Ⅱ・ⅢはA，B，C，D，Eのいずれかの３県のシンボルマークで，生徒ｘ，ｙ，ｚはその３県の出身である。会話文と，まとめを読んで，（①）から（③）にあてはまる語句の組み合わせとして，最も適当なものを，あとの**ア**から**ク**までの中から選んで，そのかな符号を書きなさい。

図Ⅰ

図Ⅱ

図Ⅲ

生徒ｘ 「私の生まれた県のシンボルマークは，県名の頭文字をカタカナ表記で図案化するとともに，九州の中央に位置することを表しています。県内では戦国武将の加藤清正が築城した城が有名です。」

生徒ｙ 「私の出身県のシンボルマークは，県名の頭文字をアルファベット表記で図案化するとともに，平和の象徴であるハトを少し変形させたデザインになっています。第二次世界大戦では原子爆弾を落とされて大きな被害を受けました。」

生徒ｚ 「私の住んでいる県のシンボルマークは，県名に含まれるひらがな２字を県花の梅を形どって図案化しています。奈良時代からアジアに開かれた玄関口だった（　　）は，九州の政治・経済・軍事の他，外交も司る役所として，大きな役割を果たしました。」

まとめ

生徒ｘの話すシンボルマークは（　①　）で，生徒ｙの出身県は（　②　）県で，生徒ｚの会話文の空欄に適する語句は（　③　）である。

ア ① 図Ⅰ ② 鹿児島 ③ 出　島　　**イ** ① 図Ⅰ ② 沖　縄 ③ 出　島
ウ ① 図Ⅰ ② 長　崎 ③ 大宰府　　**エ** ① 図Ⅱ ② 長　崎 ③ 大宰府
オ ① 図Ⅱ ② 福　岡 ③ 出　島　　**カ** ① 図Ⅱ ② 沖　縄 ③ 大宰府
キ ① 図Ⅲ ② 長　崎 ③ 大宰府　　**ク** ① 図Ⅲ ② 沖　縄 ③ 出　島

4　次の資料Ⅰはオーストラリア，ギリシャ，中国，イギリス，ブラジル，そして日本について調べたもので，A，B，C，D，Eには日本を除くいずれかの国があてはまる。また，資料Ⅱはオーストラリアの輸出相手国・輸入相手国の1960年と2019年の値を示したもので，表中のXとYはギリシャ，中国，イギリス，ブラジルのいずれかである。あとの(1)から(4)までの問いに答えなさい。

資料Ⅰ　各国の人口・面積・国民総所得・一人あたりの国民総所得・産業別人口割合

	人口（千人）	面積（千㎢）	国民総所得（億ドル）	1人あたりの国民総所得（ドル）	産業別人口割合（%）		
					第一次産業	第二次産業	第三次産業
A	67,886	243	27,731	41,730	1.1	18.1	80.8
B	212,559	8,516	19,023	9,080	9.3	20.1	70.6
C	10,423	132	2,106	19,620	12.3	15.2	72.5
D	25,500	7,692	13,304	53,250	2.6	19.9	77.5
E	1,439,324	9,597	133,949	9,620	26.1	28.2	45.7
日本	124,271	378	52,070	41,150	3.5	24.4	72.1

（『データブック・オブ・ザ・ワールド2021年版』などをもとに作成）

資料Ⅱ　オーストラリアの輸出相手国・輸入相手国

輸出相手国上位5か国				輸入相手国上位5か国			
1960年		2019年		1960年		2019年	
国名	%	国名	%	国名	%	国名	%
X	23.9	Y	38.7	X	35.2	Y	38.7
日本	16.7	日本	14.8	アメリカ	22.4	アメリカ	14.8
アメリカ	7.5	韓国	6.6	ドイツ	6.9	日本	6.6
ニュージーランド	6.4	X	4	日本	6.7	タイ	4
フランス	5.3	アメリカ	3.8	カナダ	4.7	ドイツ	3.8

（『データブック・オブ・ザ・ワールド2021年版』などをもとに作成）

(1)　資料ⅡのXとYにあてはまる国を，資料ⅠのAからEの中からそれぞれ選んで，そのアルファベットを書きなさい。

(2)　次の文章を読んで，（①），（②）にあてはまる語句の組み合わせとして，最も適当なものを，次のページの**ア**から**エ**までの中から選んで，そのかな符号を書きなさい。ただし，サマータイムについては考えないこととする。

日本を会場に行われたスポーツの国際試合の試合開始時間が，日本時間（東経135度）の7月24日午後7時とすると，イギリスのロンドンの現地時間では時差が9時間あるため，（　①　）

です。さらに，日本から見て地球の裏側である，ブラジルのリオデジャネイロでは現地時間（　②　）です。

ア　①　25日午前４時　②　24日午前７時　　**イ**　①　24日午前10時　②　24日午前７時

ウ　①　25日午前４時　②　25日午前７時　　**エ**　①　24日午前10時　②　25日午前７時

⑶　気温と降水量を表すグラフには雨温図の他に，ハイサーグラフがある。このグラフは，東京の例のように，縦軸に平均気温，横軸に平均降水量をとって，各月の点を１月から12月まで順に結んで閉じ，折れ線にしたグラフである。アテネの雨温図について，ハイサーグラフで表すとどのようなグラフになるか。最も適当なものを，あとの**ア**から**エ**までの中から選んで，そのかな符号を書きなさい。

例）東京の雨温図

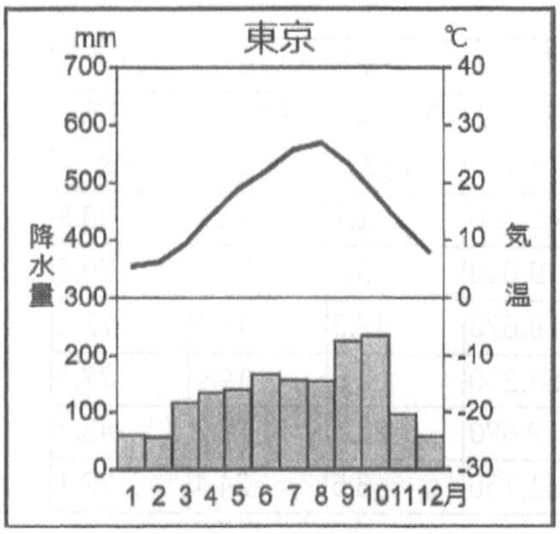

（気象庁ＨＰなどをもとに作成）

例）東京のハイサーグラフ

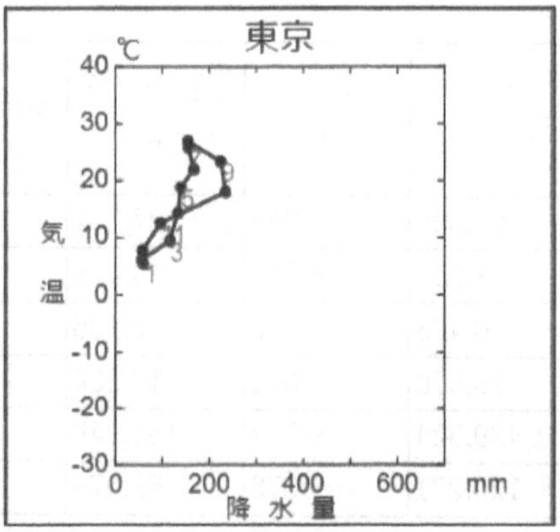

※ハイサーグラフ内の数字は月を表している。

アテネの雨温図

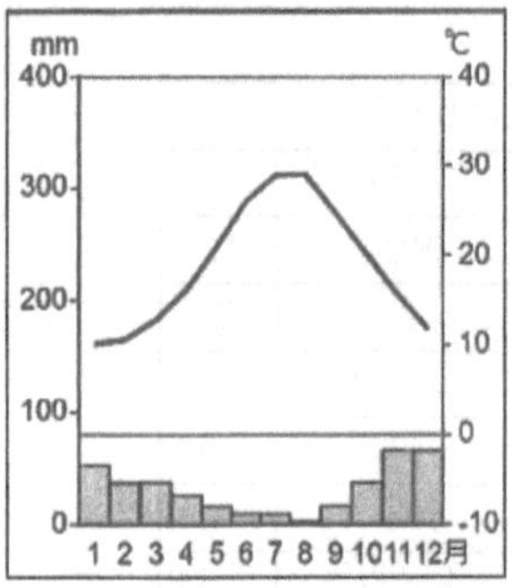

ア

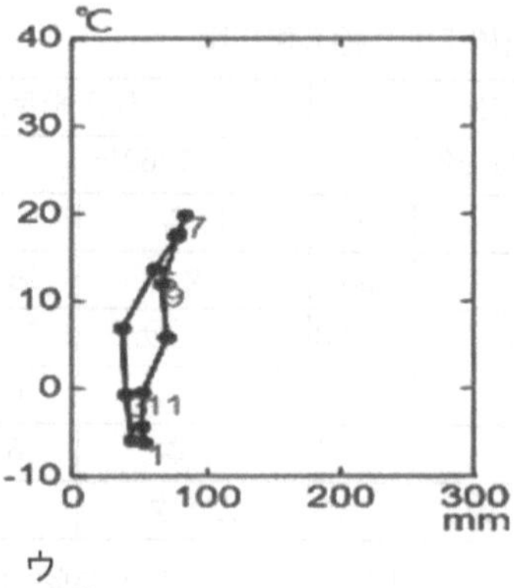

イ

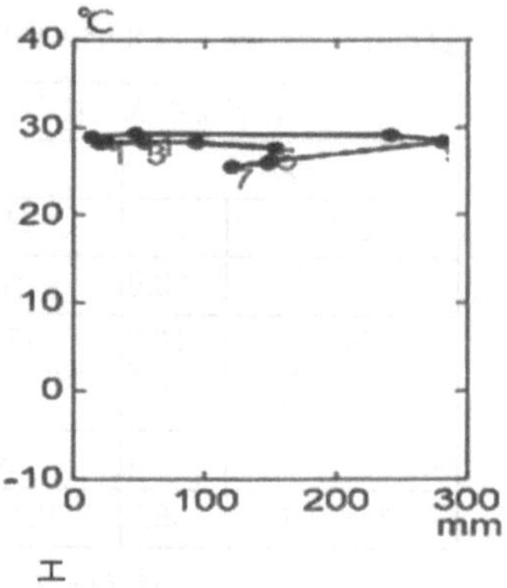

ウ

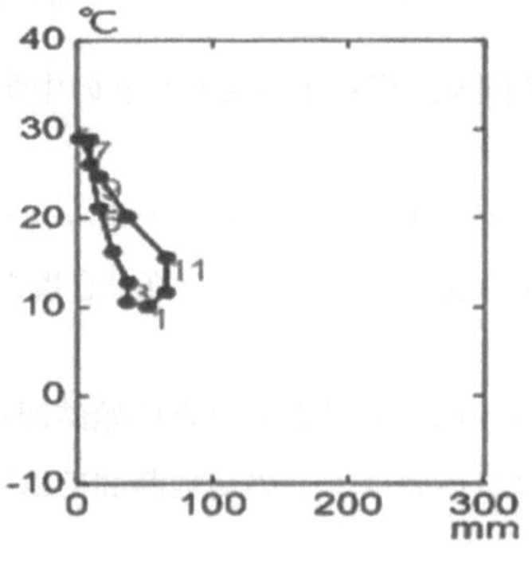

エ

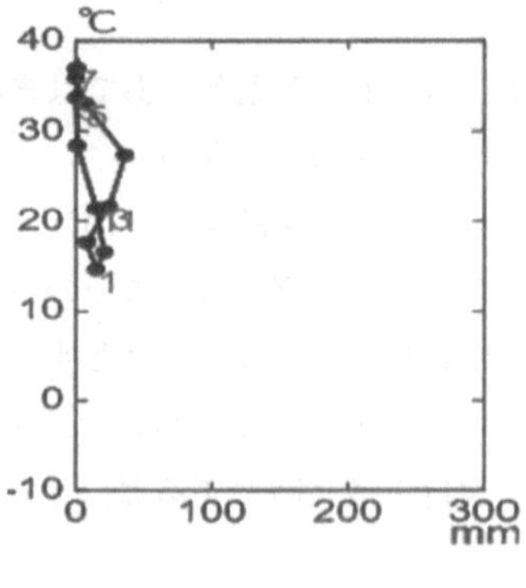

⑷　化石燃料に代わる新しい燃料として，バイオ燃料の活用が期待されている。次の資料W，X，Yは世界のさとうきび，砂糖（粗糖），液体バイオ燃料の生産量における上位国について示したもので，資料Zはバイオ燃料とカーボンニュートラルについて，生徒がまとめたレポートである。資料Yの①にあてはまる最も適当な国を，資料W・Xの中から答えなさい。また資料Zの（②）から（④）にあてはまる語句として，最も適当なものを書きなさい。

資料W　さとうきびの生産量

2014年	万トン	%
ブラジル	73611	39.1
インド	35214	18.7
中国	12561	6.7
タイ	10370	5.5
パキスタン	6283	3.3
メキシコ	5667	3

資料X　砂糖（粗糖）の生産量

2014年	万トン	%
ブラジル	3730	21.1
インド	2661	15
中国	1147	6.5
タイ	1002	5.7
アメリカ	767	4.3
パキスタン	610	3.4

資料Y　液体バイオ燃料の生産量

2016年	万トン	%
アメリカ	5106	46.5
①	2460	22.4
ドイツ	407	3.7
中国	340	3.1
インドネシア	325	3

※さとうきび1kgから砂糖約100gを生産できる。

（『データブック・オブ・ザ・ワールド2021年版』などをもとに作成）

資料Z　レポート「バイオ燃料とカーボンニュートラルについて」

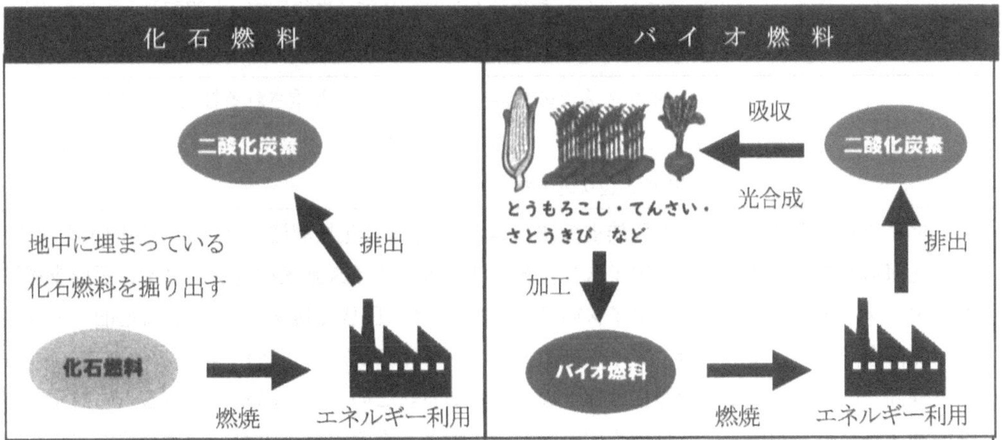

今，カーボンニュートラルという言葉が注目されています。カーボンニュートラルとは（　②　）などの温室効果ガスの排出を全体としてゼロにする，という意味です。「全体としてゼロにする」というのは，人間の活動によって（　③　）する量から，（　④　）する量を差し引いたものをゼロにする，ということを意味します。バイオ燃料はその実現に重要な役割をはたすと期待が集まっています。

5　次の文章を読み，あとの⑴から⑶までの問いに答えなさい。

> 市邨高校は，２年生の修学旅行で北海道へ出かけます。雄大な自然やおいしい食べ物を楽しむと同時にアイヌ民族についても学びます。アイヌ民族は，古い時代から独自の文化と伝統を持ち，生活を営んできました。明治時代に政府が行った北海道開拓は，結果として彼らの文化や伝統を否定することになり，アイヌ民族に対するａ差別を助長しました。
> その後，現在までにｂアイヌ民族の文化と伝統を尊重する法律が定められました。現在こそコロナ禍で日本に訪れる外国人観光客や，ビジネスパーソンが減少していますが，日本に関心を持っている外国人はたくさんいます。彼らに日本文化を正しく理解してもらうためにも，私たち日本人が国内の歴史や文化を理解し，ｃ差別や偏見の感情などを持たず，互いに尊重し，思いやるようにすることが大切です。

⑴　下線部ａについて，日本国憲法では差別や偏見を生まないための権利が14条で定められている。この権利を何というか。漢字３字で書きなさい。

⑵　下線部ｂについて，アイヌ民族に関する法律は，いくつも制定が繰り返されている。次の資料は，明治時代から現在までに制定されたアイヌ民族に関する法律（廃止されたものも含む）について，生徒がまとめたレポートの一部である。法律の制定時期が古いものから順に並べたとき，最も適当なものを，あとの**ア**から**エ**までの中から選んで，そのかな符号を書きなさい。

アイヌ民族に関する法律	内　容
北海道旧土人保護法	アイヌの人たちを日本国民に同化させることを目的に，土地を付与して農業を奨励することをはじめ，医療，生活扶助，教育などの保護政策を行うものとされた。
アイヌ施策推進法（アイヌ民族支援法）	アイヌの人たちを法律として初めて「先住民族」と明記し，独自の文化を生かした地域振興策のための交付金制度などを盛り込んだ。
アイヌ文化振興法	「アイヌの人々の民族としての誇りが尊重される社会」を目的とし，アイヌ民族の存在を法律で明記したが，アイヌの人々が求めた先住権などの規定は盛り込まれなかった。

ア　アイヌ施策推進法（アイヌ民族支援法）　⇒　アイヌ文化振興法　⇒　北海道旧土人保護法
イ　北海道旧土人保護法　⇒　アイヌ文化振興法　⇒　アイヌ施策推進法（アイヌ民族支援法）
ウ　アイヌ文化振興法　⇒　アイヌ施策推進法（アイヌ民族支援法）　⇒　北海道旧土人保護法
エ　北海道旧土人保護法　⇒　アイヌ施策推進法（アイヌ民族支援法）　⇒　アイヌ文化振興法

⑶　下線部ｃについて，差別問題には様々なものがある。このうち，障がいがある人に対する差別を解消するため，2013年に「合理的配慮」という考え方を定めた「障がい者差別解消法」が制定された。以下の説明を読み，**この考え方にあたらないもの**を，次のページの**ア**から**エ**までの中から選んで，そのかな符号を書きなさい。

> **説　明**
> 「合理的配慮」とは，「一人ひとりの特徴や場面に応じて生じる困難を取り除くための調整や変更」のこと。

ア　足に不自由な障がいがある人に，バリアフリー設備がないマンションの入居を断ること。

イ　耳に障がいがある人に情報伝達するため，写真や動画などを用いて説明すること。

ウ　順番を待つことが難しい障がいがある人に，他の人の了解を得て，順番を先にすること。

エ　障がいの特性・症状と本人の意思に応じて，公共施設などで座席を指定すること。

6　次の文章とグラフを読み，あとの(1)から(3)までの問いに答えなさい。

> 以下のグラフは，ある財・サービスの需要と供給の関係を示したものである。グラフ中のPの（　　）価格は，供給者と需要者の「売りたい」・「買いたい」という思いが一致した価格である。
>
> 現代では，売り手も買い手も国内にとどまらず，日本から多くの企業が海外に進出し，海外からも多くの企業が日本に進出しており，国をこえて財やサービスが売買されている。

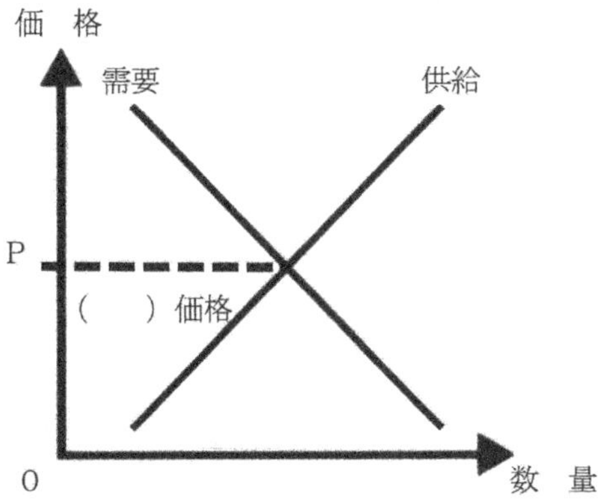

(1)　（　）に入る語句を漢字２字で書きなさい。

(2)　下線部について，国内で生産した商品を海外へ輸出していた企業が，海外に生産拠点を移す理由として，**ふさわしくないもの**を，次の**ア**から**エ**までの中から選んで，そのかな符号を書きなさい。

ア　途上国に工場をつくり現地の人を雇うことで，生産にかかる費用を低く抑えることができる。

イ　世界経済の変化により日本円の価値が下がり，利益が減るのを回避することができる。

ウ　関税がかからず，商品を安く販売することができ，利益を大きくすることができる。

エ　輸送時間を短縮でき，輸送のトラブルを防ぎ，注文にすばやく対応することができる。

(3)　次の文章の（①）にあてはまる文として，最も適当なものを，次のページの**ア**から**エ**までの中から選んで，そのかな符号を書きなさい。また，下線部②のような変化が起こった時，石油の需要と供給のグラフはどのように変化するか。グラフの変化として正しいものを，次のページの**オ**から**ク**までの中から選んで，そのかな符号を書きなさい。

> 去年，新型コロナウイルスの感染予防のために，各国で都市の封鎖（ロックダウン）が行われ，人の移動や，ものの生産が減少した。産油国は価格を保つために，（　①　）。その後，ウイルスとうまく付き合う日々が始まり，②経済活動が少しずつ再開して，多くの企業が石油を求めるようになった。

ア　消費税の増税を行った　　　イ　消費税の減税を行った

ウ　石油の生産量を増やした　　エ　石油の生産量を減らした

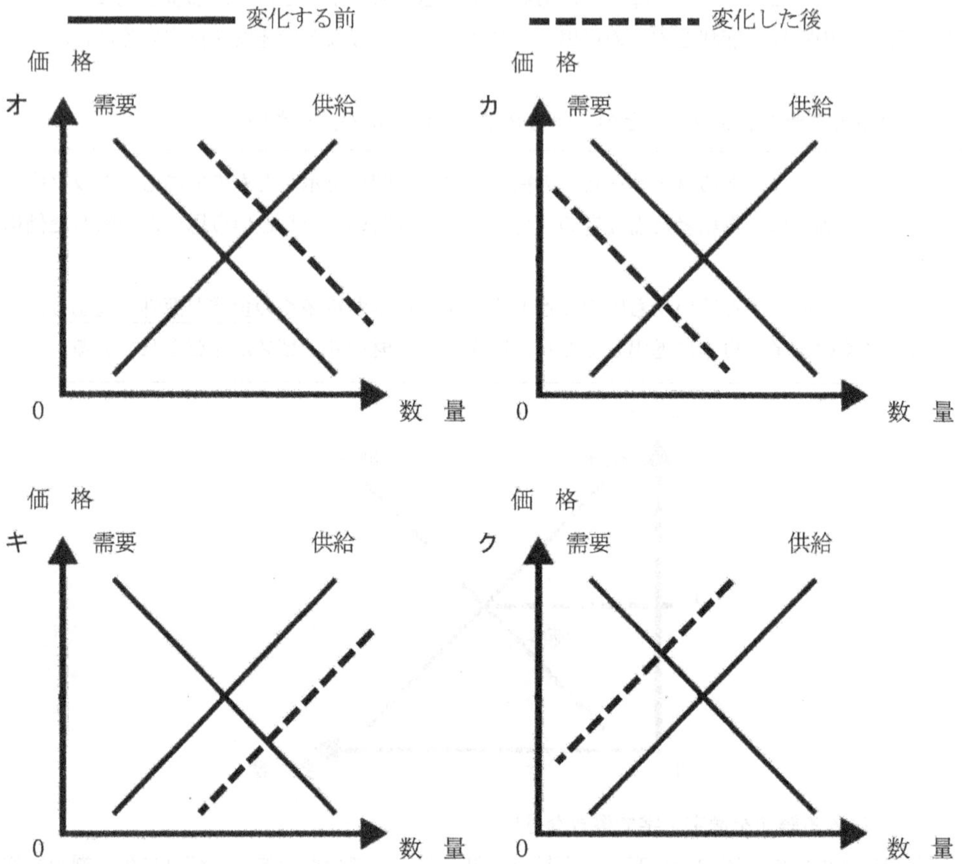

さい。

ア　ことばの使い方を知らないために、どう詠めばいいかがわからずにいるから。

イ　ことばの使い方を知れば知るほど、詠み方が難しくなって詠めなくなるから。

ウ　ことばの使い方がわかってから詠もうとすると、間違いを怖がって詠めなくなるから。

エ　ことばの使い方をわからないまま詠めるほど、歌は簡単なものではないと気づくから。

(二)　②これ　の内容として最も適当なものを、次の**ア**から**エ**までの中から選んで、そのかな符号を書きなさい。

ア　自分では納得して誤りなどないような場合でも添削してもらう。

イ　自分では判断できないことや誤りなどがあれば添削してもらう。

ウ　自分が思った通りになるように誤りをふくめて添削してもらう。

エ　自分のわかっていることでさえ誤りがあるので添削してもらう。

(三)　③後にはいかやうとも心々の案じやうあり　の現代語訳として最も適当なものを次の**ア**から**エ**までの中から選んで、そのかな符号を書きなさい。

ア　後はどのようにでもそれぞれの心で考えようはあるものだ。

イ　後はどうしたらそれぞれの心で思案していけるであろうか。

ウ　後にはどうしたものか心配ばかり残るものだ。

エ　後からどうするかを考える方法はあるものだ。

(四)　次の**ア**から**エ**までの中から、その内容がこの文章に書かれていることと一致するものを一つ選んで、そのかな符号を書きなさい。

ア　歌は詞の複雑な使い方をわきまえるところからはじめるべきだ。

イ　初学の人はまず自分の思う通りに歌を詠んでみることが大切だ。

ウ　自分の持つ学識や技量だけでは歌を詠みはじめることは難しい。

エ　何度も何度も歌を作ることで、自然の上手な詠み方は身につく。

のために考え直すべきだと思う。

イ（Bさん）　ブータンの王様が先進国を強く批判していたのは分かる気がする。先進国はいつも自国の利益だけを考えて行動してきたから、今世界中に戦争や環境破壊を起こしている。これからは、先進国の言うことだけが正しいという風潮を見直すべきだ。

ウ（Cさん）　「足し算教」に偏りすぎた現代の社会では、ブータンのようなスローライフに戻らない限り本当の意味で幸せや豊かさを得ることは難しいだろう。日本の自殺者や自殺未遂者を減らすためにも、そうしたゆとりのある社会を日本はめざすべきだ。

エ（Dさん）　GNPやGDPより優れたGNHがある以上、一刻も早くGNHを取り入れて、日本は幸せの量、豊かさの量を増やすべきだ。日本やアメリカはせっかく豊かな国を作ったのだから、GNHでも世界で一位二位を争う国になれるはずである。

オ（Eさん）　さまざまな角度から物事をみないと、「足し算教」のように偏った見方になり困ったことが多く出てくる。そうならないために「足し算」だけでなく、「引き算」の考え方も学ぶことで、本当の意味で自分たちにとっての幸せを探せると思う。

四　次の古文を読んで、あとの㈠から㈣までの問いに答えなさい。（本文の------の左側は現代語訳です。）

初学《しょがく》の人歌《うた》を詠《よ》まむとて《初心者は和歌を詠もうとして》、まづ最初詠まぬさきから、去嫌《さりきらひ》を吟味《ぎんみ》し《念入りに調べて選び》詞《ことば》使《づか》ひを心得《こころえ》て詠まむとするほどに《わきまえて詠もうとするので、》、覚束《おぼつか》なく《不安で》恐《おそ》れてのみゐて、①歌を詠むこと大抵《たいてい》にてはならず。これひがことなり《誤り》。まづいかやうにも《どのようにでも》構はず、我《われ》知らぬことはその分《ぶん》に打捨《うちす》てて《分相応に無視しておき、》、覚えてゐるほどの才覚《さいかく》にて《知識や技量で》、思ふ通りを何事も構《かま》はず詠《よ》み出《い》だし、さて歌出《い》で来て後に、大概去嫌《たいがいさりきら》ひ《おおよその》など吟味《ぎんみ》し整《ととの》へて、さて人に見せるときに、我え心得《こころえ》ぬこと《わきまえられないこと》、誤《あやま》りなどあれば、添削《てんさく》す《添削してもらう》。②これにてかやうかやうの詞《ことば》は詠まれず《こうこうの詞は詠まない、》、かやうかやう《こうこうの詞》は続《つづ》かず《は続かない》と云《い》ふやうの訳《わけ》知ることなり《理由を知ることである》。如《かくのごとく》レ此《このようにして》にして詠《よ》み習《なら》へば、自然《じねん》と詠み方は覚《おぼ》えて、③後にはいかやうとも心々の案じやうあり。

（『排蘆小船《あしわけおぶね》』による）

（注）○　去嫌《さりきらひ》＝和歌に詠むべきではないとされる詞。

㈠　①歌を詠むこと大抵《たいてい》にてはならず　とあるが、その理由として最も適当なものを次の**ア**から**エ**までの中から選んで、そのかな符号を書きな憂する大人たちを批判的な目でとらえている。

(三) [A]に入る表現として最も適当なものを次の**ア**から**エ**までの中から選んで、そのかな符号を書きなさい。

ア 「経済成長のためには戦争も環境破壊もしかたない」などというめちゃくちゃな考え方が、ここにも顔をのぞかせている。

イ 「戦争や環境破壊が経済成長をいつか止めるだろう」というまっとうな予測は、ここではまるで相手にされることがない。

ウ 「戦争や環境破壊がないと経済成長はありえない」などという極端な思想が、世界中のあらゆる国で受け入れられている。

エ 「経済成長のためにこそ戦争も環境破壊も許せない」というもっともな意見に、気づくことができる人はまだまだ少ない。

(四) ③ブータンの王様がGNHということばを使っていいたかったのはたぶんそういうことだと思う とあるが、どういうことをいいたかったのか。最も適当なものを次の**ア**から**エ**までの中から選んで、そのかな符号を書きなさい。

ア 幸せの量はモノやお金だけで計れないため、GNHのように幸せの量を正確に計れる数値が必要だということ。

イ GNPという数字を信じるだけでなく、自分たちにとって何が幸せなのかを考えるべきではないかということ。

ウ GNPに振り回される大人に頼ることなく、未来ある若者たちが人類を幸せにする義務を持つのだということ。

エ 豊かさや幸せの量というバカげた考え方は捨てて、本当に貧富の差がなくなる社会を目指すべきだということ。

(五) この文章の内容がどのように展開しているかを説明したものとして最も適当なものを次の**ア**から**オ**までの中から選んで、そのかな符号を書きなさい。

ア GNP・GDPとGNHの対比から、経済以外の尺度を用いる重要性を解き、読者に対し改めて社会の害、自然の害と向き合うことの大切さを強調している。

イ 「足し算教」ということばを使って戦争や自然破壊のなくならない現代を批判し、ブータンの例を挙げていかに幸福の量を増やすことが大切かを説明している。

ウ 客観的なデータを並べることでGNP・GDPの構造的な欠点を指摘し、具体例をもとにGNHが今後それに代わる指標となるだろうことを推測している。

エ 「足し算教」というたとえで経済成長ばかりを追求する風潮をわかりやすく説明し、具体例を交えながらそれに代わる幸せのかたちについて考察している。

オ 子どもたちに語りかけるような口調を使うことで大人たちの態度を間接的に批判し、GNHという新しい基準の重要性を冷静に分析しレポートしている。

(六) 次の**ア**から**オ**は、この文章を読んだ生徒たちがそれぞれ自分の意見をまとめたものである。その内容が、本文での筆者の考えに近いものを二つ選んで、そのかな符号を書きなさい。

ア (Aさん) 幸せや豊かさを一つの基準から決めていこうという考え方をすると、むしろすべての人を幸せに豊かにすることが難しくなることがわかった。何が幸せといえるか、何が豊かといえるか、私たちはもう一度、未来うなくらしを送っている人々がたくさんいた。

5　ブータンの王様にならって、ぼくたちももう一度、「幸せって何?」「豊かさって何?」と、問いなおした方がよさそうだね。そもそも、自然環境を壊《こわ》したり、世界のさまざまな場所に紛争《ふんそう》や戦争の種をまき散らしたり、人々を少数の金持ちと多数の貧乏人《びんぼうにん》に引き裂《さ》いたりしなければ得られない豊かさや幸せって、いったい何なの、と。ぼくたちの社会にはいくらお金やモノをたくさんもっていても、不幸せで、生きているのがつらいと感じている人が少なくない。自殺する人も毎年三万人以上いるが、専門家によると、その十倍以上の数の人々が自殺《じさつ》未遂《みすい》、つまり、死のうとして死にきれないでいるのだという。引きこもりや不登校の子どもたちも多いが、いやいや学校に行っている子どもたちはその十倍もいるはずだ。どうやらぼくたちの「足し算教」は、自然界や外国の人々のめいわくになるばかりではないらしい。幸せを求めているはずの自分たち自身を、苦しめ、不幸せにしているようなのだ。第一、GNPのようなどこかの経済学者のつくったモノサシだけで、自分の住む社会の豊かさや、そこに住む人々の幸福度が計れるなどと思いこむことがバカげている。今でもGNPが上がったといっては喜び、下がったといっては悲しんでいる大人たちは放っておいて、きみたちは自分の幸せを計る自分なりのモノサシを用意することだ。③ブータンの王様がGNHということばを使っていいたかったのはたぶんそういうことだと思う。

6　さて、「足し算教」を抜《ぬ》け出《だ》すための方法は?　もちろん、鍵《かぎ》は「引き算」にある。引き算上手になることだ。算数にだってプラスとマイナスがセットになっているだろう?　乗りものにはスピードをあげるためのアクセルもあるけど、スピードを落とすためのブレーキもちゃんとある。だから英語でも、もっと多いという意味のモア(more)だけじゃなく、「もっと少ない」という意味のレス(less)ということばを知っておく必要がある。二千年以上昔から、東洋でも西洋でも、すぐれた思想家たちは人々に「足し算教」の怖《こわ》さを説き、それに代わるless=moreという考え方を唱えた。そのまま訳すと、「より少ないことはより多いことである」。なんだって?　これはmore=moreより奇妙《きみょう》に聞こえるよね。しかし、実はこの「引き算の教え」にこそ深い知恵《ちえ》が潜《ひそ》んでいるんだ。

(辻信一《つじしんいち》『「ゆっくり」でいいんだよ』による)

(注)　○　1~6は段落符号である。

(一)　①　にあてはまる最も適当なことばを次のアからエまでの中から選んで、そのかな符号を書きなさい。

ア　台詞《せりふ》　イ　宣言　ウ　あいさつ　エ　呪文

(二)　②GNPやGDPが上がったの、下がったの、と大人たちが大騒ぎしている　とあるが、ここから筆者のどのような態度が読み取れるか。最も適当なものを次のアからエまでの中から選んで、そのかな符号を書きなさい。

ア　GNPやGDPでは計ることのできない豊かさや幸せがあることを、大人たちが主張するのと同じ理由で同意している。

イ　GNPやGDPの多少の上下に豊かさや幸せが左右されることはないため、少しのことで騒ぐ大人たちを批判している。

ウ　豊かさや幸せをより大きなものにするために、どれだけ大人たちが真剣になっているかを伝えようとしている。

エ　豊かさや幸せとは何かを考えることもなく、数字の上下に一喜一

か。

2 このmore＝moreという考え方のいい例が、ＧＮＰ（国民総生産）やＧＤＰ（国内総生産）というモノサシだ。きみも聞いたことがあるだろう、②ＧＮＰやＧＤＰが上がったの、下がったの、と大人たちが大騒《おおさわ》ぎしているのを。日本ではこの数十年間ずっと、ＧＮＰやＧＤＰが大きくなることこそが社会にとって何より大事だと考えられてきた。ＧＮＰやＧＤＰとは、ひとつの国で生産されるモノ（Ｐはプロダクツ、つまり商品としてのモノ）とそれを売買するお金の量を計るモノサシなのだ。モア教の信者たちは、この量の大きさによって社会の豊かさや人々の幸せが計れると信じている。たとえば、ＧＮＰが世界で一番大きいアメリカと二番の日本が、世界で最も豊かで幸せな国だと思いこんでいる。

3 しかし、モノの量やお金の量が大きいほど豊かで幸せだというmore＝moreの考え方はあまりにも単純だときみは思わない？　経済学者の中にも、ＧＮＰやＧＤＰというモノサシのおかしさに気づいた人たちがいる。第一、「使われたお金」が多ければ多いほどいいとすれば、そのお金がいったい何のために使われたのか、はどうでもいいことになってしまう。いいことに使われたお金も、悪いことに使われたお金も、みんなＧＮＰを増やすものとして同じ価値をもつことになってしまうのだ。現に、犯罪や事故や災害や病気や離婚《りこん》のためにかかる莫大《ばくだい》なお金は経済成長の一部とみなされる。たとえば、タンカーが座礁《ざしょう》して大量の重油が海に流れるという事故は、被害《ひがい》の規模が大きいほど、ＧＮＰを押《お》し上《あ》げることになる。原生林《げんせいりん》が伐採《ばっさい》によって失われるたびに、誰《だれ》かがガンの宣告を受けるたびにＧＮＰが上がる。つまり、豊かさを計るはずのＧＮＰというこのモノサシの中には、社会に害となることも、自然に害となることも、一緒《いっしょ》くたに混じりこんでいるのだ。

〔　Ａ　〕

4 ヒマラヤの小さな国、ブータンの王様は、このmore＝moreという思《おも》い込《こ》みに疑問を感じたのだろう、あるとき、「私たちの国ではＧＮＰよりＧＮＨが大切だ」といった。ＧＮＨとはＧＮＰをもじって彼《かれ》自身がつくったことばで、ＧＮＰのＰのかわりに、Ｈを入れたものだ。そのＨとは英語で「幸せ」を意味するハッピーやハピネスのＨ。だからＧＮＨをあえて日本語にしようとすれば「国民総幸福」とでもなるだろう。ブータンの王様はなかなかしゃれた人だとぼくは思うんだ。彼はＧＮＰやＧＤＰの大きさばかり追いかけている日本やアメリカのような先進国の人々に、こういいたかったんじゃないかな。「人間の幸せがモノや金だけで計れるわけがない。現に、私たちの国には、モノやお金はあまりもっていないけど、先進国の人々よりもっと幸せな人たちがたくさんいるよ」、と。このＧＮＨということばにひかれて、ぼくは去年の春と秋の二度、ブータンに行ってきた。特に交通の便の悪い村々ほど、今でも豊かな自然に囲まれて、人々は外から来るモノに頼《たよ》らない、農業を中心とした自給自足型の生活をしていた。村人どうしの助け合いがさかんで、まるで家族みたいにしょっちゅう行き来して、一緒に食事したり、お酒を飲んだり、歌ったり踊《おど》ったりしている。それはまさに絵に描《か》いたようなスローライフぶりで、人々の幸せ度（ＧＮＨ）はかなり高そうだ。ブータンばかりではない。ぼくが訪ねたことのある世界中のさまざまな地域には、ＧＮＰのモノサシではとても貧しいはずなのに、何かうらやましくなるほどの満ち足りた幸せそ解説している。

イ　第三段落で出された科学をめぐる具体例について、第四段落ではその問題点に別の角度から分析を加えプラスチック問題の現在地を説明している。

ウ　第四段落で提案された解決策を受けて、第五段落ではプラスチックの功罪について具体的な事例を紹介し、あらためてその害について強調している。

エ　第五段落ではプラスチック問題の複雑さを丁寧に説明し、第六段落では悪影響のあるプラスチックをどのように廃絶するかの提案がなされている。

※　左の枠は、㈣の下書きに使ってもよい。ただし、解答は必ず解答用紙に書くこと。

問題の解決には、

二

次の㈠、㈡の問いに答えなさい。

㈠　次の①、②の文中の傍線部について、漢字はその読みをひらがなで書き、カタカナは漢字で書きなさい。

①　国と国との間に生じる不平等を是正しなければならない。

②　異文化交流では相手の文化をソンチョウする姿勢が重要だ。

㈡　次の文中の〔③〕にあてはまる最も適当なことばを、あとの**ア**から**エ**までの中から選んで、そのかな符号を書きなさい。

度重なる大会延期の影響が、いまだに尾を〔　③　〕。

ア　巻く　　**イ**　下げる　　**ウ**　結ぶ　　**エ**　引く

三

次の文章を読んで、後の㈠から㈥までの問いに答えなさい。

1　経済成長を目標とするぼくたちの社会は「足し算社会」だ、とぼくは思う。人々は足し算ばかりやっていて、引き算のことなんかすっかり忘れている。まるで、みんな「足し算教」という宗教の信者になってしまったかのようだ。学校では「より速く、より多く」問題を解くことが、ビジネスの世界では「より多く、より速く」モノをつくり、売ることがいいことなのだと信じて、みんな「もっと、もっと」という合言葉をまるで［　①　］のように唱えている。ここでちょっと英語の勉強をしよう。「足し算教」は英語でいえば、モア教。モア（more）とは「多い」とか「たくさん」を意味するmanyやmuchの比較級《ひかくきゅう》で、「もっと」とか「より多い」という意味だ。このモア教では、more＝moreという等式が信じられている。つまり、「より多いことは、より多いことである」。例えば、お金が多ければ多いほど人はより（多く）幸せであるとか、モノが多ければ多いほど社会の豊かさが増えると係者が多く、利害を含め、それぞれが別の思惑をもっている。市民のなかにも、さまざまな考え方がある。

（保坂直紀《ほさかなおき》『海洋プラスチック　永遠のごみの行方』による）

（注）○ 1～6は段落符号である。
○ 混同＝区別すべきものを同一のものとして扱うこと。
○ 門外漢＝その分野の専門家ではない人。
○ 声高《こわだか》に＝声を大きく張り上げる様子。
○ リベラル＝伝統や習慣にとらわれない様子。

(一) ①科学にできること、政治がなすべきこと　とあるが、その説明として適当なものを、次のアからエまでの中から選んで、そのかな符号を書きなさい。

ア 政治が「安全」のレベルを定め、科学は高度な技術を提供してその安全を保証する。
イ 科学が定める「安全」をもとに、政治は安全のレベルを客観的に正しい位置に設定する。
ウ 政治は「安全」のレベルを定め、科学はその安全レベルが保てるように技術を提供する。
エ 政治が定める「安全」をもとに、科学は社会に受け入れられるレベルの安全を設定する。

(二) 〔A〕、〔B〕にあてはまることばの組み合わせとして最も適当なものを、次の**ア**から**エ**までの中から選んで、そのかな符号を書きなさい。

ア 〔A〕だが　〔B〕そのため
イ 〔A〕つまり　〔B〕そのため
ウ 〔A〕だが　〔B〕あるいは
エ 〔A〕つまり　〔B〕あるいは

(三) ②科学のよろいをまとった持論の応酬　とあるが、これはどういう状況を指すか。最も適当なものを、次の**ア**から**エ**までの中から選んで、そのかな符号を書きなさい。

ア お互いに都合のいいように解釈した結果、とても科学と呼べないような知識で自説の正しさを主張しあう状況が生じてしまうこと。
イ 科学が正しさを保証するというより、自説に近い科学的な知識をお互いに持つことで、自分の説を補強し、対立するということ。
ウ 市民はもともと科学に疎いため、正しさを主張しようとすればするほど科学から離れることに気づけないまま対立してしまうこと。
エ 科学によって保証された正しさをお互いが持つことになり、どちらの自説も正解なのに対立するという矛盾が生じるということ。

(四) 筆者は第五段落で、この社会におけるプラスチックごみとの付き合い方について意見を述べている。筆者の意見を要約して、七十字以上八十字以内で書きなさい。ただし、「個人」「価値観」「違い」という三つのことばを全て使って、「問題の解決には、」という書き出しで書き、「～ということ。」で結ぶこと。三つのことばはどのような順序で使ってもよろしい。

（注意）・句読点や「　」も一字と数えて、一字分のマスを使うこと。
・文は、一文でも、二文以上でもよい。

(五) この文章中の段落の関係を説明したものとして最も適当なものを、次の**ア**から**エ**までの中から選んで、そのかな符号を書きなさい。

ア 第二段落では、民主主義と科学との関係が具体的に説明され、第三段落ではその具体例をもとにしてさらに詳細に民主主義の本質を

いう立場にたつ。（中略）

4　わたしたち人間には、自分の価値観、ものの考え方、自分の好みに合う情報により多く触れる「選択的接触」、自説を補強してくれる情報だけを受け入れ、都合の悪い情報は無視する「確証バイアス」という性質がある。科学について詳しくなれば、自説に都合のよい情報の選択の幅も広がる。とくに地球温暖化や原発の問題のように立場が割れやすいテーマについては、科学をよく知る人たちが、社会の分極の核になってしまう。プラスチックごみの問題については、いまのところ地球温暖化や原発ほど立場が割れているようにはみえないが、脱プラスチックを声高《こわだか》にとなえる側も、プラスチックは悪者ではないと主張する側も、それぞれに科学を語っている。話し合い不能なところまで溝が深まらないことを願うばかりだ。

5　このさき社会はプラスチックとどう付き合っていくのか。陸に海にあふれるプラスチックごみを前にして、なんとかしたいと思う人は少なからずいるだろう。だが、では具体的にどうするかとなると、そこには個人個人のさまざまな価値観、考え方、生活スタイルなどが絡み、ひとつの正解を目指してみんなが協力するという単純な図式にはなりそうもない。レジ袋の有料義務化についても、さまざまな考え方があるだろう。有料化すれば海や陸にごみとして漏れだすレジ袋も減って環境がよくなり、それでみんなが恩恵を受ける。だから、無料だったはずのレジ袋を買うことになっても、それくらいは全体のためにがまんすべきだという考え方。お客さんのためを思ってレジ袋を無料配布する商店の自由を国が制限するのは、そもそもおかしいじゃないかという立場。レジ袋を有料化すれば、金持ちにとってはどうということのない出費でも、苦しい生活をしている人には負担になる。国がこうした不平等を人々に押しつけてよいのか。あるいは、すべての人はこの社会という共同体で生きているのだから、共同体の価値観にあるていど縛られるのは当然だという考え方も。社会の「正義」とはなにかという大きなテーマにも発展しそうなこれらの立場や考え方の違いは、わたしたちの日常生活においては、結局のところ優劣はつけがたい。これらの違いを内に抱えたまま、プラスチックごみ問題を解決していかなければならない。さきほどの地球温暖化の例でみたように社会を分極させることなく、自分とは違う考えにもリベラルに耳を傾け、上手な落としどころを探し続けるほかないだろう。

6　また、プラスチックごみの対策には、まだ科学的にも不明な点がたくさん残るなかで、いますぐ実行していかなければならないという苦しさがある。そもそも、海に出たはずのプラスチックごみの99%は、その行方がわかっていない。その全体像があきらかになってから効果的な対策をたてようとするなら、それはいつになるか知れない。いまの限りある知識を総動員し、想像力もはたらかせながら来るべき事態に備える「予防原則」の考え方も必要だろう。将来も増え続けることが確実なプラスチックごみの悪影響について警戒を怠らず、対策をたてて実行するということだ。プラスチックごみは、解決が難しい社会的な問題という点で、地球温暖化に似ている。やるべきことはわかっている。正規の処理ルートに乗らないプラスチックごみを減らすことであり、石炭や石油の消費による二酸化炭素の排出を抑えることである。だが、いずれも、わたしたちの生活をしっかり支えているものだけに、その実行は容易ではない。市民のほかにも国や関連業界など関

【国　語】（四五分）〈満点：一〇〇点〉

一　次の文章を読んで、後の㈠から㈤までの問いに答えなさい。

1　①科学にできること、政治がなすべきことは、現実にはしばしば混同される。たとえば原子力発電所は安全なのかという問題。原発を稼働させたい政治家などは、原発は規制をクリアしており、「原発の安全は科学的に保証されている」という言い方をすることがある。〔　A　〕、科学は原発の安全を保証することなどできない。原発を社会が受け入れるにあたって、どれだけの「安全」が必要かを決めるのは政治の仕事だ。たとえば「重大事故がおこる確率は1万年に1回に抑えよう」という安全のレベルを決めるのは政治で、それを実現すべく努力するのが科学と技術だ。科学は、政治が決めた「安全」が満たされているかどうかは判定できても、それでほんとうに安全なのかは判断できない。

2　科学や技術が関係する事柄については、自分は門外漢だから、その判断は科学者や技術者に任せよう。〔　B　〕、それは科学者、技術者が客観的に決めたことだから、自分に責任はない。そうした勘違いが、いまの世の中でしばしば見受けられる。科学者や技術者は価値について判断しない。一人ひとりが社会の将来を決める権利をもつこの民主的な社会では、それを判断するのはわたしたちなのだ。この本でも、プラスチックの科学、生体への影響に関する科学の話をしてきた。これは、これからプラスチックごみをどうしていくか、プラスチックと社会の関係はどうあるべきかを科学者に決めてもらえるということではない。社会のあらゆることに個人が判断を下せることを前提としている民主政治は、もっとも過酷な政治形態ともいわれる。たしかに過酷だが、プラスチックごみの問題をどう解決していくかを考えるのは、繰り返すが、わたしたちしかいない。科学的に判断するというのは、科学者が判断することではない。科学の成果を使って、わたしたちが判断するということだ。

3　科学の知識はだれにとっても共通だから、プラスチックごみについての研究が進めば、それをもとに人々が解決策を話し合いやすくなる。そう思いたいところだが、現実には、かならずしもそうはならない。市民が科学の知識を身に着ければ身に着けるほど、社会は割れて分極化するという指摘がある。②科学のよろいをまとった持論の応酬になって、話し合い不能になるというのだ。米国で取材した読売新聞の三井《みつい》誠《まこと》記者が書いた『ルポ　人は科学が苦手』（光文社）という本では、地球温暖化に関する興味深い調査が紹介されている。現在の地球温暖化については、その原因としてふたつの考え方がある。ひとつは、わたしたちが石炭や石油などの化石燃料を燃やし、温室効果ガスである二酸化炭素が大気中に増えすぎてしまったこと。もうひとつは、地球の気候は自然の状態でも寒暖を繰り返すもので、現在の温暖化もその自然な変動にすぎないというもの。いまの科学では前者が正しいと考えられている。では、後者を支持する人たち、つまり人為的な二酸化炭素の排出が原因ではないと考える人たちは地球温暖化の科学に疎いのかというと、けっしてそうではないというのだ。科学の知識が豊富な人たちが、一方では地球温暖化を進める二酸化炭素の排出を減らせと主張し、もう一方では、これは自然な変動の範囲内だから、経済活動を犠牲にして二酸化炭素の排出を抑制するのは意味がないと

MEMO

大切なことはメモしておこうネ！

2022年度

解　答　と　解　説

《2022年度の配点は解答欄に掲載してあります。》

＜数学解答＞

1　(1)　-1　　(2)　$-\dfrac{6x^3}{y}$　　(3)　$\sqrt{3}$　　(4)　$x=4,\ -8$　　(5)　$x=\dfrac{2}{5},\ y=\dfrac{2}{3}$

(6)　4.5　　(7)　53　　(8)　116°　　(9)　16cm^2

2　(1)　①　$\dfrac{2}{5}$　　②　$\dfrac{1}{5}$　　(2)　①　14　　②　21　　(3)　①　$\dfrac{16}{3}\pi$(cm^3)

②　π(cm^2)　　③　2(cm)

3　(1)　①　$\dfrac{7}{2}$(cm)　　②　$\dfrac{21}{4}$(cm^2)　　(2)　①　7(cm)　　②　35(cm)

(3)　①　解説参照　　②　解説参照

○推定配点○

1　(1)　3点　　他　各4点×8　　**2**, **3**　各5点×13　　計100点

＜数学解説＞

基本 **1**　(数式の計算，平方根，2次方程式，連立方程式，資料の整理，数の性質，角度，立方体と表面積)

(1)　$\dfrac{1}{2}\times(7-15)\div4=\dfrac{1}{2}\times(-8)\times\dfrac{1}{4}=-\dfrac{1}{2}\times8\times\dfrac{1}{4}=-1$

(2)　$(3x)^2\div(-6xy^2)\times4x^2y=9x^2\times\left(-\dfrac{1}{6xy^2}\right)\times4x^2y=-\dfrac{36x^4y}{6xy^2}=-\dfrac{6x^3}{y}$

(3)　$\sqrt{12}+\sqrt{27}-\sqrt{48}=2\sqrt{3}+3\sqrt{3}-4\sqrt{3}=\sqrt{3}$

(4)　$x^2+4x=32$　　$x^2+4x-32=0$　　$(x-4)(x+8)=0$　　$x=4,\ -8$

(5)　$\dfrac{x-2}{6}+\dfrac{y+2}{10}=0$の両辺を30倍して，$5(x-2)+3(y+2)=0$　　$5x-10+3y+6=0$　　$5x+3y=4$…①　　また，$0.05x+0.21y=0.16$の両辺を100倍して，$5x+21y=16$…②　　②の両辺から①の両辺を引いて，$18y=12$　　$y=\dfrac{12}{18}$　　$y=\dfrac{2}{3}$　　さらに，$y=\dfrac{2}{3}$を①に代入して，$5x+3\times\dfrac{2}{3}=4$　　$5x+2=4$　　$5x=2$　　$x=\dfrac{2}{5}$　　よって，$x=\dfrac{2}{5}$，$y=\dfrac{2}{3}$

(6)　8人のテストの結果を点数が低い方から順に並べると，0，1，2，4，5，6，7，10となる。このとき，4番目と5番目の点数の平均は，$(4+5)\div2=9\div2=4.5$　　よって，8人のテストの結果の中央値は4.5点。

(7)　素数を小さい方から順に7番目まで並べると，2，3，5，7，11，13，17となる。このとき，3番目の数から7番目の数までの和は，$5+7+11+13+17=53$

(8)　$\angle x$は，46°と70°の角を内角に持つ三角形の残りの1つの角の外角となっている。このとき，三角形の外角は，それととなり合わない2つの内角の和に等しいので，$x=46°+70°=116°$

(9)　立方体は6つの正方形を面に持つ正六面体であり，1辺の長さが1cmの正方形の面積は$1\times1=1$(cm^2)なので，1辺の長さが1cmの立方体1つの表面積は$1\times6=6$(cm^2)となる。さらに，4個の立方体の表面積の合計は$6\times4=24$(cm^2)となるが，立方体どうしを積んで接触させると，接触面の数だけ表面積が24cm^{2}から1cm^{2}ずつ減る。このとき，【方法①】での接触面は6枚，【方法②】での接触面は6枚，【方法③】での接触面は8枚なので，表面積が最も小さくなるのは【方法③】であ

り，表面積は$24-8=16(\mathrm{cm}^2)$

重要 2 **（確率，資料の整理，立体の体積）**

(1)　①　例えば，2枚引いたカードに書かれた整数が-2と2であれば，$(-2,\ 2)$のように表すものとすると，2枚のカードを引いた結果は全部で$(-2,\ -1)$，$(-2,\ 0)$，$(-2,\ 1)$，$(-2,\ 2)$，$(-1,\ 0)$，$(-1,\ 1)$，$(-1,\ 2)$，$(0,\ 1)$，$(0,\ 2)$，$(1,\ 2)$の10通りとなる。これらのうち，2枚のカードに書かれた整数の積が負の数になる組み合わせは$(-2,\ 1)$，$(-2,\ 2)$，$(-1,\ 1)$，$(-1,\ 2)$の4通りなので，2枚に書かれた整数の積が負の数になる確率は$\frac{4}{10}=\frac{2}{5}$　②　例えば，3枚を順に引いた1枚目が-2，2枚目が-1，3枚目が0であれば，$(-2,\ -1,\ 0)$のように表すものとすると，3枚のカードを引いた結果は全部で$5\times4\times3=60$(通り)となる。このとき，1枚目と2枚目の積が，2枚目と3枚目の積と同じになるのは，2枚目に0を引いたときだけであり，$(-2,\ 0,\ -1)$，$(-2,\ 0,\ 1)$，$(-2,\ 0,\ 2)$，$(-1,\ 0,\ -2)$，$(-1,\ 0,\ 1)$，$(-1,\ 0,\ 2)$，$(1,\ 0,\ -2)$，$(1,\ 0,\ -1)$，$(1,\ 0,\ 2)$，$(2,\ 0,\ -2)$，$(2,\ 0,\ -1)$，$(2,\ 0,\ 1)$の12通りとなる。よって，1枚目と2枚目の積が，2枚目と3枚目の積と同じになる確率は$\frac{12}{60}=\frac{1}{5}$

(2)　①　平日の学習時間が40分未満の生徒の割合は全体の30％なので，$50\times\frac{30}{100}=15$(人)となり，これが$3+a$(人)に等しいので，$3+a=15$　$a=12$　よって，$3+a+b+16+4+1=50$に$a=12$を代入して$3+12+b+16+4+1=50$　$b=14$　②　度数分布表から求めた休日の学習時間の平均は68分なので，$(1\times10+3\times30+c\times50+d\times70+10\times90+3\times110)\div50=68$　$10+90+50c+70d+900+330=68\times50$　$50c+70d+1330=3400$　$50c+70d=2070$　$5c+7d=207$…①　また，生徒の人数の合計は50人なので，$1+3+c+d+10+3=50$　$c+d+17=50$　$c+d=33$　両辺を5倍して$5c+5d=165$…②　①の両辺から②の両辺を引いて$2d=42$　$d=21$

(3)　①　Pは半径2cmの半球をした容器なので，容器いっぱいに入れた水の体積は，$\frac{4}{3}\times\pi\times2^3\times\frac{1}{2}=\frac{4}{3}\times\pi\times8\times\frac{1}{2}=\frac{16}{3}\pi(\mathrm{cm}^3)$　②　Qの容器に入れた水がつくる図形とQの容器は相似であり，相似比は$1:2$となる。このとき，面積比は$1^2:2^2=1:4$なので，水面の面積はQの底面の面積の$\frac{1}{4}$となり，$2\times2\times\pi\times\frac{1}{4}=\pi(\mathrm{cm}^2)$　③　①より，Pの容器いっぱいに入れた水の体積は$\frac{16}{3}\pi\,\mathrm{cm}^3$で，Qの容器いっぱいに入れた水の体積は$2\times2\times\pi\times2\times\frac{1}{3}=\frac{8}{3}\pi(\mathrm{cm}^3)$となる。このとき，全部の水の体積は$\frac{16}{3}\pi+\frac{8}{3}\pi=\frac{24}{3}\pi=8\pi(\mathrm{cm}^3)$　また，Rの容器に水を移したときの水面の高さを$h$cm$(h>0)$とすると，$2\times2\times\pi\times h=8\pi$　$4\pi h=8\pi$　$h=2(\mathrm{cm})$　よって，水面の高さは下の底面から2cmになる。

3 **（1次関数・2次関数のグラフと図形，規則性，立体図形）**

重要 (1)　①　放物線$y=x^2$と直線$y=\frac{1}{2}x+3$を連立方程式とみてyを消去すると，$x^2=\frac{1}{2}x+3$　$x^2-\frac{1}{2}x-3=0$　両辺を2倍して$2x^2-x-6=0$　$(x-2)(2x+3)=0$　$x=2,\ -\frac{3}{2}$　このとき，点Aのx座標が$-\frac{3}{2}$，点Bのx座標が2となるので，点A′のx座標も$-\frac{3}{2}$，点B′のx座標も2となる。よって，線分A′B′の長さは$2-\left(-\frac{3}{2}\right)=2+\frac{3}{2}=\frac{7}{2}(\mathrm{cm})$　②　直線$y=\frac{1}{2}x+3$とy軸との交点を点Cとすると，線分OCの長さは直線の切片の大きさと同じ3になる。ここで，△ABOの面積は，△A′B′Cの面積に等しく，△A′B′Cを底辺A′B′の三角形とみると，その面積は$\frac{7}{2}\times3\times\frac{1}{2}=\frac{21}{4}$　よって，△ABOの面積は$\frac{21}{4}(\mathrm{cm}^2)$

や難 (2) ① 10という数字が書かれた正方形を初めて並べるとき，一番大きな正方形は右図のようになる。よって，一番大きな正方形の1辺の長さは10−4+1=7(cm) ② 一番大きな正方形の中の最大の数字をNとすると，Nは一番大きな正方形の一番右上の位置の数字となる。また，一番大きな正方形の一番左上の数をnとすると，nは何回目にできた正方形かを表す数となる。ここで，Nは1から3ずつ増えていく数となっているので，nを用いて$N=1+3(n-1)=3n-2$と表せる。このとき，$3n-2=50$とすると，$3n=52$より，$n=\frac{52}{3}=17\frac{1}{3}$となり，$n=17$のとき，$N=3\times17-2=49$となるので，17回目にできた一番大きな正方形に50という数字が書かれた正方形は無い。よって，50という数字が書かれた正方形を初めて並べるのは$n=18$のときであり，$n=18$のとき，$N=3\times18-2=52$より，一番大きな正方形の一番右上の数字は52，一番大きな正方形の一番左上の数字は18となるので，一番大きな正方形の1辺の長さは52−18+1=35(cm)

4	5	6	7	8	9	10
5	3	4	5	6	7	9
6	4	2	3	4	6	8
7	5	3	1	3	5	7
8	6	4	3	2	4	6
9	7	6	5	4	3	5
10	9	8	7	6	5	4

や難 (3) ① ∠APB=90°とすると，同時に∠DQC=90°となるので，線分APと線分DQは底面と垂直になる。また，線分PQより下側の切りこみ線も底面と垂直になるので，底面と垂直になる部分に斜線を引くと，図1のようになる。 ② 方眼紙EFGHを∠EPFが直角になるように線分PQで折り曲げ，FGを含む面が底面になるように置くと，図2において，台形RSTUは線分RUが線分PQに重なるように1cmだけEからFの方向に平行移動し，台形VTQWは線分VWが線分PQに重なるように3cmだけEからFの方向に平行移動する。このとき，真上からみたときの，斜線をかき入れた部分は図3のように見える。

図1

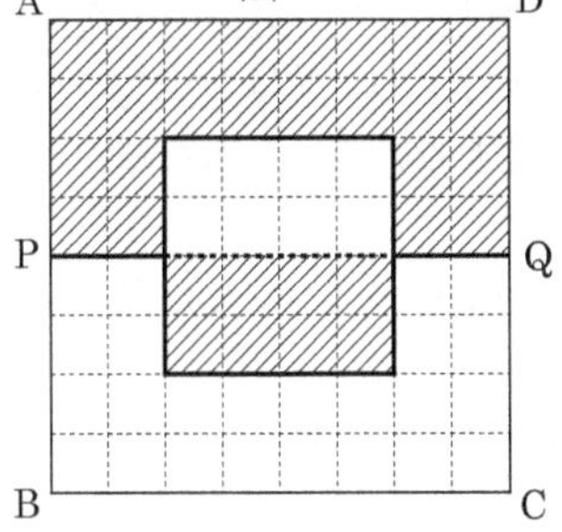

図2

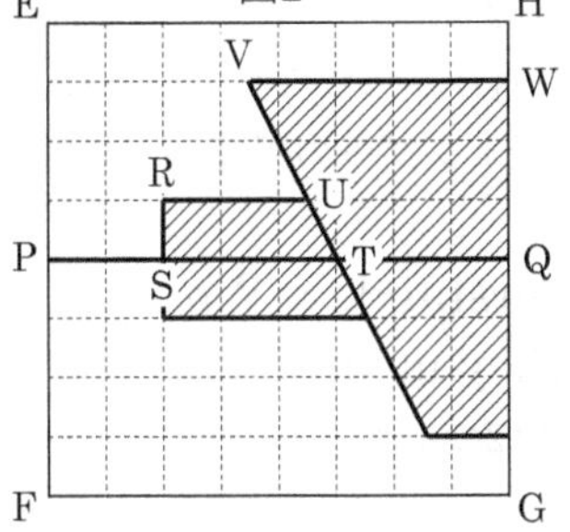

図3

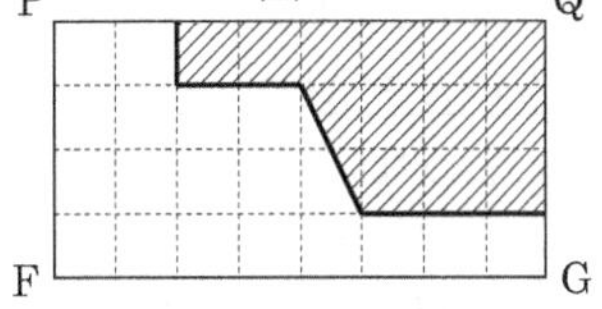

★ワンポイントアドバイス★

対話形式，規則性などの変化球のような問題も出題されるので，変に構えて調子を崩しながら解くことの無いように，過去問を研究してある程度の予想をつけると共に，慣れるための練習を重ねよう。

＜英語解答＞

聞き取り検査

(1) d　(2) b　(3) d　(4) c

筆記検査

1 ① what they mean ② the other shows ③ A is newer

2 (1) getting (2) イ (3) global temperature is making rainfall heavier
(4) エ (5) ウ

3 (1) b オ d ウ (2) ① left ② come[came／are] (3) エ
(4) X believe[think] Y find[get／read／see／lookup／discover]
(5) Ⅰ It is pink. Ⅱ Yuki is. Ⅲ Sara is. Ⅳ What is Akio's star sign?

○推定配点○

聞き取り検査　各4点×4

筆記検査　1・2　各4点×8　3　(5)　各6点×4　他　各4点×7　計100点

＜英語解説＞

聞き取り検査　解説省略。

筆記検査

1 **(長文読解・会話文：空欄補充)**

(大意)　アミ(以下A)：去年の夏，私はオリンピックを見ることを楽しんだの。開会式も楽しんだ。実況版ピクトグラムが話題になったわ。／デイビッド(以下D)：うん，それらは単純だけれど伝えたいことがあって，①それらが何を言いたいか簡単にたくさんの人々が理解することができるね。／A：それらがときどき変えられている，と知っている。2つの絵を見て。両方とも「ここでベビーカーを使わないで」を意味しているの。でも，それらには違いがあるわ。見つけた？／D：1つのピクトグラムはスカートをはいた人を示しているけれど，②残りの1つはスカートをはいていない人を示している。／A：その通り。どちらがより新しいか言える？／D：僕は③Aがより新しい，と思うな。／A：その通りよ。ジェンダーの平等が一般的になってきている，と私たちが理解することができるわ。

やや難　①　Many people can understand. と What do they mean? を1つにした間接疑問文にする。疑問詞以降は what they mean と平叙文の語順になる。

重要　②　one ~ the other …で「(2つあるうちの)1つは～残りの1つは…」の意味。空欄②の直前の1文の1語目に one がある。

③　Bはスカートをはいているから女性(母親)を表していると考えられる。ベビーカーを押すなど子育てをするのは女性の仕事である，というジェンダーの意識があった過去のピクトグラムである。Aはベビーカーを押しているのは女性とも男性とも考えられるから，ジェンダーの平等が一般的になってきた最近のピクトグラムである。

2 **(長文読解・論説文：語句補充，語句整序，内容吟味)**

(大意)　地球の温度は1900年から約1℃上がってしまった。今では，たくさんの国々が気候変動のための深刻な問題に直面している。2100年までに，世界の種の約50%が絶滅しうる，と言われる。そのことはたくさんの自然災害を引き起こしてもいる。①例えば，それは山火事の危険を増やしている。特に，アメリカ合衆国西部の山火事はひどく(A)なっている。カリフォルニアでは，山火事のせいでたくさんの人々が家を失っている。一方で，日本では，以前よりもたくさんの洪水がある。②地球の温度が上がることは降雨をひどくしている。地球温暖化は空気中の温室効果ガスの増加によって引き起こされる。二酸化炭素は主な温室効果ガスだ。今日，日本では風力や太陽エネルギーのような再生可能エネルギーを使おうとしている。それらは二酸化炭素や他の温室効果ガスを作らない。二酸化炭素を減らすのを助けるために私たちがすることができることもたくさんある。例えば，車の代わりに歩いたり自転車に乗ったりすることができるし，使わないときに電気や機器を消すことも良い。

基本 (1)　get は後に形容詞，形容詞化した動詞の過去分詞形，名詞を伴って「～(の状態)になる」の意味になる。直前に be 動詞 are があり「～している」の意味になるので<be 動詞+—ing>の進行形にするのが適切。get の—ing 形は getting である。

(2)　ア 「そのとき人々は作物を作り始める」(×)　イ 「例えば，それは山火事の危険を増やしている」 空欄1の直後の1文参照。(○)　ウ 「たくさんの人々が彼らの家を失ったからだ」(×)　エ 「カリフォルニアにはたくさんの野生動物がいたからだ」(×)

(3)　(Rising) global temperature is making rainfall heavier(.)　<be 動詞+-ing>の形で「～している」の意味の進行形になる。<make +A+B>で「AをBにする」という意味の第5文型。

(4)　ア 「たくさんの自然災害が地球温暖化を引き起こす」(×)　イ 「地球温暖化は世界の種の多くが絶滅することによって引き起こされる」(×)　ウ 「科学技術は，人々の生活をより便利にするのだが，地球温暖化を引き起こす」(×)　エ 「空気中の温室効果ガスの増加は地球温暖化を引き起こす」(○)　第4段落第1文参照。

(5)　ア 「カリフォルニアでは，洪水のせいでたくさんの人々が彼らの家を失った」 第2段落最終文参照。山火事のせいである。(×)　イ 「私たちは毎日の生活で電気を全く使うべきではない」 全く使わない，という記述はない。(×)　ウ 「再生可能エネルギーは温室効果ガスを減らすのを助ける1つの方法だ」 第5段落第1文・第2文参照。(○)　エ 「日本は気候変動のための自然災害を経験した唯一の国である」 第1段落第4文参照。たくさんの国々が直面しているのである。(×)

3 (長文読解・会話文：語句補充，内容吟味，英問英答)

(大意)　稔(以下M)：やあ，クリス。／クリス(以下C)：やあ，稔。元気かい。／M：aあまりよくないんだ。僕にとっては運が悪そうなんだ。／C：なぜそう言うんだい。どうしたの。／M：①家を出発する前に，僕は今朝，テレビを見ていたんだ。血液型占いでは，「O型」にとっては今日は不運な日になるそうだ。／C：b血液型占い。それはなんだい。僕はそれを聞いたことがないよ。／M：本当かい。ねえ，クリス，君の血液型は何だい。僕のアイパッドがあるから，インターネットで君のを調べよう。／C：c僕の血液型。知らないよ。日本人は自分の血液型を知っているのかい。／M：何で知らないんだい。みんな知っているし，僕は父と兄弟のさえ知っているよ。／C：うわあ，それは僕には(A)奇妙に聞こえるな。僕の国では，ほとんどの人が自分の血液型を知らないよ。輸血や手術を受けたことがある人だけがそれを知っているかもしれない。／M：dなるほどね。だから，君は血液型占いを聞いたことがないんだ。／C：イギリスでは星占いが一般的だよ。占いに星座を使うんだ。君の星座は何だい。／M：「星座」とは何だい。／C：12あって，双子座や蠍座，山羊座のような自分の星座をみんなが持っている。それは君の誕生日で決められるよ。／M：eああ，わかった。僕の誕生日は3月16日だから，僕の星座は…／C：魚座だ。僕の誕生日は8月20日で獅子座だ。②それらは夜空に見つけることができる星座の名前から来ているんだ。

(1)　大意参照。

(2)　①「今朝，テレビを見ていた」(下線部①)のだから，場所は家だった，と考えられる。<Before +主語A+動詞B，主語C+動詞D>の文では，動詞Dが過去形なら動詞Bも過去形を用いる。leave「出発する」の過去形は left である。　② 占星術は天体現象の観測に基づいて行われる。come from が「～に起因している」の意味で使われるときは過去形にする必要はない。「～から生ずる」の意味で使われるときは，生じたのは過去だから過去形にするのが適切。come の過去形は came である。また，be from ～「～出身だ」も現在形で用いる。ここでは主語が they だから，現在形の be 動詞は are とするのが適切。

(3) ア 「よい」(×)　イ 「幸運な」(×)　ウ 「幸せな」(×)　エ 「奇妙な」(○)　クリス「の国では，ほとんどの人が自分の血液型を知らない」(空欄Aの直後の1文)から，「みんな知っているし，僕は父と兄弟のさえ知っている」(稔の5番目の発言最終文)という稔の発言は「奇妙な」のである。

(4) 「やあ，稔，　たくさんの日本人が，血液型が性格に影響すると(X)考える，と聞いたよ。そのように，僕たちは誰かの性格を星座で推測するんだ。12の星座は4つの型，空気と土，風，火に分類される。星座の異なった型の人は異なった特徴を持つと言われるよ。もし関心があれば，インターネットでもっと情報を(Y)手に入れてよ。　クリス」 (X) 直後にある接続詞 that は「～ということ」という意味。that でくくられた意味のかたまりは1組の主語 - 述語を含む。think は「考える」，believe は「信じる」の意味。 (Y) get は「～を手に入れる」，find は「～を見つける」，read は「～を読む」，see は「～を見る」，discover は「～を発見する」の意味。ここでは命令文なので，主語はなく動詞は原形で使われている。

(5) 「日々の星占い　今日の運勢順位

1位	射手座	11月22日～12月21日	幸運：6	ラッキー・カラー：赤
2位	蟹座	6月22日～7月21日	幸運：5	ラッキー・カラー：桃色
3位	水瓶座	1月20日～2月18日	幸運：4	ラッキー・カラー：青
4位	蠍座	10月24日～11月21日	幸運：4	ラッキー・カラー：緑
5位	牡牛座	4月20日～5月20日	幸運：3	ラッキー・カラー：白

名前	紗良	裕樹	菜摘	明生	香奈
誕生日	2月11日	12月6日	7月30日	11月12日	6月23日

Ⅰ 「香奈のラッキー・カラーは何か」 6月23日生まれは蟹座だから，桃色である。疑問詞を用いて質問された場合，答えの主語には原則的に代名詞を用いる。ここでは3人称単数の Kana's lucky color「香奈のラッキー・カラー」が質問の主語だから，代名詞は it を用いる。

Ⅱ 「5人の中で最も幸運な人は誰か」 12月6日生まれの裕樹は1位の射手座である。「誰が～ですか」のように疑問詞が主語になった疑問文に対して答えるときは，質問に対する答えを主語にし，<主語+be 動詞[助動詞]>という形にする。

Ⅲ 「誰がラッキー・カラーが青の人か」 ラッキー・カラーが青なのは水瓶座の紗良である。「誰が～ですか」のように疑問詞が主語になった疑問文に対して答えるときは，質問に対する答えを主語にし，<主語＋ be 動詞[助動詞]>という形にする。

Ⅳ 「それは蠍座です」と答えているから，「明生の星座は何ですか」と尋ねたのである。明生は11月12日生まれで蠍座である。

★ワンポイントアドバイス★

疑問詞の用法や，疑問詞を使った重要表現を確認しよう。紛らわしいものはまとめて覚えよう。疑問詞に対する答え方もおさえておこう。

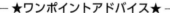

＜理科解答＞

1 (1) 地点A ア　地点B オ　(2) タ　(3) A ク　C カ

2 (1) 培地に操作を行わない場合には，コロニーが発生しないことを確かめるため
(2) ウ　(3) エ　(4) イ　(5) ア

3 Ⅰ (1) 空気を通す　(2) イ　Ⅱ (1) ウ　(2) $CaCO_3+2HCl \rightarrow CaCl_2+H_2O+CO_2$　(3) ① 密閉されていないために，発生した二酸化炭素の気体が空気中に逃げたから。　② オ

4 Ⅰ (1) イ　(2) イ　(3) 地点X　Ⅱ 空気抵抗や摩擦により，力学的エネルギー保存則が成立しないから。

5 (1) 8時27分30秒　(2) ア　(3) ア・オ・キ　(4) 28mL

○推定配点○

1 各4点×5　2 (1) 5点　他 各4点×4
3 Ⅰ (1) 5点　(2) 4点　Ⅱ (3)① 5点　他 各4点×3
4 Ⅰ 各4点×3　Ⅱ 5点　5 各4点×4((3)完答)　計100点

＜理科解説＞

1 (地球と太陽系)

重要 (1) 地点A 皆既月食は，太陽—地球—月の順に並んだときにおこるので，月はアの位置である。地点B 皆既日食は，太陽—月—地球の順に並んだときにおこるので，月はオの位置である。

重要 (2) 下弦の月は左側が明るいため，月の左側に太陽がある。よって，月はタの位置である。

や難 (3) 月の公転する向きだけが逆になったので，満ち欠けの順番も逆になる。よって，Aはク，Bはキ，Cはカ，Dはオである。

基本 2 (実験)

(1) 指をつけないときにコロニーが発生するかどうかを確かめるために，実験番号1の操作を行った。

(2) ヒトの指に存在する微生物を培養するので，体温に近い温度で培養すると良い。

(3) セッケンで洗ったときの方が発生したコロニーが少ないので，セッケンによる手洗いは水による手洗いよりも，微生物を洗い流すことができることがわかる。

(4) セッケンで手洗いしたときの泡を培養するとコロニーが多く発生し，手洗いをしない指を培地につけた後，アルコールをかけた培地ではコロニーが1つしかできなかったことから，セッケンは微生物の増殖を抑えないが，アルコールは微生物の増殖を抑えるということがわかる。

(5) セッケンでは洗い流せなかった微生物を，アルコールでは死なせることができるので，セッケンによる手洗いの後，手を乾燥させてからアルコールによる消毒を食品衛生協会では推奨している。

3 (ガスバーナーのしくみ・化学変化と質量)

重要 基本 Ⅰ (1) 図2の部品①は空気を通す役割がある。　(2) ガスバーナーの中を通る気体の流れを調節するために，部品②はとがっている。

重要 Ⅱ (1) メスシリンダーの目盛りは液面の下の方を読み取る。　(2) 炭酸カルシウムと塩酸の化学反応式は，$CaCO_3+2HCl \rightarrow CaCl_2+H_2O+CO_2$である。　(3) ① 容器を密閉しないことで，発生した二酸化炭素が空気中に逃げてしまったため，質量保存の法則が成立しないように見

えた。　② 発生した二酸化炭素が空気中に逃げないオが適している。

4 (物体の運動)

重要 Ⅰ (1) 地点AからBまでは加速し，地点BからCまでは等速直線運動を行うので，イのグラフが正しい。　(2) 同じ高さからすべらすなら，どちらも位置エネルギーは同じである(a)。小球が斜面から水平面に到達したとき，位置エネルギーはすべて運動エネルギーに変換される(b)。

基本 (3) 地点Xのほうが地点Yよりも地点Aとの落差が大きいので，地点Xの方が速い。

基本 Ⅱ 電車が移動するときは，電車に空気抵抗やレールとの摩擦が生じるので，力学的エネルギー保存の法則が成立しない。

5 (小問集合)

やや難 (1) P波の速さは，120(km)÷20(秒)＝6(km/秒)，S波の速さは120(km)÷30(秒)＝4(km/秒)である。地点Bの震源距離は，地点Bの震源距離÷4(km/秒)－地点Bの震源距離÷6(km/秒)＝30(秒)(30秒は初期微動継続時間)より，360kmである。よって，地震の発生時刻は，8時28分30秒－360(km)÷6(km/秒)＝8時27分30秒となる。

やや難 (2) P，Qともに，電流に対して右回りの磁力がはたらくので，QはPに近づく。

(3) ア 患者Aは健康な人と比べて，インスリン濃度が常に低いことがグラフから読み取れるので，アは正しい。　イ 患者Bは健康な人と比べて，血糖濃度が常に高いので，イは間違いである。　ウ 健康な人でも血糖値が上昇した後に，インスリンが分泌されているので，ウは間違いである。　エ インスリンによってグリコーゲンをブドウ糖に変えているかどうかわからないので，エは間違いである。　オ 患者Aはインスリン量が食後もあまり変化しないので，すい臓からインスリンを分泌する機能が低下していると考えられる。よって，オは正しい。　カ この実験では，肝臓でブドウ糖をグリコーゲンに変える機能がはたらいているかどうかわからないので，カは間違いである。　キ 患者Bは食後インスリン濃度が上昇しているので，キは正しい。　ク この実験では，肝臓でブドウ糖をグリコーゲンに変える機能がはたらいているかどうかわからないので，クは間違いである。

基本 (4) 4分間250mAの電流を流すと，7mLの塩素が発生するので，4分間1000mAの電流を流すと，250(mA)：7(mL)＝1000(mA)：x(mL)より，28mLの塩素が発生する。

★ワンポイントアドバイス★

図や表を読み取る練習をしよう。

＜社会解答＞

1 (1) ① 年齢　② 税の負担　(2) ① エ　② 宗派　③ 往生[極楽，地獄]　(3) 地球が球体であること　(4) イ

2 (1) エ　(2) イ　(3) ① ア　② エ　③ エ　(4) a オ　b カ　c エ　d ウ

3 (1) ① エ　② オ　(2) Y　(3) カ　(4) エ

4 (1) X A　Y E　(2) イ　(3) ウ　(4) ① 国名 ブラジル　② 二酸化炭素　③ 排出　④ 吸収

5　(1)　平等権　(2)　イ　(3)　ア

6　(1)　均衡　(2)　イ　(3)　①　エ　②　グラフの変化　オ

○推定配点○

1　(1)①・(4)　各2点×2　(3)　5点　他　各4点×3

2　各3点×9　3　各3点×5

4　(4)①　4点　(4)②～④　各3点×3　他　各2点×4

5　(1)　4点　他　各2点×2　6　(1)　4点　他　各2点×2　計100点

＜社会解説＞

1　(日本と世界の歴史―政治・社会・経済史，各時代の特色，日本史と世界史の関連)

(1)　資料Ⅰより正丁，老丁，小丁によって，税負担が異なっていることがわかる。つまり，毎年作成された計帳によって税が決まるのである。

(2)　一向宗(浄土真宗)の信徒が起こした一揆が一向一揆である。したがって，その特性である「念仏を唱えることで，極楽への往生がかなう」ことが，旗にも込められている。

(3)　ポルトガルとスペインは，大航海時代に，新航路が整備されるといち早く，世界に乗り出していった国である。当時，マゼランの船団による世界一周も実現し，地球が球体であることが証明されていた。この2国は，そののち設問の境界線Bを設定した。

(4)　錦絵は町人の間に広まっていった。

2　(日本と世界の歴史―資料活用，日本史と世界史の関連)

基本　(1)　Ⅰはイギリスの産業革命に関する文章である。Ⅱはフランス革命に関する文章である。

(2)　日本の産業革命以後，名実ともに生糸が，重要な輸出品となっていった。

基本　(3)　①アは西郷隆盛の誤りである。②エは約1%の誤りである。③エは政党の誤りとなる。

(4)　aは日英同盟を表現している。bは第一次世界大戦直前のバルカン半島(ヨーロッパの火薬庫といわれていた)を表現している。cは列強による中国分割を表している。dは日清戦争前の日本と清が朝鮮を釣り上げるところをロシアが見ている構図である。これはビゴーが描いた風刺画である。

3　(日本の地理―気候，諸地域の特色，産業，交通)

(1)　Eは熊本県である。熊本県には世界最大のカルデラを持つ阿蘇山がある。

(2)　Aは鹿児島県，Bは沖縄県，Cは長崎県，Dは福岡県である。鹿児島県の県庁所在地鹿児島は，海からの季節風で夏に降水量の多い太平洋側の気候である。したがって，雨温図はYが該当する。

(3)　輸送用機械の割合が多いbが福岡県，食料品の割合が多いeが北海道である。

重要　(4)　生徒Xは「加藤清正が築城した城」という文章から熊本県出身であることがわかる。生徒Yは「平和の象徴であるハト――――原子爆弾――――」という文章から図Ⅲをシンボルマークとする長崎県出身であることが分かる。生徒Zは「奈良時代からアジアに開かれた玄関口」ということから福岡県出身であることが分かる。現在の福岡県には，奈良時代の頃，外交をつかさどる大宰府が置かれていた。

4　(地理―世界の気候，諸地域の特色，産業，貿易)

(1)　2019年は輸出入ともに中国が最大である。かつて，オーストラリアは，イギリスの植民地であったこともあり，1960年ごろは，輸出入ともイギリスが最大であった。

(2)　ロンドン，リオデジャネイロともに，日付変更線に近い日本よりも時刻は遅くなっている。

設問よりロンドンは日本より9時間遅いので，24日午前10時となる。リオデジャネイロ(西経45度)と日本(東経135度)との経度差は135＋45＝180(度)である。時差は180÷15＝12で12時間である。日本より12時間前であるから24日午前7時となる。

(3)　アテネの気温は約10度から30度の間，降水量は100㎜以下であるので，ウのハイサーグラフが該当する。

(4)　ブラジルはさとうきびなどからつくるバイオ燃料の生産量が多い国である。カーボンニュートラルとは温室効果ガスの排出量と吸収量を均衡させることを意味する。政府は2050年までに温室効果ガスの排出を全体としてゼロにする，カーボンニュートラルを目指すことを宣言した。

5　**(公民―憲法，政治のしくみ，その他)**

(1)　日本国憲法は，第14条で，「すべて国民は，法の下に平等であつて，人種，信条，性別，社会的身分又は門地により，政治的，経済的又は社会的関係において，差別されない」という平等権を規定している。

重要　(2)　北海道旧土人保護法(1899年)→アイヌ文化振興法(1997年)→アイヌ施策推進法(アイヌ民族支援法)(2019年)。

(3)　2021年5月時点の障害者解消法では，合理的配慮は，国や自治体などは法的義務，民間企業・事業者は努力義務とされている。バリアフリー設備のないことを理由にマンション入居を断るのは，合理的配慮を怠っている行為であり，法律に違反しているといえる。

6　**(公民―経済生活，日本経済，国際経済，その他)**

(1)　市場経済においては，価格の上がり下がりによって需要量と供給量が調整される。需要量と供給量が一致するところを均衡点といい，そのときの価格を均衡価格という。

やや難　(2)　円の価値が下がると，円と外貨を交換するときの比率である為替レートにおいても円の価値が下がるため，円安の原因になる。円安になると，海外では日本の製品が安くなり買いやすくなり，輸出が増えて企業の業績があがると景気が良くなる。したがって，イの「利益が減るのを回避する」という個所は誤りとなる。

やや難　(3)　コロナ禍の影響による各国の都市のロックダウンに際して，産油国は石油を減産して価格を調整した。最近では，経済活動が上向きになり，多くの企業の石油需要が上がっている。この状況では，需要曲線が左に移動するので，オのグラフが該当する。

★ワンポイントアドバイス★

1(1)　これは班田収授法による税制である。　2(3)①　自由民権運動の発端となったのは，征韓論に敗れて下野した板垣らによる，1974年1月17日の民撰議院設立建白書提出である。

<国語解答>

一　(一)　ウ　(二)　ウ　(三)　イ　(四)　問題の解決には，個人個人のさまざまな価値観，考え方，生活スタイルなど立場や考え方の違いを内に抱えたまま上手な落としどころを探し続けるほかないということ。　(五)　イ

二　(一)　①　ぜせい　②　尊重　(二)　エ

三　(一)　エ　(二)　エ　(三)　ア　(四)　イ　(五)　エ　(六)　ア，オ

四　(一)　ウ　(二)　イ　(三)　ア　(四)　イ

○推定配点○

一　(四)　10点　他　各5点×4　二　各5点×3　三　各5点×7

四　各5点×4　計100点

＜国語解説＞

一　(論説文―文脈把握，接続語の問題，大意・要旨，段落・文章構成)

(一)　第一段落「どれだけの……科学と技術だ」をもとに解答する。安全のレベルを実現すべく科学と技術が努力するということは，安全のレベルが保てるよう科学が技術を提供すると考えられる。よってウが適当。

(二)　A　直前では政治家が原発の安全は保証されていると言い，直後では科学者が原発の安全は保証できないと真逆のことを言っているということから，逆接「だが」があてはまる。　B　直前の「科学者や技術者に任せよう」と，直後の「科学者，技術者が客観的に決めたことだから，自分に責任はない」は，「自分のせいではない」という点で一致しており，似たような内容のことを並列して述べていると言えるので，「あるいは」が適当。

(三)　第三段落「科学の知識が豊富な人たちが，……立場にたつ」をもとに解答する。地球温暖化は人為的なものと言う人も自然のものと言う人も，どちらも科学の知識は豊富だが，それをもとにした「持論」を強く支持するため対立してしまうということである。すると，ア・ウはそもそも科学の知識が豊富でないということを前提としているため誤り。エは，「どちらの自説も正解なのに」が誤り。本文では，地球温暖化の原因についてどちらも正解としている記述はない。

重要　(四)　「筆者の意見」を要約するということなので，さまざまな立場の違いについての具体例は省く。筆者の意見の中心としては「自分とは違う考え方にも……探し続ける」ということなので，まずその内容は必須である。加えて指定語句に関する記述に注目していけば，「個人個人のさまざまな価値観」がある中で，「違いを内に抱えたまま」「上手な落としどころを探し続ける」べきだ，というようにまとめられる。

(五)　ア　「さらに詳細に民主主義の本質を解説している」が誤り。第三段落では，科学知識が豊富ゆえに持論同士が対立してしまうことの例を挙げているのであり，誰にでも決定権がある民主主義について解説はしていない。　ウ　全体が誤り。第四段落では立場が分極してしまう原因について触れ，第五段落ではさまざまな立場に耳を傾けつつ解決すべきと筆者は主張しており，害を強調はしていない。　エ　「どのように廃絶するか」が誤り。第六段落では，プラスチックの廃絶ではなく「正規の処理ルートに乗らないプラスチックごみを減らす」ことを「やるべきこと」として挙げている。

二　(漢字の読み書き，慣用句)

(一)　「是正」とは，「悪い点を改めて正しくすること」。　「尊重」とは，「尊いものとして重んずること」。

(二)　「尾を引く」とは，「物事が過ぎ去ってもその名残があとまで続き，影響を及ぼす」という意味。

三　(論説文―慣用句，文脈把握，脱文・脱語補充，指示語の問題，大意・要旨)

(一)　「呪文のように唱える」とは，同じことを何度も繰り返し言うことを表す慣用句である。

(二)　第三段落「しかし，……思わない？」をもとに解答する。筆者は傍線部②のような大人たちの態度を，「モノの量やお金の量が大きいほど豊かで幸せだという」考えに基づくと捉え，それを「あまりにも単純」と批判しているのである。「大騒ぎ」という言葉からも，必要以上に騒いでいるという批判的な目線がうかがえる。

(三)　第三段落「つまり，……混じりこんでいるのだ」に主に注目して解答する。第三段落では良いことのほか，害になることでもGNPは上がってしまうということについて例を挙げつつ説明しており，GNP至上主義のような考え方はおかしいと筆者は批判しているのである。このGNP至上主義，つまり経済成長至上主義のために害を受け入れるような態度，という内容を反映しているアが適当。ウでもよさそうに見えるが，「害」でしか経済成長しないかのようにとらえているため不適当。

(四)　傍線部③「そういう」の指示内容としては，「GNPが上がったといっては……用意することだ」である。つまり，GNPという数字に頼るのではなく，幸福という数値化できないが確かにあるものにもっと目を向けようということと考えられるので，その内容を反映したイが適当。

(五)　ア「社会の害，自然の害と向き合うことの大切さを強調している」が誤り。第五段落では幸福に注目せよと主張し，第六段落は「引き算」で考えよと筆者は主張しているのであり，害と向き合うことの大切さはそもそも述べられていない。　イ「戦争や自然破壊のなくならない現代を批判」が誤り。筆者は「足し算数」ということばを使うことで，よりモノやお金が多いこと，より豊かであることを至上とする考えを批判しているのである。戦争や自然破壊は，あくまでそういうことがあってもGNPは上がってしまうのでおかしい，と主張するための例にすぎない。　ウ「客観的なデータを並べることで」が誤り。客観的なデータとは例えば数値のことであるが，そのようなものは本文中に登場しない。　オ「間接的に」が誤り。子どもたちに語りかけるような口調を用いてはいるが，「あまりにも単純だときみは思わない？」，「いったい何なの」，「大人たちは放っておいて」など，直接批判する表現を用いている。

重要　(六)　イ　先進国について批判しているような内容になっている点が誤り。筆者は先進国／途上国という観点で述べているのではなく，経済成長至上主義のような考え方を批判しているのであって，先進国かどうかということには注目していない。　ウ「スローライフに戻らない限り」が誤り。確かにスローライフについて筆者は称賛しているが，だからといって「戻らない限り」という内容は読み取れない。第五段落でも「幸せを計る自分なりのモノサシを用意することだ」としている通り，幸せとは自分の価値観ではかるものと筆者は捉えている。　エ　経済的に豊かであればGNHも世界で一位二位を争えるはず，としている点が誤り。そもそもGNHとは経済的豊かさとは無関係のものであり，選択肢全体が本文の内容と矛盾する。

四　**(古文―文脈把握，指示語の問題，古文の口語訳，内容吟味)**

〈口語訳〉　初心者は和歌を詠もうとして，まず最初に詠まないうちから，禁制を念入りに調べて選び，詞遣いをわきまえて詠もうとするので，不安で恐れてのみいて，和歌を詠むことがおよそできない。これは誤りである。まずどのようにでも構わないので，自分が知らないことはその分相応に無視しておき，覚えているほどの知識や技量で思う通りに何も構わずに詠み出し，そうして和歌が出て来た後に，おおよその禁制などを調べて整えて，そうして人に見せるときに，自分がわきまえられないこと，誤りなどがあれば，添削してもらう。こうすることで，こうこうの詞は詠まない，こうこうの詞は続かないといったことの理由を知ることである。このようにして詠み習えば，自然と詠み方を覚えて，後にはどのようにでもそれぞれの心で考えようはあるものだ。

(一)　本文付属の現代語訳「わきまえて詠もうとするので，不安に」がヒントとなる。初心者は「去嫌ひを……恐れてのみゐて」，傍線部①のようになってしまうということなので，ここの「不安」「恐れ」という要素を反映したウが適当。

(二)　「添削してもらう」ということは共通しているので，どんな時に添削してもらうのかということを確認する。すると，「我え心得ぬこと，……などあれば」，つまり「わきまえられないことや，誤りなどがあれば添削してもらう」ということになるので，それを反映しているイが適当。「わきまえられない」は「判断できない」と言い換えられる。

(三)　「いかやうとも」は現代仮名遣いでは「いかようとも」と読み，意味は「どうにでも」である。「案じ」は「考える，心配する」であるが，ここでは和歌の初心者はまず知識など豊富でなくとも詠んでみて，人に添削してもらうことを重ねれば自然と詠み方がわかるという内容から，「どうにでも考えようはある」という方向でとるのがよい。

重要　(四)　アは「わきまえるところから」が誤り。「我知らぬことは……打捨てて」と矛盾する。ウは全体が誤り。「覚えてゐるほどの……詠み出だし」から，自分の持つ学識や技量だけでもとにかく詠むことはできると考えられる。エは「何度も何度も歌を作る」が誤り。何度も作るだけでなく，(三)のように添削してもらうことが重要となる。また，「自然の」も誤り。本文「自然と」は「おのずから」のような意味であって，自然に関する和歌を詠むことについて限定的に述べているわけではない。

★ワンポイントアドバイス★

論説文は，具体例をどのような目的で挙げているのかということを考え，筆者の主張を読み解こう。古文は，頻出の助動詞にも気を付けつつ，全体を大まかに訳せる力を身につけておくとよい。

MEMO

大切なことはメモしておこうネ！

2021年度

入　試　問　題

2021年度

2021年度

名古屋経済大学市邨高等学校入試問題

【数　学】（45分）　　＜満点：100点＞

1　次の(1)から(8)までの問いに答えなさい。

(1)　$-2^2+32\times\dfrac{1}{4}$ を計算しなさい。

(2)　$\dfrac{3x+1}{5}-\dfrac{x+1}{2}$ を計算しなさい。

(3)　$(\sqrt{5}+\sqrt{3})(\sqrt{20}-\sqrt{12})$ を計算しなさい。

(4)　$(x+y)^2-z^2$ を因数分解しなさい。

(5)　2次方程式 $x^2+4x=1$ を解きなさい。

(6)　ある高校の今年の入学者は412人で昨年よりも3％増加した。また，昨年に比べ男子は2％減少し，女子は8％増加した。今年の男子と女子の入学者数をそれぞれ求めなさい。

(7)　大小2つのさいころを同時に投げるとき，出た目の数の大きい方から小さい方を引いた値が素数となる確率を求めなさい。

(8)　右図で，直線 l と直線 m が平行であるとき，$\angle x$ の大きさを求めなさい。

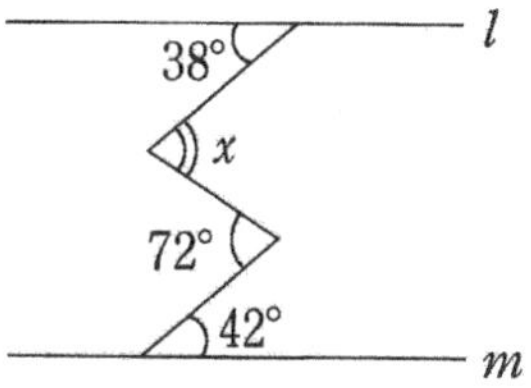

2　市邨高校の授業で使っているタブレット端末には，関数の式を入力するとそのグラフを表示するアプリケーションが入っている。今，太郎くんと花子さんがこのアプリケーションを使って，関数 $y=x^2-3x+2$ の式を入力して，グラフを表示し，それを見ながら会話をしている。このとき，次の(1)から(3)までの問いに答えなさい。

太郎くん「中学校の授業で習った関数 $y=x^2$ のグラフに似ているけど，頂点が原点ではないね。」

花子さん「関数 $y=x^2$ のグラフを形や向きを変えずに動かしたような形になっているね。頂点の座標が分かれば，どのように動かしたものか分かりそう。」

太郎くん「でも，どうやって頂点を求めたらいいのかな。」

花子さん「頂点は分からなくても，このグラフが通っている点は調べられるね。」

太郎くん「調べてみたら，点 $(1,\boxed{a})$，$(2,\boxed{a})$，$(3,\boxed{a})$ を通ることが分かったよ。」

花子さん「y 座標が同じになる点があるね。」

(1)　$\boxed{a}$，$\boxed{b}$ にあてはまる数をそれぞれ答えなさい。ただし，2つの $\boxed{a}$ には同じ数が入るとする。

(2)　このアプリケーションが表示した関数 $y=x^2-3x+2$ のグラフとして最も適当なものを，次のページの**ア**から**エ**までの中から選んで，そのかな符号を書きなさい。

ア

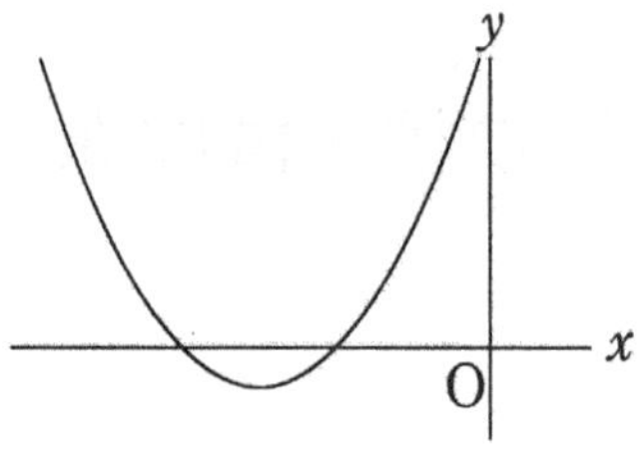

イ

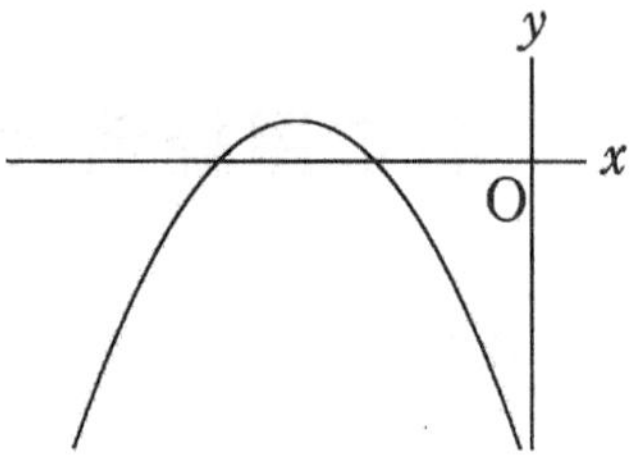

ウ

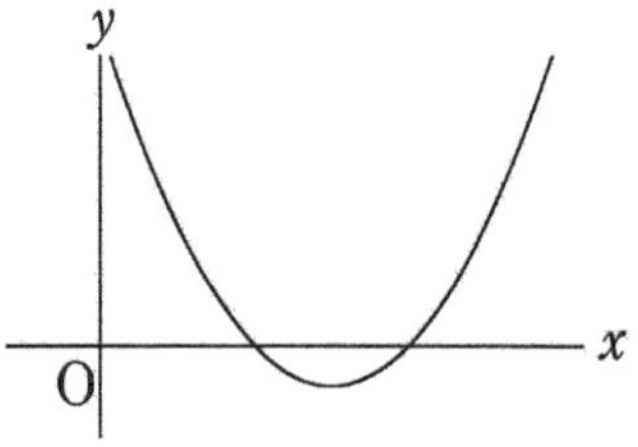

エ

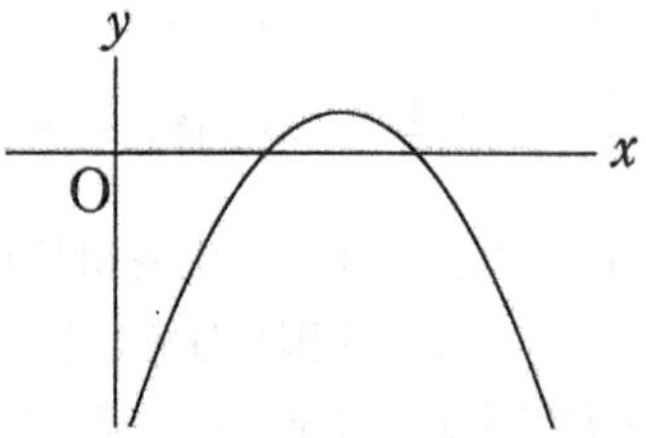

(3) 花子さんの最後の発言やアプリケーションが表示したグラフを参考にして，頂点の座標を求めなさい。

3 次の(1)から(4)までの問いに答えなさい。

(1) 太郎くんは，弁当を温めようとして，弁当のラベルに表示された「電子レンジ加熱時間（表）」を参照した。図は，この表を参考にして太郎くんがかいたグラフであり，横軸はワット数（W），縦軸は加熱時間（秒）である。次の①，②の問いに答えなさい。

500W	600W	1000W	1500W
7分	5分50秒	3分30秒	2分20秒

表　電子レンジ加熱時間

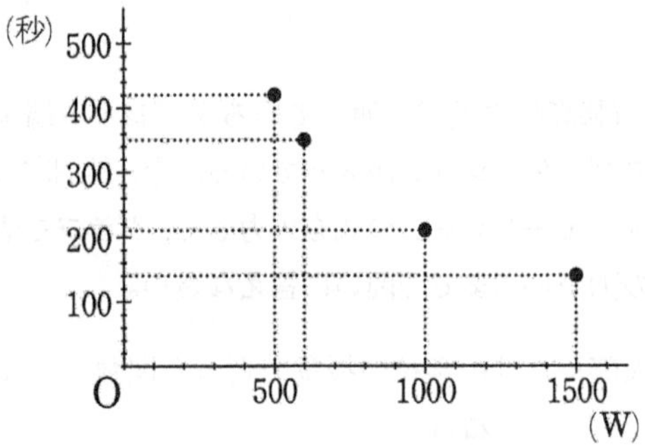

図　太郎くんがかいたグラフ

① 表やグラフから，ワット数と加熱時間にはどのような関係があるか述べ，そう考えた理由を説明しなさい。

② 太郎くんの家の電子レンジは700Wでの加熱に対応している。①を利用して，700Wで加熱する場合の加熱時間は何分何秒になるか，求めなさい。

(2) 右の図の□には，1から9までの自然数を1つずつ入れることができる。a，bにあてはまる数の組を1つ求めなさい。

□＋□＝$\boxed{a}$
□－□＝□
$\boxed{2}$×□＝$\boxed{b}$

(3)　次の表は，30人のクラスで実施した10点満点の数学のテストの結果を表したものである。表には，欠席者２名を除いた28名の得点が示されている。次の①，②の問いに答えなさい。

得点(点)	0	1	2	3	4	5	6	7	8	9	10	計
度数(人)	0	3	4	3	2	1	6	5	1	2	1	28

①　平均値と中央値をそれぞれ求めなさい。

②　後日，欠席した２人の生徒が同じテストを受けた後，もう一度集計したところ，中央値は変わらなかったが，平均値が0.1点上がった。この結果から，２人の点数の差は最大何点であるか，答えなさい。

(4)　右の図で，Oは原点，点A，Cは直線 $y = ax + b$ のグラフ上の点で，点Aの座標は（4，1）である。また，点B，Dはそれぞれ x 軸，y 軸上の点で，点Bの x 座標は10，点Dの y 座標は８である。四角形ABCDが平行四辺形であるとき，次の①，②の問いに答えなさい。

①　a，b の値をそれぞれ求めなさい。

②　原点を通り，平行四辺形ABCDの面積を２等分する直線の方程式を求めなさい。

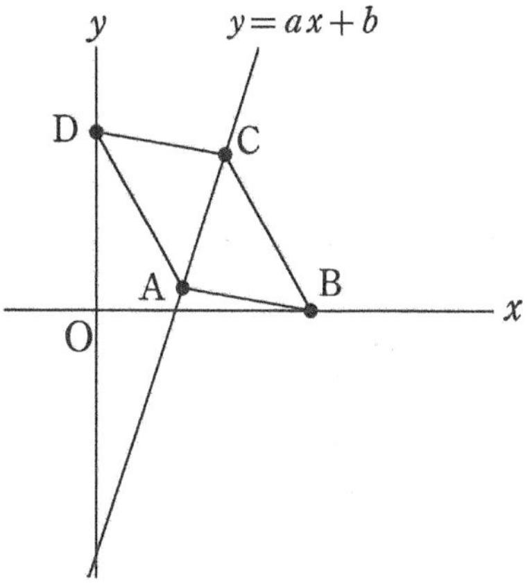

4　次の(1)，(2)の問いに答えなさい。

(1)　図で，△ABCと△ECDは正三角形で，∠EBC＝28°，∠ACE＝46°である。このとき，次の①，②の問いに答えなさい。

①　△ECBと△DCAが合同であることを説明しなさい。

②　∠ADCの大きさを求めなさい。

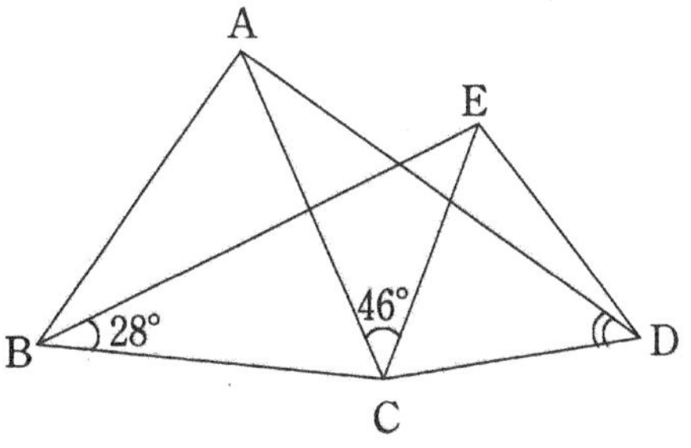

(2)　長方形の画用紙を切断して，図のような６個の正方形をつくった。最も小さい正方形の一辺の長さが１cmであるとき，次の①，②の問いに答えなさい。

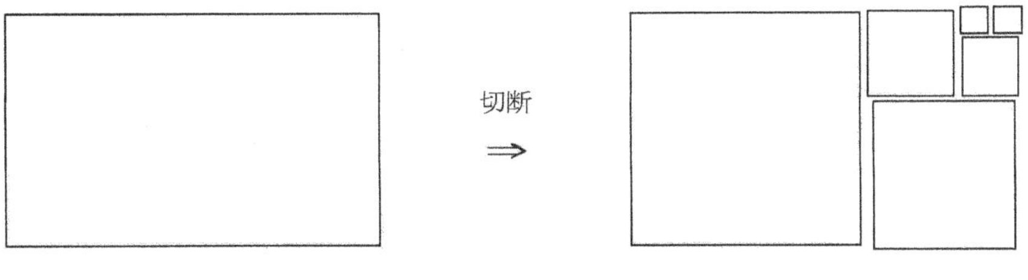

① もとの画用紙の長い方の辺の長さを求めなさい。

② 同じ画用紙をさらに5枚用意して，正方形を切り取って貼り合わせ，6個の立方体を作った。この6個の立方体を組み合わせて右のような立体を作ったとき，その表面積を答えなさい。ただし，立方体同士が接している部分は，小さい方の立方体の面全体が大きい方の立方体の面に接しているとする。

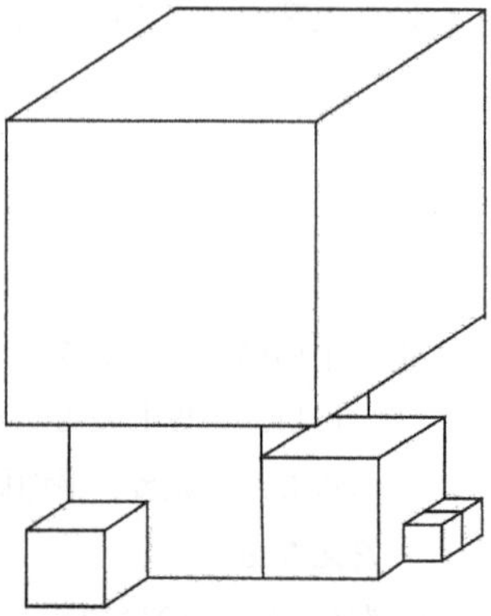

【英　語】（45分）　＜満点：100点＞

外国語（英語）聞き取り検査

ただいまより聞き取り検査を行います。

これから読まれる会話文を聞き，内容に合うよう５つの問いに答えなさい。

問いの(1)から(4)までは，質問の答えとして正しいものには解答欄の「Ｔ」の文字を，誤っているものには解答欄の「Ｆ」の文字を，それぞれ○《まる》でかこみなさい。(5)については，下の図を見ながら，ａからｄの中から答えを１つ選びなさい。すべての問い，選択肢ともに放送で流れます。

英文は２回ずつ読まれます。必要があれば，メモを取っても構いません。

それでは始めます。

（出典：UNICEF HP『UNICEF and the SDGs』）

＜リスニング問題スクリプト＞

Matt: Jane, could you help me with something?

Jane: Sure, Matt.　What can I do for you?

Matt: Well, you know that we have to give a presentation about SDGs.　What topic did you choose?

Jane: My topic is about dirty water in India.　I've been working on it all week.　I'm almost finished.　How about yours?

Matt: To be honest, I haven't even decided on my topic yet.

Jane: What?　But you'll give the presentation this Friday!

Matt: Yeah, I know.　I couldn't decide what topic I wanted to talk about and now I'm really worried that I won't be able to finish making it by Friday.

Jane: OK, well, can you talk about global warming?　You like that topic.

Matt: Yeah, I do like it.　The problem is that I've already given a presentation on it. I want to talk about something new.

Jane: Hmm. How about food problems in some parts of Africa? You know many people there don't have enough food.

Matt: Of course. But I wanted to learn about local problems.

Jane: Then, how about poor people in Japan? I think there are more people becoming poor than before because of coronavirus.

Matt: Yeah, that would be a very interesting topic for me. Thanks! I'll start doing research right now!

1. Matt will have a presentation this week.
2. Jane has not decided the topic of her presentation.
3. Matt wants to learn about problems in foreign countries.
4. Matt gave a presentation on global warming before.
5. Which picture below is for Jane's presentation?

a. Number 1　　b. Number 6　　c. Number 13　　d. Number 14

外国語（英語）筆記試験

1. ジム（Jim）とマリ（Mari）のクラスでは，朝の会で気になるニュースについて発表をしています。次の会話文を読んで，空欄①から③に３語の英語を補い，会話を完成させなさい。ただし，①については【　】内の語を用いなさい。

Jim: Have you found a news article for your presentation?

Mari: Yes, I'm thinking I will talk about this news.

Jim: What is it?

Mari: According to the news, the air became very clean because of coronavirus.

Jim: What does it mean?

Mari: Look at these two pictures. ①(　　　　　) the difference between them?
【 find 】

Jim: Well, let me see, they look the same, but something is different. Umm... I got it. One picture is smoggy, but ②(　　　　) very clear and I can see the blue sky in the picture.

Mari: Yes, I agree with you. The picture with smoggy air ③(　　　　　) November, 2019. The picture with the blue sky ③(　　　　　) April, 2020. Can you guess why?

Jim: I guess it is because many people in the world didn't drive at the time of the coronavirus, so the air became cleaner.

Mari: Yes. Some scientists say so. Actually, the coronavirus makes us scared, but it also helps us to think about air pollution.

（注） article 記事　according to ～ ～によれば　smoggy スモッグの多い

New Delhi on Nov.1, top, and again in April.

（参考：*The New York Times* HP, Manish Swarup / Associated Press）

2. 次の文章を読んで，(1)から(5)までの問いに答えなさい。

On July 23 in 2020, at 8 p.m., exactly a year before the games' opening ceremony will be held, Japanese swimming star Ikee Rikako spoke from the Japan National Stadium without spectators.

"①Sports (and unity / us / give / courage). When we stand up to difficulties, the power of hope is really (A)," said the swimmer appointed by the Tokyo Organising Committee of the Olympic and Paralympic Games. Ikee was diagnosed with leukemia in 2019 and now is trying to make a comeback in her sport.

In March Ikee returned to the swimming pool for the first time since February 2019. By appointing her, the Tokyo 2020 Organising Committee aims to give courage to athletes across the world because they are fighting with the sudden changes brought by the pandemic.

But public opinion on the Olympics and Paralympics is [②]. In a survey conducted by Waseda and Doshisha universities in July, only 18.4% of respondents said they "agree" or "somewhat agree" with holding the Tokyo Games in their original form, while a total of 52.7% said they "disagree" or "somewhat disagree" with the idea.

While she acknowledged that many people disagree with the events going ahead, Ikee held a lantern containing the Olympic flame and spoke her words with feeling. She said, "One year from today, I want this place to shine with the flames of hope." And she continued, "The hopes for these games have shone for a long time, so however difficult it may be, we can face it and strive for them."

(参考：*Mainiichi Weekly*, August 7, 2020)

（注） exactly　ちょうど　　spectators　観客　　appoint　任命する
Tokyo Organising Committee　東京組織委員会　　be diagnosed with leukemia　白血病と診断される
make a comeback　復帰する　　aim to ~　~を目指す，狙う　　pandemic　感染爆発
survey　調査　　conducted　実施された　　respondent　回答者　　somewhat　やや，多少
acknowledge　認める　　lantern　手さげランプ　　contain　(内に)含む　　flame　炎
shone　shine の過去分詞形　　face　向き合う　　strive　懸命に励む

(1) 下線①のついた文が，本文の内容に合うように（　）内の語（句）を正しい順序に並べ替えなさい。

(2) （A）にあてはまる最も適当な語を，次の5語の中から選び，正しい形にかえて書きなさい。

play　　need　　love　　make　　take

(3) [②] にあてはまる最も適当な英語を，次のアからエまでの中から選び，そのかな符号を書きなさい。

ア becoming increasingly positive
イ becoming increasingly negative
ウ becoming increasingly hopeful
エ becoming increasingly brighter

(4) オリンピック組織委員会が池江選手を指名したことの理由として正しいものを，次のアからエまでの文の中から1つ選び，そのかな符号を書きなさい。

ア Ikee returned to the swimming pool in February 2019.

イ Ikee is a member of the Commitee.
ウ Ikee is fighting with the pandemic.
エ Ikee will give courage to athletes across the world.

(5) 次のアからエまでの文の中から，その内容が本文に書かれていることと一致するものを２つ選び，そのかな符号を書きなさい。
ア The Tokyo Olympic Games' opening ceremony will be held on July 23 in 2021.
イ Ikee spoke from the Japan National Stadium with a lot of spectators.
ウ Ikee fought with her disease and got better after a year.
エ Ikee was sadly looking at a lantern on the ground.

3. 大輔（Daisuke）と留学生のピーター（Peter）が会話をしています。次の会話文を読んで，(1)から(6)までの問いに答えなさい。

Daisuke: Hello, Peter.
Peter: Hi, Daisuke. How are you?
Daisuke: Good. ① Oh, you (　　) new glasses.
Peter: 【 a 】
Daisuke: Yes, but the shape is a little strange, don't you think?
Peter: Yeah, but in fact, they are very special. You can do many things with these glasses.
Daisuke: 【 b 】
Peter: They are called "smart glasses." You can take pictures and record videos with some applications. You can even watch movies and search on the internet.
Daisuke: 【 c 】
Peter: You can operate some functions with your gestures. For example, move your hands like this, and you can check new messages from your friends.
Daisuke: 【 d 】
Peter: If you connect them to a drone, you can see the view from the (A) through the glasses. You will feel like flying in the air.
Daisuke: Wonderful! Have you ever tried that?
Peter: 【 e 】
Daisuke: Yes, I want to know more about them!
Peter: I will go to some electronics store this weekend. ②(　　) don't you come with me? You will see some kinds of smart glasses there.
Daisuke: Sounds great!

（注） applications （スマートフォンなどの）アプリ　operate 操作する　function 機能
connect ... to ～ …を～と接続する　electronics store 家電店

(1) 次のアからオまでの英文を，会話文中の【a】から【e】までのそれぞれにあてはめて，会話の文として最も適当なものにするには，【b】と【d】にどれを入れたらよいか，そのかな符号を書きなさい。ただし，いずれも一度しか用いることができません。

ア What do you mean?

イ What else can you do with them?

ウ Right. These are my new glasses. Do they look good?

エ No. I read an article about that. Are you interested in smart glasses?

オ Great. Then, will you tell me how to use them?

(2) 下線①，②のついた文が，会話の文として最も適当なものになるように，それぞれの（ ）にあてはまる語を書きなさい。

(3) （A）にあてはまる最も適当な語を，次のアからエまでの中から選び，そのかな符号を書きなさい。

ア sea　イ land　ウ sky　エ window

(4) 本文中に紹介されている smart glasses でできることを5つ，日本語で書きなさい。

(5) 次の英文は，ピーターが帰国後，大輔に送ったメールです。このメールが会話文の内容に合うように，次の（X），（Y）のそれぞれにあてはまる語を書きなさい。

Hi, Daisuke

Did you finally get smart glasses? In America, a new type of smart glasses is (X) at stores now. It's for "Virtual Reality" or "VR." We can enjoy a virtual world in many ways by using it. For (Y), we can see virtual characters moving around through the glasses. It's called "Mixed Reality" or "MR." After I get them, I will show you how to use them in a video call. See you then!

Cheers,
Peter

(6) 本文中の smart glasses にはたくさんの機能がある反面，使用する際の問題点も指摘されています。次の英文①，②の空欄に smart glasses の問題点について考えられることを，3語以上の英語を使って補い，英文を完成させなさい。

① Watching movies with smart glasses is dangerous when you ( ).

② You can ( ) secretly with smart glasses. It will be an invasion of privacy.

（注） secretly　こっそりと　invasion of privacy　プライバシーの侵害

【理　科】（45分）　　＜満点：100点＞

1　写真１のように，電球に電圧をかけ，その電球に流れる電流を測定したところ，グラフのようになった。次の(1)，(2)の問いに答えなさい。

(1)　電球にかけた電圧が2.0Ｖと5.0Ｖの場合の抵抗値をそれぞれ小数第１位まで求めなさい。

(2)　この電球を写真２のように２つ接続して，5.0Ｖの電圧をかけた。このとき，電流計を流れる電流の大きさを小数第１位まで求めなさい。

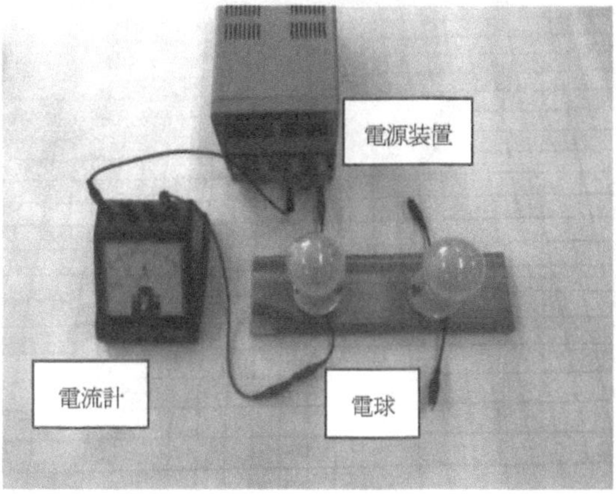

写真１

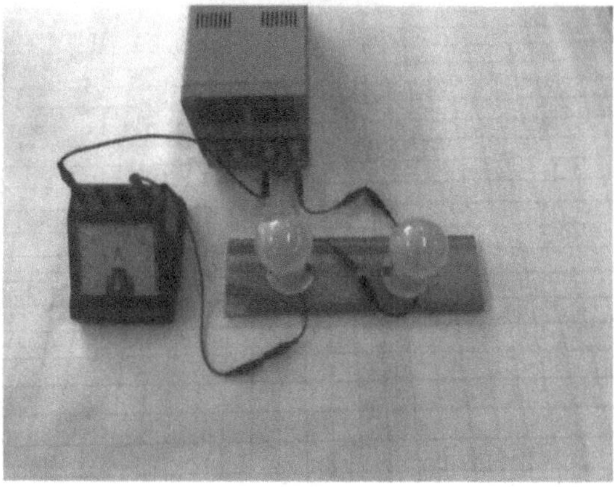

写真２

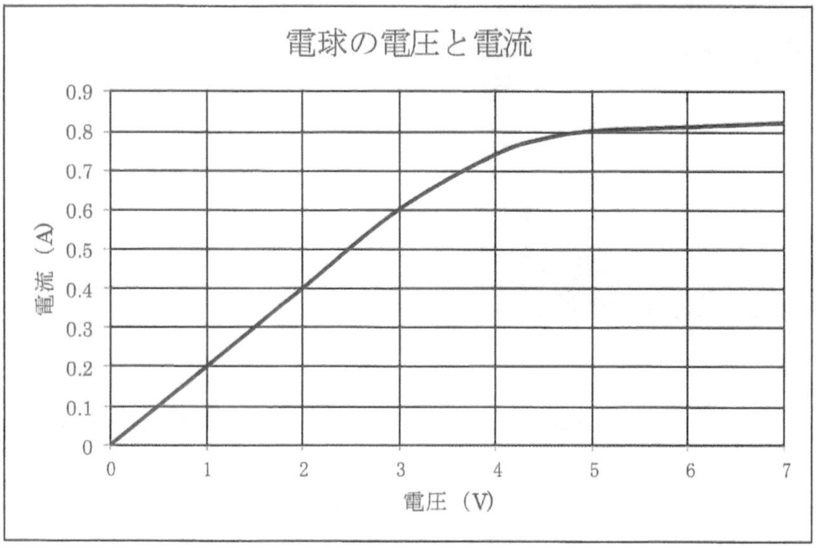

2　次の(1)，(2)について，計算しなさい。

(1)　水80ｇに食塩20ｇを溶かした水溶液の質量パーセント濃度を求めなさい。

(2)　ある量の水に砂糖を溶かして質量パーセント濃度が12.5％の砂糖水を200ｇ作った。溶かした砂糖の質量を求めなさい。

3　タマネギの根（写真１）の白矢印の部分をカミソリで薄く切り，酢酸カーミンを用いて染色して顕微鏡で観察したものが写真２である。写真３は，このタマネギの鱗片の一部を切り取ったものである。あとの(1)，(2)の問いに答えなさい。

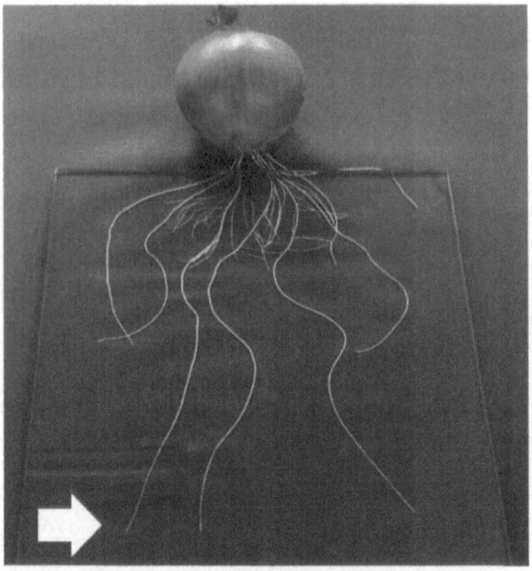

写真１

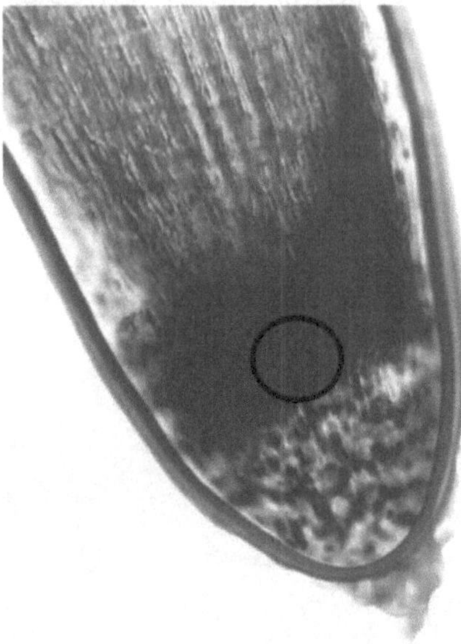

写真２

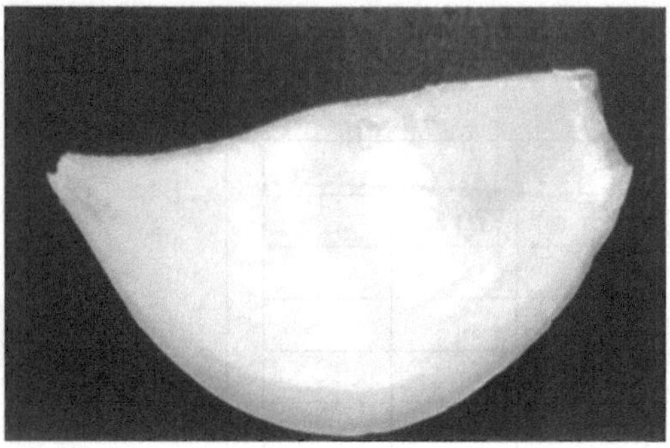

写真３

(1)　写真２の黒線で囲んだよく染色されている部分を何というか。また，その特徴を簡単に説明しなさい。

(2)　材料１ｇからＤＮＡを採取したい。材料として「タマネギの根」と「鱗片（写真３）」のどちらを使う方がより多くのＤＮＡを採取することができると考えられるかを答えなさい。また，そのように考えた理由を答えなさい。

4　次の文章を読んで，あとの(1)，(2)の問いに答えなさい。

木曽川が濃尾平野に流れ込む直前の，犬山市の桃太郎公園と各務ヶ原市鵜沼に挟まれた河原で，次のページの写真１のような石を拾った。うすい板を重ねたように見えるが，これを地層と呼ぶ。

この石は，長い時間をかけて（　①　）と泥岩が交互に堆積してできた堆積岩である。もともとの大きなかたまりの一部が割れて，その一部が川の流れで角を削られながら，写真１のような状態で流れ着いたのである。写真２は，その石を違う向きから撮影したものだが，左から１/５ぐらいのところに（　②　）が見えている。これは，地層に大きな力が加わり，ずれたあとである。

写真１

写真２

河原全体に目を移すと，小さな石だけでなく写真３のように薄い板を重ねたように見える大きな岩がある。この岩はチャートと呼ばれる堆積岩であるが，それぞれの層に含まれる放散虫の種類を特定することで地質年代を知ることができる。放散虫のような化石を（　③　）化石という。写真４には，分析試料を採取するために百円硬貨ぐらいの大きさに丸く削り取ったあとがいくつも見える。

写真３

写真４

チャートの層は海底に対して水平に形成されるが，写真３・４から，チャートの層の断面が地面に対してほぼ垂直になって陸に存在していることがわかる。また，河原のすぐ横の山を100mほど登ったところに，次のページの写真５のようになめらかに曲がったチャートの層があるが，これを（　④　）しているという。層は力を受けるとなめらかに変形することがわかる。河原の層の断面は，力を受けて変形したあと，たまたま垂直になっているところが表面に露出していたのである。

写真5

太平洋の海底で形成されたチャートの層が犬山あたりで観察できるのは，プレートが移動する以下のしくみがあるからである。

Ⅰ　日本列島が大陸プレートの端に乗っている。

Ⅱ　海洋プレートの上に形成された地層が大陸プレートの向きに運ばれ続ける。

Ⅲ　海洋プレートと大陸プレートの密度を比較すると，海洋プレートの方が大きいので，プレートどうしが衝突すると，海洋プレートは大陸プレートの下にもぐり込む。

Ⅳ　海洋プレートの表面にある地層は大陸プレートの端に削り取られて，地層が狭い領域に押し込められる。

Ⅴ　プレートも地層も，ある程度なめらかに変形できるが，大陸プレートは海洋プレートに引き込まれ，たわみながら沈み込む。

Ⅵ　大陸プレートはなめらかに変形できるが，限界を超えると跳ね上がってもとの形に戻る。このときに（　⑤　）型地震が起こる。一方，地層がなめらかな変形の限界を超えると（　②　）が生じ，やはり地震が起こる。

⑴　文中の（①）から（⑤）に入る最も適当な語句を下の語群**ア**から**コ**までの中からそれぞれ１つずつ選んで，そのかな符号で答えなさい。

ア　泥岩　**イ**　砂岩　**ウ**　れき岩　**エ**　断層　**オ**　示準

カ　示相　**キ**　しゅう曲　**ク**　隆起　**ケ**　海溝　**コ**　海山

⑵　（⑤）型地震は，上で述べたしくみから，数百年ごとに発生すると考えられている。発生が周期的である理由を書きなさい。ただし，「海洋プレートが大陸プレートへ向かって一定の速さで動き続けて大陸プレートの下にもぐり続けるため，大陸プレートは，」を書き出しとする。

5　次の文章の（①）から（④）に入る最も適当な語句をあとの語群**ア**から**ウ**までの中からそれぞれ１つずつ選んで，そのかな符号で答えなさい。

反射の法則を確かめる実験を行う。ある点から観測者に光が見えるかどうかは，ストローのような細い長い筒を望遠鏡のように持って，その点を見たときに明るいか暗いかで判断する。図は部屋を上から見たものである。点Ｑを含む平面以外は光を反射しないとする。部屋を真っ暗にして，点Ｑを含む平面の壁の全体に鏡を貼り，光を反射しない仕切り板を部屋の中央付近に置く。電球を点Ｐに置いて点灯させて，点Ａ，Ｂにいる人がすきまの点Ｑを見ると，点Ａでは点Ｑからの光が見えるが点Ｂでは点Ｑからの光は見えない。光の（　①　）の法則が成り立っているからである。

次に，電球を点灯させたまま鏡をはずして，点Ａ，Ｂにいる人が同じように隙間の点Ｑを見ると，点Ａ，点Ｂのどちらからも光が見える。点Ａから見る場合は点Ｑにおいて①の法則が成立し，点Ｂから見る場合では点Ｑにおいて（　①　）の法則が成立しないように見える。しかし実際には点Ａ点Ｂのどちらからも光を見ることができる。なぜ点Ｂにも光が来るかというと，点Ｑで（　②　）

しているからである。点Qのあたりの壁を拡大してみると壁の表面は（　③　）となっている。そのため，点Bに対して（　①　）の法則を満たす面もあるから見えるのである。よって，点Aから点Qを見る場合では鏡の場合と違って（　①　）の法則を満たさない面があるため，鏡のときと比較すると点Qは（　④　）。

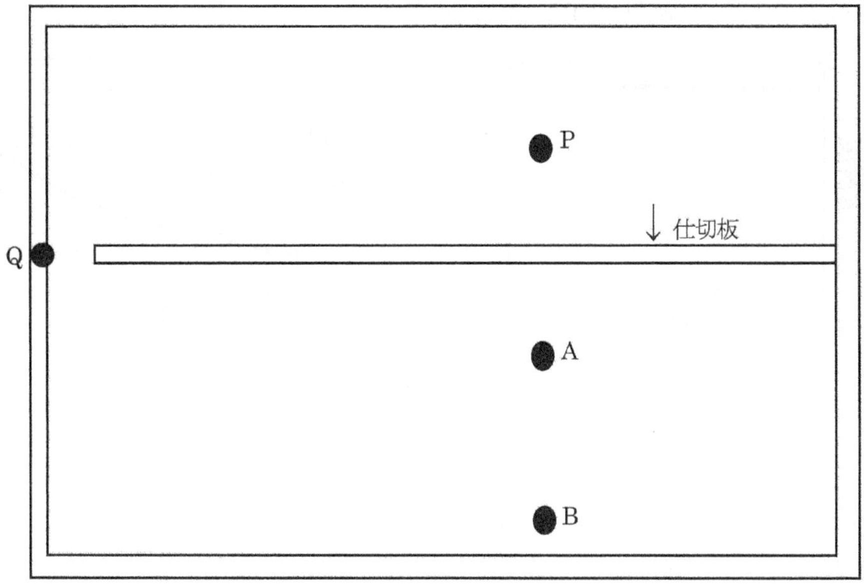

	ア	イ	ウ
①	反射	屈折	散乱
②	散乱	反射	乱反射
③	凹凸がある面	きれいな平面	穴だらけの面
④	明るくなる	暗くなる	明暗は変わらない

6　ビーカーA，Bに水100gを入れて，ミョウバンと塩化ナトリウムを15gずつビーカーA・Bのいずれかに入れて加熱し，完全に溶かして80℃の水溶液を作り，次の実験を行った。下の表はミョウバンと塩化ナトリウムの溶解度である。あとの(1)から(3)までの問いに答えなさい。

＜水 100gにとける質量（g）＞

水の温度（℃）	0	20	40	60	80
ミョウバン	5.7	11.5	24.0	57.5	320.6
塩化ナトリウム	35.6	35.8	36.3	37.1	38.0

＜実験＞

①　ビーカーA，Bをゆっくり20℃まで冷やすと，ビーカーAには白い結晶が観察されたが，ビーカーBは透明のままだった。

②　ビーカーBの水溶液10gを蒸発皿にとり，加熱して水を蒸発させると，白い結晶が出てきたのでルーペで観察した。

(1) ①の操作で，ビーカーAで観察された結晶は何か。また，観察された結晶は何gか。

(2) ②の操作で観察された結晶をより大きな結晶として得るにはどうしたらいいか。

(3) ミョウバンと塩化ナトリウムの溶解度曲線として最も適当なグラフを，下の**ア**から**エ**までの中からそれぞれ1つずつ選んで，そのかな符号で答えなさい。ただし，全てのグラフは縦軸・横軸とも同じ目盛りだが，数値は表示していない。

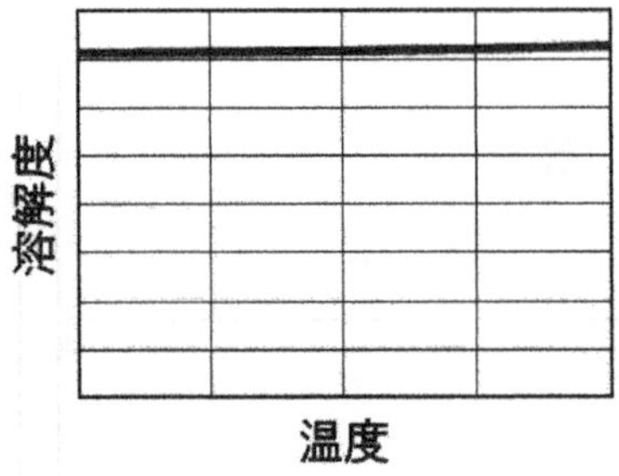

（ア）

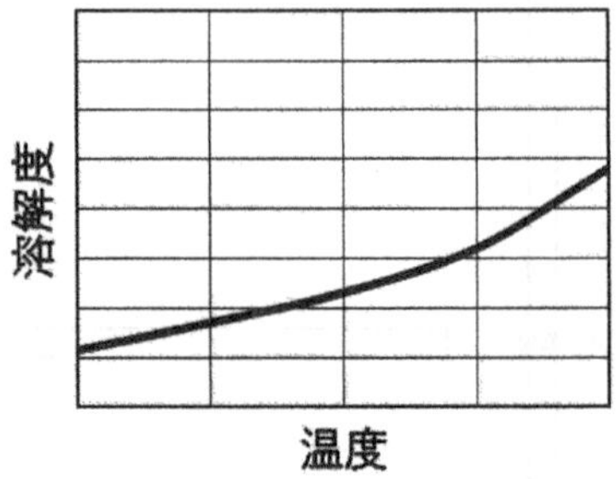

（イ）

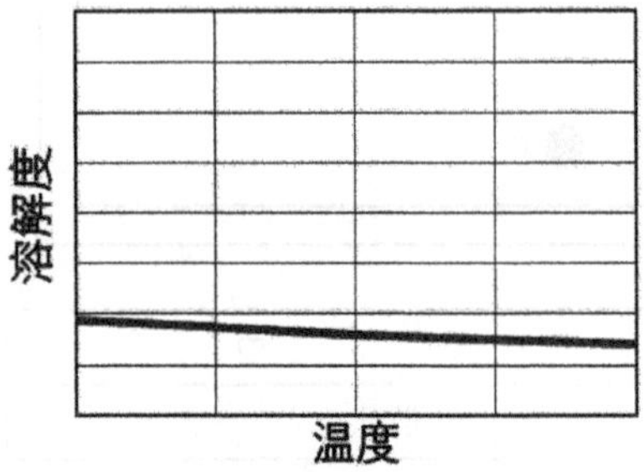

（ウ）

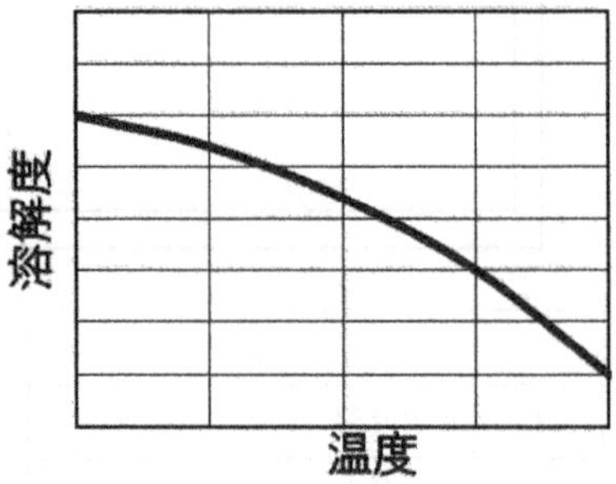

（エ）

7 次の文章の（①）から（⑤）に入る最も適当な語句をあとの**ア**から**ウ**までの中からそれぞれ選んで，そのかな符号で答えなさい。

A君は，『夏休みが終わりに近づくとアサガオの開花時刻が毎日早くなっていくのは，アサガオの開花温度まで気温が下がる時刻が季節が進むにつれて早くなるからだ』と思った。それを確かめるために，夜のうちに花壇のアサガオのつぼみを切り，写真1のように水入れにさして部屋に置き，エアコンの設定温度を日ごとに18℃から28℃の間でいろいろな設定にして観察し続けた。その結果，どの温度でもアサガオは開花しなかった。その結果をP先生に伝えて，朝と同じ温度でも咲かない理由を質問した。

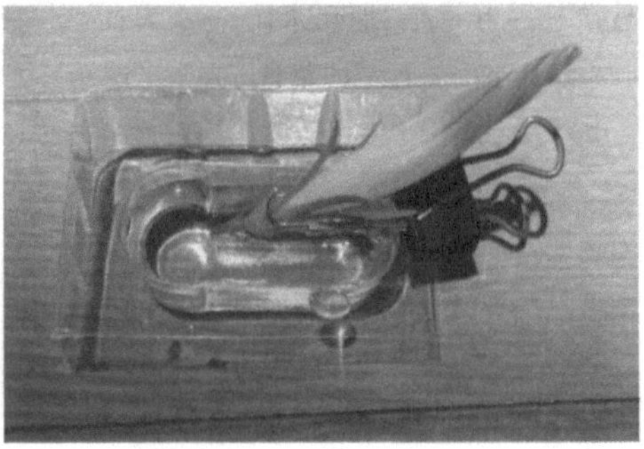
写真1

「そもそも，根・つる・葉が無くて（　①　）。実験は，1つ以外は全て同じ条件で行わなければ，何がどう影響を与えているのかを決められないよ。」

その助言で，A君はアサガオのつぼみを切り水入れにさして，写真２のようにアサガオの花壇の横に置いた。翌朝の日の出１時間前にアサガオを観察すると，写真３のように花壇のアサガオも水入れのアサガオも咲いていた。これにより，根・つる・葉は開花に（　②　），室内での実験結果から温度が開花時刻を（　③　）という結論を得た。

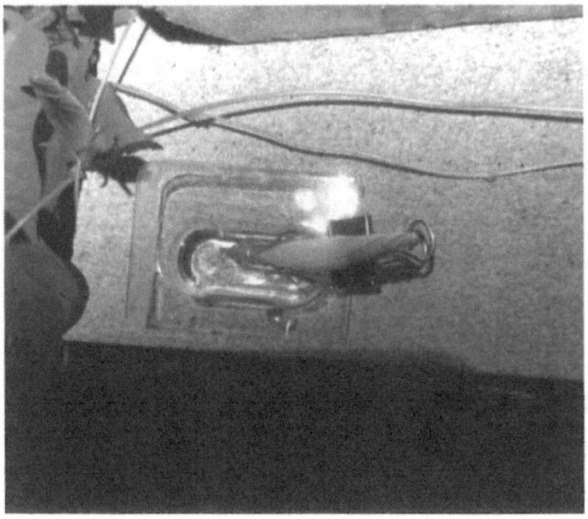

写真２

写真３

A君はさらに考え，光を感じて咲くのではないかと仮説を立てたが，（　④　）の時刻でアサガオが既に咲いていることを考えれば，朝日を感じて咲いているわけではないことに気付いた。

では，真っ暗で咲くのかどうかを調べようと，真っ暗な箱の中での開花実験を行おうと思い，Q先生に相談したところ，赤外線の問題や観察のための照明の問題が難しいとのことで，「連続暗黒でもほぼ同じ時刻に毎日咲く」という実験をした場合の結果を教えてくれた。これは，アサガオが自分で開花時刻を知り咲いている（体内時計を持っている）ことの証明ではあるが，アサガオの開花時刻が毎日早くなっていくことは説明できない。毎日変わる条件は何かと考えた結果，つぼみが明確に区別できることとして，日の出の時間，温度とともに（　⑤　）の時刻があることに気付いた。毎日の（　⑤　）の時刻と開花時刻を調べた結果，（　⑤　）の一定時間後に開花していることがわかった。つまり，（　⑤　）によって体内時計がリセットされるとの結論を得た。

	ア	イ	ウ
①	咲くのかな	枯れないのかな	しおれないのかな
②	関係して	関係せず	関係は不明で
③	決めている	決めていない	決めるかどうか不明
④	日の出１時間前	日の出直前	日の出
⑤	南中	日の入り	真夜中

【社　会】（45分）　＜満点：100点＞

1　次のⅠからⅣの文章を読んで，あとの(1)から(5)までの問いに答えなさい。

Ⅰ　この時代は手工業が発達し，京都の絹織物をはじめ，紙・陶器・酒・油などの特産物が各地に生まれた。また，刀や農具をつくる鍛冶・鋳物業，その原料となる鉄や，輸出用の銅などを掘る鉱山業も盛んとなった。こうした産物を運ぶために運送業も発展し，陸上交通では（①）が活躍した。産業の発展により市の開かれる場所や回数が増えて，常設の市も現れた。

Ⅱ　この時代は新田開発が進み，耕地面積が急速に広がった。近畿地方の進んだ農業技術が各地に広まり，備中ぐわ・千歯こきなどの農具や，干《ほし》鰯《か》や油粕《あぶらかす》も普及した。米は当時の権力者達の財政を支える重要な商品として，主に現在の（②）に送られた。ほかにも綿・菜種・藍などの栽培が各地に広まり養蚕・織物業が盛行し，輸送のための街道が賑わい，水上交通を支えた廻船業も発展した。

Ⅲ　この時代の民衆は6年ごとにつくられる（③）に登録され，班田収授の法により，6歳以上の男女に，国家より土地が貸し与えられていた。農民は成年の男子を中心に租・調・庸という税や，土木工事や都の造営などの労役のほか，九州北部の防衛や，蝦夷との戦いのための兵役の負担もあった。

Ⅳ　この時代はかんがいの技術が進み，近畿地方を中心に稲と麦の二毛作が行われるようになった。また，牛馬や鉄製の農具を使用した農耕が広まり，草木を焼いた灰や糞尿の肥料も使われ始めた。そして荘園に住む農民たちは，みずから田畑の開墾に努め，土地に対する権利を強めていき，荘園領主に年貢の軽減を要求したり，紀伊国阿《あ》弖《て》河荘《がわのしょう》のように，（④）の乱暴を訴えたりする時は集団で行動し，しだいに村の結びつきを強めた。

(1)　ⅠからⅣの文章中の（①）から（④）に当てはまる語句として最も適当なものを，次の**ア**から**シ**までの中からそれぞれ選んで，そのかな符号を書きなさい。

ア：馬借　**イ**：東京　**ウ**：計帳　**エ**：守護　**オ**：大阪　**カ**：戸籍　**キ**：地頭
ク：土倉　**ケ**：奈良　**コ**：検地帳　**サ**：国司　**シ**：問丸

(2)　ⅠからⅣの文章を時代の古い順に並べ，その数字を書きなさい。

(3)　文章中の下線部にある各種手工業や鉱山業，運送業など，様々な経済活動が発展するための前提として必要であったと読み取れることは何か。次の文章中の（A）に当てはまる適切な語句を書きなさい。

経済活動が発展するためには，（　A　）生産力の発展が欠かせないことが読み取れる。

(4)　次の資料**ア**から**エ**のうち，ⅠからⅣの文章の内容と関係のないものを一つ選んで，そのかな符号を書きなさい。

資料**ア**

資料**イ**

資料ウ

資料エ

(5)　Ｉの文章における時代以前に起こった世界の出来事として適当なものを，次の**ア**から**カ**の中からすべて選んで，そのかな符号を書きなさい。

ア　フビライ・ハンが元王朝を創始した。

イ　ムハンマドがイスラーム教を創始した。

ウ　東インド会社の支配に対する不満からインドで大反乱が起きた。

エ　フランスで絶対王政が行われていた。

オ　ローマ帝国が東西に分裂した。

カ　満州族が清王朝を開いた。

2　次の資料ＩからⅣは，19世紀以降における我が国の国民生活に関するものである。資料を見て，あとの(1)から(3)までの問いに答えなさい。

資料Ｉ

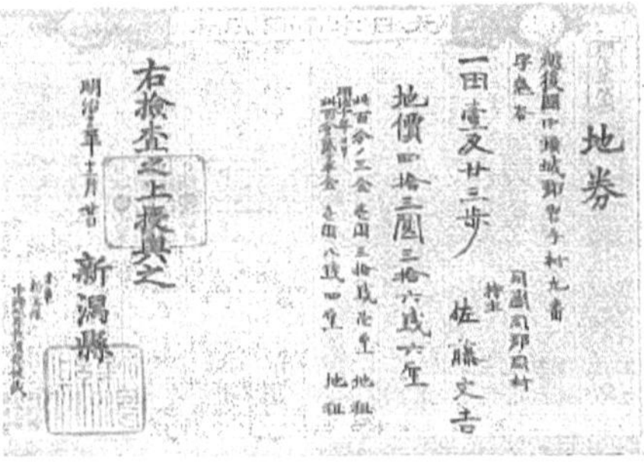

資料Ⅱ

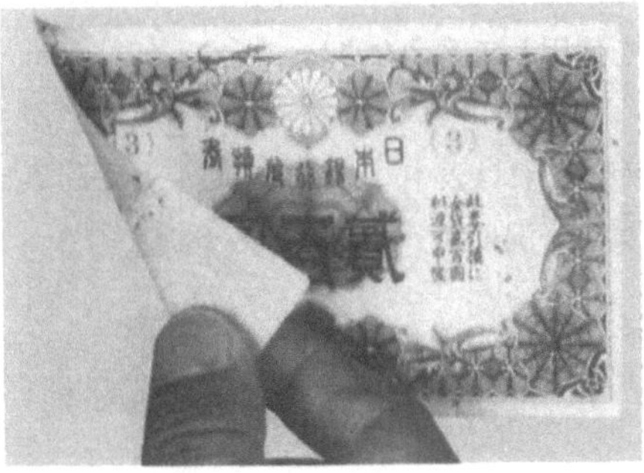

資料Ⅲ

資料Ⅳ

(1) 資料ⅠからⅣのうちのいずれか一つは，税制改革に関するものである。該当する数字を選ぶとともに，その税制改革の名称を答えなさい。また，その改革の内容と，政府の財源の確保に関する説明として最も適当なものを，次の**ア**から**エ**までの中から選んで，そのかな符号を書きなさい。

ア　土地の大きさに応じて課税された。納税方法は現金を納めるものであったので，収穫量，米価に左右されずに，安定した税収が見込めた。

イ　土地の価格に応じて課税された。納税方法は現金を納めるものであったので，収穫量，米価に左右されずに，安定した税収が見込めた。

ウ　土地の大きさに応じて課税された。納税方法は現物（米）を納めるものであったので，収穫量，米価に税収が左右される不安定なものであった。

エ　土地の価格に応じて課税された。納税方法は現物（米）を納めるものであったので，収穫量，米価に税収が左右される不安定なものであった。

(2) 資料ⅠからⅣは，右の表中のＡからＧのどの時期に当てはまるか。それぞれ該当するアルファベットを選んで，そのアルファベットを書きなさい。

出来事
戊辰戦争勃発
A
日清戦争勃発
B
日露戦争勃発
C
第一次世界大戦勃発
D
満州事変勃発
E
日中戦争勃発
F
第二次世界大戦終結
G
朝鮮戦争勃発

(3) 下のグラフは20世紀前半における，我が国の輸出入額の推移を表したものである。なお，実線と破線の２種類の線は，それぞれ輸出額，輸入額のいずれかを示す。次の文章中にある（A）から（C）に当てはまる適切な語句を書きなさい。なお，（A）と（B）には輸出額，輸入額のいずれかがそれぞれ当てはまる。また，（C）には，(2)の表中にある出来事のいずれかが当てはまる。表中の用語を使用して答えなさい。

1915年から1918年までは（　A　）が（　B　）を上回っているが，これは表中にある（　C　）が起こったことにより，国内の景気が好況になったためである。

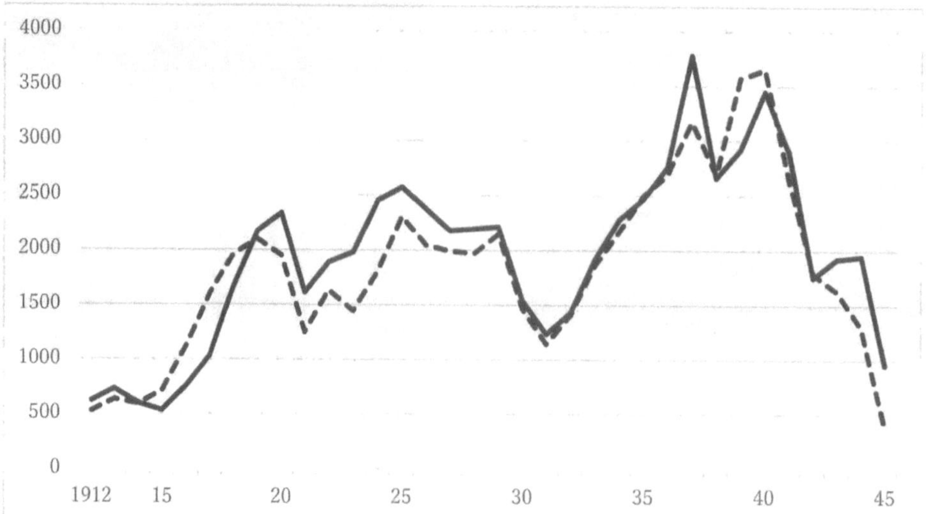

（『数字でみる日本の100年』をもとに作成　＊単位は100万円）

3　次の資料Ⅰから Ⅲ は愛媛県，岡山県，香川県，高知県，島根県，広島県のいずれかに関するもので，資料Ⅰから Ⅲ のA，B，C，D，E，Fには，それぞれ同じ県名が当てはまる。あとの(1)から(5)までの問いに答えなさい。

資料Ⅰ　各県の人口ならびに人口密度，2020年元旦の日の出・日の入り時刻

県名	人口	人口密度	元旦の日の出・日の入り時刻	
	（千人）	（人／㎢）	日の出	日の入り
A	680	101.4	7時16分	17時05分
B	1898	266.8	7時11分	17時03分
C	2817	332.2	7時16分	17時10分
D	962	512.6	7時09分	17時04分
E	1351	238.1	7時13分	17時10分
F	706	99.4	7時10分	17時08分

（『データでみる県勢2020年度版』などをもとに作成）

資料Ⅱ　各県の漁業生産量とその内訳　　　　※内水面とは河川や湖，沼のこと

県名	漁業生産量(t)	海面漁業(%)	海面養殖(%)	内水面漁業(%)	内水面養殖(%)
A	137,471	96.7	0.4	3.0	0.0
B	25,543	14.1	84.5	1.2	0.2
C	123,439	13.0	86.9	0.0	0.1
D	41,852	39.1	60.8	0.0	0.1
E	142,694	55.9	44.0	0.1	0.0
F	84,629	77.5	21.5	0.1	0.8

※ただし，内訳は小数点第2位を四捨五入。　（『データでみる県勢2020年度版』などをもとに作成）

資料Ⅲ　各県の工業製造品出荷額と割合

県名	出荷額合計	製造品（1位）	製造品（2位）	製造品（3位）
	（億円）	割合（%）	割合（%）	割合（%）
A	11,841	電子部品	鉄鋼	情報通信機械
		17.5	14.6	10.9
B	76,409	石油・石炭製品	化学	鉄鋼
		15.7	14.0	12.5
C	102,356	輸送用機械	鉄鋼	生産用機械
		35.4	13.7	9.0
D	26,106	非鉄金属	食料品	輸送用機械
		16.7	14.0	8.4
E	42,008	非鉄金属	パルプ・紙	石油・石炭製品
		17.2	13.7	13.6
F	5,919	食料品	パルプ・紙	窯業・土石
		16.5	11.0	10.5

（『データでみる県勢2020年度版』などをもとに作成）

⑴　AからFには，ユネスコの世界遺産がAに１件，Cに２件登録されている。AとCにある世界遺産に関する説明として適当でないものを，次の**ア**から**エ**までの中から選んで，そのかな符号を書きなさい。

ア　最盛期の江戸時代には，世界の生産量の約３分の１を占めた日本銀の生産の中心となった銀山。

イ　第二次世界大戦末期にアメリカ軍が投下した原子爆弾によって被爆した建物。

ウ　日本三景の一つの宮島にあり，平安時代に平清盛が改修を行った神社。

エ　江戸時代初期に建てられ，美しい白い城壁から白鷺《しらさぎ》城とも呼ばれる城。

⑵　Cの漁業に関する説明として最も適当なものを，次の**ア**から**エ**までの中から選んで，そのかな符号を書きなさい。

ア　沖合漁業や沿岸漁業が盛んで，魚や，かにの食品加工業も地域の重要な産業の一つである。

イ　千島海流と日本海流がぶつかる潮目では，プランクトンが豊富で好漁場となっている。

ウ　複雑な海岸線が続き，波がおだやかで，漁業のためのいかだを浮かべる好条件がそろっている。

エ　長い砂浜が続く弓状の海岸線を生かして，古くから地引網漁が盛んに行われてきた。

⑶　Fではビニールハウスを利用した農業を行っている。その説明として最も適当なものを，次の**ア**から**エ**までの中から選んで，そのかな符号を書きなさい。

ア　夏は夜間でも気温が下がりにくいことを生かして，旬の時期に安く大量に出荷している。

イ　夏は夜間でも気温が下がりにくいことを生かして，時期をずらして高値で出荷している。

ウ　冬でも日照時間が長いことを生かして，旬の時期に安く大量に出荷している。

エ　冬でも日照時間が長いことを生かして，時期をずらして高値で出荷している。

⑷　次のⅠからⅢの雨温図はA，D，Fのいずれかの雨温図を示している。その組み合わせとして最も適当なものを，次の**ア**から**カ**までの中から選んで，そのかな符号を書きなさい。

Ⅰ

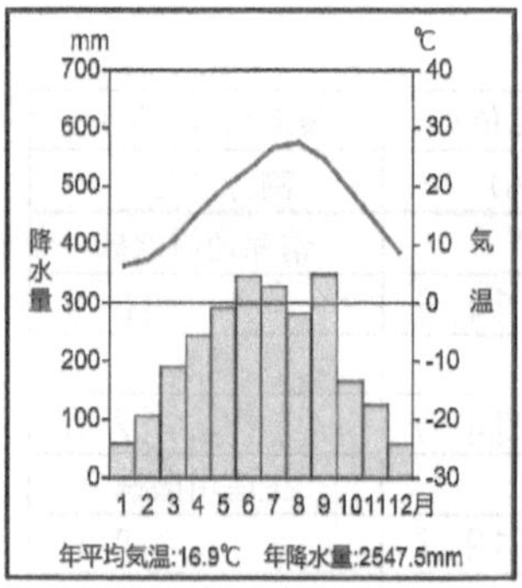

Ⅱ

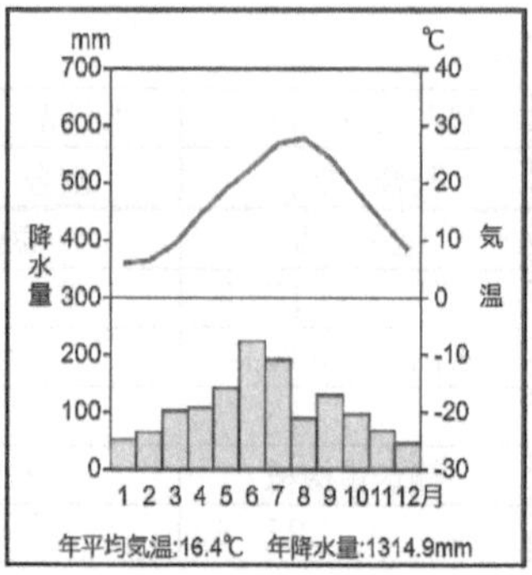

Ⅲ

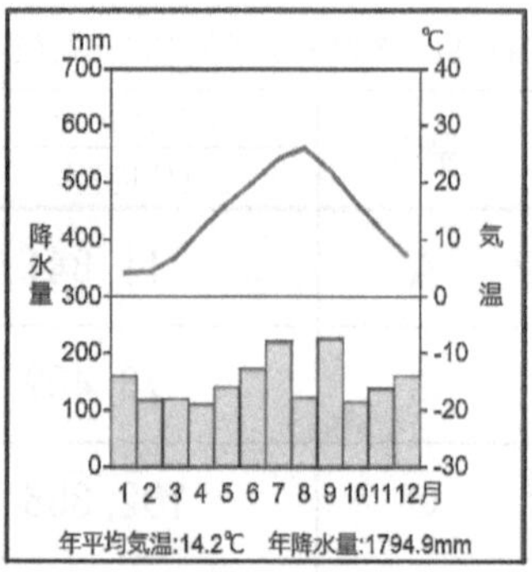

（『2020 データブックオブ・ザ・ワールド』をもとに作成）

ア　Ⅰ：A　Ⅱ：D　Ⅲ：F　　**イ**　Ⅰ：A　Ⅱ：F　Ⅲ：D

ウ　Ⅰ：D　Ⅱ：A　Ⅲ：F　　**エ**　Ⅰ：D　Ⅱ：F　Ⅲ：A

オ　Ⅰ：F　Ⅱ：A　Ⅲ：D　　**カ**　Ⅰ：F　Ⅱ：D　Ⅲ：A

⑸　次のページの地図と資料Ⅰ・Ⅱを見て，交通網の発達の影響について，次の説明文の空欄に適する内容を「フェリー会社」，「みょうが農家」の二つの語句を用いて文章で答えなさい。

説明文　本州と四国を結石交通網の発達によって（　　　　　　　　　　　　　　　　　　）。

地図　本州と四国を結ぶ交通網の発達

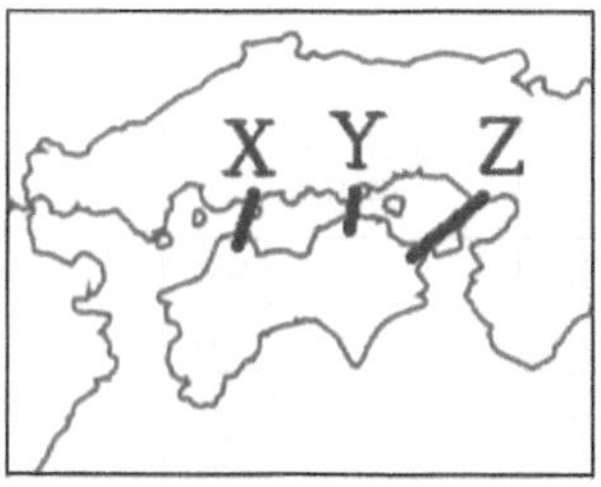

※全線開通年
Xルート：1999 年
Yルート：1988 年
Zルート：1998 年

資料Ⅰ　宇野港（岡山県玉野市）と高松港（香川県高松市）を結ぶフェリーの輸送人員の推移

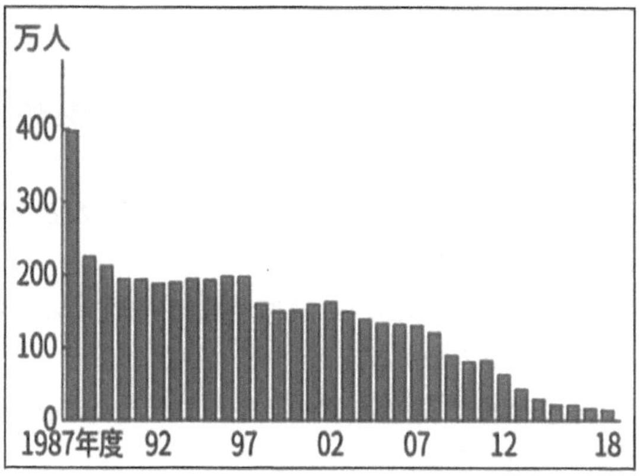

（『四国地方における運輸 20 年』をもとに作成）

資料Ⅱ　東京都中央卸売市場における高知県産のみょうがの取扱量とシェア
※シェアとは東京都中央卸売市場で取り扱うみょうが全体に占める高知県産のみょうがの割合。

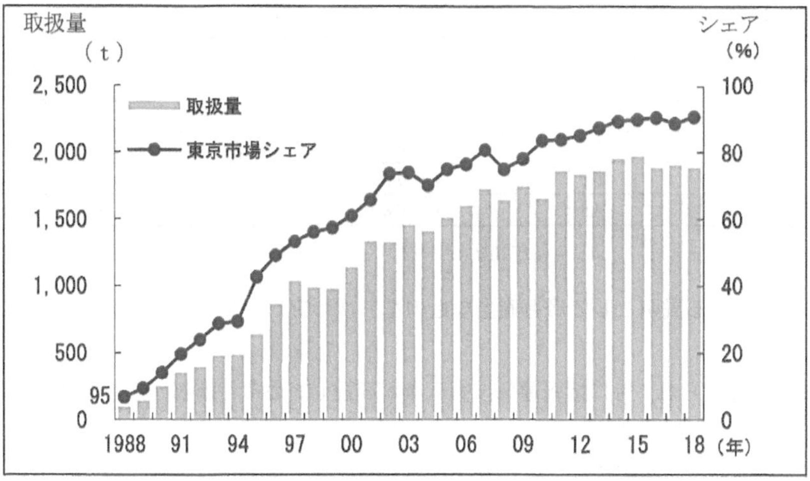

（『本四架橋の整備効果』をもとに作成）

4　次のページの資料ⅠからⅢは，アルゼンチン，エジプト，スペイン，ニュージーランド，マレーシアに関するもので，資料ⅠからⅢのA，B，C，D，Eには，それぞれ同じ国名が当てはまる。なお，資料Ⅲの 4 か所のXには，それぞれ同じ国名が当てはまる。あとの(1)から(4)までの問いに答えなさい。

資料Ⅰ　各国の人口・GDP・一人あたりのGDP・観光収入

国名	人口（千人）	GDP（億ドル）	一人あたりのGDP（ドル）	観光収入（億ドル）
A	31,950	3,052	9,650	184
B	100,388	2,932	3,100	86
C	46,737	12,651	27,150	684
D	44,781	5,766	13,030	55
E	4,783	1,859	38,780	106

（『2020 データブックオブ・ザ・ワールド』をもとに作成）

資料Ⅱ　各国の主な特徴

A　国旗の月と星のデザインが象徴するように，人口の６割をイスラム教徒が占める多民族国家である。一方で，民族間の経済格差を減らすために地元民の優遇政策が行われた。

B　農業人口が多いが，耕地は国内を流れる大河川の流域に限られ，小麦・米・綿花などを栽培している。宗教上の理由から食用に羊が多く飼育されている。

C　半島の５分の４を占める国土は山脈に囲まれており，大部分が高原地帯となっている。独自の言語や文化を持つ北東部の地域では独立運動が盛んである。

D　国土の中央部に広がる広大な草地で，大豆や小麦などの穀物の栽培や，牛などの家畜の飼育が盛んで，大豆や，とうもろこしは主要な輸出品である。

E　世界屈指の農業先進国で，輸出の６割から７割は酪農品や肉類を中心に第一次産品で占められる。環太平洋造山帯に属しており，火山や地震が多い。

資料Ⅲ　AからEの相手先別輸出額の上位５か国と，それぞれが輸出額全体に占める割合

A		B		C		D		E	
国名	(%)	国名	(%)	国名	(%)	国名	(%)	国名	(%)
シンガポール	13.9	イタリア	7.0	フランス	15.4	ブラジル	18.3	X	24.2
X	13.9	トルコ	6.9	ドイツ	11.0	アメリカ	6.9	オーストラリア	15.9
アメリカ	9.1	アラブ首長国	6.8	X	8.1	X	6.8	アメリカ	9.6
香港	7.5	アメリカ	5.9	イタリア	7.6	チリ	4.9	日本	6.1
日本	6.9	サウジアラビア	4.9	アメリカ	6.8	ベトナム	3.4	韓国	3.0

（『2020 データブックオブ・ザ・ワールド』をもとに作成）

(1)　資料ⅢのXの国に関する説明として最も適当なものを，次の**ア**から**エ**までの中から選んで，そのかな符号を書きなさい。

ア　BRICSの一つに数えられ，特に情報通信技術産業が発達しており，南部の都市ではアメリカ企業が進出し，時差を利用してコールセンターが置かれている。

イ　第一次世界大戦中に革命が起こり，世界ではじめての社会主義国が成立したが，アメリカとの冷戦を経て，1990年代に独立国家共同体へ移行した。

ウ　18世紀に蒸気機関を利用した紡績機が発明されたことをきっかけに産業革命が起こり，鉄鋼業や機械工業が発達し，「世界の工場」と呼ばれた。

エ　1980年代から改革をすすめ，外国企業を積極的に受け入れながら，巨大な人口を強みに安価で豊富な労働力を生かして経済大国に成長した。

(2)　BとDの首都の雨温図を，次の**ア**から**エ**までの中からそれぞれ選んで，そのかな符号を書きなさい。

雨温図

ア

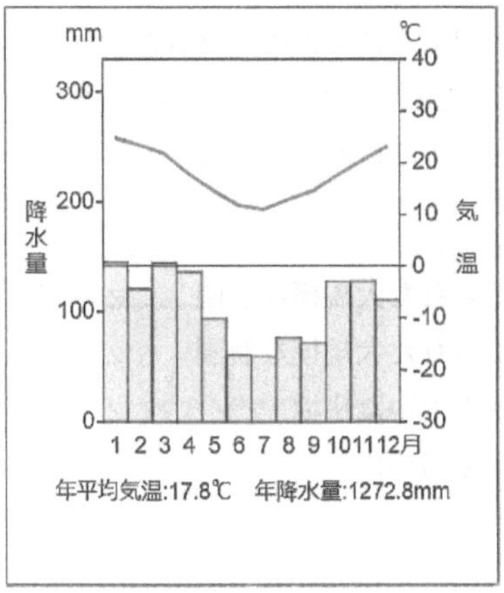

イ

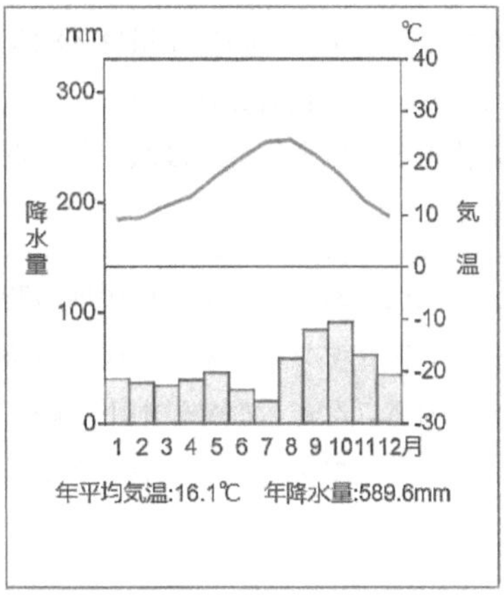

ウ

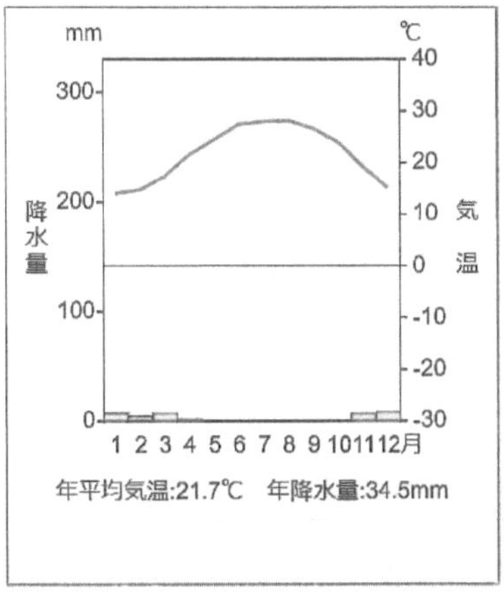

エ

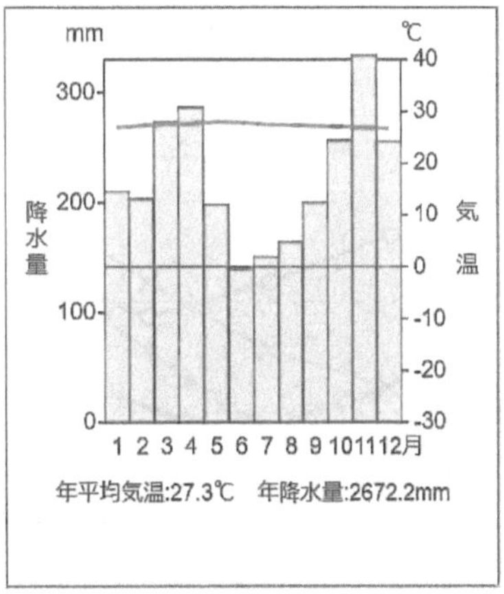

（『2020 データブックオブ・ザ・ワールド』などをもとに作成）

(3)　Eの首都を次の地図中の**ア**から**オ**までの中から選んで，そのかな符号を書きなさい。

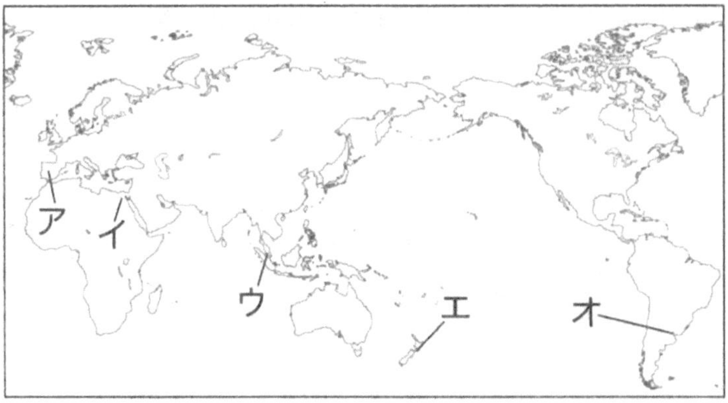

(4) 次の文章はAの農業について述べたものである。また，下の資料はAの天然ゴムとパーム油の生産量の推移を示したグラフである。文章中の（x），（y），（z）に当てはまる言葉の組み合わせとして最も適当なものを，次のアからエまでの中から選んで，そのかな符号を書きなさい。

> Aでは（　x　）の生産量は1980年頃まで世界第1位を占め，プランテーションと呼ばれる（　y　）で栽培されていました。ところが，樹木の老齢化や若年労働者の他産業や都市への移動などにより生産は減少し，近年は生産の中心は収益性の高い（　z　）に転換しています。

ア	x	天然ゴム	y	植民地の時代につくられた大規模な農園	z	アブラヤシ
イ	x	アブラヤシ	y	植民地の時代につくられた大規模な農園	z	天然ゴム
ウ	x	天然ゴム	y	地下水路によって水を引いた耕地	z	アブラヤシ
エ	x	アブラヤシ	y	地下水路によって水を引いた耕地	z	天然ゴム

資料　Aの天然ゴムとパーム油の生産量

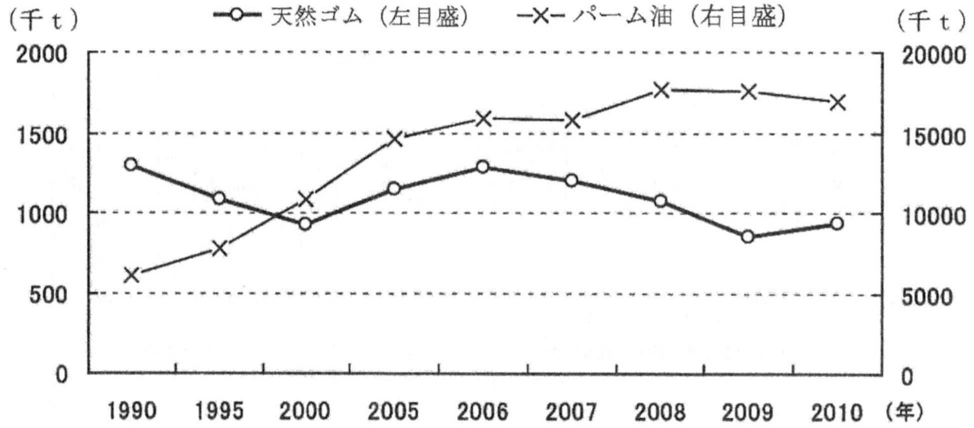

(資料)MPIC "Statistics on Commodities 2010"
(農林水産省 HPhttps://www.maff.go.jp/j/kokusai/kokusei/kaigai_nogyo/index.html より)

5　次の資料ⅠからⅣを見て，あとの(1)から(4)までの問いに答えなさい。

資料Ⅰ

「8時のニュースです。8月31日のZ総理大臣の辞任にともなって開かれた①国会で，次期総理大臣が決定しました。なお，今回はZ総理大臣の健康状態に関わる辞任だったため，国会は解散されていません。各議院XおよびYで開かれた指名選挙では，それぞれ異なる候補が選出されたため，両院議員協議会が開かれましたが決着せず，A氏が次期総理大臣に決定しました。A氏は組閣作業に入り，来月にアメリカで選出される予定の新大統領と電話で会談する予定です。一方，野党は新しく誕生したA総理大臣に対し，早く議会を解散して総選挙するよう求めていくかまえです。」

資料Ⅱ　総理大臣指名のために開かれた各議院の投票結果

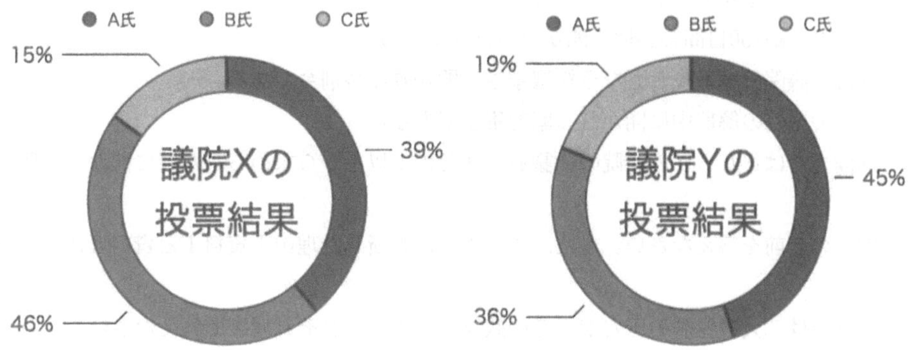

資料Ⅲ　アメリカ大統領制の仕組み

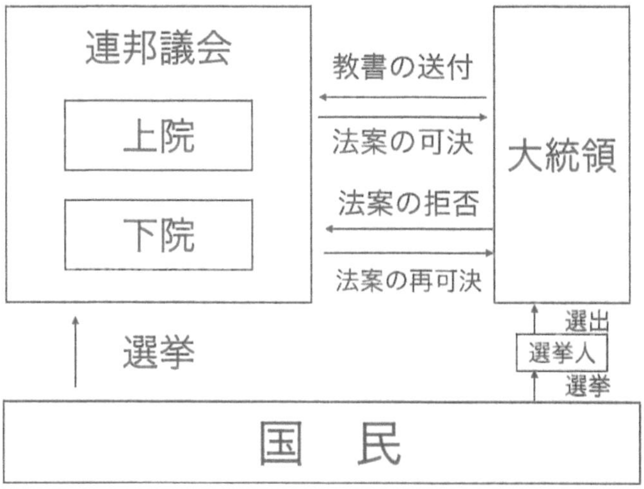

資料Ⅳ　日本の議院内閣制の仕組み

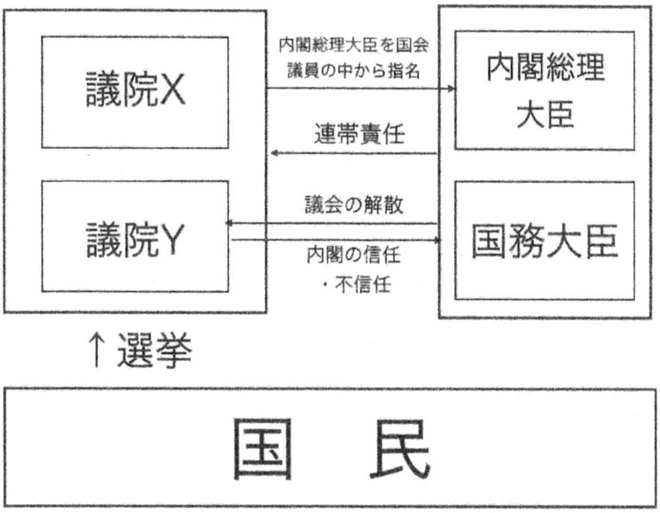

⑴　文章中の下線部①について，この国会の名称とその説明として最も適当なものを，次の**ア**から**エ**までの中から選んで，そのかな符号を書きなさい。

ア　1月から約150日間の会期で開かれる常会である。

イ　片方の議院の解散にともなう総選挙後に開かれる特別会である。

ウ　片方の議院の解散中に開かれる緊急集会である。

エ　内閣またはどちらかの議院の総議員の4分の1以上から求められた時に開かれる臨時会である。

⑵　議院Xの名前を答えなさい。また，そのように判断した理由を資料Ⅰと資料Ⅱから説明しなさい。

⑶　アメリカは二大政党制の国だが，その政党の名称をそれぞれ漢字で答えなさい。

⑷　日本の議院内閣制にくらべ，アメリカの大統領制は大統領と議会がたがいに高い独立性を持ち，三権分立がより徹底されていると言われている。その理由を資料Ⅲと資料Ⅳから考え，説明しなさい。

ア　軽い病であっても、高麗人参を処方しない医者は少ない
イ　軽い病であれば、高麗人参を処方する医者は少なかった
ウ　軽い病であっても、高麗人参を処方する医者はまれである
エ　軽い病であれば、高麗人参を処方しない医者が少なくない

㈣　次の**ア**から**エ**までの中から、その内容がこの文章に書かれていることと一致するものを一つ選んで、そのかな符号を書きなさい。

ア　医者は時代にあった処方を見つけていく必要がある。
イ　名医は確固とした見識を持って、流行に流されない。
ウ　数々の方書により高麗人参の害毒を医者たちは知った。
エ　高麗人参の害毒で犠牲者が多く出たことが悔やまれる。

ウ（三班）「食」の文化から生まれる帰属意識のために、人種やジェンダーなどのヒエラルキーが形成されてしまいます。そうした差別をなくすためにも、自分たちの「ソウルフード」にこだわりすぎることなく、あらゆる食文化に馴染んでいくことが大切だと思います。

エ（四班）「食」は個人や集団がアイデンティティを形成するときにとても大切な役割を果たしています。だからこそ、自分たちの枠組みから外れる人を排除することが絶対にないように、自分と他人を区別することなく受け入れていくことが大切だと思います。

オ（五班）多くの人は「食」に対して日頃から深く考えることなく過ごしています。しかし、「食」を通してアイデンティティが形成され、自分たちの帰属意識を高める一方で他人を排除することもあるという両方の面を持っていることを意識しておく必要があると思います。

四 次の古文を読んで、後の㈠から㈣までの問いに答えなさい。（本文の……の左側は現代語訳です。）

それがし（私が）若きとき、武蔵《むさし》にありしに、そのころまでは①人参《にんじん》を用ふるくすし（医者）、はなはだまれなり（大変珍しかった）。もしも人参を用ふる（処方する）くすしあれば、下手なりといへり。世の人、人参の功（効能）ある事を知らずとて、②杉某《すぎなにがし》（杉なんとかという）といへるくすし、つねにうれへ（心配事）としてア語りき。そののち、李士材《りしざい》、蕭万輿《せうばんよ》といへるものの方書（医学書）、世にイ行はれ（世の中に広まり）、けふこのごろにいたりては、③かろきやまひにも、人参を用ひざるくすしは少なし。もしも人参を用ひざるくすしあれば、下手なりとウいへり。さるころ、また武蔵にゆき、杉某にあひしに、世の人、人参の害ある事をしらずと語りて、その事のみエうれふ。徐景山《じょけいざん》が通介《つうかい》なり（徐景山のように冷静な心であることだ）とオほめけり。定まりたる見識ありて、世のはやり（流行）にしたがはざるこそたうとけれ（尊いことだ）。

（『たはれ草《ぐさ》』による）

（注）○ 人参＝高麗《こうらい》人参。漢方医学で生薬《しょうやく》として用いられた。
○ 李士材、蕭万輿＝ともに明時代の中国の医者。
○ 徐景山＝中国三国時代の政治家。

㈠ ①人参を用ふるくすし、はなはだまれなり とあるが、その理由として最も適当なものを、次のアからエまでの中から選んで、そのかな符号を書きなさい。

ア 高麗人参は下手な医者には使いこなせなかったから。
イ 高麗人参には害があることが広く知られていたから。
ウ 高麗人参に効能があることが知られていなかったから。
エ 高麗人参は高価なため一般の人に処方できなかったから。

㈡ 波線部**ア**から**オ**までの中から、②杉某といへるくすし が主語であるものを全て選んで、そのかな符号を書きなさい。

㈢ ③かろきやまひにも、人参を用ひざるくすしは少なし の現代語訳として最も適当なものを、次の**ア**から**エ**までの中から選んで、そのかな符号を書きなさい。

海外の「スシ」が、

90　80

(四) 〔A〕に入る表現として最も適当なものを次の**ア**から**エ**までの中から選んで、そのかな符号を書きなさい。

ア お正月に食べるおせち料理や雑煮《ぞうに》などは、家族のアイデンティティ、自己のアイデンティティの形成に関与してきたことでしょう。

イ アボカドが入っていようがマヨネーズがかかっていようがスシはスシであるということで、そうして国境を越えていくのです。

ウ 幼虫を生で食べるのは私たちには「気持ち悪い」ことかもしれませんが、現地の人には魚の刺身の方が気持ち悪いのでしょう。

エ 故郷を離れたとき、その土地の食べ物に不思議な違和感を感じることで初めて自身の「食」について考えることになるのです。

(五) この文章中の段落の関係を説明したものとして最も適当なものを、次の**ア**から**エ**までの中から選んで、そのかな符号を書きなさい。

ア 第一段落で「食」に対する一般的な見解を挙げ、第二段落ではその誤りを批判的に検証しながら問題提起を行っている。

イ 第二段落で「食」と思想との関わりについて丁寧に分析し、第三段落では今に至るまでの歴史的な経過を整理している。

ウ 第三段落で「食」をめぐって考え方が対立した具体的な事例を挙げ、第四段落ではその原因を分析して解決策を提案している。

エ 第四段落で「食」が個人のアイデンティティに関わる具体例を挙げ、第五段落ではさらに集団に対象を広げて考察を深めている。

(六) 次の**ア**から**オ**は、この文章をもとにグループワークを行った各班の意見をまとめたものである。その内容が、本文での筆者の考え方に近いものを二つ選んで、そのかな符号を書きなさい。

ア (一班) 「食」は国や地域のアイデンティティとして精神的な支えになるものです。それでも、おいしい料理はそうした境界線を越えて多様化する宿命も持っているので、自分たちの「食」を大切にすることと他人の食を尊重することの両方を考える必要があると思います。

イ (二班) 食べるという行為には個人や集団のそれぞれの考え方が反映されるため、その社会集団の文化を伝える大切なものです。ですから、それぞれの国で大切に守り、そうした文化が崩されることがないように正確に伝えられるよう努めることが大切だと思います。

人を区別する認識をもたらしています。つまり、特定の食べものの選択や、特定の食べ方が、所属する集団を結束させる一方、その枠から外れる人は、集団から排除される場合があるということです。食のアイデンティティは、集団における受容と排除というコインの裏表のような二面性をもつ、とてもシンボリックなものとして私たちのごく身近に存在しています。

（石川伸一《いしかわしんいち》『「食べること」の進化史　培養肉・昆虫食・3Dフードプリンタ』による）

（注）○ 1～7は段落符号である。
○ ベジタリアン食＝肉・魚介類を食べず菜食をすること。
○ 蔓延＝好ましくないことがどんどん広がること。
○ バッシング＝厳しく非難すること。
○ アイデンティティ＝自分は自分であると認識する状態と、その根拠。
○ オーガニック＝化学肥料や農薬を使わない有機農産物のこと。
○ ジェンダー＝社会的・文化的に作られる性差。
○ ヒエラルキー＝ピラミッド型の階層や階級。
○ シンボリック＝象徴的である様子。

㈠ ① にあてはまる最も適当なことばを次の**ア**から**エ**までの中から選んで、そのかな符号を書きなさい。

ア 客観的
イ 積極的
ウ 一般的
エ 思想的

㈡ ②立ち止まって考える　とあるが、これはどのようなことをたとえた表現か。最も適当なものを次の**ア**から**エ**までの中から選んで、そのかな符号を書きなさい。

ア 食に対する精神や観念、価値体系などを気にかけないよう工夫するということ。
イ 異質な食文化や食環境と意識して出会うことで食について考え直すということ。
ウ 習慣化されて無意識になっている自身の食について、改めて考えるということ。
エ 固定化してしまった食に対する思考パターンを改めて選択しなおすということ。

㈢ ③“事件”とあるが、この事件を例とした筆者の「食」についての主張を要約し、八十字以上九十字以内で書きなさい。ただし、「現地」「国境」「宿命」という三つのことばを全て使って、「海外の「スシ」が、……」という書き出しで書くこと。三つのことばはどのような順序で使ってもよろしい。

（注意）・句読点や「　」も一字と数えて、一字分のマスを使うこと。
・文は、一文でも、二文以上でもよい。

※ 次のページの枠は、㈢の下書きに使ってもよろしい。ただし、解答は必ず解答用紙に書くこと。

集めたことなどで、最終的に農水省は実施を見送りました。スシに対する“保護主義”と“自由主義”というある種の「食のイデオロギー対立」が起こったといえます。日本人からみるとちょっと怪しげなものであっても、現地の人にすればれっきとしたスシであることは間違いありません。同じように日本やアメリカのピザも、イタリア人は憤りを覚えるかもしれないでしょうし、インド人からすれば日本のカレーも奇妙に感じることでしょう。おいしい料理は、国境を越え、その土地で変容し、多様化する宿命をもっています。（中略）

4 私たちは、ふだん、個人的な特徴とまわりにある社会集団との関わりの中で、自分が何者なのかを定義して、社会的なアイデンティティを作り上げています。「何を食べるか」「どのように食べるか」といったことは、すべてアイデンティティの形成作業につながっています。中世ヨーロッパの貴族の食事などでは、食べる行為が、自己イメージや他人に対してのイメージを作り出し、社会的地位、身分、人気について暗示することで、ステータスシンボルの役目も果たしてきました。また現代でも、オーガニックの野菜を食べる人やファストフードの牛丼を食べる人に、固定観念的な見方を抱く人もいるでしょう。食べるという個人の行為は、社会的な意味をもち、人々のアイデンティティの構築に重要な役割を果たしています。

5 さらに、食によるアイデンティティは、個人だけではなく、国家や地域、人種や階層、ジェンダーなどのヒエラルキー形成にも反映され、強化されています。前述したスシは、日本人にとって「国民食」の代表であり、だからこそ、「ナショナル・アイデンティティ」を感じやすい対象です。そのため、自分たちが思い描くスシと異なるスシを目にすると、感情を揺さぶられる人が多いのでしょう。他の国、韓国であればキムチ、米国であれば感謝祭の七面鳥、英国であればフィッシュ・アンド・チップス、オーストラリアであればベジマイト（パンなどに塗る塩辛いジャムのようなもの）などが国民食にあたるといわれ、それぞれの食べ物が、その国のアイデンティティ形成に深く関与しています。さらに、地域、人種・民族、家庭などには、それぞれの「ソウルフード」があり、それらが精神的な支えになっている場合もあります。

6 日本の国民食のひとつといえるものに、梅干しがあります。日本に来た外国人が、初めて梅干しを食べる動画がＳＮＳなどに多数投稿されており、その多くは、見た目やにおいからは予想できない塩《しょ》っぱさに、顔をしかめたり、悶絶《もんぜつ》したりしています。この反応は、その人が日本の食文化に馴染《なじ》んでいないことを示しています。つまり、梅干しのような日本っぽいものを普通に食べることは、そうした人が日本人である可能性が高いことを示す一方、驚くような反応を示す人はそうではないことを暗示しています。スシや梅干しの例が示すのは、食が、集団や個人のアイデンティティにとって大事な要素であり、とりわけ、その人がどの国家や地域、人種・民族に属しているかを明らかにするものだということです。人々の間で維持されてきた食文化は、個々の帰属意識を育む際に重要な役割を果たしています。たとえば、

（　Ａ　）。

7 梅干しを食べる、食べないといった食行動は、その人が“うちわの仲間”なのか、“部外者”なのかの違いを明確にします。そうした食による“境界線”が、アイデンティティを維持し、私たちに自分と他

を検証し、現状の問題点に対する結論の説得力を高めている。

ウ　多くの問題提起を行い、その解決策を豊富な具体例からていねいに解説することで自分の意見の独自性を強調している。

エ　自分の主張と一般的な考え方の異なる部分を明確にしながら、自分の意見の正しさをくり返し強調している。

オ　抽象的な内容から始めて、具体例を交えつつ徐々に焦点を絞っていくことで、読者とともに謎を解明する姿勢が見られる。

二　次の㈠、㈡の問いに答えなさい。

㈠　次の①、②の文中の傍線部について、漢字はその読みをひらがなで書き、カタカナは漢字で書きなさい。

①　国際連合総会の場で児童の権利に関する宣言が採択された。

②　それぞれの地域にコユウの価値観を尊重することが大切だ。

㈡　次の文中の〔③〕にあてはまる最も適当なことばを、漢字二字で書きなさい。

　情報化が進む今、自らの判断で情報を〔　③　〕選択する能力が求められている。

三　次の文章を読んで、後の㈠から㈥までの問いに答えなさい。

[1]　この本の中でも何気なく「食」という言葉を使っていますが、食には、食べる「モノ（food）」と、食べる「コト（eat）」、両方の意味があります。おいしい食を考えるとき、おいしさの要因が、目の前にある料理というモノにあるのか、仲間と楽しく食卓を囲んでいるというコトにあるのかは、人それぞれでしょう。食べることには、その人特有の意思や意識が潜んでいます。何を食べるか、どのように食べるか、なぜ食べるかには、必ずといっていいほどその人の“マイルール”が存在します。宗教の禁忌によって食べないこともあれば、ベジタリアン食や話題の食を好んで食べるということや、小さい頃からの好き嫌いで食べる食べないということもあります。食べるという行為には、個人や集団、時代や文化などの考え方が入っています。ちょっと大げさにいえば、「[①]な食の選択」を私たちは日々行っています。

[2]　米国の文化人類学者マーヴィン・ハリス氏は、「食べものというのは、胃袋に入る前に、集合精神の飢えを満たさなければならない」、つまり「食べるものを選択できるのであれば、個々の食べものの特性ではなく、人々の思考パターンによって決まる」と話しています。ふだん私たちがものを食べるときは、食に対する精神、観念、価値体系などといったことをいちいち気にかけません。食が習慣化されているため、②立ち止まって考える必要性がないからです。食の思想といったものを自覚するのは、親しんできた食習慣や食行動に変化が生じたり、異質な食文化や食環境に出会ったときです。たとえば、旅行、転居、結婚、入院などをした際には、食についてふだんよりも強く何かを思うことがあるでしょう。

[3]　日本人が思う「寿司」と海外の人が思う「sushi」は、必ずしも一致しません。それがはっきりあらわれたのが、２００６年、海外での間違った日本食の蔓延《まんえん》を危惧した日本の農林水産省が、正しい日本食店を認証する「海外日本食レストラン認証制度」の創設を発表したところ、海外メディアから一斉にバッシングを受けるという③“事件”でした。「スシポリスが日本からやってくる」と揶揄《やゆ》され、多くの非難を

(二) ①思想さえもが流行になったら、その後では、「流行」さえもが思想である　とはどういうことか。その説明として最も適当なものを次の**ア**から**エ**までの中から選んで、そのかな符号を書きなさい。

ア　二十世紀は理論の時代であり、その思い込みの中で「二十世紀病」が生じ、人々はやがてそれが「思想」なのか「流行」なのかを区別することが難しくなってしまったということ。

イ　「正解」は時代とともに変化するため、その「理論」が古くなる前に新しいものを手に入れる必要があり、その姿勢を「流行」と呼ぶのは新しい考え方による思想であるということ。

ウ　「正解」を求めて、次から次へと新しい「理論」を漁るのを多くの人が実践した結果、それが「正解」へ近づくための一つの正しい方法であると考えられるようになったということ。

エ　学習と実践に一路邁進することが二十世紀初めに流行し、その結果として一世を風靡するような理論が生まれたように、どんな思想も必ず流行の中から生まれてくるということ。

(三) ②得体の知れない孤独感　とあるが、これが生じる理由として最も適当なものを次の**ア**から**エ**までの中から選んで、そのかな符号を書きなさい。

ア　情報社会において情報を仕入れ続けられなくなった結果、周囲との一体感を失ってしまうから。

イ　情報を仕入れたところで、情報社会から得られるものが何もないことに気づかされてしまうから。

ウ　「恥の社会」の中で「自分だけが正解を知らない」ことを誰にも明かすことができなくなってしまうから。

エ　情報を手に入れることで得られるものは二十世紀人としての一体感を保つことだけだと気づかされたから。

(四) 次の**ア**から**オ**までの中から、その内容がこの文章に書かれていることに近いものを二つ選んで、そのかな符号を書きなさい。

ア　人々が競って子供達を大学に行かせ、また「先端の理論」を誰よりも早く知りたがったのは、二十世紀の時点では「正解」が存在していたため、それを知らないことは恥であったからである。

イ　多くの日本人が大学に感じた幻滅には、成功のための「正解」がそこにあるという思い込みが裏切られた感覚が背景にあり、そこから外国の大学なら本物だろうという思い込みも生まれた。

ウ　会社を辞めて大学に入り直す決断をする人の多くは自分の未熟さが原因で社会の壁に当たったのであり、成功に近づくための「正解」に出会えない限り、また挫折を繰り返すだけである。

エ　「正解」がどこかにあるとする二十世紀の考え方のもとでは、「学習」とは、すでに存在する正解を信じて自分のものにしていくために、それを熱心に学習し実践する行為であるといえる。

オ　どこかにあるはずの「正解」を求めて「情報」を漁る二十世紀病のために、「わからない」ことを恥とするようになり、その結果として日本の社会は「恥の社会」と呼ばれるようになった。

(五) この文章の展開の仕方を説明したものとして、最も適当なものを、次の**ア**から**オ**までの中から選んで、そのかな符号を書きなさい。

ア　反論を想定してさまざまな考え方を紹介し、それら一つ一つの問題点を指摘することで、筆者の意見の妥当性を高めている。

イ　筆者の主張について、同じキーワードを用いていくつかの具体例かにあるはず」と多くの人は思い込んだが、これは「二十世紀病」と言われてしかるべきものだろう。「どこかに“正解”はある」と思い、「これが“正解”だ」と確信したら、その学習と実践に一路邁進《まいしん》する。二十世紀のそのはじめには社会主義があって、これをこそ「正しい」と思った人達は、これを熱心に学習し実践しようとした。やがてそこにさまざまな理論が登場して、第二次世界大戦後の二、三十年間は、「一世を風靡《ふうび》したナントカ理論」の花盛りとなる。そこで激化したのは、子供の進学競争ばかりではない。大人だとてやはり、やたらの学習意欲で猪突猛進《ちょとつもうしん》をしていたのである。

5 学習——つまりは、「既に明らかになっているはずの“正解”の存在を信じ、それを我が物としてマスターしていく」である。ここでは、「正解」に対する疑問はタブーだった。それが「正解」であることを信じて熱心に学習することだけが正しく、その「正解」に対する疑問が生まれたら、「新しい正解を内含している（はずの）新理論」へと走る——これが一般的なあり方だった。「どこかに“正解”はあるはずだ」という確信は動かぬまま、理論から理論へと走って、理論を漁ることは流行となり、流行は思想となる。やがては、なにがなんだかわからない“混迷の時代”となって、そこに訪れるのが、「正解である可能性を含んでいる（はずの）情報をキャッチしなければならない」という、情報社会である。

6 どこかに「正解」はあるはずなのだから、それを教えてくれる「情報」を捕まえなければならない——そのような思い込みがあって、二十世紀末の情報社会は生まれるのだが、それがどれほど役に立つものかはわからない。しかし、「“正解”につながる（はずの）情報を仕入れ続けなければ脱落者になってしまう」という思い込みが、一方にはある。だから、それをし続けなければならない。それをし続けることによって得ることができるのは、「自分もまた“正解はどこかにある”と信じ込んでいる二十世紀人の一人である」という一体感だけである。だからこそ、情報社会の裏側では、②得体の知れない孤独感もまた、同時進行でひっそりと広がって行く。情報社会でなにを手に入れられるのかは知らないが、情報社会の一員にならなければ、情報社会から脱落した結果の孤独を味わわなければならないからである。そもそもが「恥の社会」である日本に、「自分の知らない“正解”がどこかにあるはず」という二十世紀病が重なってしまった。その結果、「わからない＝恥」は、日本社会に抜きがたく確固としてしまったのである。

（橋本治《はしもとおさむ》『「わからない」という方法』による）

（注）○ 1～6は段落符号である。
○ イデオロギー＝ある物事に対する政治的、あるいは歴史的な立場で形作られた考え方。
○ メッキが剝げた＝隠れていた本性があらわれるということ。
○ 邁進＝ひたすら目的に向かって進行こと。
○ 一世を風靡した＝ある時代におおいに流行すること。
○ タブー＝禁忌《きんき》。避けなければならないとされている事柄。

(一) （A）、（B）にあてはまる最も適当なことばを、次の**ア**から**カ**までの中からそれぞれ選んで、そのかな符号を書きなさい。

ア しかし　**イ** むしろ
ウ なぜなら　**エ** たとえば
オ つまり　**カ** しかも

【国　語】（四五分）〈満点：一〇〇点〉

【注意】字数制限のある問題は、句読点・記号も字数に含みます。

一　次の文章を読んで、後の㈠から㈤までの問いに答えなさい。

1　二十世紀は、「わかる」が当然の時代だった。自分はわからなくても、どこかに「正解」はある――人はそのように思っていた。既にその「正解」はどこかにあるのだから、恥ずかしいのだとしたら、その「正解」を知らないでいることが恥ずかしいのであり、「正解」が存在することを知らないでいることが恥ずかしかったのである。だから、人は競って大学へ行ったし、子供達を競わせて大学に行かせた。ビジネスの理論書を必死になって読み漁《あさ》ったし、誰よりも早く「先端の理論」を知りたがった。それをすることと、現実に生きる自分達が知らないままでいる「正解」を手に入れることとは、イコールだと思っていたのである。

2　（　A　）、大学へ行くことを当たり前にして、多くの日本人は、大学がそうたいしたものではないという幻滅に訪れられた。しかし、それは果たして、「日本の大学がたいしたものではないから」なのか、あるいはまた、日本の大学に「自分達の思い込みをなんとかしてくれるだけの万能性がなかったから」なのかはわからない。だからこそ、「日本の大学はたいしたものではない」と思ってしまった人達の中には、「外国の大学だったらまた別かもしれない」という思い込みだって生まれる。外国の大学へ行くには金がかかる。「それだけの金がかかる以上、外国の大学にあるものは“本物”であるはずだ」という思い込みだって生まれる。外国の大学には外国の大学なりのよさとすごさはある。（　B　）、それと「外国の大学だからすごい」という思い込みとは、別である。それが、「自分達の知らない世界にはまだすごいものがあって、そこには“正解”があるはずだ」と思い込んだ結果なら、外国の大学だとて、「どうってことはない」のである。

3　たとえばまた、大学を出て社会人になり、しばらくして壁にぶち当たることがある。その時に、「会社を辞めて大学に入り直そう」という決断をする人もいる。それは、あるいは必要なことかもしれない。しかし、もしかしたらそれは、錯覚かもしれない。「社会に出て未熟な自分のメッキが剥《は》げた」という事実があるのなら、その未熟さは、自分で克服しなければならない。その克服手段が「大学に入って学び直せばなんとかなる」であるのは、もしかしたら、短絡かもしれない。この人が、「自分は正解から離れた。大学には正解がある。その正解に近づけば、もう一度成功を取り戻すことができる」と思い込んでいるのだとしたら、この人のあり方は、「どこかに自分の知らない正解はある」と思い込んでいる二十世紀病なのである。

4　二十世紀は、イデオロギーの時代であり、進歩を前提とする理論の時代だった。「その“正解である理論”をマスターしてきちんと実践できたら、すべてはうまく行く」――そういう思い込みが、世界全体に広がっていた。そういう状況の中では、「自分の現実をなんとかしてくれる“正解”はどこかにある」という考え方もたやすく生まれるだろう。その人達は学習好きになって、次から次へと「理論」を漁る。一つの理論がだめになったら、もう一つ別のナントカ理論へと走る。①思想さえもが流行になったら、その後では、「流行」さえもが思想である。（中略）二十世紀は理論の時代で、「自分の知らない正解がどこ

MEMO

大切なことはメモしておこうネ！

2021年度

解答と解説

《2021年度の配点は解答欄に掲載してあります。》

＜数学解答＞

1　(1)　4　　(2)　$\frac{x-3}{10}$　　(3)　4　　(4)　$(x+y+z)(x+y-z)$　　(5)　$x=-2\pm\sqrt{5}$

(6)　男子196(人)，女子216(人)　　(7)　$\frac{4}{9}$　　(8)　68(度)

2　(1)　a：0，b：2　　(2)　ウ　　(3)　$\left(\frac{3}{2},\ -\frac{1}{4}\right)$

3　(1)　①　(例)　ワット数と加熱時間の積が一定であるから加熱時間はワット数に反比例している。　②　5分0秒　　(2)　a　9[8]　　b　6　　(3)　①　(平均値)　5(点)　(中央値)　6(点)　　②　7(点)　　(4)　①　($a=$)3，($b=$)-11　　②　$y=\frac{4}{5}x$

4　(1)　①　解説参照　　②　46(度)　　(2)　①　13(cm)　　②　542(cm^2)

○推定配点○

1・2　各4点×11(2(1)完答)　　3　各4点×8((2)，(4)①各完答)

4　各6点×4　　　計100点

＜数学解説＞

1　(数式の計算，平方根，因数分解，2次方程式，1次方程式の利用，確率，平行線と角)

基本　(1)　$-2^2+32\times\frac{1}{4}=-4+8=4$

基本　(2)　$\frac{3x+1}{5}-\frac{x+1}{2}=\frac{2(3x+1)-5(x+1)}{10}=\frac{6x+2-5x-5}{10}=\frac{x-3}{10}$

(3)　$(\sqrt{5}+\sqrt{3})(\sqrt{20}-\sqrt{12})=(\sqrt{5}+\sqrt{3})(2\sqrt{5}-2\sqrt{3})=2(\sqrt{5}+\sqrt{3})(\sqrt{5}-\sqrt{3})=2(5-3)$ $=4$

重要　(4)　$(x+y)^2-z^2=\{(x+y)+z\}\{(x+y)-z\}=(x+y+z)(x+y-z)$

重要　(5)　$x^2+4x=1$の両辺に4を加えて$x^2+4x+4=5$　　$(x+2)^2=5$　　$x+2=\pm\sqrt{5}$　　$x=-2\pm\sqrt{5}$

重要　(6)　今年の入学者数は412人で昨年よりも3%増加したので，昨年の入学者数は$412\div1.03=400$(人)となる。ここで，昨年の男子の入学者数をx(人)，昨年の女子の入学者数をy(人)とすると，$x+y=400$…①　　また，昨年に比べ男子は2%減少し，女子は8%増加したので，$-\frac{2}{100}x+\frac{8}{100}y=412-400$　　$-\frac{2}{100}x+\frac{8}{100}y=12$　　両辺を100倍して$-2x+8y=1200$　　$-x+4y=600$…②　①＋②より，$5y=1000$　　$y=200$　　これを①に代入して，$x+200=400$　　$x=200$　　よって，昨年の男子の入学者数，女子の入学数ともに200人ずつとなるので，今年の男子の入学者数は$200\times\left(1-\frac{2}{100}\right)=196$(人)，女子の入学者数は$200\times\left(1+\frac{8}{100}\right)=216$(人)

(7)　2つのさいころの出た目の数の大きい方から小さい方を引いてできる素数は2，3，5の3種類である。ここで，大きいさいころの出た目の数をa，小さいさいころの出た目の数をbとし，2つのさいころを投げた結果を(a，b)のように表すと，2となるのは(1，3)，(2，4)，(3，5)，(4，6)，(6，4)，(5，3)，(4，2)，(3，1)の8通り。3となるのは(1，4)，(2，5)，(3，6)，(6，3)，

(5, 2), (4, 1)の6通り。5となるのは(1, 6), (6, 1)の2通り。また，2つのさいころを投げた結果は全部で6×6＝36(通り)となるので，その確率は，$\frac{8+6+2}{36}=\frac{16}{36}=\frac{4}{9}$

(8) 右図のように点A，B，C，Dをとり，直線lと直線mに平行で点B，Cを通る直線をつくると，平行線の錯角は等しいので，平行線上の角の大きさがそれぞれ決まり，$x=\angle ABC=38°+30°=68°$となる。

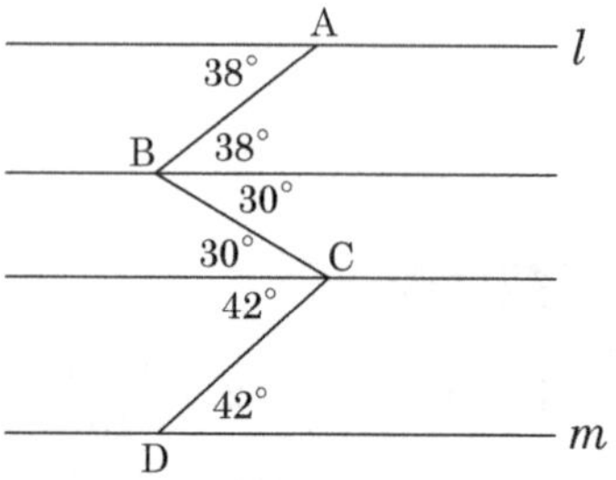

2 (2次関数とグラフ)

基本 (1) $y=x^2-3x+2$において，$x=1$のとき$y=1^2-3\times1+2=0$ $x=2$のとき$y=2^2-3\times2+2=0$ $x=3$のとき$y=3^2-3\times3+2=2$ よって，aは0，bは2

重要 (2) (1)より，グラフが通る(1, 0)と(2, 0)はx軸との交点であり，x座標が正の範囲で交わっている。また，グラフが通る(3, 2)は(2, 0)の位置よりもy座標が高くなっているので，xが2から3に増加するとき，yも0から2に増加している。以上より，$y=x^2-3x+2$のグラフとして最も適当なものはウ

(3) $y=x^2$のグラフはy軸に対して対称なので，x座標が異なるがy座標が同じ2点が存在する。(1)より，$y=x^2-3x+2$において，(1, 0)と(2, 0)はx座標は異なるがy座標が同じ2点なので，それらの中点$\left(\frac{3}{2}, 0\right)$が対象の軸を通る。このとき，頂点の$x$座標は$\frac{3}{2}$に決まるので，$x=\frac{3}{2}$を$y=x^2-3x+2$に代入して$y=\left(\frac{3}{2}\right)^2-3\times\frac{3}{2}+2=\frac{9}{4}-\frac{9}{2}+2=\frac{9}{4}-\frac{18}{4}+\frac{8}{4}=-\frac{1}{4}$ よって，$y=x^2-3x+2$の頂点の座標は$\left(\frac{3}{2}, -\frac{1}{4}\right)$となる。

3 (反比例，整数の性質，資料の整理，1次関数のグラフと平行四辺形)

(1) ① 表より，ワット数(W)と加熱時間(秒)の積を求めると，500Wのとき500×420＝210000，600Wのとき600×350＝210000，1000Wのとき210000，1500Wのとき1500×140＝210000となり，ワット数(W)と加熱時間(秒)の積が一定なので，加熱時間はワット数に反比例している。

② 210000÷700＝300(秒) よって，700Wで加熱する場合の加熱時間は5分0秒となる。

(2) □＋□＝[a]…①，□－□＝□…②，2×[c]＝[b]…③のように，各式を表す。③において，bは1けたの自然数であり，2はすでに使われているので，$(c, b)=(1, 2), (2, 4)$は不適当であり，$(c, b)=(3, 6)$または$(4, 8)$となる。$(c, b)=(3, 6)$のとき，①は4＋5＝9，または5＋4＝9とすれば，②は8－1＝7となり，条件を満たす。また，①を1＋7＝8または7＋1＝8とすれば，②は9－5＝4または9－4＝5となり，条件を満たす。一方，$(c, b)=(4, 8)$のときは，①，②，③で数の重複が生じてしまうので条件を満たさない。よって，$a=9$，$b=6$または$a=8$，$b=6$となる。

重要 (3) ① 欠席者2名を除いた28名の合計得点は0×0＋1×3＋2×4＋3×3＋4×2＋5×1＋6×6＋7×5＋8×1＋9×2＋10×1＝140 よって，平均点は140÷28＝5(点) また，欠席者2名を除いた28名の得点について，小さい方から順に14人目と15人目の得点の平均値が中央値になるが，いずれも6点なので，中央値は6点となる。

② 平均点が0.1点上がって5.1点になったので，30名の合計得点は5.1×30＝153(点)となり，28名の合計得点との差が153－140＝13(点)なので，2人の点数の和は13点。このとき，2人の得点の組は3点と10点，4点と9点，5点と8点，6点と7点の4組が考えられ，いずれの組も1人が6点以下，もう1人が7点以上となっている。ここで，28人の結果では得点の小さい方から順に14番目から19番目までの得点が6点なので，6点以下の生徒と7点以上の生徒が加わって30人になっても，得点の小さい方から順に15番目と16番目の得点は両方とも6点となる。そして，30人の結果

ではこの2人(15番目と16番目)の得点の平均値が中央値になるので，人数が増えても中央値は変わらない。よって，2人の点数の差は最大で$10-3=7$(点)

重要 (4) ① A(4, 1)は直線$y=ax+b$のグラフ上の点なので，$y=ax+b$に$x=4$，$y=1$を代入して$1=4a+b$…① また，B(10, 0)とD(0, 8)の中点を点Mとすると M(5, 4)となり，平行四辺形の対角線はそれぞれの中点で交わるので，点Mは直線ACを通る点となる。このとき，$y=ax+b$に$x=5$，$y=4$を代入して$4=5a+b$…② ②−①より，$a=3$ これを①に代入して，$b=-11$

② 平行四辺形ABCDの面積を2等分する直線は，平行四辺形ABCDの対角線の交点Mを通る。ここで，原点を通る直線の式を$y=cx$(cは比例定数)とし，$y=cx$に$x=5$，$y=4$を代入して$4=5c$より$c=\frac{4}{5}$ よって，原点を通り，平行四辺形ABCDの面積を2等分する直線は$y=\frac{4}{5}x$

4 (図形の証明，角度，図形の面積)

重要 (1) ① △ECBと△DCAにおいて，仮定より△ABCは正三角形なので辺の長さは等しくBC＝AC…① 仮定より△ECDは正三角形なので辺の長さは等しくEC＝DC…② 仮定より∠ACB＝∠ECD＝60°なので，∠ECB＝∠ACB＋∠ACE＝60°＋∠ACE…③ ∠DCA＝∠ECD＋∠ACE＝60°＋∠ACE…④ ③，④より∠ECB＝∠DCA…⑤ ①，②，⑤より，2組の辺とその間の角がそれぞれ等しいので，△ECB≡△DCA

② △ECB≡△DCAより∠EBC＝∠DAC＝28° このとき，△ADCにおいて三角形の内角の和は180°なので，∠ADC＝180°−∠DAC−∠ACE−∠DCE＝180°−28°−46°−60°＝46°

や難 (2) ① 長方形を切断してできた6個の正方形それぞれに対し，右図のように正方形の小さい方から順に正方形a，b，c，d，eとする。正方形aの一辺の長さが1cmなので，正方形bの一辺の長さは2cm，正方形cの一辺の長さは3cm，正方形dの一辺の長さは5cm，正方形eの一辺の長さは8cmとなる。もとの画用紙の長い方の辺の長さは，正方形dの一辺の長さと正方形eの一辺の長さの和となるので，$5+8=13$(cm)

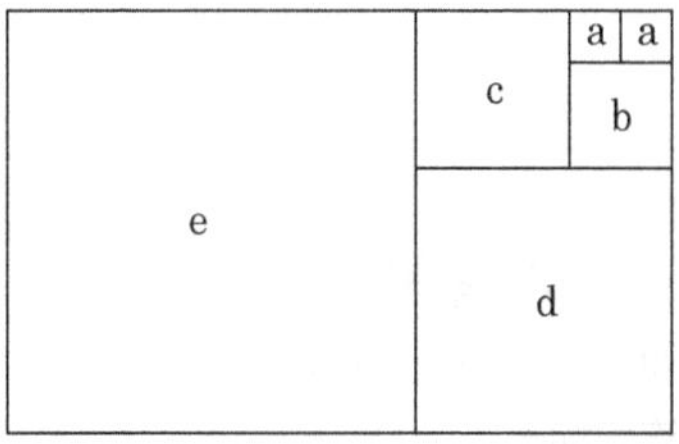

② 立方体同士が接すると接触部分の面積が両者の表面積から除かれるが，それぞれの立方体から除かれるのは同じ大きさまたは小さい方の立方体を作る正方形の面積となる。ここで，正方形a，b，c，d，eから作られた立方体をそれぞれA，B，C，D，Eのように表すと，与えられた図での立方体同士の接触は，AとAの1組，AとCの2組，BとDの1組，CとDの1組，DとEの1組となっている。そして，AとAの1組からは正方形a($1cm^2$)が2枚分，AとCの2組からは正方形a($1cm^2$)が4枚分，BとDの1組からは正方形b($4cm^2$)が2枚分，CとDの1組からは正方形c($9cm^2$)が2枚分，DとEの1組からは正方形d($25cm^2$)が2枚分除かれるので，除かれる面積の合計は$1\times2+1\times4+4\times2+9\times2+25\times2=2+4+8+18+50=82$ また，6枚の画用紙の総面積は$8\times13\times6=624$(cm^2) よって，立体の表面積は$624-82=542$(cm^2)

★ワンポイントアドバイス★

基本に忠実な問題が多いので，スピード感を持って解き進めることが大切。そのためにも，基本事項を確実に把握し，使いこなせるようになっておこう。証明などの記述式の問題にも慣れておいた方が良い。

＜英語解答＞

聞き取り検査

(1) T　(2) F　(3) F　(4) T　(5) b

筆記検査

1　① Can you find[Did you find]　② the other is　③ was taken in

2　(1) give us courage and unity　(2) needed　(3) イ　(4) エ
(5) ア，ウ

3　(1) b ア　d イ　(2) ① have[got／bought]　② Why　(3) ウ
(4) 写真を撮ることができる・ビデオを撮影することができる・動画[映画]を見ることができる・インターネットで検索することができる・(友人からの)メッセージ[メール]を確認することができる[(ドローンに繋いで)空からの景色を見ることができる／ジェスチャーで操作できる／ドローンに繋ぐことができる]　(5) X sold [seen／available]
Y example　(6) ① drive a car[ride a bike／walk down stairs(steps)]
② take a picture[record a video／take pictures(record videos)of people]

○推定配点○

聞き取り検査　各2点×5

筆記検査　1 各4点×3　2 各3点×6　3 (1)～(3) 各3点×5　他 各5点×9
計100点

＜英語解説＞

聞き取り検査　解説省略。

筆記検査

1 (長文読解・会話文：空欄補充)

(大意) マリ(以下M)：ニュースによれば，コロナウィルスのおかげで，空気がとてもきれいになったのよ。／ジム(以下J)：どういう意味だい。／J：これらの2枚の写真を見て。①あなたはそれらの間の違いを見つけることができる。／J：そうだな，同じに見えるけれど，何かが違う。ううん…わかった。1つはスモッグが多いけれど，②残りの1つはきれいで，写真には青い空が見える。／M：そう。スモッグの多い空気の写真は2019年11月③に撮られた。青い空の写真は2020年4月③に撮られた。なぜだか言い当てられる。／J：それは世界中の多くの人々がコロナウィルスの時に運転しなかったから空気がきれいになったからだと思うな。／J：そうね。

基本　① 助動詞 can は「～することができる」の意味。助動詞を用いた文を疑問文にするときは，助
重要　動詞を主語の前に出す。助動詞がある英文では主語に関係なく動詞は原形になる。　② one ～ the other …で「(2つあるうちの)1つは～残りの1つは…」の意味。空欄②を含む1文の1語目に one がある。　③ take で「写真を撮る」の意味。ここでは主語が the picture「写真は」となっているから，＜be 動詞＋動詞の過去分詞形＞の形で「～される」という意味の受動態になる。taken は take の過去分詞形。

2 (長文読解・論説文：語句整序，語句補充，内容吟味)

(大意) 2020年7月23日午後8時，開会式が開催される予定のちょうど1年前に，日本の水泳のスター，池江璃花子が無観客の国立競技場から話した。「①スポーツは私たちに勇気と絆をくれます。逆境から這い上がっていくときには，どうしても希望の力が(A)必要とされます」池江は2019年に

白血病と診断され，今，彼女はスポーツに復帰しようとしている。世界中のアスリートたちが感染爆発によってもたらされた突然の変化と戦っているので，彼女を任命することによって，東京2020組織委員会は彼らに勇気を与えることを狙った。しかし，オリンピックとパラリンピックについての一般の人々の意見は②だんだん否定的になりつつある。7月に実施された調査では，本来の形で東京大会を開催することに回答者の18.4％しか「同意する」または「やや同意する」と答えなかった一方で，全52.7％がその考えに「同意しない」または「やや同意しない」と言った。彼女は多くの人々がその催しに同意しないと認めるが，聖火の入った手提げランプを持って彼女は言った。「1年後の今日，希望の炎でこの場所に輝いてほしいです」

(1)　(Sports)give us courage and unity(.)　give は<give ＋人＋物>という文型を作る。

(2)　「逆境から這い上がっていくとき」(空欄Aの1文の前半部参照)なのだから，「希望の力が」「必要」なのである。直前に be 動詞 is があり，「～される」の意味になるから，<be 動詞＋動詞の過去分詞形>の形をとる受動態にする。need の過去分詞形は needed である。

(3)　ア　「だんだん肯定的になり」(×)　イ　「だんだん否定的になり」(○)　空欄2の直後の1文参照。　ウ　「だんだん希望的になり」(×)　エ　「だんだん晴れやかになり」(×)

(4)　ア　「池江は2019年2月に水泳プールに戻った」(×)　イ　「池江は委員会の一員だ」(×)　ウ　「池江は感染拡大と戦っている」(×)　エ　「池江は世界中のアスリートに勇気を与えるだろう」(○)　空欄2の直前の1文参照。

(5)　ア　「東京オリンピック大会の開会式は2021年7月23日に開催される予定だ」(○)　第1段落参照。　イ　「池江はたくさんの観客のいる国立競技場から話した」(×)　第1段落参照。無観客だったのである。　ウ　「池江は彼女の病気と戦い，1年後に良くなった」(○)　空欄2の直前の2文目参照。　エ　「池江は地面の手提げランプを悲しそうに見た」(×)　最終段落最終文参照。手上げランプは持っていたし，悲しそうという記述もない。

3　**(長文読解・会話文：語句補充，内容吟味)**

(大意)　大輔(以下D)：こんにちは，ピーター。／ピーター(以下P)：やあ，大輔。元気かい。／D：元気だよ。①ああ，君は新しい眼鏡を持っているね。／P：aそうだよ。これは僕の新しい眼鏡なんだ。良さそうに見えるかい。／D：うん。でもその形は少し奇妙だね。／P：実は，とても特別なんだ。この眼鏡ではたくさんのことができるんだよ。／D：bどういう意味だい。／P：スマート・グラスと呼ばれるんだ。写真を撮ったり，ビデオを撮影したりすることができるんだよ。映画を見たり，インターネットで検索することさえできる。／D：c素晴らしい。それじゃ，それらの使い方を僕に教えてくれるかい。／P：身振りでいくつかの機能を操作することができる。例えば，このように手を動かせば，友人からのメールを確認することができるんだ。／D：dそれらで何をすることもできるんだい。／P：ドローンに接続すれば，眼鏡を通して(A)空からの眺めを見ることができるよ。空中を飛んでいるように感じるよ。／D：素晴らしい。それをやってみたことがあるのかい。／P：eいいや。それについての記事を読んだんだ。スマート・グラスに関心があるかい。／D：うん。もっと知りたいな。／P：僕は今週末に家電店に行くつもりなんだ。②僕と一緒に来たらどうだい。そこで数種類のスマート・グラスを見るだろうね。／D：良さそうだな。

(1)　大意参照。

(2)　①　ピーターの3番目の発言最終文参照。「この眼鏡」と言っているから，眼鏡はピーターの手元にあるのだと考えられる。have「持っている」，get「手に入れる」の過去形 got，buy「買う」の過去形 bought が適切。　②　Why don’t you ～？「～したらどうですか」

(3)　「ドローンに接続」(空欄Aの1文の前半部)しているのだから，空からの眺めになるのである。ドローンとは無人航空機のこと。

(4) 「写真を撮」ること(ピーターの4番目の発言第2文),「ビデオを撮影」すること(ピーターの4番目の発言第2文),「映画を見」ること(ピーターの4番目の発言第3文),「インターネットで検索すること」(ピーターの4番目の発言第3文),「友人からのメールを確認すること」(ピーターの5番目の発言最終文)である。

(5) 「やあ,大輔　君はついにスマート・グラスを手に入れたかい。アメリカでは,今,店で新しい型のスマート・グラスが(X)売られているよ。それは「仮想現実」や「VR」用だよ。それを使うことで,僕たちはたくさんの方法で仮想世界を楽しむことができるんだ。例えば,その眼鏡を通して仮想の登場人物が動いているのを見ることができる。それは「複合現実」や「MR」と呼ばれる。手に入れたら,テレビ電話で使い方を見せるつもりだよ。そのとき会おう。ピーター」 (X) 「店で」(空欄Xの直後部)とあるから,「新しい型のスマート・グラス」は「売られている」のである。直前に be 動詞 is があり,「～される」の意味になるから,<be 動詞＋動詞の過去分詞形>の形をとる受動態にする。sell「売る」の過去分詞形は sold である。

(Y) for example「たとえば」

やや難 (6) ① 「車を運転する[自転車に乗る／階段(段)を降りる]ときに,スマート・グラスで動画を見ることは危険だ」 接続詞 when を使った文は<主語A ＋動詞B ＋ when ＋主語C ＋動詞D>の形で「CがDのときAがB」という意味。動詞 B と動詞 D の時制は一致させる。 ② 「スマート・グラスでこっそりと写真を撮る[ビデオを録る／人々の写真を撮る(ビデオを録る)]ことができる。それはプライバシーの侵害になるだろう」 助動詞 can は「～することができる」の意味。助動詞がある英文では主語に関係なく動詞は原形になる。

★ワンポイントアドバイス★

熟語などに使われる前置詞や動詞の語形変化を伴う単元はしっかりと復習して確実に身につけておくことが大切だ。

<理科解答>

1 (1) (2.0V) 5.0Ω (5.0V) 6.3Ω (2) 0.5A

2 (1) 20% (2) 25g

3 (1) (部分) 成長点 (特徴) 根が伸びるときに成長する (2) (材料) タマネギの根(を選んだ場合) (理由) 盛んに細胞分裂をするので,細胞が多くDNA量が多いから。

4 (1) ① イ ② エ ③ オ ④ キ ⑤ ケ (2) 一定の速さで変形していき,変形の限界に達するたびに跳ね上がるから。

5 (1) ① ア ② ウ ③ ア ④ イ

6 (1) (結晶) ミョウバン 3.5g (2) 加熱せずにゆっくりと蒸発させる。
(3) (ミョウバン) イ (塩化ナトリウム) ア

7 ① ア ② イ ③ イ ④ ア ⑤ イ

○推定配点○

1 各4点×3 2 各4点×2 3 各3点×4 4 (1) 各3点×5 (2) 4点
5 各3点×4 6 (1)結晶・(3) 各3点×3 (1)結晶量・(2) 各4点×2
7 各4点×5 計100点

＜理科解説＞

1 (電流と電圧)

重要 (1) V＝RI(電圧(V)＝抵抗(Ω)×電流(A))より，電圧が2.0Vのときは，2.0(V)＝x(Ω)×0.4(A)より，5.0Ω，電圧が5.0Vのときは，5.0(V)＝x(Ω)×0.8(A)から，6.25Ωより，6.3Ωとなる。

基本 (2) 同じ豆電球が2個直列につながっているので，1つの豆電球には2.5Vの電圧がかかる。よって，回路全体に流れる電流の大きさは，表より0.5Aとなる。

重要 2 (濃度)

(1) $\dfrac{20(\mathrm{g})}{80(\mathrm{g})+20(\mathrm{g})}\times100=20(\%)$

(2) 200(g)×0.125＝25(g)

3 (植物の体の仕組み)

基本 (1) 模範解答の他に，成長点は細胞分裂が盛んであるという特徴がある。

や難 (2) 模範解答の他に，鱗片を選んだ場合は，1g中に入っているDNA量が多いからという理由となる。

4 (地層と岩石)

重要 (1) ① 写真1の岩石は，砂岩と泥岩が交互に堆積してできた堆積岩である。 ② 写真2を見ると，泥岩，砂岩の層がずれているのがわかる。これは断層である。 ③ 地質年代を知ることができる化石を示準化石という。 ④ 地層が滑らかに曲がっている状態を，しゅう曲という。

基本 ⑤ 大陸プレートが海洋プレートに押されて跳ね上がることで起こる地震を海溝型地震という。

や難 (2) 海洋プレートが一定の速さで大陸プレートを押していくので，大陸プレートは一定の割合で変形していき，変形の限界に達すると隆起型の地震が起こるので，地震の発生が周期的となる。

5 (光の性質)

重要 ① 点Aに光が見えることから，光の反射の性質がわかる。

基本 ② 鏡を取った状態で，点Bにも光がみられるのは，点Qで光が乱反射しているからである。

基本 ③ 乱反射するためには，壁の表面に凹凸がないといけない。

基本 ④ 光が乱反射すると，鏡があった時と比べて点Aに届く光の量が少なくなるので，点Aから点Qを見ると，鏡があった時と比べて暗くなる。

6 (溶液とその性質)

重要 (1) ミョウバンは20℃の水100gに11.5gまでしか溶けないので，①の操作で観察される結晶はミョウバンである。また，結晶は15(g)－11.5(g)＝3.5(g)できる。

重要 (2) 結晶を大きくするには，ゆっくり水を蒸発させればよい。

基本 (3) ミョウバンは水温が高くなるほど，溶ける量が増えるので，(イ)である。食塩は水温によって溶ける量がほとんど変わらないが，水温が高くなると溶ける量が若干増えるので，(ア)である。

7 (植物の体のしくみ)

重要 ① 花が咲くかどうかを比べているので，①にはアが当てはまる。

重要 ② 水入れのアサガオも咲いたので，②にはイが当てはまる。

重要 ③ 花壇のアサガオも水入れのアサガオも開花したので，開花に温度は関係ないことがわかる。よって，③にはイが当てはまる。

重要 ④ 日の出の1時間前にアサガオは開花したので，④にはアが当てはまる。

基本 ⑤ 夏から秋に向けては日の入りの時刻が遅くなっていくので，⑤にはイが当てはまる。

★ワンポイントアドバイス★

問題文の条件情報を読み込む読解力を身につけよう。

＜社会解答＞

1 (1) ① ア　② オ　③ カ　④ キ　(2) Ⅲ→Ⅳ→Ⅰ→Ⅱ　(3) 農業[食糧]
(4) イ　(5) ア，イ，オ

2 (1) (数字) Ⅰ　(名称) 地租改正　(かな符号) イ　(2) Ⅰ A　Ⅱ D
Ⅲ F　Ⅳ G　(3) A 輸出額　B 輸入額　C 第一次世界大戦

3 (1) エ　(2) ウ　(3) エ　(4) カ　(5) フェリー会社にとっては利用客が減り，マイナスの影響を受けたが，みょうが農家にとっては都市部への出荷量が増え，プラスの影響を受けた。

4 (1) エ　(2) B ウ　D ア　(3) エ　(4) ア

5 (1) エ　(2) (名称) 参議院　(理由) 議院Xで選ばれたB氏ではなく，議院Yで選出されたA氏が総理大臣になっており，議院Yが参議院に優越する衆議院だとわかるため。
(3) 共和党，民主党　(4) 日本の議院内閣制では，内閣総理大臣は国民に選出された国会議員によって選出されるが，アメリカでは大統領も連邦議会議員もともに国民の投票をへて選出されており，どちらの民意も重要視されると考えられるため。

○推定配点○

1 (3) 3点　他 各2点×7　2 (1)名称・(3) 各3点×4　他 各2点×6
3 (5) 10点　他 各2点×4　4 各2点×5
5 (1) 2点　(2)理由・(4) 各10点×2　他 各3点×3　計100点

＜社会解説＞

1 (日本の歴史―各時代の特色，政治・社会・経済史，日本史と世界史の関連)

基本 (1) ① 室町時代，交通の盛んなところでは，陸上輸送をあつかう馬借が，年貢をはじめ，多くの物資を運んだ。 ② 全国の商業や金融の中心地大阪は「天下の台所」と呼ばれ，諸藩は大阪に蔵屋敷を置き米や特産物販売したこともあって，特に米は主に大阪に送られた。 ③ 当時の人々は，律令のきまりにもとづいて，6年ごとにつくられる戸籍に，良民と，奴婢(奴隷)などの賤民に分けて登録された。 ④ ここでは，地頭の横暴に対し，農民たちは団結し，集団で村を離れるなどして抵抗していた。農民たちがつくった片仮名書きの訴状も残っている。

基本 (2) Ⅲ奈良時代→Ⅳ鎌倉時代→Ⅰ室町時代→Ⅱ江戸時代である。

(3) 中世から近世にかけては，経済活動の発展には，農業の発展や食糧生産力の向上が欠かせないものとなっていた。

(4) 資料イは弥生時代の村を表していて，ⅠからⅣの文章とは関係が認められない。

(5) 日本史の室町時代以前に起こった世界史の出来事は，1271年フビライが元王朝を創始(日本では鎌倉時代)，610年ムハンマドがイスラーム教を創始(日本では飛鳥時代)，395年ローマ帝国が東西に分離(日本では古墳時代)である。

2 (日本の歴史―資料活用，日本史と世界史の関連)

(1) 税制に関する資料は，地券の画像である資料1である。地租改正により①土地の所有者と地価を決め地券を発行した。②課税の基準を収穫高から地価に変更した。③税率は地価の3%とし，土地所有者が金納した。

(2) 資料1「地券」は，地租改正(1873年～)により発行されたので，Aの時期にあたる。資料Ⅱ「裏が印刷されてない紙幣」は，第一次世界大戦後の戦後恐慌と関東大震災による経済危機などが原因で起きた金融恐慌に対処するため日本銀行が非常貸出(1927年)をした時の二百円紙幣で，Dの時期にあたる。資料Ⅲ「切符制」は，戦時下の国民生活の中で生活品に対する処理で，Fの時期にあたる。資料Ⅳ「墨塗り教科書」は，戦後初期に戦争教材や国家主義的教材を削除するように命じたのでできたもので，Gの時期にあたる。

重要 (3) 第一次世界大戦によって，日本経済は好況になった(大戦景気)。綿織物などの日本製品の輸出先がアジア・アフリカに広がる一方，欧米からの輸入がとだえたため重化学工業が発展し，工業国としての基礎が築かれた。

3 (日本の地理―日本の気候，諸地域の特色，産業，交通)

(1) アは石見銀山(島根県)，イは原爆ドーム(広島県)，ウは厳島神社(広島県)，エは姫路城(兵庫県)，それぞれを説明した文章である。

(2) Cの広島県の瀬戸内海沿岸は複雑な海岸線が続き，波が穏やかなので，いかだを使用した海面養殖などにおいて，カキ，ワカメ，ノリなどが多く生産されている。

(3) Fの高知県では，より多くの収入が得ることができる促成栽培が農業の中心となっている。促成栽培とは，価格が高い時期に出荷するため，農作物の生長を速めて出荷時期をずらす工夫をした栽培方法である。

や難 (4) A島根県とF高知県は，ともに太平洋側の気候であるが，高知県の方が，夏は太平洋からふく湿った季節風により降水量がかなり多くなっている。したがって，ⅠはF高知県，ⅢはA島根県となる。D愛媛県は瀬戸内の気候で，1年中温暖で降水量が少ない。したがってⅡが該当する。

や難 (5) 地図中Xはしまなみ海道(尾道―今治)，Yは瀬戸大橋(児島―坂出)，Zは明石海峡大橋と大鳴門橋(神戸―鳴門)の3つのルートである本州四国連絡橋を表している。これらの開通により，移動する手段がフェリーから橋に変わり，車の交通量が増え，移動時間が短縮した。その結果，フェリー会社の収入は減ったが，みょうが農家にとっては，東京などへの都市部への出荷量が増大した。

4 (地理―世界の気候，諸地域の特色，産業)

(1) エは「1980年代から改革を進め」，「巨大な人口」などの記述から中国とわかる。中国政府は計画的に工業化を進め，1980年代から，より自由な産業活動が認められ，外国企業も進出できるようになった。また，中国は世界第一位の人口数を誇る国でもある。

(2) Dのアルゼンチンは，南半球(6，7，8月が冬，12，1，2月が夏)にあり，冬と夏の気温差が大きく，1年を通して降水量が多い温暖湿潤気候で，アの雨温図が該当する。Bのエジプトは，雨がとても少なく砂や岩の砂漠が広がる砂漠気候で，ウの雨温図が該当する。

(3) Eのニュージーランドの首都はウエリントンでエである。

(4) マレーシアでは，天然ゴムはプランテーションで生産され，その生産量は1980年頃までは世界第1位であった。しかし，グラフが示すように，1990年から減少し，2000年には，パーム油に抜かれている。パーム油はアブラヤシからとれる。パーム油はチョコレートやアイス等のほか，スナック菓子，ファストフード店や外食店舗の業務用揚げ油としても使用され，収益性が高い。

5 (公民―政治のしくみ，その他)

(1) 総理大臣の辞任によって開かれている国会であるから，内閣が必要と認めた時，または，いずれかの議院の総議員の4分の1以上の要求があった場合に召集される臨時会(臨時国会)にあたる。

重要 (2) 内閣総理大臣指名の結果は，資料Ⅱより，議院XではB氏，議院YではA氏である。資料1ではA氏が当選しているわけであるから議院Xに議院Yが優越しているということになる。したがって，衆議院の優越権から議院Yが衆議院，議院Xが参議院となる。

(3) アメリカ合衆国は，民主党(現大統領バイデン氏所属)，共和党(前大統領トランプ氏所属)の二大政党制の国である。

(4) 日本の首相は国民が選出した国会議員による国会指名であるが，アメリカ大統領と連邦議会議員は，国民の直接選挙により選出されている(大統領は選挙人を通した直接選挙)。したがって両方とも，民意を強く反映していると考えられている。

★ワンポイントアドバイス★

3(3) 逆に成長を遅らせる工夫をした栽培方法を抑制栽培という。 4(1) 1980年代から経済の自由化が進む中国では，工業分野で，外国企業を受け入れるために，沿海部に経済特区などの重点的な開発地区が設けられた。

<国語解答>

一 (一) A エ B ア (二) ウ (三) エ (四) イ・エ (五) イ

二 (一) ① さいたく ② 固有 (二) 取捨

三 (一) エ (二) ウ (三) (例) 日本人から見れば怪しげなものであっても現地の人からすればれっきとしたスシであるように，おいしい料理は国境を越えて変容し，多様化する宿命を持っている。 (四) ア (五) エ (六) ア，オ

四 (一) ウ (二) ア，エ (三) ア (四) イ

○推定配点○

一 (一) 各3点×2 他 各5点×5 二 各2点×3

三 (一) 3点 (三) 10点 他 各5点×5 四 各5点×5 計100点

<国語解説>

一 (論説文―接続語の問題，文脈把握，内容吟味，段落・文章構成)

(一) A 第一段落では，二十世紀の人は存在するはずの「正解」を知りたがったことを示している。第二段落では「正解」を知りたがった結果の一つとして「大学へ行くことを当たり前とした」ことが具体例として示されているので，エ「たとえば」が適当。 B 空欄B直前の「外国の大学には…すごさはある。」と外国の大学について肯定的に述べていることに対し，直後の「それと…別である。」と，外国の大学だからといって「すごい」と思い込むことを批判しているため，逆接のア「しかし」が適当。

やや難 (二) 第四段落の内容をもとに解答する。アは「『思想』なのか『流行』なのかを区別することが難しくなってしまった」が不適当。社会主義の例では，人々が「正しい」と思うものを学習し実

践しようとしたことが「流行」であり，そこへさまざまな理論が登場することでそれまでの学習や実践の仕方が「思想」となるということであり，二十世紀はその繰り返しであったということである。イは「その『理論』が古くなる前に新しいものを手に入れる必要があり」が不適当。「古くなる前に新しいものを手に入れる必要」があったという根拠は本文中にない。エは「二十世紀初めに」が不適当。二十世紀を通して「学習と実践に一路邁進すること」は流行していたと言える。二十世紀初めに流行したのは社会主義である。

重要 (三) 第六段落の内容をもとに解答する。アは「周囲との一体感を失ってしまう」が不適当。「一体感」を感じる対象範囲は「周囲」ではなく「『二十世紀人の一人である』」というより広いものである。イは「情報社会から得られるものが何もない」が不適当。本文では情報社会について「それがどれほど役に立つものかはわからない」としているため，「得られるものが何もない」とは言えない。ウは「誰にも明かすことができなくなってしまう」が不適当。傍線部②直前の「だからこそ」がかかる部分が「しかし，…一体感だけである。」であることから，「一体感しか得られないから得体の知れない孤独感が生まれる」と言える。

(四) ア・ウは「『正解』が存在していたため」，「『正解』に出会えない限り」がそれぞれ不適当。第三段落最終文より，二十世紀の人々は「正解」が存在すると「思い込んで」いたのである。オは「『情報』を漁る二十世紀病」が不適当。「情報」を漁る，つまり情報社会になったのは二十世紀末のことであるため「二十世紀病」には該当しない。

(五) 筆者は「正解」というキーワードを用いて具体例を示しつつ自分の主張を展開しているため，イが適当。アは「反論を想定して」，ウは「自分の意見の正しさをくり返し強調」，エは「読者とともに謎を解明」がそれぞれ不適当。

二 **(漢字の読み書き，熟語)**

(一) ①の「採択」とは「ある意見・案などを，よいものとして選び取ること」。②の「固有」は「個有」としないように注意。

(二) 「取捨選択」とは，「悪いもの，不必要なものを捨てて，よいもの，必要なものを選び取ること」。

三 **(論説文一脱文・脱語補充，文脈把握，大意・要旨，段落・文章構成，内容吟味)**

基本 (一) 空欄①直前の「個人や集団，時代や文化などの考え方」をまとめた言葉なのでエが適当。第一段落で例に挙げられている「宗教の禁忌」や「ベジタリアン」も「思想」と言える。

(二) アは「気にかけないように」が不適当。傍線部②直前の「食に対する…気にかけません。」の理由が「立ち止まって考える必要性がないから」なので，「気にかけない」では矛盾する。イは「異質な…出会うことで」が不適当。「ふだん私たちがものを食べるとき」の話である。エは「選択しなおす」が不適当。傍線部②とは，直後にある通り「食の思想といったものを自覚する」ことである。

重要 (三) 筆者の主張は「スシに対する…宿命を持っています。」で述べられている。「日本人」と「現地」の意識の相違点が「怪しげ」「れっきとした」であること，またスシについてはあくまで一例であって，「おいしい料理」全般について「国境」を越えて多様化する「宿命」があることをおさえられていればよい。

(四) 空欄A直前の「人々の間で…果たしています。」に注目して解答する。食文化が個々の帰属意識を育む例なので，帰属先を「家族」と明示しているアが適当。ウと迷うところだが，ウは文化の違いに注目しており，帰属意識を育むことにはつながっていないため不適当。

(五) アは第二段落についての記述が不適当。第二段落では食に対する見解を「誤り」としていない。イは第三段落についての記述が不適当。第三段落では寿司という具体例を用いて説明しているが，それは「歴史的な経過」ではない。ウは第四段落についての記述が不適当。原因については第三段落で既に分析されている。

（六）イは「正確に伝えられるよう努めることが大切」が不適当。第三段落で食について「多様化する宿命をもっています」としているため，正確に伝えることはそもそも不可能である。ウは「差別をなくすため」が不適当。ヒエラルキーについて「差別」とするまでの批判的な記述は本文中にない。また，「なくす」ことについても筆者は言及していない。エは「排除することが絶対にないように」が不適当。第七段落では「排除が起きる」という事実を提示してはいるが，それについての解決策は述べられていない。

四 （古文―文脈把握，口語訳，内容吟味）

〈口語訳〉 私が若い時，武蔵にいたのだが，その頃までは高麗人参を処方する医者は大変珍しかった。もし高麗人参を処方する医者がいたら，それは下手な医者なのだと（世間の人々は）言っていた。「世間の人々は，高麗人参に効能があることを知らないのだ」と，杉なんとかという医者が，つねに心配事として語っていた。その後，李士材，蕭万輿といったものの医学書が世の中に広まり，今日この頃にいたっては，軽い病であっても，高麗人参を処方しない医者は少ない。もし高麗人参を処方しない医者がいれば，それは下手な医者なのだと（世間の人々は）言っている。ある時，また武蔵に行き，杉なんとかという医者に会った時，（杉なんとかは）「世間の人々は，高麗人参に害があることを知らないのだ」と語って，その事だけを心配していた。徐景山のように冷静な心であることだとほめた。（自分の中に）定まった見識があって，流行に従わないことこそ尊いことだ。

（一）「そののち…世に行はれ」とあることから，医学書に高麗人参の効能が紹介されたことで広く処方されるようになったと考えられるため，ウが適当。

（二）「杉某といへるくすし，……語りき。」，「杉某にあひしに，……うれふ。」から，ア・エが「杉某」の行為や心情である。イは「方書，世に行はれ」なので主語は「方書」である。ウは本文第2文と対応するため，主語は「世の人」であり，世間ではそう言われているということである。オは杉某のことをほめたということなので，主語は「それがし」である。

（三）「人参を用いざるくすしは少なし」の「ざる」が「～ない」，「少なし」が「少ない」という意味であることから，アが適当。

重要 （四）「定まりたる見識ありて」以降をもとに解答する。アは「時代に合った」が不適当。高麗人参について，杉某が世間の流行に流されず独自の見識をもっていたことを尊いとしているため，時代は無関係である。ウは方書によって高麗人参が盛んに処方されたという内容と矛盾するため不適当。エは犠牲者については本文中で述べられていないため不適当。

★ワンポイントアドバイス★

論説文は，キーワードを軸に筆者がどのような分析や主張を行っているか，正確に読み取ろう。具体例から筆者の主張したいことを見抜くことも大切だ。古文は，省略された主語に注意しつつ，全体の内容を把握してから問題に取り組もう。

2020年度

入　試　問　題

2020年度

名古屋経済大学市邨高等学校入試問題

【数　学】（45分）　＜満点：100点＞

1　次の(1)から(9)までの問いに答えなさい。

(1)　$13-3\times(-4)^2$ を計算しなさい。

(2)　$\dfrac{x+5}{3}-\dfrac{3-2x}{4}$ を計算しなさい。

(3)　$(\sqrt{6}-3)(\sqrt{2}+\sqrt{3})$ を計算しなさい。

(4)　$(x-y)^2-5x+5y$ を因数分解しなさい。

(5)　2次方程式 $7(x+3)-1=x(x+6)$ を解きなさい。

(6)　濃度 a %の食塩水500 gに100 gの水を加えた。このときの食塩水の濃度を，a を使ったもっとも簡単な式で表しなさい。

(7)　連立方程式 $\begin{cases} 5x-3=3y+18 \\ 2(x-2y)=x+11 \end{cases}$ を解きなさい。

(8)　y は x に比例し，$x=-6$ のとき $y=4$ である。$x=9$ のときの y の値を求めなさい。

(9)　大小2個のさいころを同時に投げるとき，出た目の数の積が6の倍数になる確率を求めなさい。

2　次の(1)から(3)までの問いに答えなさい。

(1)　下のヒストグラムは1，2年生のバスケットボール部員20人がフリースローを1人10本ずつ行って，シュートが入った本数を記録したものである。
このとき，次の①，②の問いに答えなさい。

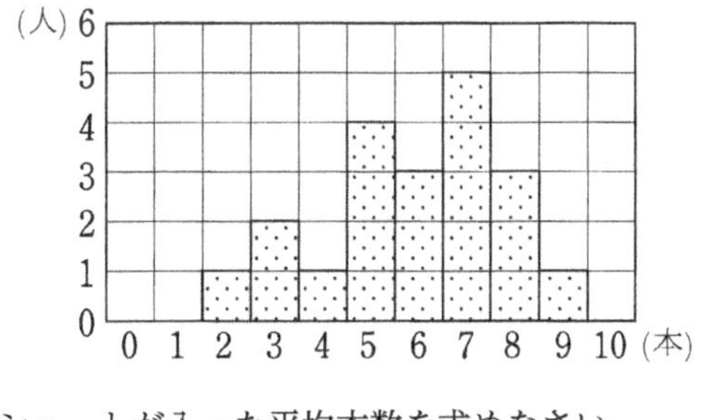

①　1，2年生20人のシュートが入った平均本数を求めなさい。

②　3年生のバスケットボール部員5人がフリースローを1人10本ずつ行って，シュートが入った本数を記録し，バスケットボール部員25人全員のシュートが入った平均本数を計算したら平均本数は6本でした。3年生5人のシュートが入った平均本数を求めなさい。

(2)　次のページの図において，放物線は関数 $y=ax^2$ のグラフで，x の値が－1から5まで増加するときの変化の割合は6である。2点A，Bは放物線と直線の交点で，点Aの x 座標は－2である。直線ABと x 軸との交点をCとするとき，あとの①，②の問いに答えなさい。ただし，点C

の x 座標は正とする。

① a の値を求めなさい。

② 点Bが線分ACの中点であるとき，点Bの x 座標を求めなさい。

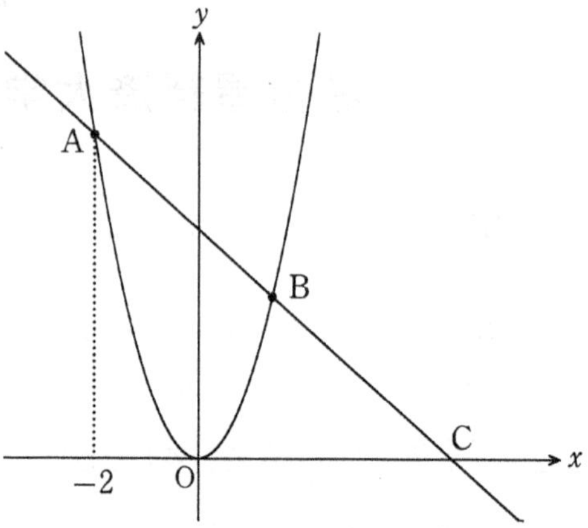

⑶ 図1のように，平面上で1辺の長さが6㎝である正方形PQRSを固定し，AB＝AC である直角二等辺三角形ABCを直線 l にそって矢印（⇒）の方向に毎秒1㎝の速さで動かす。図2は，△ABCを動かしている途中のようすを表しており，斜線部分は，正方形PQRSと△ABCの重なった部分の図形を表している。

点Aが点Qの位置にきたときから10秒後には，点Cが点Rの位置にある。

図1

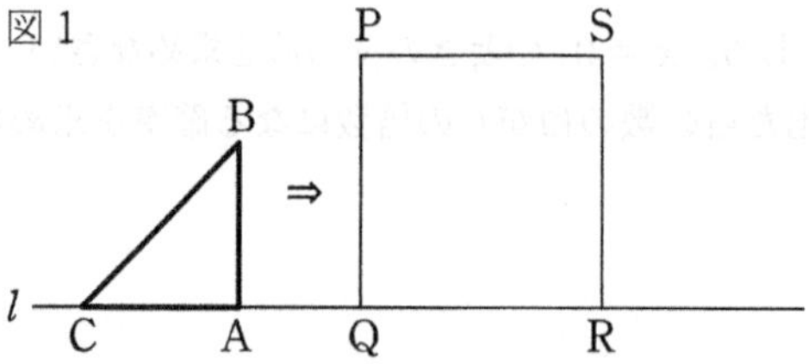

図2

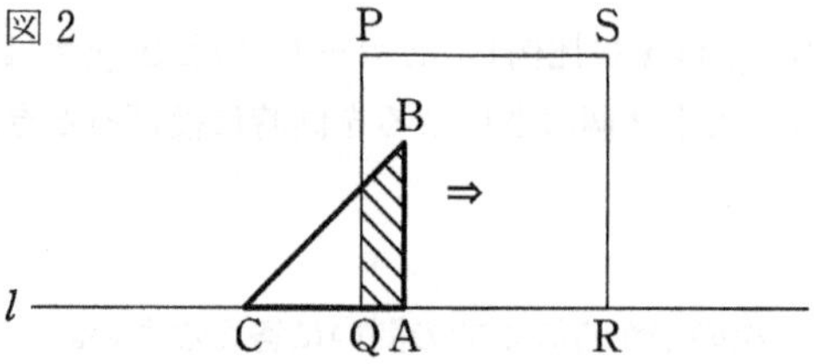

点Aが点Qの位置にきたときから x 秒後の正方形PQRSと△ABCの重なった部分の面積を y ㎠とするとき，次の①，②の問いに答えなさい。

① x と y の関係をグラフに表したものを次の**ア**～**エ**の中から選び記号で答えなさい。

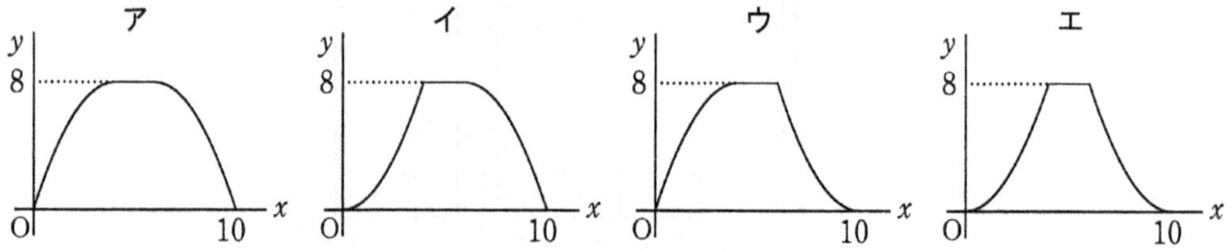

② $0 \leqq x \leqq 10$ の範囲で，正方形PQRSと△ABCの重なった部分の面積が，△ABCの面積の半分になるときの x の値をすべて求めなさい。

3 円における2本の弦とその交点Pにおいて考察をする。次のページの図のように，円周上の4点A，B，C，Dにおいて，弦ACと弦BDの交点をPとする。あとの⑴から⑷までの問いに答えなさい。

(1) 右の図で，２点A，Bと２点C，Dをそれぞれ結ぶ。このとき，△ABP∽△DCP であることを次のように証明した。

［Ⅰ］～［Ⅱ］に当てはまるものを下の**ア**～**オ**までの中から選んで記号で答えなさい。

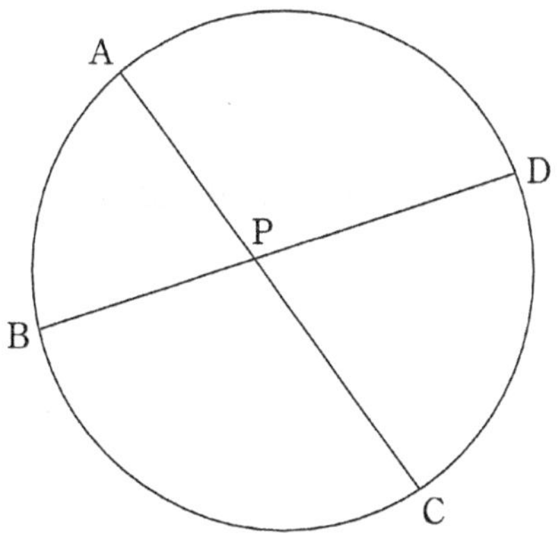

(証明) △ABPと△DCPにおいて

［Ⅰ］から

∠APB＝∠DPC…①

［Ⅱ］から

∠ABP＝∠DCP…②

①，②より

［Ⅲ］から

△ABP∽△DCP　　　　　　　　(証明終)

ア 対頂角は等しい

イ ２つの平行な直線に他の直線が交わるとき，その同位角は等しい

ウ ２つの平行な直線に他の直線が交わるとき，その錯角は等しい

エ 同じ弧に対する円周角の大きさは等しい

オ １つの円で，等しい円周角に対する弧の長さは等しい

(2) (1)の証明の［Ⅲ］に入る相似条件を答えなさい。

(3) (1)の証明より，上の図において△ABP∽△DCP であるから，相似な三角形の辺の比の性質を用いると，

PA×［　　］＝PB×［　　］

が成り立つことがわかる。上の式の空らんに当てはまる線分を答えなさい。

(4) 右の図の x の値を求めなさい。

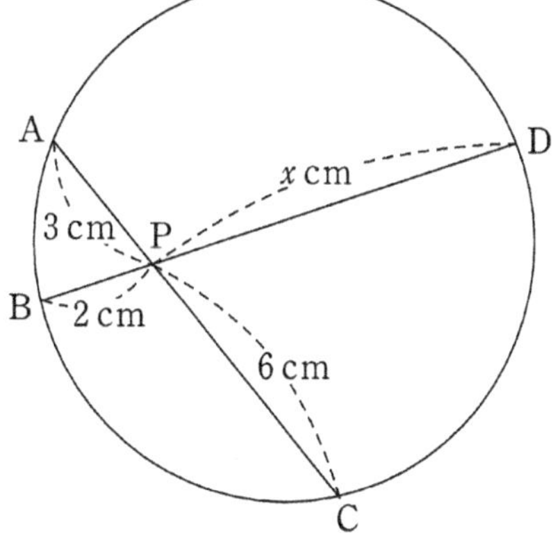

4 次の⑴から⑶までの問いに答えなさい。

⑴ 右の図で，4点A，B，C，Dは円Oの周上にあり，ACは円Oの直径である。
AD＝BD，∠ACB＝42° のとき，x の値を求めなさい。

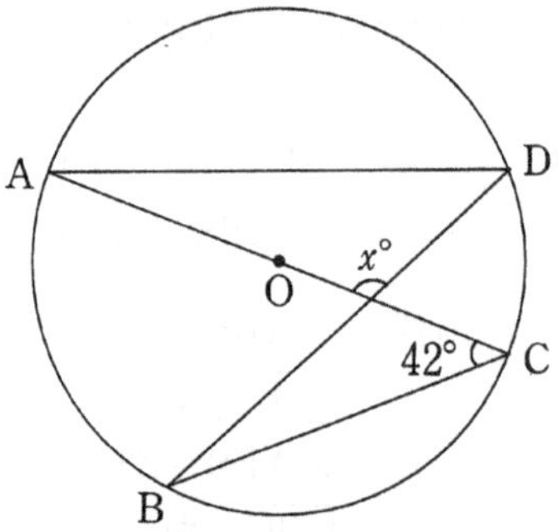

⑵ 右の図で，四角形ABCD は AD∥BC の台形である。対角線の交点をPとし，AD∥PQ となる点Qを辺CD上にとる。AD＝6㎝，BC＝9㎝ であるとき，PQの長さを求めなさい。

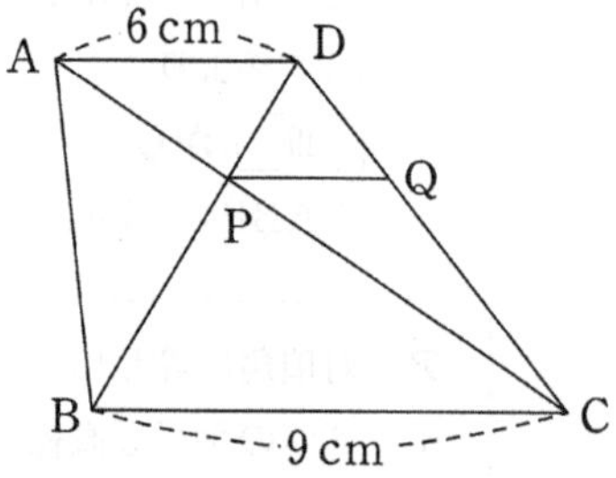

⑶ 右の図は，AB＝AC＝AD＝AE＝x で底面は1辺の長さが y の正四角すいである。点Bから点Eまで3つの側面を通るように最短距離でひもをかけ，このひもが辺AC，ADを通る点それぞれP，Qとする。
点PがACの中点であるとき，x は y の何倍であるか答えなさい。

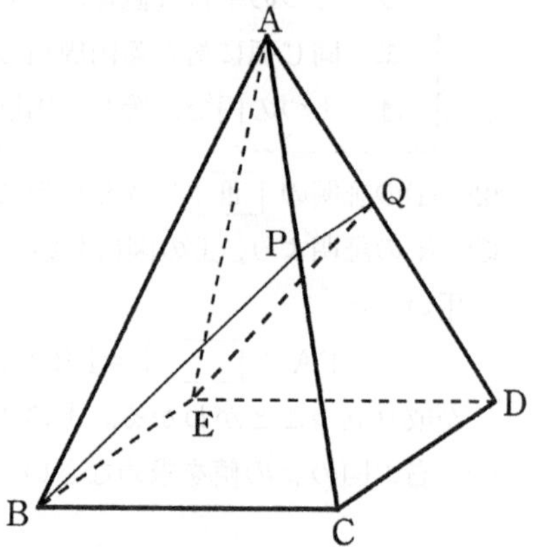

【英　語】（45分）　＜満点：100点＞

【注意】 はじめに聞き取り検査を実施し，引き続いて筆記検査を実施します。「始め」という指示があってから，聞き取り検査が始まるまで，1分30秒あります。それまで1ページの「聞き取り検査」をよく読みなさい。

外国語（英語）聞き取り検査

ただいまより聞き取り検査を行います。指示に従って各問いに答えなさい。問題は第1問から第2問まであります。英文は2回ずつ読まれます。英文が読まれている間，メモを取っても構いません。それでは始めます。

第1問　下のグラフを見てください。高校生100人の好きな科目，嫌いな科目に対する回答人数をグラフにしたものです。 15秒でグラフを読み取りなさい。

それではこれから読まれる4つの英文を聞き，グラフの内容に合うものを2つ選び，その記号を答えなさい。英文は2回繰り返されます。

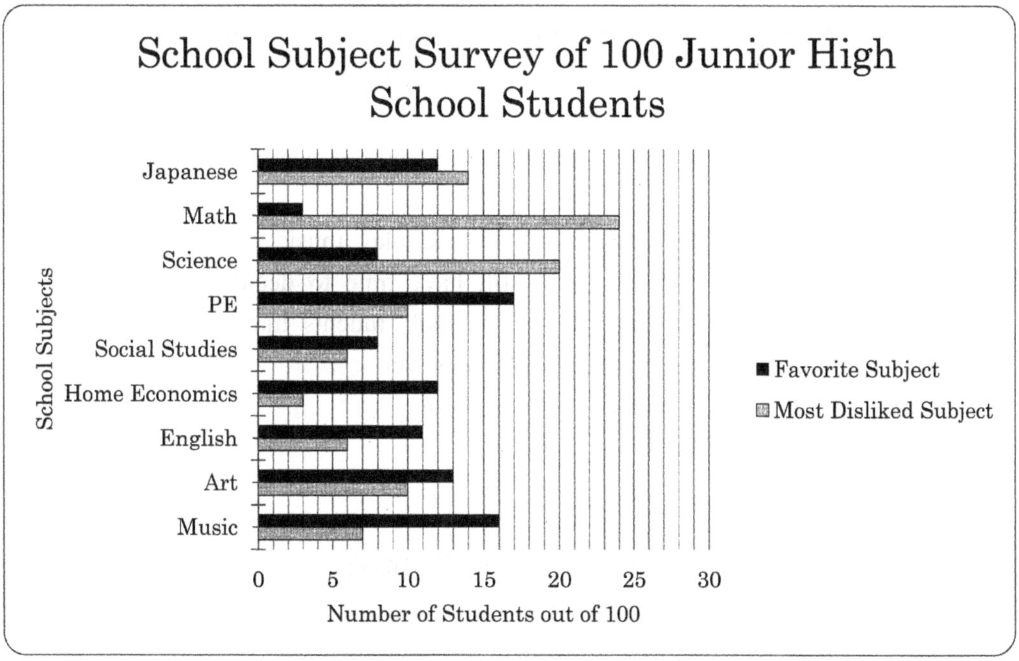

第2問　アキコとジョンの2人の会話を聞き，その次に読まれる4つの英文が正しければTに，正しくなければFにそれぞれ○をつけなさい。

＜リスニング問題スクリプト＞

第1問

a．Math is the second most popular subject.

b．PE is the most popular subject.

c．Music is the favorite school subject of 16 students.

d．Home Economics is the most disliked subject.

第2問

John: Hi Akiko. How are you?

Akiko: I'm good, John. I'm just reading about what jobs are popular with high school students.

John: Cool. Oh Wow. Professional Sports player is popular. What kind of job do you want in the future?

Akiko: Hmm. That's a good question. I'm not sure, but I think I might want to be an English teacher.

John: Oh really? Why?

Akiko: Well, I like English and I want to study abroad when I am in college. What job do you want to do?

John: My parents really want me to be a doctor, but I'm not sure. I think I want to be a musician. I really like playing the guitar.

Akiko: Yeah, you are so good! You should try and do that!

John: Yeah, but I really don't want to disappoint my parents. I'll have to think about it more.

Akiko: Well, you could always be a doctor and play music as a hobby!

John: Yeah, I guess you are right. I still have time to decide.

a．Akiko is reading about what job high school students like.

b．Akiko wants to be a Professional Sports player.

c．Akiko wants to study abroad in high school.

d．John's parents want him to be a musician.

外国語（英語）筆記検査

1．市邨高校のさやか（Sayaka）とまさと（Masato）の昨年の夏休みの会話です。下の図を参考にして，あとの問いに答えなさい。

カンボジアの貧困の子供のために

千種区仲田商店街夏祭り 2019／7／28（日）

市邨高校出店　チャリティー　唐揚げ＆綿菓子

カンボジアの小学校には日本の学校のような遊具がなく，子供たちが楽しく遊ぶことができません。そこで，小さな子供たちが安全に遊べるような遊具をプレゼントしたいと思い，出店しています。カンボジアのトロンペアトム村の学校にブランコを届けるために，ぜひご協力をお願いします。
市邨高校　SDGs に取り組むボランティアメンバー
代表生徒　木村・後藤　（社会科　鈴木）

Kisso

ブランコを届けるにあたり，一般財団法人，KISSO の方に協力をして頂いています。

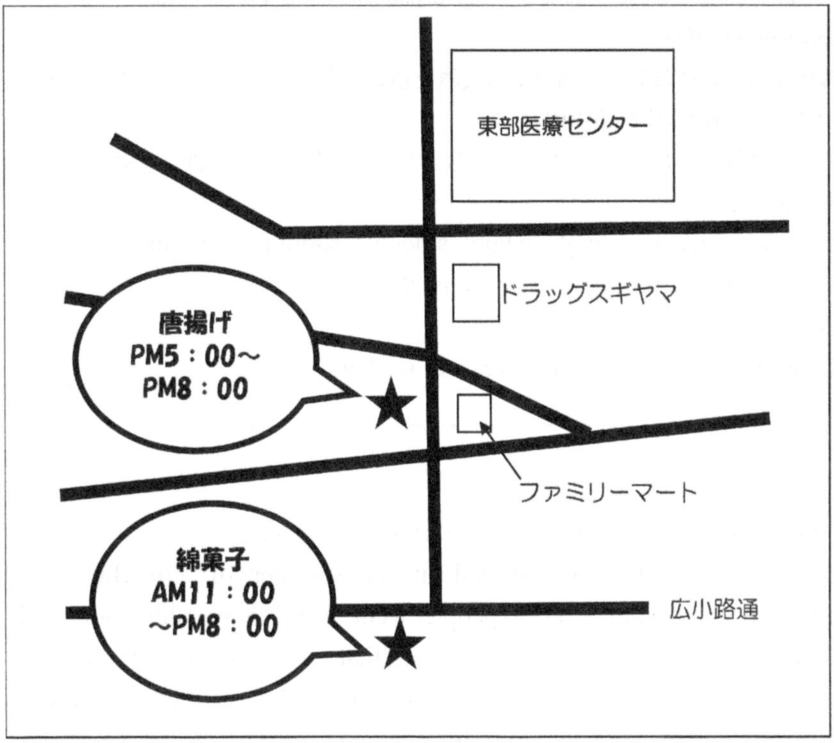

Sayaka: What are you going to do next weekend?

Masato: Well, we will have charity refreshment stands and sell fried chicken and cotton candy at Nakata Street Festival.

Sayaka: That sounds interesting! Nakata Street is a shopping street near Ichimura High School.

Masato: Yes. The people of the community offered their cooperation. This is a leaflet I've made to give publicity.

Sayaka: Let me see it. Wow, it is nice of you (　①　) Cambodia.

Masato: Well, we'd like to collect money to send a swing to an elementary school in Tronpeathom Village.

Sayaka: (　②　) cost to send them a swing? 【 how, it 】

Masato: It will cost 300 dollars. So we have to collect 35,000 yen.
Sayaka: I see. I would like to help you. (③) your activity?
Masato: Of course, you can! We all welcome you.
Sayaka: But I have another appointment in the evening.
Masato: Then, you can help us to sell cotton candy until evening.
Sayaka: That's a good idea. I am happy to support them through the festival.

㈩ refreshment stands 屋台 fried chicken 唐揚げ cotton candy 綿菓子
community 地域 offer 申し出る cooperation 協力 leaflet チラシ
Let me see it. 見せてください。 give publicity 宣伝する swing ブランコ
appointment 約束

(1) 空欄①から③にそれぞれ3語以上の英語を補い，会話を完成させなさい。ただし，②は【 】内の語を与えられた語順で使用すること。

(2) 次の質問に対するあなたの立場をA，Bより選び，与えられた語句に続くように，その理由を英文で答えなさい。

Do you agree that high school students should do volunteer work?

A：I agree with that. The reason is that ＿＿＿＿＿＿＿＿＿＿＿＿.
So ＿＿＿＿＿＿＿＿＿＿＿＿＿＿＿＿＿＿＿＿＿＿＿＿.

B：I disagree with that. The reason is that ＿＿＿＿＿＿＿＿＿＿＿.
So ＿＿＿＿＿＿＿＿＿＿＿＿＿＿＿＿＿＿＿＿＿＿＿＿.

2 次の文章を読んで，あとの(1)から(4)までの問いに答えなさい。

The first known Olympics started in the summer of 776 B.C. at Olympia in southern Greece. In those days, people went there to worship their gods. In fact, the Olympics were a religious festival that was created in honor of ancient Greece's most famous god, Zeus, king of the gods. Athletes prayed to Zeus for victory and left gifts to thank him for their successes.

Ancient Greece was divided into different city-states and the Greeks were often at war with each other. Therefore, the city-states declared a truce or a peace. This meant that any wars should be called off so that people could travel safely to Olympia.

The Romans stopped the Olympics in A.D. 393, after Rome conquered Greece in the second century B.C. But the games were revived in 1896 in Athens, Greece, and have been celebrated every four years since then. And in 1924, the Winter Olympics were added so athletes could compete in winter sports such as cross-country skiing, speed skating, and ice hockey.

Today thousands of athletes from hundreds of countries all over the world compete for the gold (or silver or bronze) in the summer and winter events. The modern Olympics aim for a peaceful future for mankind through sports. Sports have power to bring people from different parts of the world together and build friendship. ①[the games / to / important / it / win / is]. However, it is more important to play with fair-play spirit, do your best and respect one another.

This summer in Japan, the Olympic Games will be (A) in Tokyo. Many people from different countries will come to Japan to support players of their countries, and you may meet foreign people. So why don't you enjoy (B) people with different cultures? Now you know the history of the Olympics, so you will be able to enjoy the Olympic Games more. Also, if we respect and accept one another in everyday life and try to know more about different cultures, someday [②] may come true.

（参考 https://kids.nationalgeographic.com/explore/history/first-olympics/
The First Olympics Information - National Geographic Kids）

(注) Olympia in southern Greece　ギリシャ南部の都市，オリンピア　worship　拝む
religious　宗教上の　in honor of ～　～を祝して　ancient　古代の
Zeus　ギリシャ神話の全知全能の神　athletes　競技者　pray　祈る　victory　勝利
divide　分割する　city-states　都市国家　Greeks　ギリシャ人　therefore　従って
declare　宣言する　truce　休戦　call off ～　中止する　Romans　ローマ人
conquer　征服する　revive　復活させる　Athens　ギリシャの都市，アテネ
celebrate　儀式などを執り行う　compete　競う　such as　例えば　modern　現代の
aim for ～　～を目的とする　mankind　人類　one another　互いに

(1) （A），（B）にあてはまる最も適当な語を，次の５語の中からそれぞれ選び，正しい形に変えて書きなさい。

play　work　hold　meet　break

(2) 下線①のついた文が，本文の内容に合うように，[ ]内の語句を正しい順序に並べ替えなさい。なお，文頭にくる語も小文字で記してある。

(3) [②] にあてはまる最も適当な英語を，次のアからエまでの中から選び，そのかな符号を書きなさい。

ア the Olympics
イ world peace
ウ a sport festival
エ Paralympic Games

(4) 次のアからエまでの文の中から，その内容が本文に書かれていることと一致するものを１つ選び，そのかな符号を書きなさい。

ア Ancient Greeks started the Olympics to stop the wars.
イ Rome conquered Greece because it didn't like sports.
ウ One of the purposes of the Olympics is to make the world peaceful.
エ We should support players of the Olympic Games to stop the wars around the world.

3．留学生のジョセフ（Joseph）が iPad で映像を見ているとき，友人の達也（Tatsuya）が話しかけている場面です。次の会話文を読んで，あとの(1)から(5)までの問いに答えなさい。

Joseph: Hi. Tatsuya.

Tatsuya:【 a 】

Joseph: I am watching a soccer game. It's a close game. The score is 2 to 1. It's so exciting!

Tatsuya: Oh, is it? Let me see it.

Joseph: Sure. You think it looks like a real game, don't you?

Tatsuya:【 b 】

Joseph: No, it's not real. It's a virtual soccer game.

Tatsuya: Really? It looks so real. But then, ①(ア) don't you watch real sports games?

Joseph: Well, this is a real sport. It's not just a videogame. It's called "esports." People compete with each other in a game online.

Tatsuya:【 c 】 I know that online videogames are played in many countries but can we call it a "(A)"? ② You don't (イ) your body or sweat when you play videogames.

Joseph: That's a good question. Today there are many esports tournaments in arenas or stadiums around the world. Hundreds of professional esports players are having exciting games and thousands of people are watching their play. 【 d 】

Tatsuya: Sounds interesting! How much money can we win?

Joseph: In some big tournaments, you can win one million dollars.

Tatsuya: Wonderful! How can we be professional esports players?

Joseph: I have no idea. I just enjoy watching games.

Tatsuya: Come on! 【 e 】

(注) close game 接戦の試合　score 得点　Let me see it. ちょっと見せて。
virtual 仮想の，バーチャルの　compete with each other お互いに競う
online オンラインで，インターネット上で　sweat 汗をかく　arena 競技場

(1) 次のアからオまでの英文を，会話文中の【a】から【e】までのそれぞれにあてはめて，会話の文として最も適当なものにするには，【b】と【d】にどれを入れたらよいか，そのかな符号を書きなさい。ただし，いずれも一度しか用いることができません。

ア "Esports"? I haven't heard of it.
イ Let's find it out on the Internet!
ウ Hi, Joseph. What are you watching on your iPad?
エ You can get a lot of money when you win the tournament.
オ What? You mean that it's not a real game?

⑵ 下線①，②のついた文が，会話の文として最も適当なものになるように，（ア），（イ）のそれぞれにあてはまる語を書きなさい。

⑶ （A）にあてはまる最も適当な語を，次のアからエまでの中から選んで，そのかな符号を書きなさい。

ア game　イ player　ウ sport　エ goal

⑷ Josephが本文中で説明しているesportsとはどのようなものか。その特徴を2つ，日本語で簡単に述べなさい。

⑸ 次の英文は，ジョセフが帰国後，達也に送ったメールです。このメールが会話文の内容に合うように，次の（X），（Y）のそれぞれにあてはまる語句を書きなさい。

Hi Tatsuya.
How are you? I hope you are well.
Thanks for your help during my stay in Japan.
After I came back home, there was a big (X) here in Boston. I watched the games and I saw many Japanese esports players there. I wanted to tell you how exciting it was! I heard that esports is getting (Y) also in Japan and there will be some special events this summer. If you are interested, you should go there and see what they are like!

Best wishes,
Joseph

【理　科】（45分）　＜満点：100点＞

1　次の⑴・⑵の問いに答えなさい。

⑴　「乾くと色が消えるスティックのり」があります。右の写真の「のり」は紙にぬった瞬間は青色ですが，空気に触れると色が消えます。これは，写真の「のり」がアルカリ性から酸性に変わるため，含まれている試薬の色が青から透明に変わるからです。なぜ「のり」が酸性に変わるのかを答えなさい。

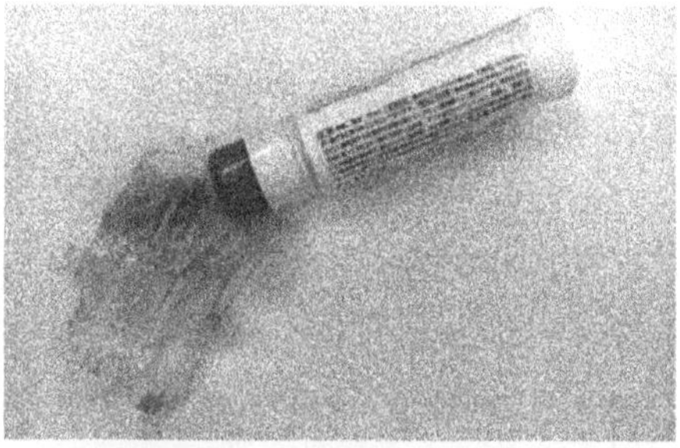

⑵　打ち上げ花火を少し遠くから見ると，大きく開く花火が見えてから，しばらくしてさく裂音が聞こえますが，その時間のずれが生じる理由を「音の」という書き出しで答えなさい。

2　次の⑴・⑵の問いに答えなさい。

⑴　文章中の（①）・（②）に入る適語を答えなさい。

デンプンは，口の中のだ液に含まれる（　①　）という消化酵素によって分解される。そして，小腸まで移動する間にブドウ糖などに分解され，血管内に吸収される。吸収されたブドウ糖の一部は，（　②　）でグリコーゲンに変えられ，一時的にたくわえられる。

⑵　文章中の（①）から（③）に適する数値を答えなさい。

今，摩擦のない水平面上で静止している質量2 kg の物体が，磁石の力で引かれるとします。そのとき，磁石の力が物体にする仕事が16 J だとすると，物体の運動エネルギーは増加して（　①　）J になります。また，物体の速さは（　②　）m/s になります。

この物体に力が加えられている間に動いた距離が10mだとすると，加えられた力の大きさは（　③　）Nになります。

3　次の⑴から⑷までの問いに答えなさい。

⑴　次の文章を読んで，あとの問いに答えなさい。

次のページの写真1から3は，気象庁のホームページから転載したものである。写真1には，日本列島の南に直径1000kmをこえる雲の渦が写っている。これは，大型の（　①　）の雲であるが，雲は対流圏の範囲にだけ存在していることから，厚さは10km程度で，図の（　②　）のような形である。

(①) に適する語を**ア**から**オ**までの中から選んで，そのかな符号を書きなさい。

(②) に適する図を**ア**から**ウ**まで中から選んで，そのかな符号を書きなさい。

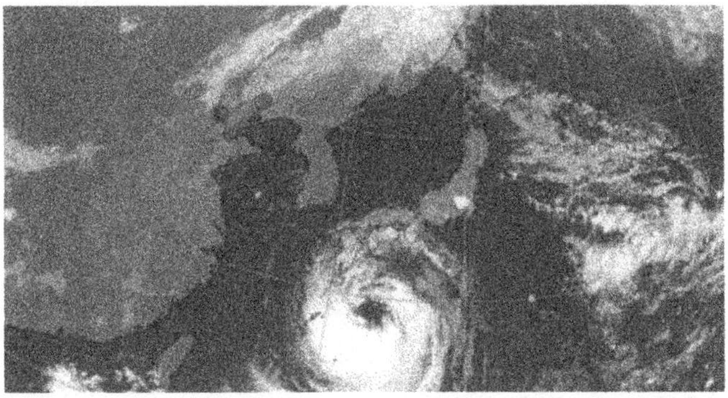

写真１

①の語群　**ア**　つむじ風　**イ**　台風　**ウ**　竜巻　**エ**　熱帯高気圧　**オ**　熱帯低気圧

②の選択肢

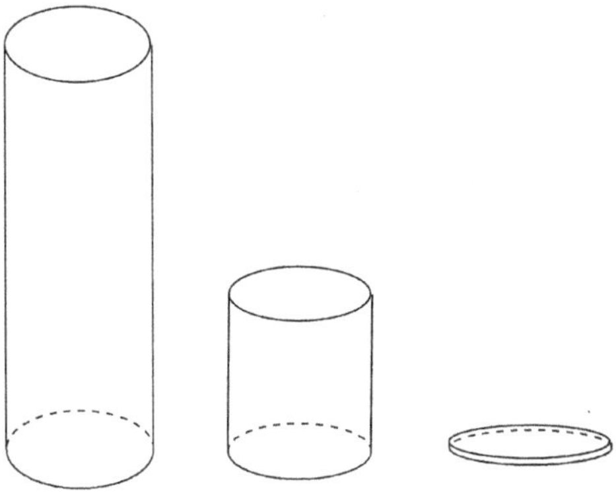

ア　**イ**　**ウ**

⑵　次の文章を読んで，あとの問いに答えなさい。

6月末の写真2には，日本列島付近を東西につらなる（　③　）の雲が写っている。

(③)に適する語を次の**ア**から**エ**までの中から１つ選び，そのかな符号を書きなさい。

ア　梅雨前線　**イ**　秋雨前線

ウ　寒冷前線　**エ**　温暖前線

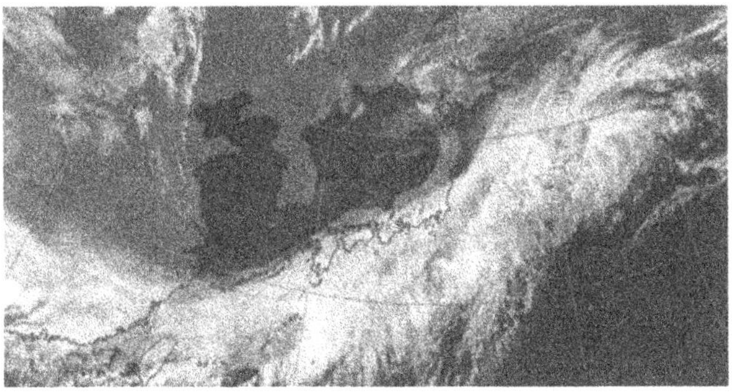

写真２

⑶　次の文章を読んで，あとの問いに答えなさい。

写真３は，典型的な冬型の雲の様子である。ユーラシア大陸上の冷たく乾燥した（　④　）気団から日本へ向かう空気は，ロシアとロシア沿岸部では（　⑤　）。その後，日本海を渡るにつれて海面から水蒸気が供給される。また，海水に暖められて上昇しながら進み，日本に達すると雪か冷たい雨を降らせる。

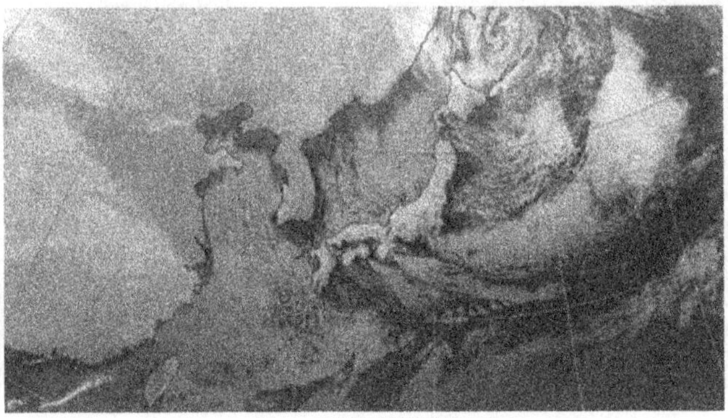

写真３

（④），（⑤）に適する語の組み合わせを表の**ア**から**コ**までの中から１つ選び，そのかな符号を書きなさい。

	（　④　）	（　⑤　）
ア	オホーツク海	雲を作る
イ	シベリア	雲を作る
ウ	小笠原	雲を作る
エ	揚子江	雲を作る
オ	赤道	雲を作る
カ	オホーツク海	雲を作らない
キ	シベリア	雲を作らない
ク	小笠原	雲を作らない
ケ	揚子江	雲を作らない
コ	赤道	雲を作らない

⑷　次のページの写真４は，ある天文現象が起こったときの衛星写真である。太平洋上（日本の南東）に黒い影が見える。

この影の中心にいる人が，観測できる天文現象を答えなさい。

写真４ NASA のホームページより転載

4　鉄粉末5.6ｇと硫黄粉末3.2ｇを混ぜ合わせて試験管に入れ，試験管の上部を綿花でかたく栓をして，写真１のように加熱すると鉄粉末と硫黄粉末は全て過不足なく反応する。

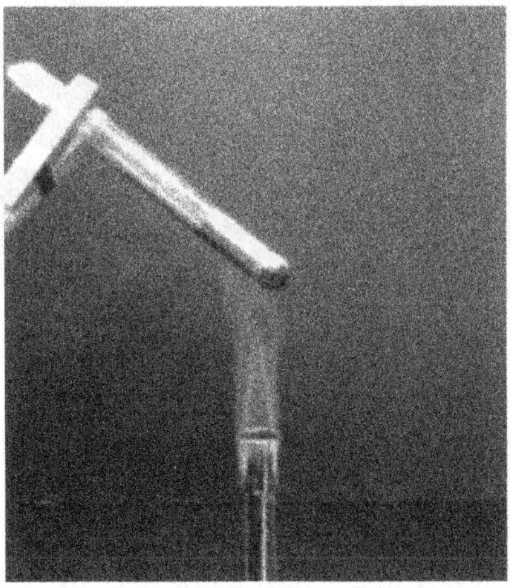

写真１

化学反応式は以下のとおりである。

$$Fe + S \rightarrow FeS$$

次のページの表は，鉄と硫黄の質量をそれぞれ変えて，３回実験した結果を示したものである。あとの⑴から⑶の問いに答えなさい。ただし，反応は最後まで進むとする。

	1回目	2回目	3回目
鉄の質量(g)	3.5	6.0	8.0
硫黄の質量(g)	6.0	2.8	1.6
生成物の質量(g)	5.5	7.7	A
未反応の物質の質量（g）	4.0	1.1	B

⑴　表のAとBにあてはまる数値を答えなさい。

⑵　鉄と硫黄が過不足なく反応するときの質量を参考にして，鉄原子1個と硫黄原子1個の質量の比は，硫黄原子1に対して鉄原子はいくつかを答えなさい。小数点以下第2位を四捨五入しなさい。

⑶　次に，写真2のようにステンレス皿の上に鉄粉を5.0g入れて強く熱したところ，黒さびとなった。ステンレス皿に残る物質の質量がどうなるかを次の**ア**から**ウ**の中から1つ選び，そのかな符号を答えなさい。また，そのように考えた理由を答えなさい。

選択肢　**ア**　5.0g　　**イ**　5.0gより軽い　　**ウ**　5.0gより重い

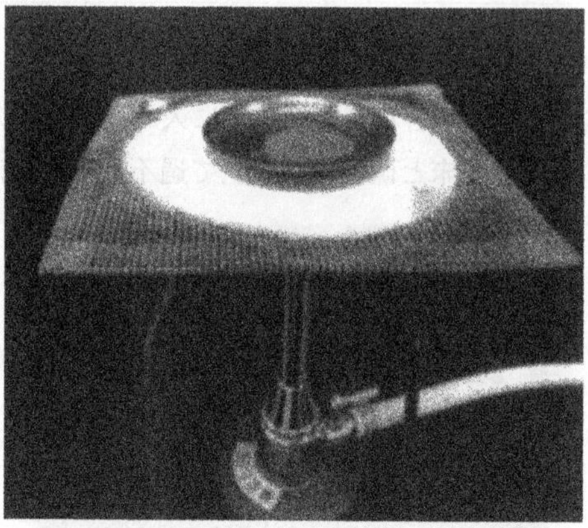

写真2

5　次の文章を読んで，あとの⑴・⑵の問いに答えなさい。

DNAの変化は生物の設計図の変化と考えることができる。生物の種類が違うということは，DNAの情報が違うということである。太古の昔，たった1種類の生物しかいなかった世界から，現在の生物の多様性が見られる世界まで変わったということは，DNAは子孫に対して完全な複製が（　①　）ことを示している。ある生物種で自然の状態でDNAが変化した（違う性質を持った）世代ができた場合，その子孫が滅びなければ，それを進化という。その際，もとの生物種が滅びるか，生き残るかは問わない。たとえば，ハチュウ類から鳥類が生まれた（進化した）が，ハチュウ類は今も存在している。恐竜の時代に生きていたトガリネズミに似た生物から私たちを含むほ乳類が進化したが，その共通の祖先は滅びた。

一方，人類は，人類に有用な作物や動物を得るために人為的にDNAを変化させること，つまり品種改良を進めてきた。たとえば，ヒツジは，メソポタミアで１万年ほど前から品種改良が続けられてきた。その時代の品種改良の方法は（　②　）である。そのため，複数の性質が同時に変わる場合が多かった。

ヒツジの毛は上毛と下毛の２層になっていて，下毛をウールと呼び，衣料に利用している。しかし，太古の昔，人間が飼い始めた頃のヒツジの毛は，下毛が短く，犬や猫と同じく換毛《かんもう》（体毛が抜けて生え替わる）し，衣料としては使いにくかった。それを品種改良により，下毛が長く，また，染色しやすいように白い下毛の品種を作った。これにより，毎年暖かくなる時期に毛を刈りとり，利用するようになった。ところで，DNAは他の変化も起こした。ヒツジは，下毛が長く白くなったが，換毛をする性質も失った。よって，人間が毛刈りをしなければ，毛が伸び続け，体温調節ができず，また，不衛生となり細菌感染のリスクが増える。仮に，そのヒツジを野に放ったとしても，子孫を残しながら生き延びる可能性は低いと言える。

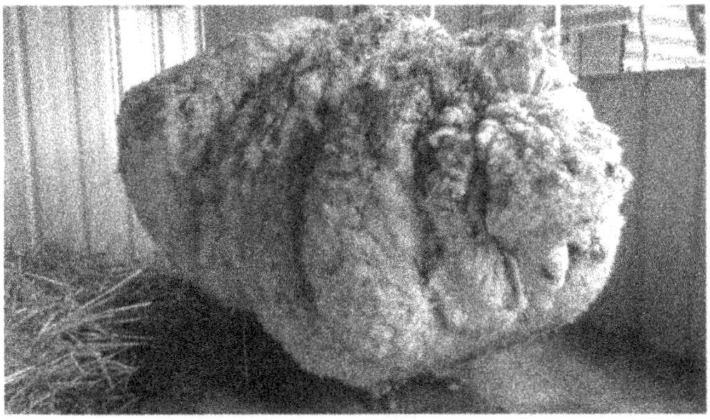

毛が伸びすぎて命の危険にさらされていた羊の「クリス」＝RSCPA

⑴　空欄（①），（②）に適する語を次の**ア**から**エ**までの中から１つ選び，そのかな符号を答えなさい。

①の語群

ア　常に行われた
イ　常に行われなかった
ウ　常に行われたとは限らない
エ　どうなっていたか判断できない

②の語群

ア　かけ合わせ
イ　遺伝子組換え
ウ　ゲノム編集
エ　放射線照射

⑵　鳥類のような進化をした生物種の種の変化と，ヒツジのような品種改良された生物種の種の変化はともにDNAが変化したことによる。問題文から読み取れる「進化した生物種」と「品種改良された生物種」のそれぞれの特徴を答えなさい。

6　次の(1)から(5)の問いに答えなさい。

音が発生しているときの空気の動きは観察することが難しい。そこで，写真のように，左にたいこを置き，火のついたロウソクとストップウォッチを右側に置いた。次にたいこをたたいた直後の様子をタブレット端末で高速度撮影し，スロー再生で炎を観察した。

(1)　なぜ，炎の動きを観察することで，空気の動きを知ることができるのか説明しなさい。

(2)　たいこをたたき，撮影を行ったところ，ロウソクの炎が1秒間に50回揺れた。揺れた方向はどちらか，次のアからウまでの中から1つ選び，そのかな符号を答えなさい。

ア　ロウソクの並んでいる方向（図で，水平に左右）

イ　ロウソクの並んでいる方向に垂直方向（図で，水平に前後）

ウ　ロウソクの炎の方向（図で，板に垂直）

［図］

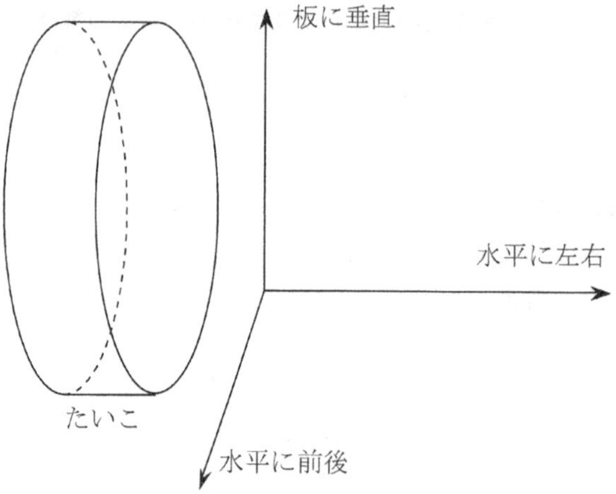

(3)　次に，たいこを先ほどより強くたたき，大きな音を出して，炎の動きを観察した。①振動の向き・②振動する回数・③振動の揺れ幅が，前に行った実験と比べてどうなったと考えられるかをそれぞれ答えなさい。

(4)　さらに，たいこをスピーカーに替えて，同様の実験をした。たいこと同じ高さの音をスピーカーで出して撮影して観察したところ，炎は同じ動きをしていた。次に高い音を出したところ，炎の動きに変化があった。動きの「何が」どのように変化したかを答えなさい。

(5) 今まで炎の動きについて実験で調べた。空気の動きについて，音が大きいときは小さいときと比べて「何が」「どうなる」かを答えなさい。また，音が高いときは低いときと比べて「何が」「どうなる」かを答えなさい。

7 次の(1)から(3)の問いに答えなさい。

伊豆大島は，海底からそそりたつ火山の陸上部分です。火山活動による隆起と噴出物の堆積でできています。何度も噴火を起こしていますが，近年では1986年から1987年にかけて，島の中央にある三原山が大きな噴火をするとともに，大量の溶岩を山ろくへと流しました。

(1) この島の火山の噴火に対して，防災のために公的機関や個人が行うべき重要なことを１つ書きなさい。

写真１　カルデラ　海上保安庁のHPより転載

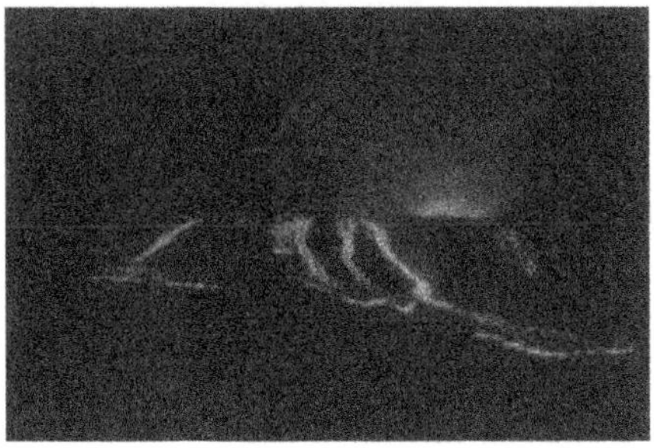

写真２ 溶岩流今昔(左:1986年　右:2018年12月)
左：気象庁のHPより転載
右：市邨高校伊豆大島サイエンスキャンプで撮影

伊豆大島では，火山の山頂部が陥没《かんぼつ》した後にも，さらに噴火を繰り返し，陥没《かんぼつ》したくぼみ（カルデラ）の中に，新たな山（火口丘）ができて，火山活動が今も続いています。前のページの写真１は写真全体に広がるカルデラが見え，また，火口丘から写真手前に向かって溶岩流が黒く写っています。

写真２の左の赤く見えるものは1986年の溶岩流です。写真２の右の画面半分より下の黒く見えるところは，溶岩流の先端部分です。植物は，ススキのようなものが，まばらに生えているだけです。黒く見えるところの奥を見ると，緑の葉をつけた低木が，まばらですが，生えています。これはそれなりの量の土があることを示しています。土は，溶岩の一部が細かくなり，そこに生えた草などの枯れたものが，微生物によって分解されて作られます。この写真は，少なくとも伊豆大島の溶岩流においては（　①　）の時間経過では豊かな土壌はできないことを示しています。

⑵　下線で示した溶岩の色から，この溶岩は何質と考えられるか。次の**ア**から**エ**までの中から１つ選び，そのかな符号を書きなさい。

ア　花崗岩質　　**イ**　閃緑岩質　　**ウ**　玄武岩質　　**エ**　流紋岩質

⑶　（①）に適する語を次の**ア**から**エ**までの中から１つ選び，そのかな符号を書きなさい。また，そのように考えた理由も答えなさい。

ア　３年程度　　**イ**　30年程度　　**ウ**　300年程度　　**エ**　3000年程度

【社　会】（45分）　＜満点：100点＞

1　次の文章を読んで，あとの⑴から⑶までの問いに答えなさい。

昨年，大阪にある百舌鳥（もず）・古市古墳群が世界遺産に登録された。両古墳群中，最大規模を誇るのが古市古墳群中にある（　①　）古墳である。（①）古墳は墳丘部の直径が486mもある巨大な墓であり，当時の（　②　）の権力を見せつけるものであった。

（①）古墳が築造された５世紀代は，倭国が中国や朝鮮半島の国々と盛んに外交を行った時代であり，倭国から使者が派遣されたのみではなく，朝鮮半島の国々からも多くの使者が倭国を訪れた。また，半島から日本へ移り住む（　③　）も数多くいた。当時の朝鮮半島では半島北部にあった高句麗が強大化し，半島南部へ勢力を拡大していた。倭国は半島南西部に位置していた（　④　）と友好関係を結び高句麗と対抗していたため，大王は国内における自らの地位の保障や，朝鮮半島における倭国の影響力を高めるために，中国の皇帝の権威を利用したことが想定される。

（①）古墳は築造当時，現在の大阪湾からも見ることができ，海上交通路を利用して倭国の都を訪れた人達を圧倒したことがうかがえる。また，百舌鳥古墳群も大和川の近くに形成されており，船上からその威容を眺めることができた。まさに，これら２つの古墳群は「見せるための古墳群」であった。

⑴　文章中の（①）から（④）に入る用語として最も適当な組み合わせを，次の**ア**から**エ**までの中から選んで，そのかな符号を書きなさい。

ア　①大山　②大和王権　③渡来人　④百済

イ　①稲荷山　②大和王権　③南蛮人　④新羅

ウ　①大山　②邪馬台国　③渡来人　④新羅

エ　①稲荷山　②邪馬台国　③南蛮人　④百済

⑵　５世紀代，百舌鳥・古市古墳群のある大阪平野には多数の巨大古墳が築造された。では，なぜこの時代に多くの巨大古墳がこの地域に築造されたと考えられるか。上の文章を参考にして答えなさい。

⑶　巨大古墳の築造に見られるように，大阪は古くから日本の先進地域であり，その後も発展を続けた。大阪の歴史について述べた次の文のうち，間違っているものを次の**ア**から**エ**までの中から１つ選んで，そのかな符号を書きなさい。

ア　飛鳥時代には聖徳太子によって四天王寺が建てられた。

イ　戦国時代には鉄砲の産地を抱えて経済的に発展し，千利休などの文化人を生んだ。

ウ　江戸時代には各藩の蔵屋敷が立ち並び，「天下の台所」として栄えた。

エ　明治時代には官営八幡製鉄所が建てられ，製鉄所を中心に工業地帯が形成された。

2　次のページのⅠ，Ⅱ，Ⅲの資料を見て，次の⑴から⑶までの問いに答えなさい。

⑴　Ⅰはオリンピック開催を告知するために制作されたポスターである。結局，このオリンピックは1938年に開催されないことが決定されたが，それはどのような社会背景があったと考えられるか。その説明として最も適当なものを，次のページの**ア**から**エ**までの中から選んで，そのかな符号を書きなさい。

ア　米騒動により，全国の都市で米屋などが襲われ軍隊も出動したため。

イ　関東大震災により，東京が壊滅的な被害を受けたため。

ウ　日中戦争の長期化により，国際世論の非難が強くなり，かつ財政が厳しくなってきたため。

エ　ロシア革命により，列強の協調体制が崩れたため。

Ⅰ

Ⅱ

Ⅲ

年号	オリンピックの開催地	オリンピックに関係する出来事	年号	主な出来事
紀元前776年	ギリシア	記録に残る最古の古代オリンピックが開かれる。	紀元前146年	ローマがギリシアを支配する。
紀元前80年	ローマ	スッラが，オリンピア祭典競技を開催する。		
1896年	ギリシア	第１回目の近代オリンピックが開催される。		
1900年	パリ	女子選手が初参加する。	1914年	第１次世界大戦が始まる（～1918年）。
1916年	ベルリン	中止		
1936年	ベルリン	最初の聖火リレーが行われる。	1939年	第２次世界大戦が始まる（～1945年）。
1940年	東京	中止		
1964年	東京	南アフリカが参加を認められなくなる。		
1980年	モスクワ	アメリカ，日本など西側諸国がボイコット。	1979年	ソビエト連邦のアフガニスタン侵攻。
1992年	バルセロナ	南アフリカが大会に復帰。	1991年	ソビエト連邦崩壊。

⑵　Ⅱは1965年に三重県で撮られた写真である。この時期，日本は高度経済成長というめざましい

経済発展を遂げる一方で，大きな社会問題が発生していた。それはどのようなものか。前のページの写真を参考に簡潔に答えなさい。

(3) 前のページのⅢの年表を参考にして，オリンピックについて述べた文として正しいものを，次の**ア**から**オ**までの中から全て選んで，そのかな符号を書きなさい。

ア 最初の古代オリンピックが開催されていた頃，日本では邪馬台国の卑弥呼が魏に使者を送っていた。

イ 近代オリンピックでは，最初から男女とも競技に参加できた。

ウ ドイツと日本の首都でのオリンピックは共に，中止されたことがあるものの，後の時代に開催されている。

エ 古代オリンピックと現代オリンピック共に，最初の開催地はギリシアである。

オ 1980年当時は冷戦のさなかで，アメリカと同じ陣営に属していた日本は，ソ連の首都であるモスクワで開かれたオリンピックに参加しなかった。

3 次の会話文を読んで，あとの(1)から(3)までの問いに答えなさい。

さくら：来週金曜日，うちの学校休みだよ。
ただし：ぼくらの学校も休みだよ。大阪市内の学校は，ほとんど休みなんじゃないかな？
しのぶ：うらやましい。
ただし：うらやましくなんかないよ。世界中の首脳が大阪に来るから，その人たちの車が通るために交通規制でどこもかしこも通れない。大変だよ。
しのぶ：どうして世界中の首脳が大阪に来るの？
さくら：大阪でG20サミットが開催されるからだよ。
しのぶ：G20って，何年か前に伊勢志摩で開催されたよね？
ただし：違うよ。伊勢志摩で行われたのはＧ７サミットだよ。
さくら：G20とＧ７って何が違うの？
ただし：何がって言われると，数字じゃない？
しのぶ：数字だけ？ちょっとiPadで調べてみる。
しのぶ：こんなサイト（次のページ）があったよ。G20の公式サイトだね。
さくら：なるほど。Ｇ７の会合でG20財務大臣・中央銀行総裁会議の設立が合意されたってことは，Ｇ７に参加している国は，G20にも参加しているのかな？
しのぶ：Ｇ７の参加国は，フランス，アメリカ，イギリス，ドイツ，日本，イタリア，カナダだね。
さくら：確かに全部，G20にも参加してるね。

(1) 会話文並びに，25ページの資料ⅠとⅡを見て，Ｇ７，G20の参加国について述べた文として最も適当なものを，次の**ア**から**エ**までの中から選んで，そのかな符号を書きなさい。

ア Ｇ７サミット参加国は，GDP上位７カ国で構成されている。

イ G20サミット参加国は，GDP上位20カ国で構成されているわけではない。

ウ Ｇ７サミット参加国と国際連合安全保障理事会の常任理事国は同一である。

エ Ｇ７サミット参加国の世界経済におけるGDPの割合は，８割以上を占めている。

シェア　ツイート

サミット情報

- 安倍総理大臣からのメッセージ
- 主要テーマ
- 日程
- 首脳会合開催地
- 関係閣僚会合

WHAT IS THE G20 SUMMIT? —— 01

G20サミットとは

G20サミットとは、アルゼンチン、オーストラリア、ブラジル、カナダ、中国、フランス、ドイツ、インド、インドネシア、イタリア、日本、メキシコ、韓国、南アフリカ共和国、ロシア、サウジアラビア、トルコ、英国、米国の19ヶ国に加え、欧州連合（EU）の首脳が参加して毎年開催される国際会議です。例年、G20の首脳以外にも、招待国の首脳や国際機関の代表などもサミットに参加しています。（G20大阪サミットの参加国・国際機関はこちら。）

WHAT IS THE G20 SUMMIT? —— 02

G20サミット開催の経緯

1997年のアジア通貨危機を契機に、国際金融システムの議論には、G7に加えて主要新興市場国の参加が必要であるとの認識のもと、1999年、G7財務大臣会合においてG20財務大臣・中央銀行総裁会議の創設が合意されました。

同会議は、国際金融システム上重要な国々の間における主要な経済・金融政策上の課題を議論し、全ての国々の利益となる安定的かつ持続可能な世界経済の成長を達成するための協力を促進することを目的としており、参加国は現在のG20メンバー国と同じでした。

その後、リーマン・ショックを契機に発生した経済・金融危機に対処するため、2008年11月、主要先進国・新興国の首脳が参画するフォーラムとしてG20財務大臣・中央銀行総裁会議を首脳級に格上げし、ワシントンD.C.において第1回G20サミットが開催されました。2009年9月、米ピッツバーグにおける第3回サミットにおいて「国際経済協調の第1のフォーラム」として定例化され、その後、2010年まではほぼ半年毎に、2011年以降は年に1回開催されています。

（「G20 大阪サミット 2019HP」より）

Ⅰ　各地域及び国別の名目ＧＤＰ（国内総生産）
（2018 年）

国・地域	名目ＧＤＰ（億ドル）	ＧＤＰ構成比（名目）
アジア	266,215	31.0%
うち日本	49,709	5.8%
うち中国	136,082	15.9%
うち韓国	16,194	1.9%
うちインド	27,263	3.2%
米国	204,941	23.9%
カナダ	17,093	2.0%
オーストラリア	14,322	1.7%
ＥＵ28	187,486	21.9%
うちドイツ	39,968	4.7%
うちフランス	27,775	3.2%
うち英国	28,252	3.3%
うちイタリア	20,739	2.4%
うちユーロ圏	136,700	15.9%
ロシア	16,576	1.9%
中南米	57,873	6.7%
うちブラジル	18,686	2.2%
上記以外	93,402	10.9%
世界	857,908	100.0%

Ⅱ　名目ＧＤＰ上位 20 カ国（2018 年）

順位	国名	名目ＧＤＰ（億ドル）
1	米国	204,941
2	中国	136,082
3	日本	49,709
4	ドイツ	39,968
5	英国	28,252
6	フランス	27,775
7	インド	27,263
8	イタリア	20,739
9	ブラジル	18,686
10	カナダ	17,093
11	ロシア	16,576
12	韓国	16,194
13	オーストラリア	14,322
14	スペイン	14,262
15	メキシコ	12,238
16	インドネシア	10,422
17	オランダ	9,129
18	サウジアラビア	7,825
19	トルコ	7,665
20	スイス	7,055

（外務省経済局国際経済課「主要経済指標」2019 年 7 月より作成）

⑵　G20参加国と名目GDP上位20カ国に共通してふくまれる国について，ヨーロッパ州の国は何カ国あるか。また，インドネシアを除いて首都が南半球にある国は何カ国あるか。それぞれ算用数字で答えなさい。

⑶　会話文中にあるG20の公式サイトの「G20サミット開催」の経緯を踏まえた上で，G20の参加国（地域）をさらに増やすとしたら，どの国（地域）を入れるか。また，その理由を書きなさい。

4　次のⅠの表は北海道，東京都，長野県，沖縄県の面積，人口，海面漁獲量，合計特殊出生率を表したものであり，表中のＡからＤはいずれかの都道県が該当する。Ⅱの①から④の雨温図は，ⅠのＡからＤの都道県の都道県庁所在地の雨温図である。

あとの⑴から⑵までの問いに答えなさい。

（Ⅰ・Ⅱの表は次のページにあります。）

Ⅰ

都道県	面積 (km^2)	人口 (万人)	海面漁獲量 (百t)	合計特殊出 生率(人)
A	2194	1312	485	1.24
B	13562	208	0	1.59
C	83424	531	7499	1.29
D	2281	146	162	1.95

(「データブック　オブ・ザ・ワールド2019年度版」より作成)

Ⅱ

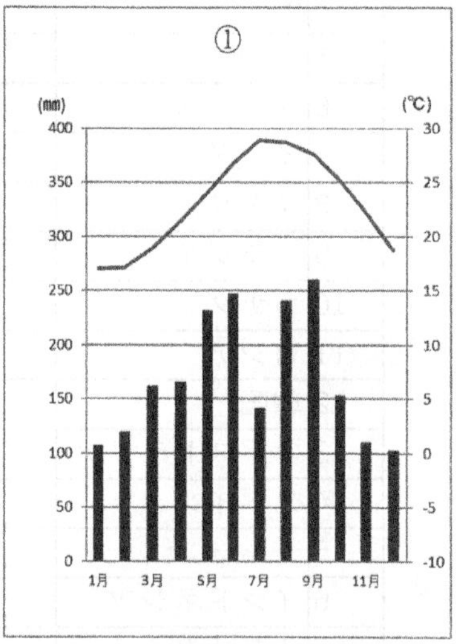

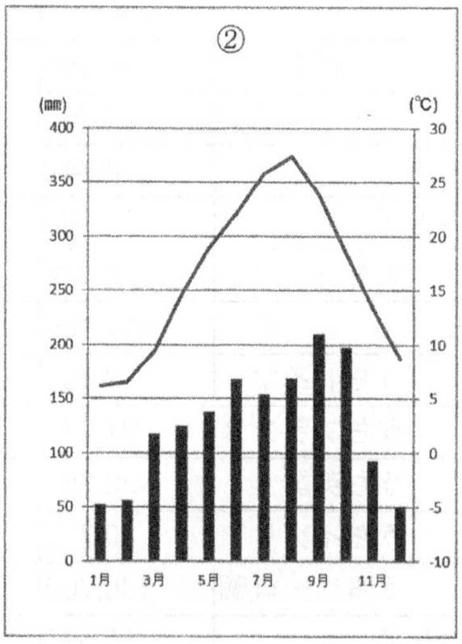

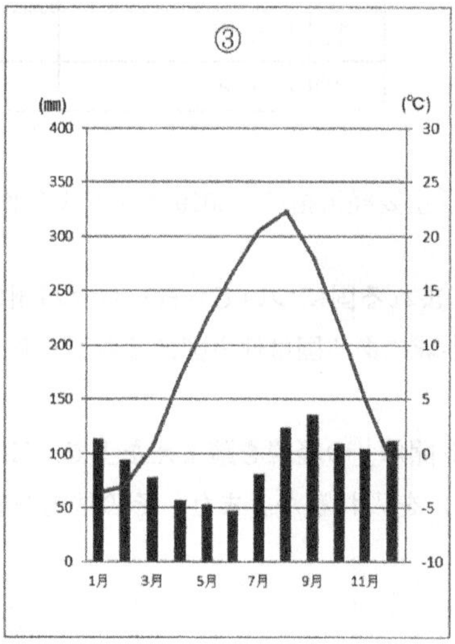

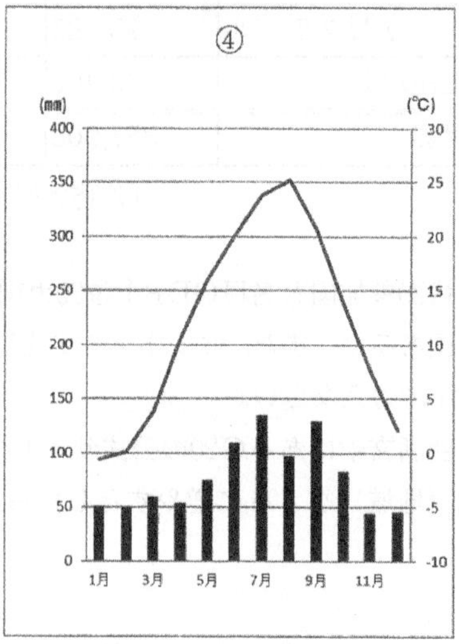

(「理科年表」より作成)

(1)　AからDに入る都道県として最も適当な組み合わせを，下の**ア**から**エ**までの中から選んで，そのかな符号を書きなさい。

ア　A　北海道　　B　長野県　　C　東京都　　D　沖縄県

イ　A　東京都　　B　北海道　　C　沖縄県　　D　長野県

ウ　A　東京都　　B　長野県　　C　北海道　　D　沖縄県

エ　A　北海道　　B　東京都　　C　沖縄県　　D　長野県

⑵　下の表は，りんご，もも，メロンの生産量の１位から３位を示したものである。下の表のX，Yは I のAからDいずれかの都道府県をそれぞれ表している。XとYが表している都道府県をAからDまでの中から選んで，そのアルファベットを書きなさい。また，それぞれに当てはまる雨温図をⅡの①から④までの中から選んで，その番号を書きなさい。

	りんご	もも	メロン
１位	青森県	山梨県	茨城県
２位	X	福島県	Y
３位	山形県	X	熊本県

（「データでみる県勢 2019 年版」より作成）

5　次の文章を読んで，あとの⑴から⑶までの問いに答えなさい。

現代は気候変動や経済格差の拡大，イギリスのEU離脱問題などの不安定な要素を数多く抱えている。日本でも，1990年代前半から続いた経済的な低迷期を抜け，経済状況の指標である①株価が少しずつ上昇してきたものの，少子高齢化や，経済格差の問題などがクローズアップされてきている。社会の変化はいちじるしく，これまでの②経済理論では説明がつかない状況も生まれている。そのような中，今後はAIやIOTの進展が期待されると共に，人々の③働き方にも大きな変化が訪れることが予想されている。

⑴　①株価の上昇は，経済の状況が良いことを表すとされるが，それはなぜか。その説明として最も適当なものを，次の**ア**から**エ**までの中から選んで，そのかな符号を書きなさい。

ア　株式会社の業績が不調で，株に対する需要が減っていると考えられるため。

イ　株価が上がることで物価が下落し，好景気につながると考えられるため。

ウ　株式会社の業績が好調で，株に対する需要が高まっていると考えられるため。

エ　株式会社の株が多く売られ，利益を手にする人が増えていると考えられるため。

⑵　②経済理論について述べた文として適当なものを，次の**ア**から**エ**までの中から２つ選んで，そのかな符号を書きなさい。

ア　不景気の時には，増税して税収を増やし，公共サービスの充実をはかる。

イ　不景気の時には，公共事業を拡大し，景気を刺激する。

ウ　好景気の時には，公共事業を拡大し，さらに景気を加速させる。

エ　好景気の時には，増税することで景気の熱を冷ます。

⑶　③働き方について，次のページの資料 I とⅡから読み取れる内容として適当なものを，次の**ア**から**エ**までの中から２つ選んで，そのかな符号を書きなさい。

ア　2000年以降，「労働力人口」と「正規の職員・従業員」が共に減少している。

イ　2000年以降，「労働力人口」と「非正規の職員・従業員」が共に減少している。

ウ　2000年以降，「労働力人口」と「非労働力人口」が共に減少している。

エ　失業率は完全失業者数を労働力人口数で割れば求められる。2015年の失業率は約３％である。

Ⅰ　労働力人口・非労働力人口

	2000 年	2010 年	2015 年
労働力人口	6766 万人	6632 万人	6598 万人
うち就業者	6446 万人	6298 万人	6376 万人
うち完全失業者	320 万人	334 万人	222 万人
非労働力人口	4057 万人	4473 万人	4473 万人

（総務省統計局「労働力調査」より作成）

Ⅱ　雇用形態別労働者の割合の推移

	2000 年	2010 年	2015 年
役員	364 万人	370 万人	348 万人
正規の職員・従業員	3630 万人	3374 万人	3304 万人
非正規の職員・従業員	1273 万人	1634 万人	1980 万人
雇用者計	5267 万人	5508 万人	5632 万人

（総務省統計局「労働力調査」より作成）

6　次の文章を読んで，あとの⑴から⑶までの問いに答えなさい。

現在，市邨高校では①国連に協力して②難民支援や③ＳＤＧｓ（持続可能な開発目標）をテーマに文化祭展示を行うなどの活動を行っている。

⑴　①国連について述べた文として適当なものを，次の**ア**から**オ**までの中から2つ選んで，そのかな符号を書きなさい。

ア　日本は今まで，安全保障理事会の常任理事国をつとめたことは一度もない。

イ　環境問題や人権問題についてのみ扱い，戦争については扱わない。

ウ　国連予算の各国ごとの負担額に応じて，票が割り当てられる総会がおかれている。

エ　停戦や選挙監視などの平和維持活動を行っている。

オ　現在では，加盟していない国は存在しない。

⑵　②難民支援について，難民とは「人種，宗教，国籍，政治的意見または特定の社会集団に属するなどの理由で，自国にいると迫害を受けるか，あるいは受けるおそれがあるために他国に逃れた」人々と定義されている。これを踏まえて，難民となった人々には，人が生まれながらにして持つ基本的人権のうち，どのような権利が保障されていないと言えるか。その理由と共に答えなさい。

⑶　③ＳＤＧｓ（持続可能な開発目標）について，国連は全ての人々にとってよりよい，持続可能な未来を築くため，17の達成すべき目標を掲げている。このうち，「難民問題」を解決することは，次のページに掲げる17の目標のどれと関連すると考えられるか。１つ選び番号で答え，また，選んだ理由を書きなさい。

1 貧困を
なくそう
2 飢餓を
ゼロに
3 すべての人に
健康と福祉を
4 質の高い教育を
みんなに
5 ジェンダー平等を
実現しよう
6 安全な水とトイレ
を世界中に
7 エネルギーをみんなに
そしてクリーンに
8 働きがいも
経済成長も
9 産業と技術革新の
基盤をつくろう
10 人や国の不平等
をなくそう
11 住み続けられる
まちづくりを
12 つくる責任
つかう責任
13 気候変動に
具体的な対策を
14 海の豊かさを
守ろう
15 陸の豊かさも
守ろう
16 平和と公正を
すべての人に
17 パートナーシップで
目標を達成しよう

が言ふやうなる事は世に愚《ぐ》なりといへば、愚公と名づけ、智叟が言ふやうなる事は世に智《ち》なりといへば、智叟と名づけるならし《名づけたのであろう》。

（『駿台雑記』による）

（注）○簣《き》＝竹やわらなどを編んで作ったかごのこと。
○寓言＝教訓や意見を述べたたとえ話。

(一) 波線部**ア**から**エ**までの中から、主語が他と異なるものを一つ選んで、そのかな符号を書きなさい。

(二) ①その愚かさを笑ひければ とあるが、何を笑ったのか。その内容として最も適当なものを、次の**ア**から**エ**までの中から選んで、そのかな符号を書きなさい。

ア 愚公が、わざわざ山に近い場所を選び家を建てたこと。
イ 愚公が、一日に一簣《き》分ずつしか山を削らなかったこと。
ウ 愚公が、少人数で山を移動させようとしていること。
エ 愚公が、先祖代々少しずつ山を削り続けていること。

(三) ②終《つひ》には脇へ移さぬ事やあるべき の現代語訳として最も適当なものを、次の**ア**から**エ**までの中から選んで、そのかな符号を書きなさい。

ア しまいには家の脇へ移さないといけないのである。
イ 最後まで家の脇に移さないほうがいいのであろう。
ウ しまいには家の脇へ移すことができるはずである。
エ 最後まで家の脇へ移し続けることになるであろう。

(四) 次の**ア**から**エ**までの中から、その内容がこの文章に書かれていることと一致するものを一つ選んで、そのかな符号を書きなさい。

ア 愚公は、子どもたちとともに鋤や鍬を手にして山を削っていた。
イ 智叟は、愚公の論の正しさに笑うことができなくなってしまった。
ウ 愚公の主張は、世の中では決して愚かだと考えられてはいない。
エ 智叟とは、彼が「智」に富むために世の中の人が付けた名である。

可能である。
⑤他者とのやりとりでは何が起こるかわからないが、無視して生きていくことはできない。⑥お互いに自分とは異なる存在としての他者を認め、ともに協働的に生きていかなくてはならない。
⑦そうして共同体を背負う自分から解放された自分同士になってはじめて、本当の対話が可能になる。⑧なぜなら国家や民族は個人の自由の一切を制限する存在だったからである。⑨個人が主体となった一対一の他者との関係をもってはじめて、自分のことばで発信する対話的な姿勢が可能になるのである。
⑩自己と他者との関係を社会の中に位置づけ、その総体で「この私」の在り方を考えることに、本来の意味での対話のインターカルチャー性がある。

(六) 次の**ア**から**カ**までの中から、その内容がこの文章に書かれた筆者の考えに近いものを二つ選んで、そのかな符号を答えなさい。

ア 人は何らかの固定的なイメージを自分の周囲の状況に対して持っており、それぞれが独自のイメージで社会を思い描いているに過ぎない。

イ 自己と他者とが同じ社会のイメージを共有することで社会は形作られており、そのために社会は複数性、重層性、複雑性、困難性を持つ。

ウ 新しい個人のあり方を考えるには、国民・国家の枠組みから「日本社会」のあり方をもう一度に検討し、その独自性を問い直すべきである。

エ 個人が主体となって異文化としての他者と築く相互の対人関係がこの社会の関係世界を作るものであり、そのためにも対話は重要である。

オ ブラックボックスとしての他者と協働的な活動をしていくためには、自分の周囲を蝶のように飛び交う情報を巧みに利用する必要がある。

カ 対話のインターカルチャー性を生かすことで、他者のブラックボックス化は防ぐことができ、自己と他者の関係を社会の中に位置づけられる。

四

次の古文を読んで、後の(一)から(四)までの問いに答えなさい。（本文の……の左側は現代語訳です。）

愚公《ぐこう》といひし人ありけるが、家居《いへゐ》（家）近く山のありしを**ア**厭《いと》ひて、脇へ移さんとて、日々に子ども引き具《ぐ》し（ひき連れ）出でつつ、手づから鋤鍬《すきくわ》をとりて一簣《き》づつ毀《こぼ》ちとりけるを（削りとっていたのを）、智叟《ちそう》といひし人これを**イ**見て、「かく大なる山を、わづかなる人の力にて毀てばとて毀ち尽くさるべきか（削り尽くせるであろうか）」と、①その愚かさを笑ひければ、愚公**ウ**ききて、「わが代より毀ち初《そ》めて（削りはじめて）、わが子の代にも継ぎて毀ち、わが孫の代にも又その子の代にも継ぎて毀ちなば（削るならば）、②終《つひ》には脇へ移さぬ事やあるべき」と**エ**言へば、いよいよ（ますます）笑ひけるとなん（ある書物に）記し置きけり（書き記されていた）。もとより寓言《ぐうげん》なれば、この人あるにはあらねども（存在するわけではないのだが）、愚公

な影響を受けながらそのどれとも同じではないという独自の形態が指摘されてきたから。

ウ　日本社会は、有史以来中国や韓国の、明治以降は欧米と常に他国の強力な支配下にありながら発展を続けるという特殊なあり方が指摘されてきたから。

エ　日本社会は、鎖国をすることで東アジアの影響下から欧米の影響下へと転換して国家的な枠組みを形成するという独自の形態が指摘されてきたから。

㈡　〔A〕〔B〕にあてはまる最も適当なことばを、次のアからカまでの中からそれぞれ選んで、そのかな符号を答えなさい。

ア　それとも　イ　つまり　ウ　たとえば　エ　そして

オ　なぜなら　カ　しかし

㈢　②このタームの罠《わな》の説明として最も適当なものを、次のアからエまでの中から選んで、そのかな符号を答えなさい。

ア　「日本社会」というイメージを書き手が勝手に持つために、そのイメージが普遍的、絶対的に存在する「日本社会」のイメージとかけ離れてしまうこと。

イ　一人ひとりが独自にイメージする「日本社会」はしばしば使われることで共有できるのに、読者はそれを仮想と思いこまされてしまうということ。

ウ　「日本社会」のイメージを読者は仮想の上で共有すればするほど、そのイメージを「像」として固定的に考えられなくなる状況に陥ってしまうということ。

エ　「日本社会」というイメージは一人ひとり異なるため共有されないのに、いつのまにか実体として存在し共有されていると思いこまされてしまうこと。

㈣　③「常識」の説明として最も適当なものを、次のアからエまでの中から選んで、そのかな符号を答えなさい。

ア　社会イメージの持つ複数性、重層性、複雑性、困難性を知ることで、それらを共有できるという考え方。

イ　自己と他者とが社会イメージを共有し、それが大きく発展して社会というものが成り立っているという考え方。

ウ　自己の世界と他者の世界とは決して同一のものとならず、自己、他者、社会の三者は循環する動態だという考え方。

エ　社会の中心は自分自身であり、自分とは何かを考えることが社会とは何かを考えることにつながるという考え方。

㈤　次の文章は第五段落以降を要約したものである。①から⑩までの文の中から本文に書かれていない考え方を含むものを一つ選んで、その番号を書きなさい。

①一人ひとりを単位にして文化を考えれば、さまざまな文脈での相手との人間関係が含まれて、アイデンティティの総体を形成するといえる。②そのため、国家間や民族間の問題、あるいは国民や国家の枠組みだけではない、新しい個人のあり方を考える必要がある。

③個人を単位に文化を考える場合、自分以外の他者はすべて異文化であり、異なる人間である。④つまり結局はよくわからない存在であり、他者という個人に一〇〇パーセントの伝達／受容は不

い個人のあり方を考える必要があるのではないでしょうか。ここに、個人と個人が向きあう対話の活動の本当の意味があるとわたしは考えるのです。一般に「文化」というと、国家間や民族間の問題としてとらえられがちですが、わたしたちのさまざまな認識の方法には、国家や民族だけでなく、家族での役割・性別・職業・社会的位置づけのほか、さまざまな文脈での相手との人間関係などがすべて含まれていて、これらが、あなたのアイデンティティの総体を形成しているということもできます。一人ひとりの個人を単位にして文化を考えれば、自分以外の他者はすべて「異文化」ですから、「他者とはすべて異文化」ということになります。むろん、異なる人間であるので、一〇〇パーセントの伝達／受容もありえません。

6 言い換えれば、他者のことはわかったつもりになっても、前に述べたように、結局はよくわからないブラックボックスだということです。「一寸先は闇」という表現があるように、他者とやりとりするということは、何が起こるかわからないのです。それは、相手が自分とは異なるものとしての存在、すなわち他者という個人だからです。ところが、この世を生きていくためには、ブラックボックスとしての他者の存在を無視することはできません。いや、むしろ他者とともに生きていかねばならないのです。日常の生活や仕事においても、このようなブラックボックスとしての他者とともに、協働的な活動をしていかなければならないのが、この社会です。そのためには、お互いに双方がブラックボックスであることを認め、それぞれが何を感じ、何を思い、何を考えているかを、少しずつことばにして相手にわかるように提示しあうしか方法がないのです。（略）共同体を背負う自分から解放され、真の自由を得た「この私」同士においてこそ本当の対話は可能になるといっても過言ではないでしょう。個人が主体となって他者と築く一対一の対人相互関係こそが、この社会における関係世界を形成するための活動と考えるからです。これこそが、自分の周囲を蝶のように飛び交う情報から自由になり、自分のことばで自分の考えていることを相手に向けて発信するという対話的姿勢であるということができるでしょう。

7 自己と他者の関係を社会の中に位置づけ、その総体において、「この私」のあり方を考える、ここにこそ、本来の意味での、そしてこれからの時代の対話のインターカルチャー性（相互文化性）があると私は考えています。

（細川英雄『対話をデザインする——伝わるとはどういうことか』による）

（注）○1～7は段落符号である。
○ターム＝用語。専門用語。
○コスモポリタニズム＝民族や国家を超えて、世界を一つの共同体とする思想。世界主義。世界市民主義。
○ブラックボックス＝内部が明らかでないもの。

(一) ①「日本社会における」という論点は、きわめて説得力のある、重要な視点のように扱われる　とあるが、その理由として最も適当なものを次の**ア**から**エ**までの中から選んで、そのかな符号を答えなさい。

ア 日本社会は、地理的には東アジアに属しながら中国や韓国の影響を受けずに発展し、欧米的な国家的枠組みを形成した特殊なあり方が指摘されてきたから。

イ 日本社会は、同じ東アジアの中国や韓国、明治以降は欧米と多様はない、という認識が多くの論者の指摘するところです。ゆえに、①「日本社会における」という論点は、きわめて説得力のある、重要な視点であるように扱われるのでしょう。

2 〔　A　〕、個の視点に即して考えてみると、日本社会に関するイメージは、本当に一人ひとり異なるものです。しばしば使われる「日本社会では……」というまえがきは、ほとんどが書き手の勝手なイメージによってつくられた日本社会「像」であるにもかかわらず、いつのまにか普遍的、絶対的な「日本社会」が存在するかのような印象を読者に与え、読者もまた、そのことを疑うことなく、いつの間にか仮想の「日本社会」イメージを共有してしまっています。しかも、その「共有」したと思っているイメージもまた、決して共有されないものであるにもかかわらず、そのように思いこまされてしまうところに、②このタームの罠《わな》があるのです。このように、日本社会というものが固定的な枠組みとして考えられてしまうところをどう乗り越えるかという点も、自己と社会の観点から自らの世界観を形成するために重要でしょう。

3 ここでいう、自己と社会とのかかわりというのは、自分の世界（宇宙）の認識ということです。〔　B　〕、家族というものを一つの社会として考えると、家族という枠組みがあって、その枠の中で一人ひとりの個人が暮らしているというふうに考えがちですが、生まれて育った家族というものに対しても、その中のメンバーの家族への思いやとらえかたは一人ひとり違います。一方では同じだと考え、一方では違うととらえ、だからこそ、それぞれの認識が異なると知ったとき、固定的な家族のイメージは簡単に崩壊します。このように、わたしたち一人ひとりは、自分の周囲の状況に対して、常に何らかの固定的なイメージを持ち続けていて、それが社会だと思い込んでいるのです。しかし、本当はそうではなく、一人ひとりが勝手に自分の独自のイメージでその社会を描いているに過ぎません。自らが属す複数の社会の総体として、いつのまにか「日本社会」という幻想空間を想定し、それをあたかも実体であるかのように前提としてしまう、一種の文化本質主義（文化の本質が実体として存在するという考え方）に陥っているといえるでしょう。

4 実のところ、社会の中心は、自分自身なのだという認識から始めることが重要なのではないでしょうか。だからこそ、その世界の中心である自分にとって社会とは何かを考えることは、自分とは何かを考えることとほぼ同義だといっていいことになります。隣にいる他者もまた、自分の世界を持ってその中で他者を判断しているわけですから、この両者の世界は永遠に同一にはなりません。そうすると、社会を知るということは、自分のもっている社会イメージの複数性（無限性）、重層性、複雑性、困難性を知るということであり、これはまさに、自分自身を知る（知ることができない）ということでもあります。だから、自己、他者、社会というものが、小さな段階から大きな段階への発展と考えるのは、いわば③「常識」（多くの人がはまり込んでいる罠）で、実は、この三者は循環している、一つの大きな動態だと考えることができます。つまり、自己＝他者＝社会の循環そのものとして考えてもいいでしょう。したがって、「日本社会における」という前提は、安易に持ち出すべきことではなく、本当に慎重によく検討しなければならない課題なのです。

5 もちろん、ここから、コスモポリタニズムに簡単に進めばいいというものでもないでしょう。むしろ、なぜ「日本社会」なのかという問いをもう一度問い直し、そこから国民・国家の枠組みだけではない、新し

ウ　画一化は農牧畜業でも二十世紀以降急速に進行し、地域ごとの多様な固有種の非常に多くが姿を消してしまっている。

エ　単一化・画一化のリスクに気づくことで人類は、ゲノムレベルで品種改良を進める重要性に気づくことになった。

オ　持続可能な「食」を実現するためにも、地球の財産目録ともいえる生物的・文化的多様性を保持すべきである。

カ　古き時代へのノスタルジアは「味の箱船」の重要なコンセプトの一つであり、こうした多様性が地球の財産である。

※　左の枠は、㈣の下書きに使ってもよい。ただし、解答は必ず解答用紙に書くこと。

スローフードとは、

70　80

二　次の㈠、㈡の問いに答えなさい。

㈠　次の①、②の文中の傍線部について、漢字はその読みをひらがなで書き、カタカナは漢字で書きなさい。

①　日本人は塩分の摂取が多い傾向にある。

②　都市のコウガイには住宅地が立ち並ぶ。

㈡　次の③の文中の傍線部と同じ漢字を用いるものを、あとの**ア**から**エ**までの中から一つ選んで、そのかな符号を書きなさい。

③　日本の産業の中で、セイミツ機器は重要な輸出品の一つだ。

ア　問題解決への意志を強く持つセイシン力が必要である。

イ　彼が信頼されているのは、そのセイジツな人柄からだ。

ウ　嵐のような風も収まり、森に再びセイジャクが訪れた。

エ　制作にかかった費用のすべてを会社にセイキュウした。

三　次の文章を読んで、後の㈠から㈥までの問いに答えなさい。

1　ここで、わたしたちがふだん何気なく使っている「日本社会」という概念について改めて考えてみましょう。わたしたちは、日本社会に暮らし、日本社会にいると考えています。たしかに、日本という国は、地理的に東アジアに属し、有史以来、中国および韓国の影響下のもとで、文化的発展を重ねてきました。江戸時代の長い鎖国のあと、明治以降は、ヨーロッパの影響の下で国家的枠組みが形成され、また、第二次世界大戦後は、アメリカの強力な支配の下、現在に至っています。したがって、日本社会のあり方を世界の中できわめて特殊なあり方として、その独自の形態を主張する考え方もあります。少なくとも、アジアの一員でありながら、欧米の影響を色濃く受けつつも、決して欧米と同じで

○相即する＝二つの物事が密接に関わり合っていること。
○ノスタルジア＝過ぎ去った時代を懐かしむこと。

㈠ ①「世界全体がスピードというウィルスに汚染されつつある」という危機感　とあるが、どのような現状を指しているか。適切でないものを次のアからエまでの中から選んで、そのかな符号を答えなさい。

ア　現代社会の求めに応じることが難しい地域の固有種が流通しにくい現状。

イ　ＢＳＥや遺伝子組み換えなどの問題が社会から駆逐されがちだという現状。

ウ　非効率的で時間がかかるが本物の食材を作る小生産者が生き残りにくい現状。

エ　食、農の世界の画一化が急速に、それも地球規模で進行し拡大している現状。

㈡ ②表面的なファストフード批判　の説明として最も適当なものを次のアからエまでの中から選んで、そのかな符号を答えなさい。

ア　スピーディーさだけを求める、冷凍食品や即席メン、ハンバーガーチェーンなど特定の外食産業に対する批判。

イ　地域固有の菌を使わず、画一化された工業製品として出荷される酒やチーズなどの発酵食品に対する批判。

ウ　ブロイラーを抗生物質づけにして、短期間で「チキン」（鶏肉）として工業的に「製造」する体制への批判。

エ　牛に同類の肉と骨である肉骨粉を食べさせるという不自然を冒してまでファストな成長を促す食肉生産への批判。

㈢ ③こうした大量生産体制でなければこれだけの人口を養えないという声　とあるが、これに対する筆者の反論として適切でないものを次のアからエまでの中から選んで、そのかな符号を答えなさい。

ア　肉類の生産を支えるだけの穀物があればここまでの食糧危機とはなっていないはずだ。

イ　不健康になってまで過剰に肉を食べる現代人の食生活を根本的に見直すべきだ。

ウ　廃棄にかかる億単位の費用を食糧生産に回せば食糧危機はなくなるはずだ。

エ　大量に生産し大量に廃棄しなければ成り立たない食の環境を見直すべきだ。

㈣ 筆者は第四段落でスローフードとは何かについて述べている。それを要約して七十字以上八十字以下で書きなさい。ただし、「飽食」「デザイン」「革新」という三つのことばをすべて使って、「スローフードとは……」という書き出しで書くこと。三つのことばはどのような順序で使ってもよろしい。

（注意）・句読点や「　」も一字と数えて、一字分のマスを使うこと。
・文は、一文でも、二文以上でもよい。
・次のページの枠を、下書きに使ってもよい。

㈤ 次のアからカまでの中から、その内容が第五段落・第六段落に書かれているものを二つ選んで、そのかな符号を書きなさい。

ア　宇宙船地球号の文明デザインとしての「自立分散化」の進行は、生物・文化多様性に対する大きな危機となっている。

イ　近代社会は世界を画一化する大きな力に支配されたが、マクドナルドは標準化で世界を覆ってその力に対抗した。

る費用が十万円とすると、毎日三十三億円かけて食べ物を捨てているというのが私たちの社会の実情である。

4 この「飽食」と「放食」を減らし、腹八分めの量の健康な本物の食材（穀物・野菜中心）を感動をもっていただくという食生活に転換すれば、実はこれほどファストで不自然な食肉生産は必要なくなるのではないか？　ファストフード批判が、私たちの食べ物がどこでどう作られ、それをどう食べるのか（どう捨てるのか）？　というトータルな社会プロセスのデザインである、と言ったのはこういう意味だ。なお、『ファストフードが世界を食い尽くす』の著者シュローサー氏によれば、現代の食肉生産とファストフードの持続不可能性は、いのち（食材）を育てる過程としての不自然さだけでなく、そこで働く人々の劣悪で非人間的な労働環境にも表れているという。また、世界で急増するファストフードと食肉需要、それに応えるための牧場や油やしプランテーションの開発で、アマゾンやインドネシアの熱帯林破壊が加速しており、私たちの食生活が遠く離れた地球の裏側で人類の安全保障を脅かす結果となっている。「食」という字は「人を良くする」と書くが、これでは食べ方としても働き方としても人間を良くするプロセスとはとてもなりえない。スローフードとはこうした意味で、真のライフスタイル（＝生命・生活・人生のスタイル）の革新なのだ。

5 また、現代社会から駆逐されがちな希少な固有種や小生産者のアジール（避難所）を提供し、生物・文化的な多様性を保持していこうとする「味の箱舟」運動は、食の地球安全保障のもう一つの重要な側面である。というのも、「多様性」という視点こそ、次の宇宙船地球号の文明デザインにおいて、「自立分散化」と相即《そうそく》するもう一つの重要なコンセプトにほかならないからだ。近代社会は「ユニフォーム（＝単一の型）」という言葉に象徴されるように、世界を画一化する大きな力に支配された時代だった。世界はマネーとマクドナルドで標準化され、（ホルスタイン乳牛のように）農牧畜業の世界でも地域固有の種に代わって単一種が世界を覆った。二十世紀初頭のアメリカ農業省登録作物の九十六パーセントがすでに絶滅、七千種のリンゴの八十六パーセントが失われたといわれ、日本でも江戸期のコメ三千種のほとんどが姿を消した。いま、その流れがさらに「遺伝子組み換え」食品の普及により、ゲノムレベルでの均一化圧力として進行しようとしている。この惑星の財産目録ともいうべき「生物・文化多様性」が、この百年で急速に失われつつある。

6 だが、二十世紀は同時に、世界の単一化・画一化のリスクに人類が気づいた世紀でもあった。たとえば戦後五〜六倍の増産をもたらしたトウモロコシ品種への画一化は、一九七〇年代のゴマ葉枯れ病による全滅など、モノカルチャーの「脆弱性《ぜいじゃくせい》」を露わに示す結果ともなった。だから経済的にはファスト（効率的）でなくても、地域ごとの多様な固有種、個性的な食文化を「味の箱舟」として保存・継承していこうという運動は、決して古きよき時代へのノスタルジアでなく、こうした多様性こそが「安全保障」であり、「自由」と「自立」の基盤であり、真の地球の財産であるという考え方なのだ。

（竹村真一『地球の目線　環境文明の日本ビジョン』による）

（注）　○1〜6は段落符号である。

○ＢＳＥ＝狂牛病ともいわれる牛の感染症。脳がスポンジ状になり神経障害をおこし、死にいたる。

○ブロイラー＝食肉・大量飼育を目的とした鶏の品種の総称。

【国　語】（四五分）〈満点：一〇〇点〉

【注意】　字数制限のある問題は、句読点・記号も字数に含みます。

一　次の文章を読んで、後の㈠から㈤までの問いに答えなさい。

[1]　スローフード運動は、①「世界全体がスピードというウィルスに汚染されつつある」という危機感のもと、「ファストフード化」に抗して人間らしい食文化を取り戻そうという試みだ。それも、よく誤解されるような単にゆっくり食を楽しむだけのグルメ運動ではなく、「食べることが大好き」というごく健全な動機に基づいて、野菜であれ食肉であれ、発酵食品であれ、食材の生産体制からまっとうな「いのちの養育」プロセスを取り戻そうという運動である。そして、総ファストフード化しつつある現代社会から駆逐されがちな希少な地域の固有種や、非効率で時間がかかっても本物の食材をつくり続ける小生産者を保護していこうとする「味の箱舟」運動（＝食と農における「ノアの箱舟」）を展開している。こうした活動は、地球規模で画一化しつつある食と農の世界に生物・文化的な多様性を保持し、ＢＳＥ・遺伝子組み換えなどの問題に対するアジール（避難所）を担保する意味をもつ。

[2]　というのも、ここでいうファストフードとは、冷凍食品や即席メン、あるいはハンバーガーチェーンなど特定の外食業態だけでなく、促成栽培の野菜や果物、工業的にスピーディーにつくられた発酵食品、そして何よりファストに「促成」されるブロイラーなどの食肉生産過程まで含めて、私たちの食生活の根底にある「スピード化」「ファストフード化」を指している。つまり②表面的なファストフード批判でなく、私たちの食べ物がどこでどのように育てられ、それをどのようにいただくのか？　という全体のプロセスのデザインであり、地域・国家としてその構造をどこでどう担保してゆくか？　という実験でもある。現代の私たちはほとんど忘れているが、もともと酒もチーズも発酵食品は本来、地域固有の「蔵つきの菌」でスローに発酵してつくられていた（その意味では、現代のほとんどは発酵的工業製品である）。また、一度も日の光を見ることなく卵からわずか二カ月足らずで出荷されるブロイラーは、生まれた時から「チキン」（食肉）として生産される工業製品というべきだが、一度も鶏として生きることなく抗生物質づけで「製造」された鶏肉を、宇宙船地球号の乗員はこれからもずっと食べ続けるのだろうか？　そもそもＢＳＥ（狂牛病）の原因とされる肉骨粉も、牛のファストな成長を促すための手段であり、草食動物に同類の肉と骨を与えるという不自然な「共食い」があのような病理を生んだことを思い起こせば、こうした私たちの食生活の持続不可能性は明らかだろう。

[3]　③こうした大量生産体制でなければこれだけの人口を養えないという声もあるが、そもそも「牛肉を生産するためには七倍の穀物が必要」（＝つまり穀物の状態で食べれば七倍の人口を養える）といわれるように、過剰な肉食そのものが人類社会の食糧危機の根底にある大きな要因なのであり、そもそも不健康になりながらこれほど大量の肉を毎日食べる必要があるのか？　という食生活の根本的な見なおしをすべき時期に来ている。また、よく知られるように日本では食べ物の約三分の一をゴミとして廃棄している。スーパーやコンビニのバックヤードは廃棄食品の山であり、家庭の冷蔵庫も「食べ物を電気を使って冷やして捨てる箱」というギャグにもならない無様な装置になっている。全国で毎日三万三千トン（東京だけで六千トン）もの食品が廃棄され、食糧一トン廃棄す

2020年度

解　答　と　解　説

《2020年度の配点は解答欄に掲載してあります。》

＜数学解答＞

1　(1)　-35　(2)　$\dfrac{10x+11}{12}$　(3)　$-\sqrt{3}$　(4)　$(x-y)(x-y-5)$

(5)　$x=-4,\ 5$　(6)　$\dfrac{5}{6}a$　(7)　$(x,\ y)=(3,\ -2)$　(8)　$y=-6$　(9)　$\dfrac{5}{12}$

2　(1)　①　5.9(本)　②　6.4(本)　(2)　①　$a=\dfrac{3}{2}$　②　$x=\sqrt{2}$　(3)　①　ウ

②　$x=4-2\sqrt{2},\ 10-2\sqrt{2}$

3　(1)　Ⅰ　ア　Ⅱ　エ　(2)　Ⅲ　2組の角がそれぞれ等しい

(3)　PA×PC＝PB×PD　(4)　$x=9$

4　(1)　$x=117$　(2)　$\dfrac{18}{5}$(cm)　(3)　$\sqrt{2}$(倍)

○推定配点○

1　各4点×9　2　(1)　各4点×2　他　各5点×4((3)②完答)

3　(1)　各4点×2　他　各5点×3　4　(3)　5点　他　各4点×2　計100点

＜数学解説＞

1　(数・式の計算，平方根，因数分解，2次方程式，文字を使った式，連立方程式，比例関数，確率)

(1)　$13-3\times(-4)^2=13-3\times16=13-48=-35$

(2)　$\dfrac{x+5}{3}-\dfrac{3-2x}{4}=\dfrac{4(x+5)-3(3-2x)}{12}=\dfrac{4x+20-9+6x}{12}=\dfrac{10x+11}{12}$

(3)　$(\sqrt{6}-3)(\sqrt{2}+\sqrt{3})=2\sqrt{3}+3\sqrt{2}-3\sqrt{2}-3\sqrt{3}=-\sqrt{3}$

(4)　$(x-y)^2-5x+5y=(x-y)^2-5(x-y)$　$x-y=M$とおくと，$M^2-5M=M(M-5)$　Mをもとにもどして，$(x-y)\{(x-y)-5\}=(x-y)(x-y-5)$

(5)　$7(x+3)-1=x(x+6)$　$7x+21-1=x^2+6x$　$x^2-x-20=0$　$(x+4)(x-5)=0$　$x=-4,\ 5$

(6)　濃度a%の食塩水500gに含まれる食塩の量は，$500\times\dfrac{a}{100}=5a$(g)　100gの水を加えたあとの食塩水の濃度は，$\dfrac{5a}{500+100}\times100=\dfrac{5}{6}a$(%)

(7)　$5x-3=3y+18$　$5x-3y=21$…①　$2(x-2y)=x+11$　$x-4y=11$　$x=4y+11$…②　②を①に代入して，$5(4y+11)-3y=21$　$17y=-34$　$y=-2$　これを②に代入して，$x=-8+11=3$

(8)　yはxに比例するから，$y=ax$と表せる。$x=-6$，$y=4$を代入して，$4=a\times(-6)$　$a=-\dfrac{2}{3}$　よって，$y=-\dfrac{2}{3}x$　これに，$x=9$を代入すると　$y=-\dfrac{2}{3}\times9=-6$

(9)　大小2個のさいころを同時に投げるとき，全ての目の出方は$6\times6=36$(通り)　このうち，大きいさいころの出た目の数をa，小さいさいころの出た目の数をbとしたとき，出た目の数の積が6の倍数になるのは，$(a,\ b)=(1,\ 6)$，$(2,\ 3)$，$(2,\ 6)$，$(3,\ 2)$，$(3,\ 4)$，$(3,\ 6)$，$(4,\ 3)$，$(4,\ 6)$，$(5,\ 6)$，$(6,\ 1)$，$(6,\ 2)$，$(6,\ 3)$，$(6,\ 4)$，$(6,\ 5)$，$(6,\ 6)$の15通り。よって，求め

る確率は，$\frac{15}{36}=\frac{5}{12}$

2 (統計・標本調査，図形と関数・グラフ，図形の移動)

(1) ① 1，2年生20人のシュートが入った平均本数は，$(2\times1+3\times2+4\times1+5\times4+6\times3+7\times5+8\times3+9\times1)\div20=118\div20=5.9$(本)

② バスケットボール部員25人全員のシュートが入った合計本数は，$6\times25=150$(本)　よって，3年生5人に関して，シュートが入った合計本数は，$150-118=32$(本)だから，シュートが入った平均本数は，$32\div5=6.4$(本)

基本 (2) ① $y=ax^2$について，$x=-1$のとき$y=a\times(-1)^2=a$　$x=5$のとき$y=a\times52=25a$
よって，xの値が-1から5まで増加するときの変化の割合は，$\frac{25a-a}{5-(-1)}=4a$　これが6になるから，$4a=6$　$a=\frac{3}{2}$

重要 ② 点Aは$y=\frac{3}{2}x^2$上にあるから，そのy座標は　$y=\frac{3}{2}\times(-2)^2=6$　よって，A$(-2,\ 6)$
点Bのx座標をbとする。点Bは線分ACの中点だから，点Bのy座標は，$\frac{6+0}{2}=3$　よって，B$(b,\ 3)$　点Bは$y=\frac{3}{2}x^2$を通るから，$3=\frac{3}{2}\times b^2$　$b^2=2$　$b>0$より，$b=\sqrt{2}$

(3) ① 点Aが点Qの位置にあってから点Cが点Rの位置にくるまでに10秒かかっているので，$CA+QR=10$，$CA=10-6=4$　よって，直角二等辺三角形ABCの等辺の長さは4である。△ABCを動かして4秒後から6秒後までは△ABCが正方形PQRSに含まれるので，重なる部分yの面積は△ABCの面積である。よって，$4\leqq x\leqq6$のときは，$y=\frac{1}{2}\times4\times4=8$　$0<x<4$のとき，BCとPQの交点をDとすると，$y=△ABC-△QDC$　$AQ=x$，$CQ=DQ=4-x$だから，$y=\frac{1}{2}\times4\times4-\frac{1}{2}\times(4-x)\times(4-x)=8-\frac{1}{2}(16-8x+x^2)=-\frac{1}{2}x^2+4x$…(Ⅰ)　$6<x<10$のとき，BCとSRの交点をEとすると，$ER=CR=CA-AR=4-(x-6)=10-x$　$y=△ECR=\frac{1}{2}\times(10-x)\times(10-x)=\frac{1}{2}x^2-10x+50$…(Ⅱ)　(Ⅰ)で，$x=2$のとき$y=6$(参考図の点I)　直線OFの式では，$x=2$のとき$y=4$だから，OFより上にある。(Ⅱ)で，$x=8$のとき，$y=2$(参考図の点J)　直線GHの式では，$x=8$のとき$y=4$だから，GHより下にある。よって，ア～エのグラフの中ではウであると考えられる。

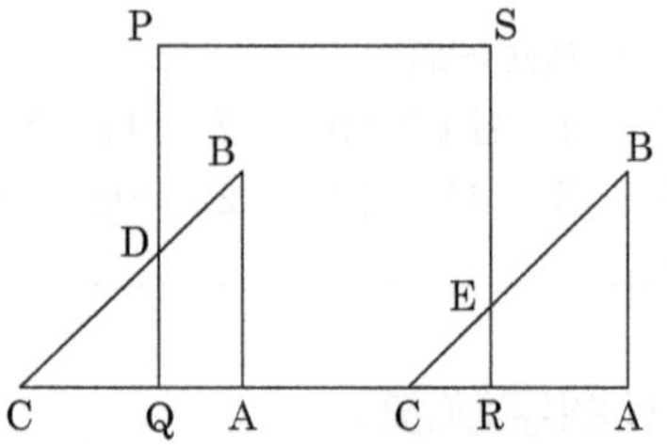

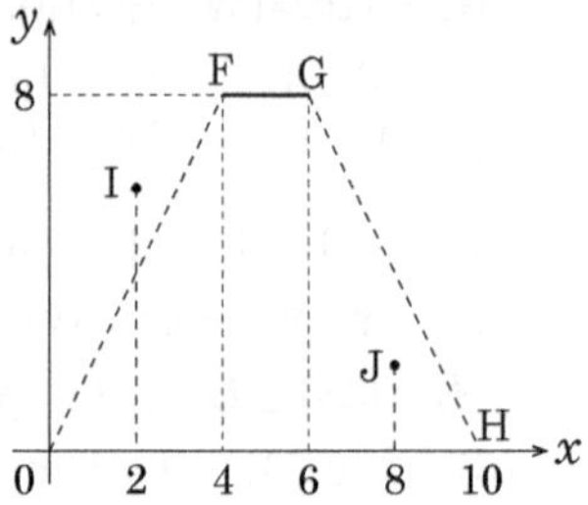

やや難 ② △ABCと正方形PQRSとの重なった部分が△ABCの面積の半分になるとき，$y=\frac{1}{2}\times4\times4\times\frac{1}{2}=4$　(Ⅰ)の場合は，$-\frac{1}{2}x^2+4x=4$から，$x^2-8x=-8$　$x^2-8x+16=-8+16$　$(x-4)^2=8$　$x-4=\pm2\sqrt{2}$　$0<x<4$なので，$x=4-2\sqrt{2}$　(Ⅱ)の場合は，$\frac{1}{2}x^2-10x+50=4$
$x^2-20x=-92$　$x^2-20x+100=-92+100$　$(x-10)^2=8$　$x-10=\pm2\sqrt{2}$
$6<x<10$なので，$x=10-2\sqrt{2}$

3 (円の性質，相似の証明，相似な図形の性質，線分の長さ)

基本 (1)・(2) △ABPと△DCPにおいて，対頂角は等しい[1]から，$\angle APB=\angle DPC$…①　同じ弧に

対する円周角の大きさは等しいⅢから，∠ABP＝∠DCP…②　①，②より，2組の角がそれぞれ等しいⅢから，△ABP∽DCP

(3)　相似な図形では，対応する線分の長さの比はすべて等しいから，PA：PB＝PD：PC　比例式の内項の積と外項の積は等しいから，PA×PC＝PB×PD

(4)　(3)の結果より，$3\times6=2\times x$　$2x=18$　$x=9$

4　**(角度，相似の利用，線分の長さ，線分和の最短の長さ)**

(1)　$\overset{\frown}{\mathrm{AB}}$に対する円周角なので，∠ADB＝∠ACB＝42°　△ABDはAD＝BDの二等辺三角形だから，∠ABD＝(180°－42°)÷2＝69°　直径に対する円周角は90°だから，∠ABC＝90°　△ABCの内角の和は180°だから，∠BAC＝180°－(∠ABC＋∠ACB)＝180°－(90°＋42°)＝48°　三角形の内角と外角の関係から，∠x＝∠ABD＋∠BAC＝69°＋48°＝117°

重要　(2)　平行線と線分の比についての定理より，DP：PB＝AD：BC＝6：9＝2：3　PQ：BC＝DP：DB＝2：(2＋3)＝2：5　$\mathrm{PQ}=\frac{2}{5}\mathrm{BC}=\frac{2}{5}\times9=\frac{18}{5}$(cm)

や難　(3)　右図は問題の正四角すいの展開図の一部である。点Bから点Eまで，3つの側面を通るように最短距離でひもをかけたとき，展開図上では4点B，P，Q，Eは一直線上に並ぶ。右図は，点Aを通り辺CDに垂直な直線に関して線対称な図形であるから，点Pが辺ACの中点ならば，点Qも辺ADの中点であり，△ACDで中点連結定理より，PQ//CD　つまり，BE//CDである。△ACDと△BCPで，△ACD≡△ABCだから，∠ACD＝∠ACB　つまり，∠ACD＝∠BCP…①　△ACDはAC＝ADの二等辺三角形だから，∠ACD＝∠ADC…②　平行線の錯角は等しいから，∠ACD＝∠BPC…③　②，③より，∠ADC＝∠BPC…④　①，④より，2組の角がそれぞれ等しいから，△ACD∽△BCP　よって，AC：CD＝BC：CPより，$x:y=y:\frac{1}{2}x$　$x^2=2y^2$…⑤　ここで，xはyのk倍，つまり$x=ky$とすると，⑤は$(ky)^2=2y^2$　$k^2y^2=2y^2$　$k^2=2$　$k>0$より，$k=\frac{x}{y}=\sqrt{2}$　よって，xはyの$\sqrt{2}$倍である。

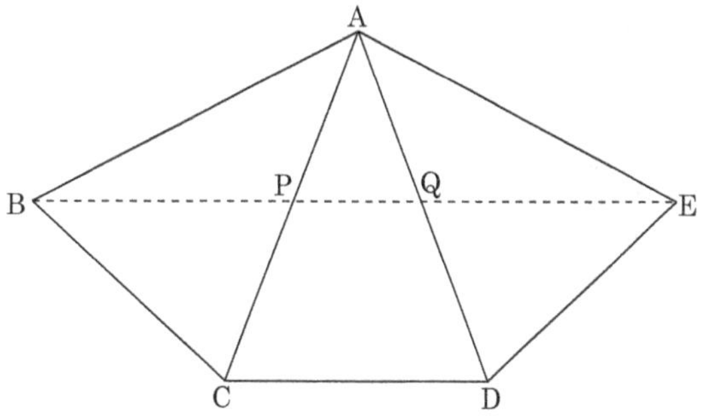

★ワンポイントアドバイス★

2(3)は相似な三角形の相似比と面積比の関係を使って考えることがポイントである。4(3)はかけたひもが最短距離になる状態を，問題の正四角すいの展開図上で考えることがポイントである。

＜英語解答＞

聞き取り検査

第1問　b，c　第2問　1　T　2　F　3　F　4　F

筆記検査

1　(1)　①　to help poor children in　②　How much will it　③　Can I join

(2) (例) (I)agree(with that.)(The reason is that)they can have a good experience through volunteer work. (So)I think high school students should do volunteer work.

2 (1) A held B meeting (2) It is important to win the games
(3) イ (4) ウ

3 (1) 【b】 オ 【d】 エ (2) (ア) why (イ) move (3) ウ
(4) (1つ目) esports とは，オンライン上でヴァーチャルの世界でお互いに戦うスポーツである。 (2つ目) 世界中の競技場でトーナメントが行われ，観客もいる。
(5) (X) esports tournament (Y) popular

○推定配点○
聞き取り検査 各4点×6
筆記検査 1 (1) 各5点×3 (2) 10点
2 (1) 各3点×2 (2) 5点 (3)・(4) 各2点×2
3 (1)・(3) 各2点×3 (2)・(5) 各5点×4 (4) 各5点×2 計100点

＜英語解説＞

聞き取り検査 解説省略。

筆記検査

1 **(会話文問題：語句補充・記述，条件英作文，不定詞，助動詞，接続詞)**

(大意) さやか：次の週末に何をするつもり？
まさと：仲田通り祭りで，慈善事業の屋台を開き，唐揚げや綿菓子を売ることになっているよ。
さやか：おもしろそう。仲田通りは市邨高校の近くにある商店街ね。
まさと：うん。地域の人々が協力してくれる。宣伝のためにチラシを作ったよ。
さやか：見せて。カンボジア①の貧しい子供たちを助けるとは，親切ね。
まさと：村の小学校へブランコを送るためにお金を集めたいよ。
さやか：ブランコを送るに②いくら費用がかかるの？
まさと：300ドル，35,000円を集める必要がある。
さやか：あなた(たち)を手伝いたいわ。活動③に参加しても良い？
まさと：もちろん，歓迎するよ。
さやか：でも，夕方には別の約束があるの。
まさと：夕方まで，綿菓子販売の手伝いができるね。
さやか：良い考えだわ。祭りを通して，カンボジアの子供たちを支援できてうれしい。

やや難 (1) 空所①を含む文は「カンボジア(　　)あなたたちは親切だ」の意。その次のまさとの発言や図から，カンボジアの貧困の子供を助けるために，まさとたちは，小学校にブランコを寄付するために募金活動を計画していることがわかる。したがって，「カンボジアにいる貧しい子供たちを助けるとは，あなたたちは親切である」(It is nice of you)to help poor children in (Cambodia.)という文を完成すれば良いことになる。＜It is ＋ 形容詞 ＋ of[for]＋ 人 ＋ 不定詞[to ＋ 原形]＞「人が～［不定詞］するのは…［形容詞］である」 ここで＜人 ＝ 形容詞＞の関係となっている場合はofが使われる。当設問では You are nice to help ～ の関係が成立する。空所②は，続いてまさとが値段を答えていることや与えられた語句から，「彼らにブランコを送るにはいくらかかるか」という意味の英文を完成させれば良い。通常，値段を尋ねる言い方は How much does it cost? であるが，これからブランコを送るということを考慮して，時制は未来にすること。　空所③前後は以下の通り。「さやか：私はあなた(たち)の手伝いをしたい。あなたたちの活動(　③　)？／まさと：もちろん。僕たちはみんな君を歓迎する」以上の文脈から，「あなたたちの活動に参加できるか？」Can I join(your activity ?)という意味の英文を完成させる。

や難　(2)「高校生がボランティアの仕事をするということに賛成か？」「A：私は賛成だ。その理由は,＿＿＿。だから,＿＿＿。」「B：私はそれに反対だ。その理由は＿＿＿。だから,＿＿＿。」
模範解答(A)は，「ボランティアを通して，良い経験を得られるからだ」「高校生はボランティアの仕事をするべきだと思う」という訳になる。agree[disagree]with(人・事)／to(提案・要求)「～に賛成[反対]である」

2　(長文読解問題・論説文：語句補充・選択，語句整序，内容吟味，要旨把握，受動態，助動詞，動名詞，不定詞，接続詞，比較，前置詞，関係代名詞)

(大意)　最初のオリンピックは紀元前776年にギリシャのオリンピアで始まった。オリンピックは，古代ギリシャの神ゼウスを祝した宗教的な祭事だった。

古代ギリシャでは，分割された都市国家間がしばしば戦闘状態にあったが，オリンピックのために，戦争は休戦となった。

ローマがギリシャを征服した後，393年にオリンピックがいったん中止となった。しかし，ギリシャのアテネで1896年に復活して，以来，4年ごとに行われている。1924年には冬季オリンピックが開催されるようになった。

現在，何百という国々の何千もの選手が，夏季・冬季オリンピックに参加している。オリンピックは，世界の異なる地域の人々を結びつけて，友情を築き，人類の平和な未来を目指している。

日本ではこの夏に東京でオリンピックが開催されて，さまざまな国々から多くの人々がやって来る。異なった文化を背景にもつ人々と会うことを楽しんでほしい。お互いを尊重して，異なった文化についてもっと知ろうとすれば，世界平和が実現するだろう。

基本　(1)　A　be held「開かれる」と，受動態 <be動詞 ＋ 過去分詞>「～される」の形にする。
B　与えられている語句や文脈から，「異なった文化(的背景)を有する人々と会うことを楽しんでみませんか」という意味の英文を完成させれば良い。<Why don't you ＋ 原形 ～ ? >「～してはどうか／しませんか」，<enjoy ＋ 動名詞[原形 ＋ ing]>「～することを楽しむ」enjoy の後ろに不定詞は不可。

基本　(2)　It is important to win the games.「試合に勝つことは重要だ」 <It is ＋ 形容詞 ＋ 不定詞[to ＋ 原形]>「～ [不定詞]することは… [形容詞]だ」

や難　(3)　空所②を含む英文は「あるいは，もし日常生活でお互いを尊重して受け入れて，異なった文化についてもっと知ろうとするのであれば，いつか［　②　］が実現するかもしれない」の意。記された条件が整えば，何が実現するかを考えること。また，第4段落2文に「現代オリンピックはスポーツを通じて人類に対する平和的未来を目指している」とあるので，正解は，イ「世界平和」。接続詞 if「もし～ならば／たとえ～でも／かどうか」，one another「互いに」，through「を通して／の間じゅう／初めから終わりまで」

重要　(4)　ア「古代ギリシャ人は戦争を終えるためにオリンピックを始めた」(×)　古代オリンピックの目的は，古代ギリシャの神，ゼウスを祝して創設された，宗教的祭典だった，と記されている(第1段落3文)。　to stop the wars「戦争を終えるために」← 不定詞[to ＋ 原形]の目的を示す副詞的用法「～するために」 a religious festival that was created ← <先行詞 ＋ 主格の関係代名詞that ＋ 動詞>「～ [動詞]する先行詞」　イ「ローマはスポーツが好きではなかったので，ギリシャを征服した」(×)　ローマがギリシャを征服した理由は，本文では言及なし。　ウ 「オリンピックの目標の一つは世界を平和にすることである」(○)　第2段落で，古代オリンピックの開催のために，交戦状態にあったと都市国家が休戦したことが記されており，現代オリンピックが世界平和を目指し，世界中の人々を一つにして，友好を育む，と書かれている(第4段落2・3文)。　make A B「AをBの状態にする」，at war「戦争中で」，each other「互いに」，bring ～ together「一緒にする，結びつける，まとめる」　エ 「世界中の戦争を終わらせるために，オリンピックの選手を支援するべきだ」(×)　言及なし。

3　**(会話文問題：文挿入，語句補充・記述・選択，語句解釈，要旨把握，進行形，付加疑問文，現在完了，接続詞，受動態)**

(大意)　ジョセフ：やあ，達也。

達也　　：aウやあ，ジョセフ。iPadで何を見ているの？

ジョセフ：サッカーの試合を見ているよ。接戦で興奮するね。

達也　　：ちょっと見せて。

ジョセフ：本当の試合みたいだろう。

達也　　：bオえ？　本当の試合ではないの？

ジョセフ：うん，本物ではないよ。仮想のサッカーの試合だよ。

達也　　：本物そのものだね。でも，①本当のスポーツの試合を見れば良いのに。

ジョセフ：単なるビデオ・ゲームではなくて，オンライン上で競い合い，eスポーツと呼ばれているよ。

達也　　：cア『Eスポーツ』？　聞いたことがないなあ。オンライン・ビデオ・ゲームが多くの国々で行われているということは知っているけれど，Aウ “『スポーツ』”と呼べるのかな？②ビデオ・ゲームをするときには，体を動かすことはないし，汗もかかない。

ジョセフ：世界中の競技場で，多くのeスポーツが開催されていて，何百人ものプロのeスポーツの選手が参加して，何千人もの人々が観戦しているのよ。dエ試合に勝つとたくさんのお金を手にすることができるのさ。

達也　　：いくら稼げるの？

ジョセフ：大きな大会によっては，100万ドルを勝ち取ることもできる。

達也　　：プロのeスポーツの選手になる方法は？

ジョセフ：わからないよ。試合を見て楽しんでいるだけだから。

達也　　：eイインターネットで確認してみよう！

やや難　(1)　【a】 空所aの発言に対する応答文が「サッカーの試合を見ている」という進行形なので，正解はウ「iPadで何を見ているところですか」の意の進行形の疑問文。　【b】 空所bの前後のジョセフの発言で，realが使われていることに注目すること。正解は，オ「何だって？　本当の試合ではないということ？」。付加疑問文 ＜肯定文, 否定疑問文短縮形 ?＞「～ですよね」／＜否定文, 肯定の疑問文～ ?＞「～ではないですよね」　【c】 達也が本当の方のサッカーの試合でないことに驚いている様子や，直前でジョセフがオンライン上でのスポーツゲームは“eスポーツ”と呼ばれる，と述べていることなどから判断する。正解は，ア「“eスポーツ”だって？　僕はその言葉を今まで聞いたことがない」。現在完了の否定形 ＜have[has] + not + 過去分詞＞
【d】の後続箇所で，達也が「いくらお金を獲得できるか」と賞金について尋ねていることから考える。正解は，エ「試合に勝つと，多くのお金を獲得できる」。＜How much ～ ?＞　値段を尋ねる表現。　a lot of = many(数が)多い／much(量が)多い
【e】 達也がeスポーツのプロ選手になる方法について尋ねると，ジョセフは「わからない。単に

見るのを楽しんでいるだけ」と答えていて，それに対して達也は，「さあ」と何かを促す発言を挟んで，空所eの発言をしている。以上より，イ「インターネットで確認してみよう」が当てはまる。find out「見つけ出す」

や難 (2) (ア) 文脈と与えられている語句から，下線部①は「本当のスポーツの試合を見れば良いのではないか」という意味の英文を完成させること。<Why don’t you ～ ?>「～してはどうですか」 (イ) 下線部②は「ビデオ・ゲームをする際に，あなたの体(イ)ことはなく，汗をかくこともない」の意。ビデオ・ゲームをする際，体を動かすことはなく，汗もかかない，という事実を考慮して，空所イに「～を動かす」という意味を表すmove を入れる。

基本 (3) 該当箇所の前後の意味は，「オンライン・ビデオ・ゲームが多くの国々で行われているということは知っているけれど，『(A)』と呼ぶことはできるだろうか。②ビデオ・ゲームをするときには，体を動かすことはないし，汗もかかないよね」オンラインによるスポーツ・ソフトをeスポーツと呼んでいるが，身体をそれほど激しく使うことはない，という事実関係から，空所に補充する語を考えること。正解は，ウ「スポーツ」。call A B「AをBと呼ぶ」

基本 (4) ジョセフの5番目・6番目の発言を参考にしてまとめること。<There + be動詞 + S + 場所>「Sが～ [場所]にいる／ある」，around the world「世界中に」，hundreds[thousands] of「何百[何千]もの～」

や難 (5) 「こんにちは，達也。／元気ですか。／日本の滞在中は，ありがとう。／ボストンで大きなXeスポーツの大会があった。多くの日本人選手も参加していたよ。日本でもeスポーツはY人気が出てきて，特別のイベントが企画されているね。そこに出かけて，どのようなものか自分の目で見ることを勧めるよ。／では。」 (X) 後続箇所で，「試合を観戦した」とか，「eスポーツの選手を見かけた」と述べられていることから，「eスポーツの大会があった」という意味にすれば よいことになる。 (Y) 空所を含む箇所は「eスポーツは日本で(Y)なってきている」の意で，夏に大会が開催されるまでになっていることを考えると「人気が出てきた」という英文にすれば良いことになる。<get + 形容詞>「～の状態になる」＝ become

★ワンポイントアドバイス★

ここでは筆記試験1(2)の条件英作文を取り上げる。今年度は，質問に関して賛成か反対かの立場を明らかにして，その理由を英語で記す出題であった。単語力や文法などの基礎をしっかりと定着を目指すこと。

<理科解答>

1 (1) 空気中の二酸化炭素がのりに溶け込んだから。 (2) 「音の」進む速さが，光の進む速さより遅いから。

2 (1) ① アミラーゼ ② 肝臓 (2) ① 16J ② 4m/s ③ 1.6N

3 (1) ① イ ② ウ (2) ③ ア (3) キ (4) 日食

4 (1) A 4.4g B 5.2g (2) 鉄原子：硫黄原子＝1.8：1 (3) (選択) ウ (理由) 空気中の酸素が鉄と化合したから。

5 (1) ① ウ ② ア (2) (進化した生物種) 自然界で生きていくもの。[人類の役に立つかどうかは問われない。] (品種改良された生物種) 自然界では生きていけるかわからない。[人類の役に立つ。]

6 (1) 炎の動きは空気の動きと同じだから。 (2) ア (3) ① 同じ ② 同じ ③ 大きくなった (4) (同じ時間に)振動する回数が増えた。
(5) (大きいとき) (空気の)振動の揺れ幅が大きくなった。 (高いとき) (空気の)振動する回数が増えた。

7 (1) (個人) ヘルメットや防災ずきんを持参して登下校する。 (公的機関) 避難訓練を実施する。 (2) ウ (3) (選択) イ (理由) 33年前に溶岩流が流れたときから土壌づくりが始まったから。

○推定配点○

1 各4点×2 2 各3点×5 3 各3点×5 4 (3) 4点(完答) 他 各3点×3
5 (1) 各3点×2 (2) 各4点×2 6 各3点×8
7 (2) 3点 他 各4点×2((3)完答) 計100点

＜理科解説＞

1 (中和・光と音の性質)

基本 (1) アルカリ性であるのりに空気中の二酸化炭素が溶け込み，中和することでのりは透明になる。

重要 (2) 音は光の速さよりも遅いため，花火が見えてからしばらくして音が聞こえる。

2 (ヒトの体のしくみ，仕事)

重要 (1) ① デンプンはだ液に含まれるアミラーゼという消化酵素によって消化される。

重要 ② 小腸で吸収されたブドウ糖の一部は肝臓に運ばれる。

基本 (2) ① 磁石が物体にする仕事が16Jなので，物体の運動エネルギーも増加して16Jとなる。

やや難 ② 運動エネルギー(J)は，$\frac{1}{2}mV^2\left(\frac{1}{2}\times\text{質量(kg)}\times\text{速さ(m/s)}\times\text{速さ(m/s)}\right)$であらわせるので，$16(\mathrm{J})=\frac{1}{2}\times 2(\mathrm{kg})\times x(\mathrm{m/s})\times x(\mathrm{m/s})$より，$x=4\mathrm{m/s}$となる。

基本 ③ 仕事(J)は，力の大きさ(N)×力の向きに動いた距離(m)であらわせるので，$16(\mathrm{J})=x(\mathrm{N})\times 10(\mathrm{m})$より，$x=1.6(\mathrm{N})$となる。

3 (天気の変化)

基本 (1) ①・② 台風の厚さは10km程度で，直径が1000kmなので，台風の形はCDのような形をしたウである。

重要 (2) 6月には日本列島に梅雨前線が見られる。

重要 (3) 冬に発達するシベリア気団は，ロシアとロシア沿岸部では雲をつくらないが，日本海を渡るにつれ水分を含み始め，日本海側に雪をもたらす。

重要 (4) 太平洋上に映る影は月の影である。このような現象を日食という。

4 (化学変化と質量)

やや難 (1) 鉄粉末5.6gと硫黄粉末3.2gは過不足なく反応して，硫化鉄が8.8gできることから，それぞれの質量比は，鉄：硫黄：硫化鉄＝5.6(g)：3.2(g)：8.8(g)＝7：4：11であることがわかる。よって，鉄8.0gと硫黄1.6gを反応させると，鉄2.8(g)と硫黄1.6(g)が反応し，硫化鉄が4.4(g)生成される(Aの解答)。よって，未反応の物質は8.0(g)－2.8(g)＝5.2(g)となる(Bの解答)。

やや難 (2) 鉄粉末5.6gと硫黄粉末3.2gは過不足なく反応するので，硫黄原子を1とすると，5.6(g)：3.2(g)＝x：1より，xは1.75となるので，1.8が正解となる。

重要 (3) 5.0gの鉄粉を強く熱すると，空気中の酸素が鉄と結びつく(化合する)ため，鉄粉は5.0gよりも重くなる。

基本 **5 （生殖と遺伝）**

（1） ① 現在さまざまな種類の生物が存在することから，DNAは子孫に対して完全な複製が常に行われたとは限らないことがわかる。

② 1万年ほど前に行われた品種改良の方法は，似たような種類の生物どうしのかけ合わせである。

（2） （進化した生物種） 模範解答の他に，自然にDNAが変化した，などがある。 （品種改良された生物種） 模範解答の他に，人工的にDNAが変化させられた，などがある。

6 （音の性質）

基本 （1） 空気の動きによって，炎も空気と同じ動きをするので，炎を観察すれば，空気の動きを知ることができる。

基本 （2） たいこをたたいたことで伝わる振動は，水平に左右の方向に動くので，ロウソクの炎もそのように動く。

基本 （3） たいこを強くたたいても，①振動の向きは同じであり，②振動の回数も同じであるが，強くたたいた分，振動も大きくなるので，③振動の揺れ幅は大きくなる。

重要 （4） 高い音は振動数が多くなる。

重要 （5） 音が大きいときは(3)③のように，振動の揺れ幅が大きくなる。音が高いときは，(4)のように，空気の振動する回数が増える。

7 （地震・地層と岩石）

基本 （1） （個人） 模範解答の他に，避難訓練に参加する，などがある。 （公的機関） 模範解答の他に，シェルターを作る，避難する船を確保する，食糧を備蓄する，などがある。

重要 （2） 溶岩流が黒いので，玄武岩質であることがわかる。

基本 （3） 1986年の溶岩流は，今から約30年ほど前なので，30年程度では，豊かな土壌がつくれないことがわかる。

★ワンポイントアドバイス★

問題文の意味を正確に把握する読解力を身につけよう。

<社会解答>

1 （1） ア （2） 外交が盛んになった時代で，倭国の影響力を高める必要性から，倭国を訪れた人たちに倭国の力を誇示するため。 （3） エ

2 （1） ウ （2） 公害 （3） ウ，エ，オ

3 （1） イ （2） （ヨーロッパ州の国） 5 （首都が南半球にある国） 2

（3） （例） （国・地域） ASEAN （理由） 東南アジアは現在成長が著しい地域であるが，インドネシアしかG20に入っていないため，東南アジアの地域連合を加えることを考えたから。

4 （1） ウ （2） X B，④ Y C，③

5 （1） ウ （2） イ，エ （3） ア，エ

6 （1） ア，エ （2） （例） （権利） 自由権 （理由） 信教の自由などがないことが原因で難民になっていることがあるから。 （3） （例） （番号） 10 （理由） 人種，民族，

宗教などによる不平等を無くすことが難民問題の解決につながるから。

○推定配点○

1 (2) 10点　他　各4点×2　2 (2) 5点　他　各4点×2

3 (1) 4点　(2) 5点　(3) 10点　4 (1) 4点　(2) 各5点×2

5 各4点×3　6 (1) 4点　他　各10点×2　計100点

<社会解説>

1 (歴史ー日本史の政治・社会・経済史)

(1) 大仙(大山陵)古墳は，5世紀につくられた全長が486mある前方後円墳で世界最大級の墓である。それは，近畿地方の有力な豪族が支える大和王権の象徴でもあった。当時，朝鮮半島の諸国との交流の中で，朝鮮半島から日本列島に一族でまとまって移り住む渡来人が増えた。大和王権は百済や伽耶(任那)地域の国々と結び高句麗や新羅と戦っていた。

(2) 当時は，朝鮮半島や中国などとの外交が，とくに盛んになっていった時代であった。外国の使者や渡来人などが倭国を訪れたときは，百舌鳥・古市古墳群周辺をはじめとする大阪平野から入国することも多かった。そこで，その地域に巨大古墳をつくり，倭国の力を彼らの示そうとする意図があったと考えられている。

基本　(3) 八幡製鉄所がつくられたのは北九州であるので，エが誤りとなる。

2 (歴史ー資料活用，日本史と世界史の関連)

重要　(1) 当時は，1937年に始まった日中戦争の長期化により，国家財政の大部分が軍事に回されるなど，オリンピックを開ける状態になかった。また，この戦争で，日本は国際世論の非難を浴びていたことも中止の理由となる。

(2) この写真は，当時発生した四大公害の一つ四日市ぜんそくの様子である。高度経済成長は，一方で公害などの副産物も生み出していた。

(3) 古代オリンピックが始まったのは，考古学的な研究によって紀元前9世紀ごろとされている。したがって，邪馬台国があった3世紀と時代が異なる。近代オリンピックの初期は，男子だけの参加に限られていた。

3 (公民ー国際政治，国際経済)

(1) G20は，資料Ⅱに載っていないアルゼンチンや南アフリカ共和国も参加しているし，スペイン，オランダ，スイスなど載っていても参加していない国もある。したがって，イが誤りとなる。

(2) 資料Ⅱの中でヨーロッパ州の国は，ドイツ，英国，フランス，イタリア，ロシアの5か国，首都が南半球にあるのは，オーストラリア，インドネシアの2か国である。

(3) ASEAN(東南アジア諸国連合)加盟国(インドネシア，カンボジア，シンガポール，タイ，フィリピン，ブルネイ，ベトナム，マレーシア，ミャンマー，ラオス)は，近年，成長が著しい国が多い。それにもかかわらず，G20に入っているのはインドネシアただ1か国であり，これらの諸国の参加を希望する声があがっている。

4 (地理ー日本の産業，気候)

(1) Ⅰの表中の人口が1番多く，面積が1番小さいAが東京都，海面漁獲量0のBが海なし県の長野県，面積が1番大きいCが北海道，人口が1番少ないDが沖縄県である。

(2) Xはりんごの生産量第2位，ももの生産量第3位の長野県である。長野県は内陸の気候であるから，降水量の1番少ない④である。Yはメロンの生産量第2位の北海道である。北海道の気候は気温が低く，降水量も少ない③である。

5 （公民―経済生活，時事問題）

(1)　株に対する需要が高まると，基本的に株価は上昇する。また，その企業の株に対する需要が高まるということは，言い換えれば，その企業の業績が好調な状態である。したがって，正解はウとなる。

重要　(2)　不景気のときには，市場にある資金量を増やさなければならない。その手段の一つとして公共事業を拡大することがあげられる。不景気のときは，市場にある資金量を減らさなければならない。その手段の一つとして増税による資金回収がある。

重要　(3)　資料Ⅰ，Ⅱを注意深く考察する。労働者人口と正規の職員・従業員は両方ともに2000年以後減少しているのがわかる。また，資料Ⅰにおいて222÷6598＝0.03364656となり，2015年の失業率は約3%となる。

6 （公民―国際政治，時事問題）

(1)　日本は，国連安全保障理事会の常任理事国に入るための努力を継続して行っているが，いまだに実現には至っていない。停戦や選挙監視などの平和維持活動はPKOといわれ，国連の重要な活動の一つである。日本の自衛隊はPKOに参加している。

や難　(2)　人が生まれながらにして持つ基本的人権は自由権である。例えば，難民の中には決められた宗教以外の宗教を信仰しているために差別・迫害を受け難民になってしまった人々の集団が確認されている。これは，自由権の中の信教の自由がないために難民になった例である。

(3)　「難民問題」を解決することは10「人や国の不平等をなくそう」と密接な関連がある。人種差別，民族差別，宗教上の差別などが難民を生み出している。したがって，それらの不平等の状態をなくしていくことがSDGs(持続可能な開発目標)として設定されているのである。

★ワンポイントアドバイス★

1(5)　大和王権は百済や伽耶地域の国々と結んで高句麗や新羅と戦っていたことは，好太王碑に記されている。2(3)　現代オリンピックは世界平和を目的としたスポーツの祭典，古代オリンピックはギリシアを中心にした宗教行事。

<国語解答>

一　(一)　イ　(二)　ア　(三)　ウ　(四)　(例)　スローフードとは，「飽食」と「放食」を減らしてトータルな社会プロセスをデザインし，食べ方としても働き方としても人間をよくする真のライフスタイルの革新である。　(五)　ウ・オ

二　(一)　①　せっしゅ　②　郊外　(二)　③　ア

三　(一)　イ　(二)　A　カ　B　ウ　(三)　エ　(四)　イ　(五)　⑧
(六)　ア・エ

四　(一)　イ　(二)　ウ　(三)　ウ　(四)　ア

○推定配点○

一　(四)　15点　他　各5点×5　二　各2点×3
三　(二)　各2点×2　他　各5点×6　四　各5点×4　計100点

＜国語解説＞

一 （論説文－文脈把握，内容吟味，要旨）

(一) 直後に「『ファストフード化』に抗して人間らしい食文化を取り戻そうという試み」とあり，「総ファストフード化しつつある現代社会から駆逐されがちな希少な地域の固有種や，非効率で時間がかかっても本物の食材をつくり続ける小生産者を保護していこうとする」「こうした活動は，地球規模で画一化しつつある食と農の世界に生物・文化的な多様性を保持し，BSE・遺伝子組み換えなどの問題に対するアジール(避難所)を担保する」と説明されているので，現状の説明として，ア・ウ・エはあてはまる。イの「BSEや遺伝子組み換えなどの問題が社会から駆逐されがち」は，本文に「現代社会から駆逐されがちな希少な地域の固有種や小生産者」とあることと合致しない。

(二) 前に「ここでいうファストフードとは，冷凍食品や即席メン，あるいはハンバーガーチェーンなど特定の外食産業だけでなく，……」とあるので，「表面的」が指すのは「冷凍食品や即席メン，あるいはハンバーガーチェーンなどの特定の外食産業」だとわかるので，アが適切。

(三) アの「廃棄にかかる億単位の費用」については，本文には「毎日三十三億円かけて食べ物を捨てているというのが私たちの社会の実情である」とあるだけで，「食糧生産に回せば食糧危機はなくなる」とは述べられていないのであてはまらない。

やや難 (四) ④段落に述べられている内容は，「『飽食』と『放食』を減らし，……という食生活に転換すれば，実はこれほどファストで不自然な食肉生産は必要なくなる」「ファストフード批判が，……というトータルな社会プロセスのデザインである，と言ったのはこういう意味だ」「現代の食肉生産とファストフードの持続不可能性は，いのち(食材)を育てる過程の不自然さだけでなく，そこで働く人々の劣悪で非人間的な労働環境にも表れているという」「スローフードとは……真のライフスタイル(＝生命・生活・人生のスタイル)の革新なのだ」というものである。「スローフードとは，」という書き出しにして，「飽食」「デザイン」「革新」という三語を入れて，「スローフードとは，『飽食』と『放食』を減らしてトータルな社会プロセスをデザインし，食べ方としても働き方としても人間をよくする真のライフスタイルの革新である。」(78字)などとまとめる。

やや難 (五) ウは，⑤段落に，「近代社会は『ユニフォーム(単一の型)』という言葉に象徴されるように，世界を画一化する大きな力に支配された時代」「農牧畜業の世界でも地域固有の種に代わって単一種が世界を覆った。二十世紀初頭のアメリカ農業省登録作物の九十六パーセントがすでに絶滅，……コメ三千種のほとんどが姿を消した」とあることと合致する。オは，⑥段落に示されている「二十世紀は同時に，世界の単一化・画一化のリスクに人類が気づいた世紀でもあった」「地域ごとの多様な固有種，個性的な食文化を『味の箱舟』として保存・継承していこうという運動は，……こうした多様性こそが『安全保障』であり，『自由』と『自立』の基盤であり，真の地球の財産であるという考え方なのだ」という内容と合致する。

二 （漢字の読み書き）

(一) ① 「摂取」は，食べ物や栄養を体に取り入れること。「摂」を使った熟語はほかに「摂生」「摂理」など。訓読みは「と(る)」。 ② 「郊外」は，市街地から離れた所。「郊」を使った熟語はほかに「近郊」など。

(二) ③ 精密　ア 精神　イ 誠実　ウ 静寂　エ 請求

三 （論説文－文脈把握，内容吟味，脱語補充，接続語，要旨）

(一) 「日本社会」については，これより前に「地理的に東アジアに属し，……中国および韓国の影響下のもとで，文化的発展を重ね」「明治以降は，ヨーロッパの影響の下で国家的枠組みが形成」「第二次世界大戦後は，アメリカの強力な支配の下，現在に至っています」とあり，「世界の中できわめて特殊なあり方」「アジアの一員でありながら，欧米の影響を色濃く受けつつも，決して欧米と同じではない」と説明されているので，イが適切。

(二)　A　直前に「『日本人における』という論点は，……重要な視点であるように扱われるのでしょう」とあるのに対し，直後には「個の視点に即して考えてみると……」と別の視点が示されているので，逆接を表す「しかし」が入る。　B　直前に「自己と社会とのかかわりというのは，……」とあり，直後で，具体例として「家族」を挙げて説明しているので，例示を表す「たとえば」が入る。

(三)　[2]段落冒頭に「日本社会に関するイメージは，本当に一人ひとり異なるものです」とあり，「いつのまにか普遍的，絶対的な『日本社会』が存在するかのような印象を読者に与え，読者もまた，そのことを疑うことなく，いつの間にか仮想の『日本社会』イメージを共有してしまっています。しかも，その『共有』したと思っているイメージもまた，決して共有されないものであるにもかかわらず，そう思いこまされてしまう」と説明されているので，エが適切。

(四)　「常識」については，直前に「自己，他者，社会というものが，小さな段階から大きな段階への発展と考える」とある。「自己，他者，社会」の関係については，[3]段落で，「わたしたち一人ひとりは，……常に何らかの固定的なイメージを持ち続けていて，それが社会だと思い込んでいるのです。しかし，本当はそうではなく，一人ひとりが勝手に自分の独自のイメージでその社会を描いているにすぎません」と説明されている。「社会」というものに対する自己と他者のイメージは同一ではないが，イメージを共有していると思い，それが発展していくと考えることを「常識」と表現しているので，イが適切。

やや難　(五)　⑧の「国家や民族は個人の自由の一切を制限する存在」という内容は本文に書かれていない。本文には「個人が主体となって他者と築く一対一の対人相互関係こそが，この社会における関係社会を形成する」と述べられている。

やや難　(六)　アは，[3]段落に「私たち一人ひとりは，自分の周囲の状況に対して，常に何らかの固定的なイメージを持ち続けていて，それが社会だと思い込んでいる」とあることと合致する。エは，[5]段落に「一人ひとりの個人を単位にして文化を考えれば，……『他者とはすべて異文化』ということになります」とあり，[6]段落には「個人が主体となって他者と築く一対一の対人相互関係こそが，この社会における関係世界を形成するための活動と考える」「これこそが，……対話的姿勢である」と述べられていることと合致する。

四　(古文－主語，文脈把握，指示語，口語訳，大意)

〈口語訳〉　愚公という人がいたが，家の近くに山があったのを嫌がって，脇へ移そうとして，毎日子どもを引き連れ出かけて行って，自分から鋤や鍬を手にして，一簣ずつ削り取っていたが，智叟という人がこれを見て，「このような大きな山を，少人数の力で削ったからといって，削りつくせるであろうか」と，その愚かさを笑ったところ，愚公はこれを聞いて，「私の代から削りはじめて，私の子どもの代にも引き継いで削り，私の孫の代にも，またその子どもの代にも引き継いで削るならば，しまいには家の脇へ移すことができるはずである」と言ったので，(智叟は)ますます笑ったと(ある書物に)書き記されていた。もともと寓言なので，この人が存在するわけではないのだが，愚公が言うようなことは世間では愚かなことだとされて，(愚かな人を)愚公と名づけ，智叟が言うようなことは世間では知に富むことだとされて，(智に富む人を)智叟と名づけたのであろう。

(一)　アは，前に「愚公といひし人ありけるが」とあるので，主語は「愚公」。イは，直前に「智叟といひし人」とあるので，主語は「智叟」。ウは，直前に「愚公」とあるので，主語は「愚公」。エは，直前の「『わが代より……移さぬ事やあるべき』」という言葉の会話主なので，主語は「愚公」。

(二)　直前に「『かく大なる山を，わづかなる人の力にて……尽くさるべきか』」とあるので，ウが適切。大きな山を親子で削って移動させようとしているのを見て笑ったのである。

やや難 (三)「終には」は，最後には，とうとう，という意味。係助詞の「や」は，反語を意味し，「や～(連体形)」の形で，～ことがあろうか，いやない，という意味になる。「移さぬ事やあるべき」は，移さないことがあろうか，いやない(移せるはずだ)，となるので，「しまいには家の脇に移すことができるはずである」とするウが適切。

(四)　アは，愚公の行為として，本文に「日々に子ども引き具し出でつつ，手づから鋤鍬をとりて一簣づつ毀ちとりける」とあることと合致する。イは，本文には，愚公の言葉を聞いた智叟は，「いよいよ笑ひける」とあるので合致しない。ウは，本文最後に「愚公が言ふやうなる事は世に愚なりといへば」とあることと合致しない。エは，本文に「智叟といひし人」とあることと合致しない。「智叟」という人の言動が知に富むものだったので，そのようなことを「智叟」と言うようになったのであろう，と本文には述べられている。

★ワンポイントアドバイス★

論説文は，やや難しい内容の文章も読みこなせる高度な読解力を身につけておこう！　記述対策として，指示内容や筆者の主張などを要約する練習をしておこう！

解答用紙集

〇月×日　△曜日　天気（合格日和）

◆ご利用のみなさまへ

＊解答用紙の公表を行っていない学校につきましては、弊社の責任において、解答用紙を制作いたしました。

＊編集上の理由により一部縮小掲載した解答用紙がございます。

＊編集上の理由により一部実物と異なる形式の解答用紙がございます。

人間の最も偉大な力とは、その一番の弱点を克服したところから生まれてくるものである。 ——カール・ヒルティ——

東京学参株式会社

名古屋経済大学市邨高等学校　2024年度　◇数学◇

※ 127%に拡大していただくと，解答欄は実物大になります。

1

(1)		(2)	
(3)			
(4)		(5)	$x=$
(6)	$x=$　　　，　$y=$	(7)	
(8)		(9)	$x=$

2

(1)	①		②	（　　　，　　　）	
(2)	①				
	②	ア：			
(3)	①	ア：	②	（マス）	

3

(1)	（度）	(2)	（cm）	(3)	（cm^3）

名古屋経済大学市邨高等学校　2024年度

◇英語◇

※ 145％に拡大していただくと，解答欄は実物大になります。

聞き取り検査

(1)		(2)		(3)		(4)		(5)	

筆記検査

1

(1)	①	最初（　　　　），最後（　　　　）
	②	最初（　　　　），最後（　　　　）
(2)		

2

(1)						
(2)	【a】		【b】		【c】	
(3)						
(4)						

3

(1)	b（　　　　），d（　　　　）			
(2)	①		②	
(3)				
(4)				
(5)	(Yes / No), because			

名古屋経済大学市邨高等学校　2024年度

◇理科◇

※ 122%に拡大していただくと，解答欄は実物大になります。

1

(1)			
(2)			
(3)		(4)	

2

(1)			(2)	
(3)			(4)	

3

(1)		(2)	
(3)		(4)	

4

(1)				
(2)				
(3)	(i)		(ii)	

5

(1)	A		B	
(2)	地上の人		電車内の人	
(3)	(i)		(ii)	
(4)	B		E	

名古屋経済大学市邨高等学校　2024年度

◇社会◇

※ 125％に拡大していただくと，解答欄は実物大になります。

1

(1)	な社会	(2)				
(3)	②		③		④	
(4)						
(5)	身分制度によって　から					

2

(1)												
(2)	X			を								
	Y											ため
(3)	Ⅱ		Ⅲ		(4)							

3

(1)												
(2)	①											から
	②		(3)	①		②		③				

4

(1)	①		②		(2)			
(3)	①		②		③		④	

5

(1)	の権利	(2)		(3)	
(4)	にとって				
	という危険がある。				

6

(1)		(2)		(3)	
(4)					

名古屋経済大学市邨高等学校　2024年度

◇国語◇

※ 164％に拡大していただくと，解答欄は実物大になります。

一

(1)

(2)

(3)

(4)

(5)

二

(1)

1

2

(2)

(3)

三

(1)

利害が対立しているとき、

80

70

(2)

(3)

(4)

(5)

(6)

四

(1)

(2)

(3)

(4)

名古屋経済大学市邨高等学校　2023年度　　◇数学◇

※ 147%に拡大していただくと，解答欄は実物大になります。

1

(1)		(2)	
(3)	$x=$　　　，$y=$	(4)	
(5)		(6)	$x=$
(7)		(8)	$y=$
(9)		(10)	(分)

2

(1)	①	$a=$	②	$x=$	
(2)	①	(m)	②	(mm)	
(3)	①				
	②	$x=$			

3

(1)	(度)	(2)	(cm)	(3)	(倍)

名古屋経済大学市邨高等学校　2023年度

◇英語◇

※ 147％に拡大していただくと，解答欄は実物大になります。

聞き取り検査

(1)		(2)		(3)		(4)		(5)	

筆記試験

1

A		B		C		D	

2

(1)	A			B		
(2)						
(3)	2番目			4番目		
(4)						
(5)	X		Y		Z	

3

(1)	b		d	
(2)	I		II	
(3)				
(4)				
(5)	どちらかに○をつけなさい。 Yes, I do.　/　No, I don't.			

名古屋経済大学市邨高等学校　2023年度

◇理科◇

※ 147%に拡大していただくと，解答欄は実物大になります。

1

(1)		(2)	
(3)			

2

(1)		(2)	
(3)		(4)	

3

(1)		(2)	
(3)			
(4)			

4

(1)		(2)	
(3)		(4)	

5

(1)	①		
	②		
(2)	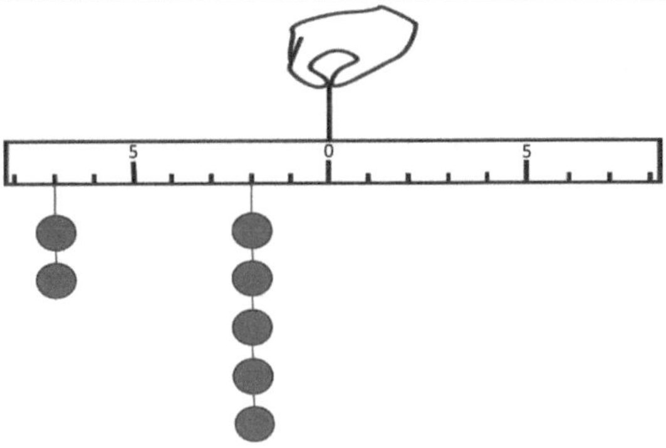		
(3)		(4)	

名古屋経済大学市邨高等学校　2023年度

◇社会◇

※ 147%に拡大していただくと，解答欄は実物大になります。

1	(1)	①		②・③	
		④・⑤		⑥	
	(2)				
	(3)				
	(4)				

2	(1)		(2)		(3)		
	(4)	①		②			
	(5)						

3	(1)		(2)	①		②	
	(3)		(4)				

4	(1)		(2)		(3)	
	(4)		(5)			

5	(1)		(2)		X		Y		
	(3)								

6	(1)		(2)		(3)	
	(4)		(5)			
	(6)	①	にとって			
		②	が障壁になっているため			
		③	ことでバリアフリーになると考える。			

名古屋経済大学市邨高等学校　2023年度

◇国語◇

※ 159%に拡大していただくと，解答欄は実物大になります。

一

(一)

(二)

(三)

(四)

(五)

二

(一) ①

②

(二) ③

三

(一) A（　　）B（　　）

(二)

(三)

(四)

ケーキ作りは、

70　60

(五)

(六)

四

(一)

(二)

(三)

(四)

※解答欄は実物大になります。

1	(1)		(2)		(3)			
	(4)	$x=$	(5)	$x=$　　　, $y=$				
	(6)		(7)		(8)		(9)	cm^2

2	(1)	①		②				
	(2)	①		②				
	(3)	①	cm^3	②	cm^2	③	cm	

3	(1)	①	cm	②	cm^2
	(2)	①	cm	②	cm
	(3)	①	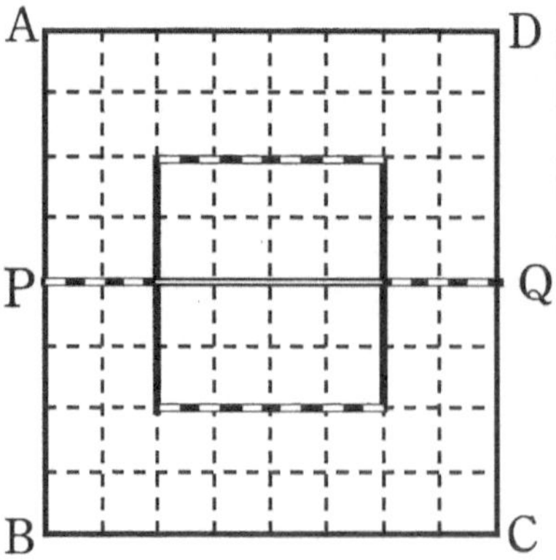	②	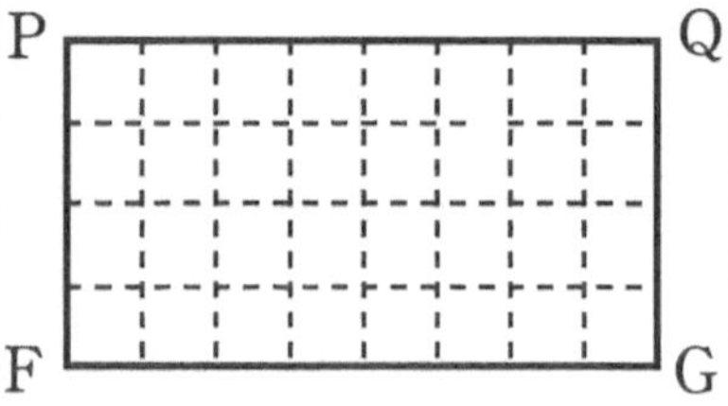

名古屋経済大学市邨高等学校　2022年度

◇英語◇

※ 104％に拡大していただくと，解答欄は実物大になります。

聞き取り検査

1		2		3		4	

筆記試験

1	①			
	②			
	③			

2	(1)	
	(2)	
	(3)	
	(4)	
	(5)	

3	(1)	【b】	【d】
	(2)	①	②
	(3)		
	(4)	X	Y
	(5)	I	
		II	
		III	
		IV	

名古屋経済大学市邨高等学校　2022年度

◇理科◇

※ 108％に拡大していただくと，解答欄は実物大になります。

1	(1)	地点A	地点B
	(2)		
	(3)	A	C

2	(1)			
	(2)		(3)	
	(4)		(5)	

3	Ⅰ	(1)	
		(2)	
	Ⅱ	(1)	
		(2)	
		(3)	①
			②

4	Ⅰ	(1)		(2)	
		(3)			
	Ⅱ				

5	(1)	時	分	秒	(2)	
	(3)				(4)	mL

◇社会◇

※ 104％に拡大していただくと，解答欄は実物大になります。

1	(1)	①		②				
	(2)	①		②			③	
	(3)		(4)					

2	(1)		(2)						
	(3)	①		②		③			
	(4)	a		b		c		d	

3	(1)	①		②		(2)		(3)		(4)	

4	(1)	X		Y		(2)		(3)	
	(4)	①国名							
		②		③		④			

5	(1)				(2)		(3)	

6	(1)			(2)	
	(3)	①		②グラフの変化	

2022年度

名古屋経済大学市邨高等学校

※112%に拡大していただくと、解答欄は実物大になります。

◇国語◇

一

(一)

(二)

(三)

(四) 問題の解決には、

70

80

(五)

二

(一) ① ②

(二) ③

三

(一)

(二)

(三)

(四)

(五)

(六) (　　) (　　)

四

(一)

(二)

(三)

(四)

名古屋経済大学市邨高等学校　2021年度

◇数学◇

※ 114%に拡大していただくと，解答欄は実物大になります。

1

(1)		(2)		(3)	
(4)				(5)	$x=$
(6)	男子　　人，女子　　人	(7)		(8)	度

2

(1)	$\boxed{a}$:　　，$\boxed{b}$:	(2)		(3)	(　　，　　)

3

(1)	①				
	②	分　　秒			
(2)	a :　　，b :				
(3)	①	平均値　　点，中央値　　点	②	点	
(4)	①	$a=$　　，$b=$	②		

4

(1)	①			
	②	度		
(2)	①	cm	②	cm^2

名古屋経済大学市邨高等学校　2021年度

◇英語◇

※解答欄は実物大になります。

聞き取り検査

(1)	T　F	(2)	T　F	(3)	T　F	(4)	T　F
(5)							

筆記試験

1	①	
	②	
	③	

2	(1)	
	(2)	
	(3)	
	(4)	
	(5)	

3	(1)	b (　　　　　　),		d (　　　　　　)	
	(2)	①		②	
	(3)				
	(4)				
	(5)	X		Y	
	(6)	①			
		②			

名古屋経済大学市邨高等学校　2021年度

◇理科◇

※ 116％に拡大していただくと，解答欄は実物大になります。

1	(1)	2.0V Ω	5.0V Ω								
	(2)	A									
2	(1)	%	(2)	g							
3	(1)	部分	特徴								
	(2)	材料	理由								
4	(1)	①		②		③		④		⑤	
	(2)	・・・大陸プレートは，									
5	(1)	①		②		③		④			
6	(1)	結晶	g								
	(2)										
	(3)	ミョウバン	塩化ナトリウム								
7	①		②		③		④		⑤		

名古屋経済大学市邨高等学校　2021年度

◇社会◇

※ 110%に拡大していただくと，解答欄は実物大になります。

1	(1)	(①)		(②)		(③)		(④)	
	(2)	→	→	→					
	(3)		(4)		(5)				

2	(1)	数字		名称		かな符号	
	(2)	Ⅰ：	Ⅱ：	Ⅲ：	Ⅳ：		
	(3)	(A)		(B)			
		(C)					

3	(1)		(2)		(3)		(4)		
	(5)								

4	(1)		(2)	(B)		(D)		(3)		(4)	

5	(1)		
	(2)	名称	
		理由	
	(3)		
	(4)		

◇国語◇

名古屋経済大学市邨高等学校　２０２１年度

※１１８％に拡大していただくと、解答欄は実物大になります。

一

(一) A（　　）B（　　）

(二)

(三)

(四)（　　）（　　）

(五)

二

(一) ①　②

(二) ③

三

(一)

(二)

(三)

海外の「スシ」が、

80

90

(四)

(五)

(六)（　　）（　　）

四

(一)

(二)

(三)

(四)

名古屋経済大学市邨高等学校　2020年度

◇数学◇

※108％に拡大していただくと，解答欄は実物大になります。

1

⑴		⑵		⑶	
⑷				⑸	$x=$
⑹		⑺	$(x,\ y)=(\qquad,\qquad)$		
⑻	$y=$	⑼			

2

⑴	①	(本)	②	(本)
⑵	①	$a=$	②	$x=$
⑶	①		②	$x=$

3

⑴	Ⅰ		Ⅱ	
⑵	Ⅲ			
⑶	PA×□＝PB×□			
⑷	$x=$			

4

⑴	$x=$	⑵	(cm)	⑶	(倍)

名古屋経済大学市邨高等学校　　2020年度　　◇英語◇

※104％に拡大していただくと，解答欄は実物大になります。

聞き取り検査

第１問						
第２問	a	T	F	b	T	F
	c	T	F	d	T	F

筆記検査

1	(1)	①
		②
		③
	(2)	I (　　　　　) with that.　The reason is that ＿＿＿＿＿＿＿＿＿＿ ＿＿＿＿＿＿＿＿＿＿＿＿＿＿＿＿＿＿＿＿. So ＿＿＿＿＿＿＿＿＿＿＿＿＿＿＿＿＿＿.

2	(1)A	B
	(2)	
	(3)	(4)

3	(1)【b】	【d】
	(2) (ア)	(イ)
	(3)	
	(4) 1つ目	
	2つ目	
	(5)(X)	(Y)

名古屋経済大学市邨高等学校　2020年度　　◇理科◇

※114％に拡大していただくと，解答欄は実物大になります。

1	(1)								
	(2)	「音の」							
2	(1)	①		②					
	(2)	①	J	②	m/s	③	N		
3	(1)	①		②		(2)	③		
	(3)		(4)						
4	(1)	A		B		(2)	鉄原子:硫黄原子 ＝ 　　: 1		
	(3)	選択	理由						
5	(1)	①		②					
	(2)	進化した生物種	品種改良された生物種						
6	(1)								
	(2)		(3)	①		②		③	
	(4)								
	(5)	大きいとき	高いとき						
7	(1)								
	(2)		(3)		理由				

名古屋経済大学市邨高等学校　2020年度

◇社会◇

※解答欄は実物大です。

1	(1)	
	(2)	
	(3)	

2	(1)	
	(2)	
	(3)	

3	(1)	
	(2)	ヨーロッパ州の国（　　　）　首都が南半球にある国（　　　）
	(3)	国(地域):
		理由:

4	(1)				
	(2)	X	,	Y	,

5	(1)		(2)	,
	(3)	,		

6	(1)	,
	(2)	権利:
		理由 :
	(3)	番号(　　　　)

2020年度

名古屋経済大学市邨高等学校

※113%に拡大していただくと，解答欄は実物大になります。

◇国語◇

一

(一)

(二)

(三)

(四) スロードとは、

80 70

(五) （　　）（　　）

二

(一) ①　②

(二) ③

三

(一)

(二) A（　　）B（　　）

(三)

(四)

(五)

(六) （　　）（　　）

四

(一)

(二)

(三)

(四)

〈ダウンロードコンテンツについて〉

本問題集のダウンロードコンテンツ、弊社ホームページで配信しております。現在ご利用いただけるのは「2025年度受験用」に対応したもので、**2025年3月末日**までダウンロード可能です。弊社ホームページにアクセスの上、ご利用ください。
※配信期間が終了いたしますと、ご利用いただけませんのでご了承ください。

高校別入試過去問題シリーズ
名古屋経済大学市邨高等学校　2025年度
ISBN978-4-8141-3041-2

[発行所] 東京学参株式会社
〒153-0043　東京都目黒区東山2-6-4

書籍の内容についてのお問い合わせは右のQRコードから ⇒

※書籍の内容についてのお電話でのお問い合わせ、本書の内容を超えたご質問には対応できませんのでご了承ください。

2024年7月26日　初版